D1729154

Auf dem Weg in die Zukunft

1970–2000

Vorwort

Nun, da das zweite Jahrtausend zu Ende gegangen ist, gibt die vorliegende Reihe UNSER 20. JAHRHUNDERT einen umfassenden Überblick über die letzten 100 Jahre – einen Zeitraum, der den Übergang von der Pferdekutsche zur Raumfahrt, vom ersten Telefon zur Datenautobahn erlebt hat.

UNSER 20. JAHRHUNDERT ist eine Chronik Epoche machender Ereignisse wie etwa des Ausbruchs der beiden Weltkriege, der russischen Revolution und des Aufstiegs und Niedergangs des Kommunismus. Und doch sind diese Schlüsselereignisse nur ein Teil des bunten Kaleidoskops. In dieser Serie wird auch das Alltägliche in den Blickpunkt gerückt: Wie lebten die Menschen, wie gingen sie ihrer Arbeit nach, wie ernährten sie sich, wie verbrachten sie ihre Freizeit, welche Verbrechen und Skandale bewegten sie? Es gab verrückte Erscheinungen wie den Hula-Hoop-Reifen, Modetrends wie den Minirock, neuartige Medien zur Unterhaltung der Menschen wie das Kino, segensreiche Entdeckungen in der Medizin wie das Penicillin sowie die Wunderwerke und Glanzleistungen der modernen Technik und Wissenschaft.

MODERNE ZEITEN beschreibt die letzten drei Jahrzehnte des 20. Jh. von 1970, dem Jahr nach der ersten Mondlandung, bis zur Jahrtausendwende. In den 70er-Jahren protestierten Studenten in den Vereinigten Staaten gegen den Vietnamkrieg, der Kalte Krieg zwischen Ost und West machte der Entspannungspolitik Platz, während der Nahe Osten weiterhin eine Krisenregion blieb. Und in Südafrika wurde noch die Politik der Apartheid praktiziert. US-Präsident Nixon stolperte über den Watergate-Skandal und die Ölkrise stürzte die Welt in eine Rezession. Währenddessen wurde der Taschenrechner erfunden und der Feminismus befand sich in den Industrieländern auf dem Vormarsch. In den 90er-Jahren war der Kommunismus zusammengebrochen, Südafrika hatte mit Nelson Mandela seinen ersten schwarzen Präsidenten und Vietnam hatte sich zu einer der am schnellsten wachsenden Volkswirtschaften Südostasiens entwickelt. Finanzielle Transaktionen wurden nun in globalem Maßstab abgewickelt, Mikrochips steuerten so verschiedenartige Geräte wie Computer, Raketen und Waschmaschinen; Satelliten übertrugen Nachrichten und Sportereignisse direkt in alle Welt und das Internet war Bestandteil des täglichen Lebens geworden und ermöglichte den weltweiten Austausch von Daten.

Auf dem Weg in die Zukunft

1970–2000

DEUTSCHLAND · SCHWEIZ · ÖSTERREICH

Gestaltung und Realisation: Toucan Books Limited, London
Autor der englischen Originalausgabe *Modern Times*: Antony Mason

Übersetzung: Andrea Brumma, Xenia Gharbi, Andreas Held, Brigitte Helfrich, Martin Schoske, Jörg Thurath, Kyriaki Vamvaka, Michael Wirth

Redaktion: Jens Firsching, Falko Spiller, Birgit Scheel
Grafik: Cornelia Hammer
Bildresearch: Christina Horut
Produktion: Günther Kress

Ressort Buch:
Redaktionsdirektorin: Suzanne Koranyi-Esser
Redaktionsleiterin: Dr. Renate Mangold
Art Director: Rudi K. F. Schmidt

Operations:
Leitung Produktion Buch: Joachim Spillner

Satz und Reproduktion: Lihs GmbH, Medienhaus, Ludwigsburg
Druck und Binden: Milanostampa S.p.A., Mailand

© der englischen Originalausgabe:
1999 The Reader's Digest Association Limited
© der deutschsprachigen Ausgabe:
2000 Reader's Digest – Deutschland, Schweiz, Österreich – Verlag Das Beste GmbH, Stuttgart, Zürich, Wien

Das Werk einschließlich aller seiner Teile ist urheberrechtlich geschützt. Jede Verwendung außerhalb der engen Grenzen des Urheberrechtsgesetzes ist ohne Zustimmung des Verlags unzulässig und strafbar. Das gilt insbesondere für Vervielfältigungen, Übersetzungen, Mikroverfilmungen und die Verarbeitung in elektronischen Systemen.

Printed in Italy

ISBN 3 87070 865 4

UMSCHLAGVORDERSEITE:
v.l.n.r.: Feiernde Menschen am 3. Oktober 1990, dem Tag der deutschen Wiedervereinigung, am Brandenburger Tor; Michael Gorbatschow; Mutter Teresa; Szene aus dem Musical *Cats*
Bildhintergrund: Tokioter Börse

UMSCHLAGRÜCKSEITE:
Wolfgang Overath (links) und Gerd Müller nach dem Gewinn der Fußballweltmeisterschaft 1974 in München

INHALT

	DAS LABYRINTH DER MODERNE	6
1	**SCHWIERIGE ZEITEN**	15
	Eine geteilte Welt	16
	Gefährliche Krisenherde	24
	Das Zeitalter des Terrorismus	34
2	**AUFBRUCH IN EIN NEUES ZEITALTER**	43
	Die Befreiung	44
	Suche nach Antworten	52
	Bewegte Musikszene	58
	Die Ära der Massenmedien	63
	Die Welt wächst zusammen	70
	Faszination des Sports	77
3	**DIE NEUE WELTORDNUNG**	83
	Reine Marktwirtschaft	84
	Expansion in Asien	90
	Der Islam greift nach der Macht	97
	Das Ende des Kommunismus	104
	Die europäische Integration	116
	Sicherung des Weltfriedens	122
	Schwierige Konfliktlösungen	129
	Das neue Jahrtausend	136
	ZEITTAFEL	141
	REGISTER	156
	BILDNACHWEIS	160

DAS LABYRINTH DER MODERNE

An der Schwelle zu den 70er-Jahren sah sich die Menschheit mit einer Vielfalt von ungelösten Problemen konfrontiert.

Im Jahr 1970 unternahm die Boeing 747, der Jumbojet, seinen ersten kommerziellen Transatlantikflug von den Vereinigten Staaten nach London, die USA bereiteten ihre dritte Mission zum Mond vor, in größeren Firmen wurden die ersten Computer aufgestellt und Kreditkarten begannen ihren Siegeszug in Europa. Das World Trade Center in New York befand sich gerade im Bau und sollte mit 417 m das höchste Gebäude der Welt werden. Dagegen waren heute selbstverständliche Dinge wie Videorecorder, PCs und Mobiltelefone noch unbekannt und man hatte noch keine Ahnung von der Existenz der gefürchteten Immunschwächekrankheit Aids.

Das Klima des Kalten Krieges war nach wie vor frostig und noch immer bildeten die gewaltigen Kernwaffenarsenale der Sowjetunion auf der einen sowie der USA und ihrer Verbündeten auf der anderen Seite eine potenzielle Bedrohung für die Menschen auf der ganzen Welt – wenn auch Optimisten den Silberstreifen eines politischen Tauwetters am Horizont erkennen mochten: Die amerikanische Regierung ließ Verhandlungsbereitschaft erkennen und schließlich begannen Gespräche zur Rüstungskontrolle.

Die Vereinigten Staaten engagierten sich immer noch stark in Vietnam. US-Präsident Nixon hatte zwar einen Truppenrückzug versprochen, und tatsächlich wurden amerikanische Einheiten aus Vietnam abgezogen. Diese Maßnahme ging allerdings mit einer Ausweitung des Krieges einher, denn amerikanische Truppen drangen in Kambodscha und Laos ein und die US-Luftwaffe verstärkte ihre Angriffe. Im März 1970 flogen die amerikanischen B-52-Bomber über dem Ho-Chi-Minh-Pfad, dem Nachschubweg des Vietcong durch Laos, mehr als 200 Angriffe pro Tag. Die USA schienen in einen Krieg verstrickt zu sein, den sie eigentlich nicht gewinnen konnten, der jedoch – unter hohen menschlichen und finanziellen Opfern – ein Übergreifen des Kommunismus nach Südostasien verhindern sollte. Die täglichen Schreckensmeldungen über den Abwurf von Napalmbomben, Hinterhalte des Vietcong und Verluste unter der Zivilbevölkerung entsetzten die Menschheit. Und der Tod tausender junger amerikanischer Soldaten erschütterte die Vereinigten Staaten bis ins Mark.

Auch steckte 1970 das Massaker von My Lai noch im Bewusstsein vieler Amerikaner. Einzelheiten über das Blutbad, bei dem im März 1968 über 100 vietnamesische Dorfbewohner, darunter Frauen und Säuglinge, von US-Soldaten getötet worden waren, kamen nach und nach ans Licht der Öffentlichkeit. Der verantwortliche Offizier, Leutnant William Calley, wurde im März 1971 von einem Kriegsgericht zu einer lebenslangen Freiheitsstrafe verurteilt, die später auf 20 Jahre herabgesetzt wurde.

Der Vietnamkrieg hatte weit reichende Folgen. „Make love not war" wurde das Schlagwort der Hippiebewegung Ende der 60er-Jahre, wobei man sich auf den Vietnamkrieg bezog. Die Demonstrationen gegen den Vietnamkrieg auf der ganzen Welt wurden im Lauf der Jahre heftiger. Der tiefe Riss, der durch die ameri-

Anstecker gegen (links) und für (unten) den Vietnamkrieg

BLUTIGER ZWISCHENFALL AN DER KENT STATE UNIVERSITY

Ein Hauptansatzpunkt für die Jugendbewegung der späten 60er-Jahre in den USA stellte die Kritik am Vietnamkrieg dar. Im Präsidentschaftswahlkampf von 1968 hatte Richard Nixon verkündet, das Land aus dem Vietnamkrieg herauszuführen; ein Rückzug von US-Truppen begann bald nach seiner Wahl. Umso größer war die Bestürzung, als 1970 unter dem Vorwand, dort befindliche nordvietnamesische Stützpunkte zu zerstören, massive Übergriffe amerikanischer und südvietnamesischer Einheiten auf das Territorium des neutralen Kambodscha erfolgten.

Überall in den USA reagierten Studenten mit Protestkundgebungen, bei denen es mitunter zu gewalt-

Blankes Entsetzen steht dieser jungen Frau ins Gesicht geschrieben, als am 4. Mai 1970 bei Demonstrationen gegen den Vietnamkrieg an der Kent State University vier Studenten erschossen werden.

tätigen Ausschreitungen kam. An der Kent State University in Ohio flogen Molotowcocktails, woraufhin der Gouverneur des Bundesstaats die Nationalgarde zu Hilfe rief. Am dritten Tag der Ausschreitungen bewarfen ungefähr 300 Demonstranten die Nationalgarde mit Steinen, die mit Tränengas antwortete. Als die Sicherheitskräfte von einem Heckenschützen unter Beschuss genommen wurden, erwiderten sie das Feuer mit scharfer Munition. Innerhalb weniger Minuten starben vier Studenten, zwei Männer und zwei Frauen; etwa zehn weitere wurden teilweise schwer verletzt.

Aufnahmen von dem Zwischenfall wurden am 6. Mai veröffentlicht und führten zu Demonstrationen an 115 amerikanischen Hochschulen. Am 9. Mai wurde Präsident Nixon im Weißen Haus von 100 000 Demonstranten belagert und auch der Widerstand des Mittelstands gegen den Vietnamkrieg wuchs.

kanische Gesellschaft ging, wurde offensichtlich, als an der Kent State University in Ohio im Mai 1979 vier demonstrierende Studenten von Sicherheitskräften getötet wurden.

Revolutionäre Gruppierungen sahen im Engagement der Vereinigten Staaten in Vietnam ein Symbol kapitalistischer Aggression. Das Vorgehen der USA setzte einen Maßstab für Gewalt, mit dem auch terroristische Aktionen gerechtfertigt wurden. Terrorismus war in den 70er-Jahren weit verbreitet – in Israel, Argentinien, Uruguay, dem spanischen Baskenland, Nordirland sowie in Deutschland und Italien, wo terroristische Vereinigungen wie die Baader-Meinhof-Gruppe und die Roten Brigaden eine ernste Bedrohung für den Staat darstellten. Flugzeugentführer und Bombenattentäter trugen den Terror in alle Welt.

Neue Wege

Das Motto „Make love not war" bezog sich aber auch auf die sexuelle Revolution, die sich anschickte, sich über die ganze westliche Welt auszubreiten. Kennzeichnend für diesen Prozess war der einfache Zugang zur Antibabypille, die die Frauen von der Angst vor einer Schwangerschaft befreite, sowie die Legalisierung der Abtreibung, die ihnen nun die Möglichkeit gab, eine ungewollte Schwangerschaft abzubrechen.

Mit der sexuellen Revolution brach ein neues Zeitalter der Toleranz an, die so genannte permissive Gesellschaft. Sowohl Männer als auch Frauen gingen nun davon aus, mehr als einen festen Partner zu haben, bevor sie sich endgültig banden. Und da viele auch das nicht taten, wurden ab Ende der 70er-Jahre Familien mit nur einem Elternteil immer häufiger.

Durch die verbesserten Möglichkeiten der Empfängnisverhütung und die Liberalisierung des Sexuallebens waren die Frauen nicht länger auf das Rollenklischee festgelegt, heiraten und Kinder bekommen zu müssen.

Rechts: 1969 liefen Demonstrantinnen, die keinen BH trugen, in Chicago noch Gefahr, wegen ungebührlichen Verhaltens in der Öffentlichkeit verhaftet zu werden. Oben rechts: In dieser spektakulären Ausgabe des *Stern* von 1971 bekennen sich Frauen, unter ihnen zahlreiche Prominente, dazu, gegen den Abtreibungsparagraphen 218 verstoßen zu haben.

Zudem hatte der Feminismus in den späten 60er-Jahren zunehmende Bedeutung gewonnen. Es gab nun eine neue, jüngere Generation feministischer Aktivistinnen, die die Rolle der Geschlechter neu festschreiben wollte. Sie bedienten sich mitunter recht ungewöhnlicher Methoden, um die Aufmerksamkeit auf ihre Sache zu lenken. So war das Verbrennen von Büstenhaltern erstmals bei einer Demonstration gegen die Wahl zur „Miss Amerika" in New York 1967 aufgekommen. Frauen der älteren Generation fühlten sich zwar häufig vom Auftreten der Frauenrechtlerinnen abgeschreckt, das ihrer Meinung nach mit den klassischen weiblichen Umgangsformen wenig gemein hatte. Gegen die Benachteiligung der Frauen wandten sie sich jedoch ebenso wie die engagierten Feministinnen, die dagegen Sturm liefen. Im Kampf um die Gleichberechtigung der Geschlechter gab es eine starke gemeinsame Basis.

Auch die „Kluft zwischen den Generationen" wurde zu einer viel diskutierten Erscheinung in den 70er-Jahren. Es schien, als versuchten viele junge Leute fast krampfhaft, sich in allem von ihren Eltern und dem, wofür sie standen, zu unterscheiden. Die Eltern mussten mit ansehen, wie sich ihre Sprösslinge die Haare lang wachsen ließen, Lammfellmäntel,

DAS LABYRINTH DER MODERNE

Mit der *Rainbow Warrior* protestierte die Umweltschutzbewegung Greenpeace gegen die Verklappung von radioaktivem Abfall oder Giftmüll und das Abschlachten von Meerestieren.

Dufflecoats und Hosen mit weitem Schlag trugen, die bürgerlichen Vorstellungen der Älteren kritisierten, längerfristige Beziehungen ohne feste Bindung eingingen und sich in weit entfernte und entlegene Gegenden der Erde aufmachten, um Abenteuer oder eine neue Religion zu suchen. Zahlreiche Jugendliche nahmen auch bewusstseinsverändernde Drogen, über deren Auswirkungen man damals nur wenig wusste. Der Tod der Rockstars Janis Joplin und Jimi Hendrix 1970 sowie Jim Morrison 1971 machte deutlich, welche schrecklichen Folgen exzessiver Drogenkonsum haben konnte.

Wachsendes Umweltbewusstsein

Als ein weiterer Grund für den Generationenkonflikt kann aber auch das Bestreben der Jüngeren gesehen werden, die Missstände in ihrer Welt anzugehen – eine Welt, die Terrorismus und Kernwaffen hervorgebracht hatte. Einige glaubten, die Lösung im Glauben zu finden. Östliche Religionen erfreuten sich großer Beliebtheit, zumindest solche Gruppierungen, die für Angehörige der westlichen Zivilisation zurechtgeschneidert waren, etwa die Hare-Krischna-Bewegung. Andere verlegten sich auf das Zusammenleben in Kommunen oder zogen aufs Land, um durch den Anbau ihrer eigenen Nahrung – oft in einer Atmosphäre nostalgischer Rückbesinnung auf das beschauliche Landleben – unabhängig zu werden. Naturbelassene Nahrungsmittel, vegetarisches Leben und makrobiotische Ernährung, so lauteten ihre Rezepte. Sie nahmen Drogen, beklagten aber die Abhängigkeit der modernen Medizin von pharmazeutischen Produkten und verließen sich stattdessen lieber auf pflanzliche Wirkstoffe, Akupunktur, Homöopathie und andere „alternative Therapien". Es kam letztendlich zu einer Art sanfter Revolution, die auch im Leben der älteren Generation ihre Spuren hinterließ, als Alt und Jung sich im Lauf der Zeit gegenseitig zu respektieren lernten.

Zu einer gegenseitigen Annäherung trug zudem die Sorge um die fortschreitende Umweltverschmutzung und die Vernichtung von Lebensräumen bei. Begriffe wie Umweltschutz, Ökologie, saurer Regen und Ozonschicht gingen in den allgemeinen Sprachgebrauch ein. 1971 wurde in Kanada die Umweltorganisation Greenpeace gegründet. In den folgenden Jahren fürchteten die meisten Menschen weniger einen atomaren Vernichtungskrieg als die Zerstörung der Umwelt.

Musikalische Auflehnung

Seit langem gab es in den Industriestädten eine gewalttätige, anarchistische Subkultur, die ihren Ausdruck schließlich in der Ende der 60er-Jahre aufkommenden Skinhead-Bewegung fand. In Stanley Kubricks Film *Uhrwerk Orange* (1971) fand diese Strömung ihren Ausdruck. Ab 1976 begann sie sich als Punkrock vor allem in Großbritannien und den USA auf Bühnen und im Fernsehen zu verbreiten – kantig, unmoralisch und gesell-

Im Mai 1979 wurde Margaret Thatcher zur ersten Premierministerin Großbritanniens gewählt. Hier feiert sie ihren zweiten Wahlsieg im Jahr 1983; ein dritter folgte 1987.

Links: Das uralte Wissen der chinesischen Heilkunst kam zu neuen Ehren, als die Unzufriedenheit über die westliche Medizin und deren zunehmende Abhängigkeit von der Pharmaindustrie wuchs.

WINZIGES WUNDER MIKROCHIP

„Die in ihrer Tragweite wohl bedeutendste Neuerung der letzten drei Jahrzehnte des 20. Jh. ist der Silikon- oder Mikrochip. Er wurde erstmals 1970 von der kalifornischen Firma Intel Corporation entwickelt, deren *Intel 8080* im Jahr 1974 der erste kommerziell einsetzbare Mikroprozessor war. Für Steuerungssysteme mit Mikrochips gab es vielfältige Anwendungsmöglichkeiten: Sie konnten sowohl in Autos, Registrierkassen und Heizanlagen als auch in Computern genutzt werden. Um 1982 begann sich das tatsächliche Potenzial, das im Mikrochip steckte, abzuzeichnen. Die bedeutende wissenschaftliche Zeitschrift *National Geographic* widmete ihm einen Leitartikel:

„Er erscheint winzig, gerade mal so groß wie der Fingernagel eines Neugeborenen und kaum dicker. Der Lufthauch, der eine Kerze zum Verlöschen bringt, würde ihn davonfliegen lassen ... Er hat ein Gerüst aus Silikon, einem Bestandteil des gewöhnlichen Sandes, und ist doch zarter als ein zerbrechliches Glas, das weitgehend aus demselben Material besteht.

Im Grund genommen ist der Chip lediglich ein elektronischer Schaltkreis: Auf und in seinem Silikonleib angeordnet sind winzige Schalter, zu denen sich Drähte gesellen, die aus hauchdünnen Metallstreifen geätzt wurden. Unter dem Mikroskop betrachtet, zeigt die verzweigte Oberfläche des Chips eine seltsame Ähnlichkeit mit den Straßen, Plätzen und Gebäuden einer großen Metropole aus mehreren Kilometern Höhe betrachtet.

Eine Silikonflocke von wenigen Millimetern Größe kann aus 1 Mio. elektronischer Bauteile bestehen, zehnmal so viele wie der 30 t schwere ENIAC, der erste elektronische Digitalrechner der Welt aus dem Jahr 1945; er ist der Vorläufer der heutigen Computer, die Daten verarbeiten und speichern und dabei Gedächtnis- und Logikchips verwenden. Aber der bemerkenswerteste Nachfolger von ENIAC ist der Mikroprozessor, ein Computer auf einem Chip.

Der Chip wäre schon außergewöhnlich genug, wenn es sich bei ihm nur um ein Stück Elektronik handeln würde; doch seine Fähigkeit, Logik und Gedächtnis zu verbinden, verleiht ihm etwas vom Fluidum des menschlichen Intellekts. Wie der Geist hat auch der Chip praktisch unendliche Möglichkeiten – und ebenso wie der menschliche Geist das Potenzial, unser Leben grundlegend zu verändern."

Technologischer Fortschritt

Eine bedeutsamere Umwälzung des Lebens vollzog sich außerhalb des Rampenlichts, und zwar in Kalifornien, der Heimat der Blumenkinder. Der Dreh- und Angelpunkt lag nun jedoch nicht mehr in den Zentren der Hippiebewegung, sondern in einer Gegend südlich von San Francisco, die bald als Silicon Valley bekannt werden sollte. In den frühen 70er-Jahren entwickelten Firmen wie die 1968 gegründete Intel Corporation Methoden, Tausende von Transistoren und elektrischen Schaltkreisen auf winzig kleinen Silikonplättchen zu platzieren und Mikrochips und Mikroprozessoren zu bauen. Als Ergebnis dieser Entwicklungen wurden die Computer immer kleiner, wesentlich leistungsfähiger und auch bedeutend billiger in Anschaffung und Unterhalt. Es folgte eine Flut von Erfindungen, die mit dem Taschenrechner begann und bald zum PC, dem Personal Computer, führte. Die Entwicklung war rasant: Die zweite Generation der transistorgesteuerten Computer der 60er-Jahre konnte 100 000 Befehle pro Sekunde ausführen, der Intel-8088-Prozessor von 1981 mit 29 000 elektrischen Komponenten 400 000 Befehle pro Sekunde, während der Intel-Pentium-Prozessor von 1993 mit 3,2 Mio. Transistoren in einer Sekunde 100 Mio. Befehle ausführen konnte.

Der erste PC wurde 1977 von Apple hergestellt. Er galt als nützliches Arbeitsgerät, aber kaum jemand glaubte, dass er zu Hause sinnvoll eingesetzt werden könnte. Wer benötigte schon einen Computer, um z. B. die Stromkosten zu berechnen? Zu dieser Zeit hatte man allerdings die Möglichkeiten des Computers im Bereich der Textverarbeitung noch nicht klar erkannt. In den 80er-Jahren wurde aber offensichtlich, dass die Tage der Schreibmaschine gezählt waren, und schon bald standen kleine Schreibtischcomputer überall in Büros, Banken, Krankenhäusern und bei Versicherungsgesellschaften – das moderne Informationszeitalter brach an.

Es entstand ein völlig neuer Wissenschaftszweig, die Informations- und Telekommunikationstechnologie, als Computer mit dem sich ständig weiter ausdehnenden Telekommunikationsnetz verbunden wurden. Das alles war 1970 jedoch noch Zukunftsmusik. Zu dieser Zeit besaßen die meisten Menschen

Uhrwerk Orange, 1971 nach einem Roman von Anthony Burgess gedreht und inzwischen ein Kultfilm, ist die düstere Vision einer nahen Zukunft, in der eine sadistische Jugendbande ein Leben voller Gewalt führt.

gerade ein Telefon mit Wählscheibe, das auf dem Telefonapparat der Firma Siemens aus dem Jahr 1929 basierte.

Der Mensch erobert den Weltraum

Für die breite Öffentlichkeit stellte der wahre technologische Höhepunkt nach wie vor die Erforschung des Weltraums dar. Die im April 1970 gestartete Apollo-13-Mission wurde zu einem dramatischen Fehlschlag. Nur dem Einfallsreichtum der NASA-Spezialisten und der Moral der drei Astronauten an Bord war es zu verdanken, dass das Unternehmen glimpflich endete. Alles bei dieser dritten Mission zum Mond lief in einer Atmosphäre der Selbstsicherheit ab – bis eine Explosion

schaftsfeindlich. Der Stil war hektisch und aggressiv; er zeichnete sich eher durch Einfachheit als durch Musikalität aus. Tatsächlich könne Musikalität, wie einige Punkrocker ausführten, ein Nachteil sein. Die Blüte des Punks mit seiner negativen Grundhaltung war aber von kurzer Dauer und nur wenige Bands, etwa die britischen Sex Pistols, brachten es zu einer gewissen Berühmtheit.

DAS LABYRINTH DER MODERNE

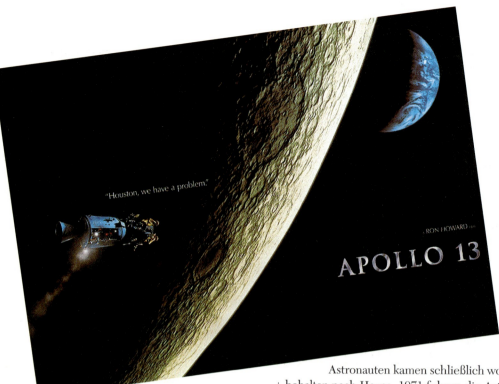

Der Film *Apollo 13* von 1995 wurde größtenteils nach Originalberichten über den Flug von 1970 gedreht. Das Apollo-Programm stand für hoch entwickelte Technologie; doch nur durch Improvisation gelang es, dem havarierten Raumfahrzeug die Rückkehr zur Erde zu ermöglichen.

im Betriebsmodul deutlich machte, welch große Risiken die Apollo-Unternehmen bargen. „Houston, wir haben ein Problem", war der berühmte, die Lage beschönigende Ausspruch des Astronauten Jim Lovell. In dreieinhalb Tagen höchster Anspannung schaffte es die NASA, das beschädigte Raumfahrzeug um den Mond herumzulotsen, sodass es zur Erde zurückkehren konnte, und die drei Astronauten kamen schließlich wohlbehalten nach Hause. 1971 fuhren die Astronauten von Apollo 14 in einem Mondauto mehrere Kilometer über die Oberfläche des Erdtrabanten. Im selben Jahr starben drei sowjetische Kosmonauten infolge eines plötzlichen Druckabfalls in ihrer Raumkapsel, als sie von einem 23-tägigen Aufenthalt an Bord der Raumstation Saljut zurückkehrten. 1972 kam es mit Apollo 17 zur letzten bemannten Mondlandung des Jahrhunderts. Das Apollo-Programm verkörperte die enormen Fortschritte, die die bemannte Raumfahrt gemacht hatte, seitdem 1961 der erste Mensch im Weltraum gewesen war.

Wunder der Baukunst

Auch auf der Erde brach ein neues Zeitalter an, und zwar im Bereich der Baukunst. 1973 wurde die Oper von Sydney fertig gestellt. Durch ihr eindrucksvolles, muschelartiges Aussehen wurde sie schon bald zu einem ebenso bekannten Wahrzeichen wie der Eiffelturm. Man könnte dabei einwenden, dass das Bauwerk eher ein Produkt der 50er-Jahre war, denn Jørn Utzons Entwurf hatte schon 1957 einen entsprechenden Wettbewerb gewonnen. Umstritten waren die „Inside out"-Entwürfe der britischen Architekten Richard Rogers und Norman Foster, bei denen das Innere der Gebäude nach außen gekehrt wurde – ein Stil, der schließlich in dem viel diskutierten Centre Pompidou in Paris gipfelte, das von Richard Rogers und von Renzo Piano entworfen und dessen Bau im Jahr 1977 abgeschlossen wurde.

Weniger zukunftsweisend war der Berlaymont-Bau in Brüssel. Das Gebäude, ein gekrümmter, kreuzförmiger Turm, wurde 1970 als neuer Sitz der EG-Kommission fertig gestellt. Mit seiner Reihe von Fahnenmasten, an denen die Flaggen der Mitgliedsländer wehen, wurde es ein bekanntes Symbol für die Europäische Gemeinschaft.

Die europäische Integration

Zu Beginn der 70er-Jahre bestand die Europäische Gemeinschaft noch aus den sechs Gründungsmitgliedern Belgien, Bundesrepublik Deutschland, Frankreich, Italien, Luxemburg und den Niederlanden, die 1957 die Römischen Verträge unterzeichnet hatten.

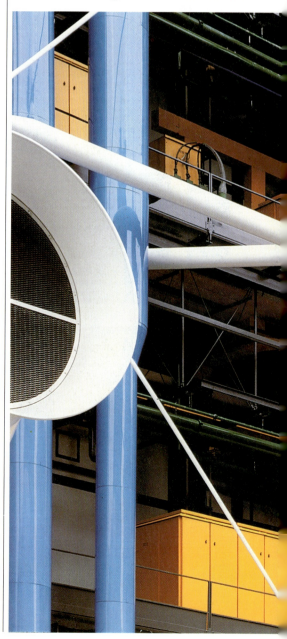

ABSCHIED VOM SHILLING

1970 begannen die Verhandlungen Großbritanniens über einen Beitritt zur EG. Als flankierende Maßnahme zu diesem Übergang wurde das britische Währungssystem modernisiert: Am Stichtag, dem 15. Februar 1971, wurde eine neue Währung eingeführt, die auf dem Dezimalsystem beruhte, wobei ein Pfund 100 New Pence entsprach. Sie ersetzte das alte System, in dem 12 Pennies einen Shilling ergaben und 20 Shilling ein Pfund. Obwohl durch das Dezimalsystem das Rechnen beträchtlich vereinfacht wurde, gab es starken Widerstand gegen diese Umstellung. Das alte System von Pfund, Shilling und Penny, so beklagten Kritiker, sei ein wesentlicher Bestandteil des kulturellen Erbes Großbritanniens.

Während der 60er-Jahre hatte der französische Staatschef Charles de Gaulle einen Beitritt Großbritanniens verhindert. Er war bis 1969 Staatspräsident und starb im November 1970. Seitdem verhandelte Großbritannien über einen Beitritt zur EG und 1972 unterzeichnete es zusammen mit Dänemark und Irland die Römischen Verträge. Die vorläufig neun Länder machten sich auf den langen und von vielen Problemen begleiteten Weg zu einer Einigung Europas. Sie versuchten, geschichtliche und ökonomische Unterschiede auszugleichen und eine enge wirtschaftliche und politische Einheit zu schaffen. 1970 war die Europäische Gemeinschaft jedoch in erster Linie ein Handelskonsortium, das den Binnenhandel fördern, schützen und vereinheitlichen sollte.

Zu dieser Zeit befand sich Griechenland noch unter der Herrschaft der Obristen, deren brutal agierendes Regime das Land international isoliert hatte. In Spanien regierte nach wie vor General Francisco Franco. Beide Länder hatten es nicht vermocht, am Wohlstand teilzuhaben, den weite Teile des westlichen Europa genossen.

Unten: Das Centre Pompidou brachte einen Hauch von Modernität in den Pariser Stadtteil Beaubourg. Richard Rogers und Renzo Piano schufen ein wandlungsfähiges Interieur, indem sie alle Leitungen nach außen verlegten. Der eher konventionell gestaltete Sitz der EG-Kommission in Brüssel (rechts) beherbergt die Verwaltung der EG.

SCHWARZES GOLD – DIE MACHT DER ÖLSCHEICHS

Saudi-Arabiens Ölminister, Scheich Ahmed Zaki Yamani, galt als die Schlüsselfigur in der Rohölpolitik der OPEC in der Zeit nach dem arabisch-israelischen Krieg von 1973.

Die westliche Welt erlebte bis in die frühen 70er-Jahre einen enormen Boom. Dann erfolgte ein wirtschaftlicher Einbruch: Aus Solidarität mit den arabischen Staaten, die im Jom-Kippur-Krieg gegen Israel gekämpft hatten, erhöhte die Organisation Erdöl exportierender Länder (OPEC) am 17. Oktober 1973 die Rohölpreise um 70% und verhängte ein Ölembargo gegen die USA und einige ihrer Verbündeten.

Während des Wirtschaftsbooms waren die Industrienationen in Abhängigkeit von den Erdöllieferungen aus den OPEC-Ländern geraten, wobei das meiste Öl aus Saudi-Arabien und den Staaten des Persischen Golfs stammte. Als 1973 Amerika und andere westliche Staaten Israel unterstützten, beschloss das OPEC-Kartell, seine wirtschaftliche Macht zu politischen Zwecken zu nutzen. Die OPEC erhöhte die Preise, drosselte die Erdölförderung und verursachte damit eine Verknappung, die die Preise noch weiter in die Höhe trieb. Dabei spielte Saudi-Arabien, das über 30% der weltweiten Ölreserven verfügt, eine Hauptrolle. Um Benzin zu sparen, kam es in der westlichen Welt zu Treibstoffrationierungen im Flugverkehr und zu Geschwindigkeitsbegrenzungen für Autos. Die Bundesrepublik verhängte im November an drei Sonntagen ein Fahrverbot. Erst im Dezember lockerte die OPEC das Ölembargo.

Die Öl erzeugenden Länder wurden durch die hohen Preise sehr wohlhabend und hatten die Möglichkeit, ihre Industrie zu diversifizieren sowie Firmen und Eigentum im Ausland zu erwerben. In der Zwischenzeit erschlossen die westlichen Staaten eigene Ölreserven, etwa in der Nordsee und in Alaska, verringerten den Ölverbrauch und suchten nach alternativen Rohstoffen. Dies benötigte jedoch seine Zeit und die durch die Ölkrise von 1973/74 hervorgerufene Rezession dauerte ein Jahrzehnt lang an.

Terror in Nordirland

Zudem kristallisierte sich in Europa die Lage in Nordirland immer mehr zu einem Problem heraus. 1969 waren britische Truppen dorthin entsandt worden, um die katholische Minderheit vor Übergriffen zu schützen. Die Soldaten wurden aber sowohl von Katholiken als auch von Protestanten als Störenfriede betrachtet, und so begannen drei lange und blutige Jahrzehnte der „Aufrechterhaltung des Friedens". In Belfast wurde bei einer Serie von Bombenattentaten um die Weihnachtszeit des Jahres 1971 auch ein Anschlag auf einen Pub verübt, bei dem 15 Menschen starben. Im darauf folgenden Januar wurden am so genannten „Blutigen Sonntag" 13 Katholiken durch paramilitärische Einheiten getötet. Damit hatten die Auseinandersetzungen eine neue Dimension erreicht: Fortan eskalierten Hass und Gewalt und brachten unsägliches Leid über die Bevölkerung.

Die Welt in Aufruhr

In Afrika endete im Januar 1970 der Biafrakrieg. Der Versuch der vom Volk der Ibo beherrschten Provinz Biafra, sich von Nigeria zu lösen, hatte einen hohen Preis gefordert. Schätzungen über die Zahl der Todesopfer schwanken zwischen 500 000 und mehreren Millionen, viele von ihnen Kinder. Die Tragödie erschütterte die Weltöffentlichkeit; es wurden Beschlüsse gefasst, die eine Wiederholung solcher Vorgänge verhindern sollten. Aber seit langem schwelende Konflikte und Naturkatastrophen sorgten dafür, dass das Elend der Menschen in Biafra auch weiterhin ein Thema in den Nachrichten blieb.

Im November 1970 wurde Ostpakistan von einem Wirbelsturm verwüstet, dem wahrscheinlich 150 000 Menschen zum Opfer fielen. Im folgenden Jahr kam es zwischen den beiden Landesteilen Pakistans zu einem militärischen Konflikt, aus dem Ostpakistan als unabhängiger Staat Bangladesh hervorging. Der Krieg hatte mindestens 1 Mio. Todesopfer gefordert und eine Flüchtlingskatastrophe ausgelöst, die rund 2 Mio. Menschen in eine Hungersnot trieb.

In den meisten Ländern Lateinamerikas – in Brasilien, Ecuador, Bolivien, Paraguay, Guatemala und Panama – waren Militärdiktaturen an der Macht. In Haiti starb 1971 der Diktator und selbst ernannte „Präsident auf Lebenszeit" François Duvalier. Nachfolger wurde sein 19-jähriger Sohn Jean-Claude, der im Stil seines Vaters weiterregierte.

Wer den Unruhen und dem Elend in seiner Heimat entkommen wollte, konnte versuchen, z. B. nach Europa auszuwandern; dies wurde jedoch zunehmend schwieriger. So wandte sich der britische Abgeordnete Enoch Powell 1968 gegen die Einwanderung nach Großbritannien und forderte die Rückführung der Zuwanderer, wobei er auf die Möglichkeit rassistisch motivierter Zusammenstöße hinwies. Sein Auftreten führte zu heftigen Debatten und wurde vor allem von jüngeren Menschen verurteilt.

Die Vereinigten Staaten erlebten wiederholt Ausbrüche von Rassenunruhen. 1970 wurden Schulbusse angegriffen, die schwarze Kinder beförderten, und bei Rassenunruhen in Georgia starben sechs Menschen. Südafrika wiederum war durch seine fortgesetzte Apartheidpolitik zu einem international geächteten Staat geworden.

Jean-Claude Duvalier wurde 1971 Staatschef von Haiti. Mit nur 19 Jahren war er der jüngste Präsident der Welt.

Die Vereinigten Staaten und die Sowjetunion rangen um die Vorherrschaft in den krisengeschüttelten Ländern der Dritten Welt und benutzten dabei die Entwicklungshilfe als Mittel. 1971 wurde der Assuan-Staudamm im südlichen Ägypten eingeweiht. Er war in einer Bauzeit von elf Jahren und mit technischer und finanzieller Unterstützung der Sowjetunion errichtet worden. Sein Bau erforderte die Versetzung des Tempels von Abu Simbel, die von der UNESCO unterstützt wurde. Zu der Zeit, als der Damm vollendet wurde, waren die Beziehungen Ägyptens zum Nachbarland Israel derart gespannt, dass der Damm ein höchst verwundbares militärisches Ziel darstellte und in den umliegenden Bergen waffenstarrende Stellungen angelegt wurden, um ihn bei einem Angriff zu schützen.

Ein bemerkenswerter Umbruch vollzog sich um 1970 in der arabischen Welt. Im September 1969 hatte der linksgerichtete islamische Revolutionär Oberst Moamar al-Gaddafi in Libyen einen von Offizieren durchgeführten Staatsstreich befehligt, der ihn an die Macht brachte. Der ägyptische Präsident Gamal Abd el Nasser, für viele Araber ein Idol und eine Identifikationsfigur, starb im September 1970; sein Nachfolger wurde Mohammed Anwar as-Sadat. Im November übernahm der militärische Flügel der Baath-

Mit einer Mischung aus revolutionärem Eifer und islamischer Frömmigkeit nahm Moamar al-Gaddhafi eine unversöhnliche Haltung gegenüber Israel ein. Er gewährte Terroristen aktive Unterstützung und engagierte sich in Ägypten, im Sudan und im Tschad.

DAS LABYRINTH DER MODERNE

Oben: 1994 fanden in Südafrika zum ersten Mal demokratische Wahlen statt. Vier Jahre zuvor war Nelson Mandela (kleines Bild) aus der Haft entlassen und bei seiner Rückkehr nach Soweto begeistert empfangen worden.

Partei die Macht in Syrien und Hafiz al-Assad wurde Präsident. Sowohl Gaddhafi als auch Assad sollten sich als unberechenbare Politiker im Nahen Osten erweisen, die sich gleichwohl bis zum Ende des Jahrhunderts an der Macht halten konnten.

Der arabisch-israelische Konflikt und der Streit um Palästina belasteten weiterhin die Weltpolitik und führten 1973 zur Beendigung des Wirtschaftsbooms der Nachkriegszeit. In diesem Jahr verhängte die Organisation Erdöl exportierender Länder, OPEC, ein mehrmonatiges Ölembargo gegen die USA und andere westliche Länder, die Israel im Oktober 1973 im Jom-Kippur-Krieg gegen Ägypten unterstützt hatten, und erhöhte die Preise für Rohöl drastisch. Da die westeuropäischen Länder rund 80 % ihres Erdöls aus dem Nahen Osten bezogen, kam es bei ihnen zu einer Wirtschaftskrise.

Eine friedlichere Zukunft?

Die Welt und das Weltgeschehen wurden zunehmend miteinander verknüpft. „Globalisierung" wurde zu einem der Schlagworte dieser Zeit. Die Globalisierung begünstigte die Schaffung eines Systems der gegenseitigen Kontrolle und eines Gleichgewichts der Kräfte.

Zu Beginn der 70er-Jahre erschien die Welt gefährlich, kompliziert und unsicher, voller Widersprüche, Irrwege und Fallgruben – ein Labyrinth. In der angespannten Atmosphäre des Kalten Krieges hätte ein außenpolitischer Fehler, ja sogar ein bloßes Versehen zur nuklearen Katastrophe führen können. Die Zeitungen waren tagtäglich mit neuen Schreckensmeldungen aus Vietnam gefüllt, im Nahen Osten standen sich Araber und Israelis unversöhnlich gegenüber, Lateinamerika sah sich zwischen bewaffneter sozialistischer Revolution und rechtsgerichteten Diktaturen hin- und hergerissen, das südafrikanische Apartheidregime saß auf einem Pulverfass und die Entwicklung in Nordirland schien unaufhaltsam in eine Katastrophe zu führen. Doch in den folgenden Jahrzehnten kam es zu einer Entspannung: Die Vereinigten Staaten zogen ihre Truppen aus Vietnam zurück, Israel und Ägypten schlossen das Friedensabkommen von Camp David, in Lateinamerika erlangten demokratische Regierungen die Macht, die Sowjetunion und der Warschauer Pakt zerfielen, in Südafrika erlangte Nelson Mandela die Freiheit und die Apartheidpolitik fand ein Ende, und für Nordirland kam schließlich ein Friedensabkommen zustande. Die weltweite Lage war nach wie vor gespannt, aber sie erschien nun zumindest etwas weniger bedrohlich.

SCHWIERIGE ZEITEN

Zu Beginn der 70er-Jahre gab es auf der Welt zahlreiche Krisenherde und die Supermächte, deren Verhältnis äußerst frostig war, beäugten einander misstrauisch, da beide über riesige Atomwaffenarsenale verfügten. Ein politisches Tauwetter schien nicht in Sicht und in Vietnam, Kambodscha, Angola, Chile und anderswo wurden verlustreiche Konflikte ausgetragen. Diese Zeit erwies sich auch als Nährboden für fanatische Idealisten, die zu den Waffen griffen und mit Terroranschlägen weltweit Angst und Schrecken verbreiteten.

Eine geteilte Welt

Trotz aller Bemühungen blieben die Beziehungen zwischen den kommunistischen Ländern und dem Westen gespannt.

Im Jahr 1970 lagerten auf beiden Seiten des Eisernen Vorhangs große Mengen von Atomsprengköpfen – ihr Zerstörungspotenzial reichte aus, um die Welt mehrmals völlig zu vernichten. Diese so genannte „gesicherte gegenseitige Vernichtung" war ein Produkt des Wettrüstens der 60er-Jahre und des gegenseitigen Misstrauens unter den Supermächten.

Für die Sowjetunion bedeutete dies einen großen Triumph: Sie hatte in der Bewaffnung mit den Vereinigten Staaten gleichgezogen. Der Theorie des Marxismus zufolge stellte dies die Schwelle zu einer neuen Welt dar: Nachdem sich die Kernwaffen nun gegenseitig neutralisierten, konnten Volksaufstände und Befreiungsbewegungen mit konventionellen Waffen aufblühen. Der Kapitalismus würde auf dem Rückzug sein und der Kommunismus den Sieg davontragen.

Das Brandenburger Tor symbolisierte die Teilung Berlins. Vor der Wiedervereinigung Deutschlands lag es innerhalb des sowjetischen Sektors auf dem Gebiet der DDR.

Die USA wiederum betrachteten dies als einen unhaltbaren Zustand. Das Wettrüsten gefährdete den Wohlstand und die politische Stabilität der Nachkriegszeit. Angesichts der ohnehin gespannten Atmosphäre der internationalen Beziehungen konnte bereits ein kleiner Zwischenfall zu einem Atomkrieg eskalieren. So sah es US-Präsident Richard Nixon, der dieses Amt 1969 übernahm, als entscheidenden Programmpunkt seiner Politik an, sich mit der potenziellen Gefahr einer Konfrontation der Supermächte auseinander zu setzen. Das Schlagwort lautete Entspannung und zielte darauf ab, die Spannungen zu reduzieren, ohne dabei das Gesicht zu verlieren. Sein auf Vermittlung ausgerichteter Ansatz stellte einen radikalen Bruch mit den auf Konfrontation ausgelegten Drohungen des Kalten Krieges der 60er-Jahre dar.

Gemeinsame Interessen

Die USA und die westliche Welt hegten ein tiefes Misstrauen gegenüber den kommunistischen Mächten. Zwar war der offene Widerstand gegen den Kommunismus durch den Horror des Vietnamkriegs und die Exzesse rechtsextremer Militärdiktaturen etwas abgeschwächt worden, aber es gab genügend Hinweise auf interne Übergriffe kommunistischer Regime. Das Bemühen der Tschechoslowakei um Reformen und Demokratisierung wurde durch den Einmarsch der Sowjets 1968 brutal zunichte gemacht; innerhalb der UdSSR wurden Systemkritiker nach wie vor verfolgt und in Arbeitslager gesteckt; DDR-Bürger wurden erschossen, wenn sie versuchten, den Zwängen ihres Regimes über die Mauer zu entkommen; und in China hatten normale Bürger noch immer unter den Folgen der permanenten Kulturrevolution zu leiden. Zwar hatte die kommunistische Gesellschaft Gerechtigkeit für alle versprochen, aber Gleichheit ließ sich nur erreichen, indem die Massen durch gewaltsame Unterdrückung gleichgemacht wurden.

1970 war deutlich geworden, dass die Wirtschaft der UdSSR unter der

> ### VON WEST NACH OST
>
> 1979 beschrieb der britische Historiker Alistair Horne seine Erfahrungen bei der Einreise von der Bundesrepublik in die DDR.
>
> „Zunächst einmal wird einem auf vier Seiten mit diktatorischen Instruktionen vorgeschrieben, was man alles nicht einführen darf: ... Schallplatten (‚mit Ausnahme von Werken des Kulturerbes', was immer das bedeuten mag); Zeitungen ... Bücher, ‚deren Inhalt friedensgefährdend ist'; Kinderspielzeug ‚von militärischem Charakter'; Filme ‚mit feindlichem Inhalt gegenüber dem sozialistischen Staat' (dazu gehören auch unentwickelte Filme – ein erstaunlicher Versuch der Prophezeiung) ...
>
> Unterwürfig ließen wir unsere Vogue- und Country-Life-Magazine in einem Schließfach auf dem Westberliner Flughafen. An der Grenze warteten wir eine Stunde ..., unterzogen uns verschiedenen Kontrollen und füllten Formulare aus, während eine körperlose (vermutlich weibliche) Hand durch einen Schlitz in einem hölzernen Kasten nach unseren Pässen griff. Ein perfekter Le-Carré-Schauplatz, dachte ich, als wir in diesem grauenhaften Niemandsland saßen und mein Reisebegleiter ... mit perfektem Timing fragte: ‚Sagen Sie, waren Sie jemals ein Spion?' Da diese Frage seltsamerweise nicht auf dem Deklarationsformular stand, erwartete ich, dass nun Alarmglocken schrillen und selbstgesteuerte Gewehre durch den Schlitz auf uns zu schießen beginnen würden. Aber eigenartigerweise wurden wir ins sozialistische Paradies durchgewinkt."

1970 Solschenizyn erhält den Literaturnobelpreis.	**1971** Beginn der „Ping-pong-Diplomatie" zwischen den USA und China	**1972** SALT-I-Abkommen zwischen den USA und der UdSSR	**1974** US-Präsident Nixon tritt zurück.	**1975** Unterzeichnung der Schlussakte von Helsinki	**1976** Der chinesische Parteivorsitzende Mao stirbt.	**1979** Die Demokratiebewegung in China wird zerschlagen; Einmarsch der UdSSR in Afghanistan

Im Juli 1975 trafen sich die Apollo- und die Sojus-Mission im Weltraum. Hier begrüßt der sowjetische Kosmonaut Alexej Leonow (Mitte) zwei amerikanische Astronauten.

Last des Kalten Krieges litt. Leonid Breschnew hatte 1964 den Vorsitz der KPdSU übernommen – entschlossen, einen harten Kurs zu erzwingen, um die liberalen Tendenzen Chruschtschows zu beseitigen. Breschnews wirtschaftliche Strategie zielte darauf ab, das Militär und die Industrie auf Kosten der Landwirtschaft, des sozialen Wohlstands und der Konsumgüter zu stärken. Dies führte dazu, dass die Wirtschaft stagnierte und die Menschen in einer Welt mit leeren Läden und blühenden Schwarzmärkten gefangen waren.

Abrüstungsgespräche

Im November 1969 initiierten die UdSSR und die USA Gespräche, um einen Weg zur Rüstungskontrolle und zur Begrenzung der militärischen Ausgaben zu finden. Beide Seiten erkannten, dass die „gesicherte gegenseitige Vernichtung" paradoxerweise eine gewisse Stabilität mit sich brachte: In dem Wissen, selbst ebenfalls vernichtet zu werden, wäre es selbstmörderisch für ein Land, einen Krieg zu beginnen. In Gefahr geraten würde dieses Patt allerdings, wenn ein Staat über die Möglichkeit verfügte, den ersten Angriff mit Kernwaffen zu überstehen oder jegliche Gegenangriffe zu neutralisieren. Durch moderne Raketenabwehrsysteme schien dieses Szenario vorstellbar. Um das Problem in Angriff zu nehmen, aber auch um über die Begrenzung von Interkontinental-Raketen zu beraten, wurden schließlich die bilateralen SALT-Verhandlungen (Strategic Arms Limitation Talks) zur Abrüstung aufgenommen. Abgeschlossen wurden diese Verhandlungen im Mai 1972, als Richard Nixon und Leonid Breschnew in Moskau das SALT-I-Abkommen unterzeichneten. Es wurde Übereinkunft erzielt, die Zahl der Langstrecken-Raketen für fünf Jahre auf dem damaligen Stand einzufrieren; in dieser Zeit sollten die Verhandlungen fortgesetzt werden.

Die USA untermauerten die Beschlüsse durch zivile Hilfspakete, wie etwa den Verkauf von Getreide und den Austausch technischen Know-hows; dies trug mit dazu bei, die UdSSR an die neue Beziehung zu binden. Diese Politik verlieh dem Verhältnis der Supermächte eine gewisse Flexibilität und schuf eine Pufferzone für Verhandlungen. Für Nixon bedeutete die Strategie eine konstruktive und realistische Neuinterpretation der ehemaligen antikommunistischen Eindämmungspolitik der USA.

Hinzu kamen noch weitere, eher symbolische Gesten wie das Abkommen von 1972 zum Beginn der Kooperation in der Weltraumforschung. 1975 trafen sich drei amerikanische Apollo-Astronauten und drei sowjetische Sojus-Kosmonauten im All. Von nun an gehörte der aus der Mentalität des Kalten Krieges heraus entstandene Wettlauf um die Eroberung des Weltalls der Vergangenheit an.

Unterdessen zeigten sich die Europäer ebenfalls bestrebt, die Spannungen zu entschärfen. Die westeuropäischen Länder befürchteten, durch ihre geographische Nähe zum Eisernen Vorhang bei einer atomaren Auseinandersetzung zum Hauptkriegsschauplatz zu werden. Der deutsche Bundeskanzler Willy Brandt versuchte mit seiner Ostpolitik eine Annäherung an die DDR und die anderen Staaten des Warschauer Paktes, die Antwort des Ostblocks auf die NATO; Brandt erzielte eine Aussöhnung mit Moskau und Warschau und die deutsch-deutsche Verständigung.

„WANDEL DURCH ANNÄHERUNG" – DIE OSTPOLITIK WILLY BRANDTS

Als am Abend des 28. September 1969 die Wahllokale in der Bundesrepublik schlossen, brach eine neue Ära in der deutschen Politik an. Zwar hatten CDU/CSU die meisten Sitze errungen, doch Koalitionsverhandlungen zwischen SPD und FDP führten zur Bildung einer sozialliberalen Regierungskoalition unter dem neuen Bundeskanzler Willy Brandt. Damit wurde erstmals ein Sozialdemokrat Kanzler der Bundesrepublik Deutschland.

Die neue Regierung machte sich entschlossen an die Umsetzung ihrer Wahlversprechen, vor allem an die angekündigte Entspannungspolitik mit der UdSSR und den Ländern des Warschauer Paktes. Vor dem Hintergrund des Kalten Krieges zeigten sich die Sowjetunion und ihre Verbündeten an einer Entspannung der politischen Lage interessiert.

Das Konzept dieser neuen Ostpolitik hieß „Wandel durch Annäherung" und zielte darauf ab, den Frieden in Europa sicherer zu machen. In der Folge konnten Brandt und sein Außenminister Walter Scheel einige bedeutende Erfolge vermelden. So kam es neben der deutsch-deutschen Verständigung zur Unterzeichnung des Deutsch-Sowjetischen Vertrags im Jahr 1970. Und die Polenreise Brandts im selben Jahr erlangte nicht nur durch die Unterzeichnung des Deutsch-Polnischen Vertrags historische Bedeutung.

Am 7. Dezember 1970 kniet Bundeskanzler Willy Brandt tief bewegt vor dem Mahnmal für die Opfer des Nationalsozialismus im einstigen jüdischen Ghetto in Warschau.

Die jüngere Generation in China reagierte begeistert auf den Aufruf zur Kulturrevolution und breitete deren Botschaft mit militärischer Disziplin durch Propaganda und Terror aus.

Für seine friedensstiftende politische Tätigkeit erhielt er 1971 den Friedensnobelpreis. Als 1974 einer seiner engsten Mitarbeiter als DDR-Spion enttarnt wurde, sah sich Brandt zum Rücktritt gezwungen – er war selbst ein Opfer des Kalten Krieges geworden.

Erste Fortschritte

1972 wurde die Konferenz für Sicherheit und Zusammenarbeit in Europa (KSZE) ins Leben gerufen; sie erzielte in der 1975 von allen europäischen Staaten beiderseits des Eisernen Vorhangs – mit der Ausnahme von Albanien – sowie den USA und Kanada unterzeichneten Schlussakte von Helsinki zahlreiche Übereinkommen. So verpflichteten sich die Unterzeichnerstaaten, die bestehenden Grenzen in Europa zu respektieren, und es wurde das Prinzip der Nichteinmischung in interne Angelegenheiten anderer Nationen bekräftigt. Dies war jener Teil des Abkommens, auf den die Länder des Warschauer Paktes seit den 60er-Jahren gedrängt hatten. Der Westen forderte eine engere Zusammenarbeit mit dem Ostblock und die Einhaltung der Menschenrechte. Das Abkommen war aber nicht bindend: Jedes Mal, wenn der Westen Ostblockstaaten wegen Missachtung der Menschenrechte kritisierte, protestierten diese heftig, es handle sich um rein interne Angelegenheiten. Trotzdem trug die Schlussakte von Helsinki wesentlich zur Entspannung des Ost-West-Konflikts bei.

Trumpfkarte China

US-Präsident Nixon hatte Druck auf die Sowjetunion ausüben können, indem er China in die Gleichung der Supermächte einbrachte. Der erste Schritt dazu erfolgte erstaunlicherweise im Sport. Anfang 1971 lud China westliche Tischtennisteams zur Teilnahme an einem Turnier ein. Darunter befanden sich auch die ersten offiziellen amerikanischen Gäste in China seit nahezu 25 Jahren. Der pragmatische Führungsveteran Zhou Enlai, Ministerpräsident seit 1949, begrüßte das Ereignis als „neue Seite in den Beziehungen zwischen dem chinesischen und dem amerikanischen Volk". Nixon erkannte darin eine Zugangsmöglichkeit zu dem politisch isolierten China und sandte 1971 seinen Sicherheitsberater Henry Kissinger auf geheime Mission in das Reich der Mitte. Im Februar 1972 stattete Nixon China dann selbst einen offiziellen Besuch ab, der einen Wendepunkt in der Politik der Supermächte markierte. Die so genannte Pingpong-Diplomatie bildete noch weitere Jahre eine Grundlage für das politische Tauwetter.

China hatte sich 1959 von der UdSSR distanziert; Ende der 60er-Jahre hatten sich die Beziehungen noch weiter verschlechtert. Die UdSSR rechtfertigte ihren Einmarsch in der Tschechoslowakei 1968 mit der Begründung, sie habe sich das Recht vorbehalten, in jedem kommunistischen Land zu intervenieren, das vom Pfad der Revolution abwich – eine Politik, die als Breschnew-Doktrin bekannt wurde. Von 1966 an hatten sowjetische Truppen entlang der Grenze mit China Stellung bezogen und es war zu einer Reihe von Zusammenstößen gekommen. Das nährte

US-Präsident Nixons Besuch in China 1972 markierte einen Wendepunkt in den Beziehungen des Kalten Krieges. Der einstmals leidenschaftliche Kommunistengegner Nixon wurde von Mao (kleines Bild) und Zhou Enlai (unten links) herzlich empfangen.

EINE GETEILTE WELT

bei den Chinesen die Befürchtung, die Doktrin könnte auch auf sie angewandt werden. Daher sah es die chinesische Führung als ratsam an, sich den USA anzunähern.

Nixon hatte seine Karriere größtenteils auf seinen antikommunistischen Kampagnen aufgebaut, und so schien es für viele Amerikaner unvereinbar, ihn lächelnd im Gespräch mit Mao Zedong auf der Chinesischen Mauer zu sehen; für andere US-Bürger bot Nixons Vergangenheit als Kommunistengegner die Beruhigung, dass er sich keinen „Sand in die Augen streuen ließ". Die Strategie des Präsidenten zahlte sich aus: Sie ließ die sowjetische Führung vorsichtiger werden und verstärkte deren Wunsch, bei den Abrüstungsverhandlungen eine Einigung zu erzielen.

Die chinesische Politik blieb jedoch weiterhin nur schwer durchschaubar. Während der Kulturrevolution am Ende der 60er-Jahre drohten die Exzesse der Roten Garden und das darauf folgende Chaos, die Unterstützung des Volkes für Mao zu unterminieren und all seine Errungenschaften auszuradieren. Als geschickter Politiker verhalf Mao dem Militärchef Lin Biao zu einer Machtposition, wobei er sich auf die Bedrohung durch die sowjetischen Streitkräfte berief. Indem er Lin als seinen Nachfolger aufbaute, stärkte Mao letztendlich seine Position bei der Armee. Als die UdSSR entlang der chinesischen Grenze erneut aufrüstete und 1969 nach Xinkiang im Nordwesten Chinas vordrang, erklärte Lin das Kriegsrecht. Aber damit überschritt er seine Kompetenzen und die chinesische Führung war gespalten. Auf der einen Seite standen die Anhänger von Maos radikaler Ehefrau Jiang Qing, die eine zentrale Rolle bei der Kulturrevolution spielte, auf der anderen Seite diejenigen Lins. Da sich Erstere in der Überzahl befanden, wurde Lin entmachtet. Offiziellen Angaben zufolge kam er im September 1971 nach einem gescheiterten Putschversuch auf der Flucht in die Sowjetunion bei einem Flugzeugabsturz ums Leben.

Als Mao mit fortschreitendem Alter zunehmend schwächer wurde, geriet die Kulturrevolution ins Wanken und wurde nun von der moderaten Stimme Zhou Enlais gemäßigt, auf dessen Position die Fehde zwischen Jiang und Lin keinen Einfluss hatte. Angesichts eines erneuten wirtschaftlichen Chaos setzten Mao und Zhou 1973 den gemäßigten Deng Xiaoping als stellvertretenden Parteivorsitzenden ein. Der ehemalige Generalsekretär

DER WATERGATE-SKANDAL

Nachdem die amerikanische Nation wegen Vietnam gespalten war und die Wirtschaft wankte, litten die Vereinigten Staaten bereits unter einem Vertrauensverlust, als sie in eine Krise stürzten, die die höchste Regierungsebene erreichte – den Präsidenten selbst.

Während des Präsidentschaftswahlkampfs, aus dem der Republikaner Richard Nixon als Sieger hervorging, wurden am 17. Juni 1972 fünf Einbrecher festgenommen, als sie in das Hauptquartier der Demokratischen Partei im Watergate Building in Washington, D. C., eindringen wollten, um dort elektronische Abhörgeräte anzubringen. Es stellte sich heraus, dass die Verhafteten erfahrene Privatdetektive des CIA waren, die für eine republikanische Organisation zur Wiederwahl des Präsidenten arbeiteten. Bei ihnen gefundene Dokumente brachten sie direkt mit dem Weißen Haus in Verbindung. Im folgenden Jahr begannen die beiden für die *Washington Post* tätigen Journalisten Bob Woodward und Carl Bernstein Beweise für eine umfangreiche Verschwörung im Weißen Haus aufzudecken.

Zwei entscheidende Personen in der Watergate-Affäre: die Reporter Carl Bernstein (links) und Bob Woodward von der *Washington Post*

Einer der Einbrecher gab schließlich zu, dass er und seine Komplizen vom Weißen Haus unter Druck gesetzt worden waren zu schweigen. Als die Beteiligten Geständnisse ablegten, begann die Version des Weißen Hauses hinsichtlich der Ereignisse Stück für Stück zu bröckeln. Im Juni 1973 erläuterte der Rechtsberater des Präsidenten vor dem Senatsausschuss, dass ranghohe, enge republikanische Mitarbeiter des Präsidenten in die Affäre verwickelt waren. War aber auch der Präsident selbst beteiligt? Diese Anschuldigung wies Nixon kategorisch zurück: „Ich bin kein Betrüger", erklärte er.

Im Juli 1973 entdeckten die Ermittler, dass Nixon seine Gespräche im Oval Office auf Band aufgezeichnet hatte. Angesichts des zunehmenden Drucks sah er sich gezwungen, im Dezember 1973 erste Kopien der Bänder auszuhändigen. Als man feststellte, dass ein entscheidender 18-minütiger Abschnitt eines Bandes fehlte, begann Nixons Glaubwürdigkeit zu schwinden. Im Mai 1974 wurden Schritte für die Amtsenthebung des Präsidenten u.a. aufgrund von Verdunkelung und Machtmissbrauch eingeleitet. Kurz darauf geriet Nixon durch seine eigenen Mitarbeiter unter Druck, Kopien über die Tage unmittelbar nach dem Einbruch herauszugeben. Am 27. Juli stimmte der richterliche Ausschuss dafür, eine Amtsenthebung zu empfehlen. Am 5. August übergab Nixon drei Kopien, die bewiesen, dass er schon kurz nach dem Einbruch Auszahlungen an die Einbrecher bewilligt hatte, um deren Schweigen zu erkaufen. Daraufhin erklärte Nixon am 8. August als erster US-Präsident seinen Rücktritt.

Im August 1974 trat US-Präsident Richard Nixon zurück und kam damit einer Amtsenthebung zuvor.

SCHWIERIGE ZEITEN

Maos Ehefrau Jiang Qing (links) und die anderen Mitglieder der Viererbande, deren Strafe auf einer Karikatur dargestellt wird (oben), wurden einen Monat nach Maos Tod im September 1976 verhaftet. 1980/81 wurden sie vor Gericht gestellt und zu langen Haftstrafen verurteilt.

der Kommunistischen Partei Chinas war im Zug der Kulturrevolution 1967 aus der Partei ausgeschlossen worden. Als Anhänger einer liberaleren Form der Wirtschaft versuchte er 1975, den technologischen Fortschritt im Land voranzutreiben. Seine Rehabilitation wurde aber von der so genannten Viererbande, der auch Jiang Qing angehörte, als Herausforderung betrachtet; nach dem Tod von Zhou Enlai im Januar 1976 gelang es ihnen, Deng Xiaoping seines Amtes zu entheben. Als aber die Öffentlichkeit das traditionelle Chi'ing-Ming-Festival in Beijing dazu nutzte, ihre große Wertschätzung für den verstorbenen Zhou auszudrücken, wurde deutlich, dass die Radikalen ihre Unterstützung durch das Volk verloren hatten.

Machtwechsel

Während US-Präsident Nixon außenpolitische Erfolge verzeichnen konnte, sah er sich in der Innenpolitik großen Problemen gegenüber: Die Inflation schnellte in die Höhe, die Wirtschaft kam durch die Auswirkungen der Ölkrise ins Straucheln, der Vietnamkrieg sorgte für Unruhe in der Bevölkerung und Nixons Regierung war von Korruption befleckt. 1972 sah sich sein Vizepräsident Spiro Agnew aufgrund von Korruptionsvorwürfen zum Rücktritt gezwungen. Als 1973 allmählich das ganze Ausmaß des Watergate-Abhörskandals ans Licht der Öffentlichkeit gelangte, wurde Nixons angebliche Unbescholtenheit immer stärker infrage gestellt. Nach monatelangem Festhalten an seinem Amt trotz immer lauter werdender Aufschreie nationaler Entrüstung musste er schließlich im August 1974 zurücktreten. Seine Nachfolge trat Vizepräsident Gerald Ford an; er versuchte, Nixons Initiativen in der Außenpolitik in den nächsten beiden Jahren aufrechtzuerhalten und behielt Kissinger als Außenminister. Ford wiederum wurde 1977 von dem Demokraten Jimmy Carter regelrecht aus dem Amt gefegt; der relativ unbekannte Carter sammelte viele Punkte für seine Versprechen einer sauberen Regierung und eines entspannteren, ungezwungeneren Stils. Einen Schwerpunkt von Carters Außenpolitik stellte sein Einsatz für die Menschenrechte dar, der unter den vorangegangenen Regierungen vernachlässigt worden war. Dadurch verschärften sich die Spannungen mit der Sowjetunion und die US-Verteidigungsausgaben begannen wieder zu steigen.

ALEKSANDR SOLSCHENIZYN – REGIMEKRITIK DURCH LITERATUR

Nach der Veröffentlichung von *Ein Tag im Leben des Iwan Denissowitsch* (1962) wurde Aleksandr Solschenizyn im Westen als die große literarische Stimme gegen die sowjetische Unterdrückung bejubelt. Der halbautobiographische Roman, der das erbärmliche Leben des Insassen eines Arbeitslagers und den Triumph der Menschlichkeit im Unglück erzählt, war in den Jahren Chruschtschows durch das Netz der sowjetischen Zensur geschlüpft. Unter dem autoritäreren Regime Breschnews sah sich Solschenizyn gezwungen, im Untergrund im Selbstverlag zu publizieren. Seine Romane *Krebsstation* und *Der erste Kreis der Hölle*, die sich ebenfalls um das Elend in Gefangenenlagern und im Exil drehten, wurden in den Westen geschmuggelt und 1968 unter großem Beifall veröffentlicht. Zu diesem Zeitpunkt hatte Solschenizyn die UdSSR bereits in große Verlegenheit gebracht. Zum Verdruss der Sowjetunion kam noch hinzu, dass er 1970 den Nobelpreis für Literatur zugesprochen bekam; er wollte aber nicht nach Stockholm fahren, um den Preis in Empfang zu nehmen, weil er fürchtete, nicht mehr zu seiner Familie zurückkehren zu dürfen.

Im Jahr 1971, als seine erfundene Geschichte *August neunzehnhundertvierzehn* erschien, wurde Solschenizyn Opfer eines missglückten Mordanschlags. Er wurde mit einer vergifteten Nadel gestochen, überlebte aber die dadurch ausgelöste schwere Krankheit. Zwei Jahre später erschien im Westen der erste Band seines Werkes *Der Archipel GULAG*. Diese schonungslose Enthüllung des Systems der sowjetischen Arbeitslager war zu viel für den KGB: Am 2. Februar 1974 wurde Solschenizyn inhaftiert, wegen Hochverrats verurteilt und sofort in die Bundesrepublik Deutschland ausgewiesen. Damit erlitt er als erster russischer Bürger seit Leo Trotzkij die Demütigung einer fristlosen Ausweisung. Die Sowjets folgerten, seine Stimme würde weniger durchdringend sein, wenn sie aus dem Westen käme, und damit lagen sie nicht ganz falsch. Solschenizyn lebte fortan im US-Bundesstaat Vermont und konzentrierte sich auf eine Reihe von Erzählungen sowie auf Werke, die dem Westen eine bessere Vorstellung von der sowjetischen Sicht vermitteln sollten. Er erwies sich nicht als uneingeschränkter Befürworter von Demokratie und Kapitalismus; auch die Veränderungen nach dem Zusammenbruch der UdSSR begrüßte er nicht offenkundig. 1994 kehrte er in die Sowjetunion zurück. Desillusioniert wurde er aber bald zu einem ebenso heftigen Kritiker des neuen Regimes wie des alten; dabei zeigte er die gleiche unabhängige Geisteshaltung, durch die er einst die Aufmerksamkeit der Öffentlichkeit erregt hatte.

König Carl Gustav von Schweden überreicht Solschenizyn im Oktober 1974 den Nobelpreis für Literatur (oben). Solschenizyn (links) hatte den Preis bereits 1970 zugesprochen bekommen.

In China läutete unterdessen der Tod Maos im Jahr 1976 eine Reihe rascher und bedeutender Veränderungen ein. Schon gleich nach seinem Tod versuchte seine Witwe Jiang Qing, Maos Nachfolger Hua Guofeng die Macht zu entreißen, aber das Blatt wendete sich gegen sie. Im Oktober wurde sie zusammen mit den anderen Mitgliedern der Viererbande verhaftet und aus der Kommunistischen Partei ausgestoßen. Nur wenige Menschen im Land hatten Mitleid mit Jiang Qing, als man sie 1981 wegen konterrevolutionärer Verbrechen zum Tod verurteilte; das Urteil wurde allerdings nachträglich in eine lebenslängliche Haftstrafe umgewandelt.

Erst als Millionen von Opfern der Kulturrevolution aus der Haft entlassen wurden und die Wirtschaft durch Investitionen aus dem Ausland wieder gestärkt wurde, lösten sich die Spannungen allmählich. Hua Guofeng blieb bis 1981 an der Macht, aber Deng Xiaoping erweiterte ständig seinen Machtbereich und seinen Einfluss.

Der Trend hin zu einer Liberalisierung ermutigte einige chinesische Systemkritiker, die Einführung der Demokratie zu fordern. Sie machten ihre Meinung auf Plakaten an der so genannten Mauer der Demokratie in Beijing öffentlich. Die chinesischen Behörden zeigten sich aber keinesfalls bereit, solche Freiheiten zu unterstützen. Die Meinungsverschiedenheiten wurden 1979 erstickt und der Anführer der Demokratiebewegung, Wei Jingsheng, zu 15 Jahren Haft verurteilt. Dennoch erteilte Amerika der Volksrepublik China uneingeschränkte diplomatische Anerkennung, obwohl Taiwan ein umstrittener Punkt blieb – die USA erkannten es weiterhin als unabhängig an, verliehen ihm aber einen eingeschränkten diplomatischen Status.

Unter den Supermächten blieb lediglich das Regime in der UdSSR unverändert; der alternde Breschnew festigte seine Position, indem er 1976 Chef des Militärs und 1977 Vorsitzender des Präsidiums des Obersten Sowjets und damit letztendlich Staatsoberhaupt wurde. Aber er hatte den Vorsitz über eine marode Wirtschaft inne, nachdem er die von seinem gemäßigteren Ministerpräsidenten Alexej Kossygin vorgeschlagenen Reformen stets ignoriert hatte. Kritiker versuchten, die

SCHWIERIGE ZEITEN

Der sowjetische Physiker Andrej Sacharow und seine Ehefrau Jelena Bonner (links), beide profilierte Menschenrechtsaktivisten, lebten sieben Jahre lang im inländischen Exil. Der Bürgerrechtler Anatolij Schtscharanski (unten Mitte) erlangte 1986 bei einem Gefangenenaustausch die Freiheit.

Grundsätze der Schlussakte von Helsinki anzuwenden, setzten sich dadurch aber nur der Willkür des berüchtigten KGB, der Staatssicherheitsbehörde der UdSSR, aus. Andrej Sacharow, ein angesehener Physiker, der an der Entwicklung der sowjetischen Wasserstoffbombe beteiligt war, und seine Frau, die Menschenrechtsaktivistin Jelena Bonner, kritisierten die Schikanen, wurden dadurch aber nur noch stärker verfolgt. Dies nahm weiter zu, als Sacharow 1975 den Friedensnobelpreis erhielt. Zwei Monate vor Bekanntgabe der Preisverleihung war die Schlussakte von Helsinki unterzeichnet worden, die das Recht der uneingeschränkten Bewegung einschloss, aber Sacharow erhielt nicht die Erlaubnis, die UdSSR zu verlassen, um den Preis entgegenzunehmen. Anatolij Schtscharanski, ein weiterer Systemkritiker, wurde wegen angeblichem Hochverrat sowie antisowjetischem Handeln inhaftiert; nach mehreren vergeblichen Versuchen, nach Israel auszureisen, wurde Schtscharanski zum Gründungsmitglied der sowjetischen „Helsinkigruppe"; sie überwachte, ob und wie die Sowjetunion die Beschlüsse von Helsinki einhielt. 1978 wurde er zu 13 Jahren Arbeitslager verurteilt.

Die kompromisslose Behandlung von Systemkritikern weitete sich auch auf die Satellitenstaaten der UdSSR in Osteuropa und sogar über deren Grenzen hinweg aus. In ei-

US-Präsident Jimmy Carter und der sowjetische Präsident Leonid Breschnew bei ihrem Treffen zur Unterzeichnung des SALT-II-Abkommens im Juni 1979 in Wien

nem spektakulären Fall wurde 1978 der bulgarische Überläufer Georgij Markow, der für den BBC World Service arbeitete, in London von einem Agenten ermordet; wie in einem Spionagefilm wurde er durch eine vergiftete Kugel getötet, die man ihm aus einem Schirm in den Schenkel schoss. Sowjetische Überläufer blieben ein Phänomen der 70er-Jahre. Balletttruppen aus der UdSSR, die sich auf Tournee befanden, verloren regelmäßig ihre Spitzentänzer wie etwa Michail Baryschnikow vom Bolschoiballett, der 1974 in Toronto den Aufsehern des KGB entkam.

Die Abrüstungsverhandlungen setzten sich fort und konzentrierten sich nun auf Trägerraketen mit nuklearen Mehrfachsprengköpfen. Zwar hatte man die Zahl der Marschflugkörper bereits begrenzt, doch das Entstehen einer neuen Generation von Mehrfachsprengköpfen, durch die eine einzige Rakete bis zu fünf separat programmierbare Sprengköpfe tragen konnte, drohte das Gleichgewicht der Bewaffnung erneut zu kippen. Im Juni 1979 unterzeichneten Jimmy Carter und Leonid Breschnew nach fast siebenjährigen Verhandlungen in Wien SALT II. Das Abkommen trat aber nicht in Kraft, da es vom US-Senat nicht ratifiziert wurde. 1982 wurden die SALT-Gespräche unter der Bezeichnung START (Strategic Arms Reduction Talks) fortgesetzt.

Sackgasse in Afghanistan

Trotz aller Fortschritte stellten Konflikte in Zentralasien einen Rückschlag für die konstruktive Entspannung dar, die man seit Ende der 60er-Jahre erzielt hatte. Afghanistan war eine Monarchie, aber seit 1955 hatte sein Ministerpräsident Mohammed Daud Khan die Sowjetunion umworben. 1973 stürzte Daud durch einen Putsch die Monarchie, versuchte sich aber in der Folge von ausländischem Einfluss zu distanzieren. Nach einem Zerwürfnis mit Breschnew wurde Daud bei einem Putsch getötet, den prosowjetische Armeeoffiziere angezettelt hatten. Danach begannen sich rivalisierende Splittergruppen des Militärs gegenseitig zu bekämpfen, mussten sich aber gleichzeitig mit der wachsenden Bedrohung durch moslemische Rebellen auseinander setzen.

Am 24. Dezember 1979 griff die sowjetische Armee auf der Grundlage der Breschnew-Doktrin ein. Eine Elitetruppe besetzte den Flughafen der afghanischen Hauptstadt Kabul und ermöglichte eine Luftbrücke für Invasionsstreitkräfte, die durch das Vorrücken

EINE GETEILTE WELT

schwerer Artillerie entlang der Hauptverbindungsstraße zur Hauptstadt Rückendeckung erhielten. Am 27. Dezember wurde der sowjetische Günstling Babrak Karmal zum Präsidenten ernannt; die UdSSR übernahm rasch die Kontrolle über Kabul und weitete ihre massive militärische Überlegenheit aus. Hierbei wurden rund 5 Mio. Menschen vertrieben, die vor allem nach Pakistan flohen.

Afghanistan sollte sich als das Vietnam der UdSSR erweisen; 100 000 sowjetische Soldaten schafften es nicht, die überwiegend islamischen Guerillastreitkräfte – die so genannten Mudschaheddin – zu besiegen. In der UdSSR löste der Krieg viel Unmut aus. Als der führende Systemkritiker Andrej Sacharow vorschlug, die 1980 in Moskau stattfindenden Olympischen Spiele zu boykottieren, wurde er ins Exil nach Gorkij verbannt.

Der Krieg in Afghanistan ebenso wie der Krieg in Vietnam verkehrten die Entspannung in ihr Gegenteil – der Kalte Krieg zwischen den USA und der Sowjetunion erlebte eine späte, aber nachhaltige Frostperiode.

Die sowjetische Armee (oben) sollte sich fast ein Jahrzehnt in Afghanistan aufhalten. Ihre Gegner, die Mudschaheddin (unten), waren ihnen hinsichtlich der Bewaffnung hoffnungslos unterlegen, aber von fanatischer Entschlossenheit.

Gefährliche Krisenherde

Trotz weltweiter Entspannung versuchten zahlreiche Länder, ihre lokalen Konflikte mit Waffengewalt zu lösen.

Während der Amtszeit von US-Präsident Jimmy Carter Ende der 70er-Jahre traf sein nationaler Sicherheitsberater Zbigniew Brzezinski eine unheilvolle Vorhersage: „Die Faktoren, die für die internationale Instabilität verantwortlich sind, erlangen … die Oberhand über die Kräfte für eine besser organisierte Zusammenarbeit. Damit muss jede objektive Analyse globaler Trends unvermeidlich zu dem Schluss gelangen, dass sich gesellschaftliche Unruhen, politische Auswüchse, Wirtschaftskrisen und internationale Reibungen bis zum Ende dieses Jahrhunderts wohl immer mehr ausbreiten werden."

Die Welt hatte ein schwieriges Jahrzehnt durchlebt und es sah nicht so aus, als sollten sich die Probleme verringern. Es gab zwar eine gewisse Entspannung durch verbesserte Beziehungen zwischen den Supermächten und die Abkommen zur Rüstungsbegrenzung, aber dies hatte keine hemmende Wirkung auf die Vielzahl lokal begrenzter Auseinandersetzungen – vielleicht stellte es sogar eine Einladung dafür dar, weil die Gefahr einer atomaren Katastrophe nun gemildert schien. Dieser Prozess stand im Einklang mit dem Marxismus und die Sowjetunion schürte weiterhin auf der ganzen Welt linksgerichtete Revolutionen. Um das Vordringen des Kommunismus zu verhindern, unterstützten die Vereinigten Staaten infolgedessen häufig korrupte und brutale Regime.

Der Kampf um die Unabhängigkeit von Bangladesh forderte einen fürchterlichen Tribut. Bengalen (unten), die mit Westpakistan kooperiert hatten, wurden zusammengetrieben (rechts) und zum größten Teil hingerichtet.

Da sie vermeiden wollten, in das Katz-und-Maus-Spiel der Supermächte hineingezogen zu werden, schlossen sich viele Staaten der Bewegung der Blockfreien an. Aber Rivalitäten erwiesen sich oft stärker als gemeinsame Interessen. Einer der ersten Krisenherde der 70er-Jahre entstand aus dem Bürgerkrieg in Pakistan; er drohte auf den gesamten indischen Subkontinent überzugreifen.

Nach dem Ende der britischen Herrschaft in Indien wurde 1947 Pakistan gegründet, das aus zwei von Moslems beherrschten Gebieten bestand: Westpakistan und Ostpakistan, voneinander getrennt durch 1600 km indisches Staatsgebiet. Ostpakistan zeigte sich verärgert darüber, wie Westpakistan – hinsichtlich der Bevölkerungszahl der kleinere der beiden Teile – politisch und ökonomisch dominierte. Als im Dezember 1970 Wahlen abgehalten wurden, siegte in Westpakistan die Pakista-

1970 1970 Unabhängigkeit von Bangladesh; Idi Amin übernimmt die Macht in Uganda. | 1973 Rückzug der USA aus Vietnam; Sturz des chilenischen Präsidenten Allende; Jom-Kippur-Krieg | 1975 Eroberung Saigons; die Roten Khmer übernehmen die Macht in Kambodscha; Bürgerkrieg im Libanon | 1976 Aufstand im südafrikanischen Soweto | 1977 Pakistans Präsident Bhutto wird abgesetzt. | 1978 Camp-David-Abkommen | 1979 Die Sandinisten stürzen Präsident Somoza in Nicaragua.

GEFÄHRLICHE KRISENHERDE

Die israelischen Streitkräfte wurden vom Angriff Syriens und Ägyptens zu Beginn des Jom-Kippur-Kriegs im Oktober 1973 überrascht. Der israelische Verteidigungsminister Moshe Dayan (kleines Bild) wurde für die anfänglichen Rückschläge Israels verantwortlich gemacht.

nische Volkspartei unter Zulfikar Ali Bhutto; in Ostpakistan errang die Awamiliga (AL) unter Scheich Mujibur Rahman einen überwältigenden Sieg, aber Westpakistan erkannte das Wahlergebnis nicht an. Daraufhin startete die AL eine Kampagne des bürgerlichen Ungehorsams, die schließlich in Gewalt eskalierte. Westpakistan reagierte darauf mit einem heftigen Militärschlag. Am 25. März 1971 initiierte es einen Angriff auf die ostpakistanische Hauptstadt Dhaka, bei dem in zwei Tagen 7000 Menschen ums Leben kamen.

Als Westpakistan kurz vor einem entscheidenden Schlag gegen Ostbengalen stand, das sich in den Kriegswirren von Westpakistan abgespalten und den Staat Bangladesh gegründet hatte, fielen 2 Mio. ostpakistanische Flüchtlinge über die Grenze nach Indien ein. Diese Situation konnten Indien und seine Ministerpräsidentin Indira Gandhi nicht dulden. Im Dezember 1971 erklärte Indien Westpakistan den Krieg und entsandte eine Armee nach Ostpakistan, um das Land zu unterstützen. Angesichts großer logistischer Probleme kapitulierte Westpakistan nach nur 17 Tagen. Bangladesh hatte seine Unabhängigkeit erlangt, aber für den Rest des Jahrhunderts litt der junge Staat unter gewaltsamen Militärputschen, verheerenden Flutkatastrophen und chronischer Armut.

In Westpakistan, das von nun an einfach Pakistan hieß, setzte sich Zulfikar Ali Bhuttos Volkspartei für einen „islamischen Sozialismus" ein. Aber im Juli 1977 wurde Bhutto durch einen von General Mohammed Zia ul-Haq angeführten Militärputsch gestürzt und zwei Jahre später hingerichtet.

Der Jom-Kippur-Krieg

Die UdSSR und die USA behielten die Auseinandersetzung um Bangladesh im Auge, wurden aber nicht hineingezogen. Das war bei den zunehmend erbitterten Konflikten im Nahen Osten nicht der Fall. Im Jahr 1973 versetzten die USA ihre Streitkräfte sogar in höchste Alarmbereitschaft, um ein drohendes Eingreifen der UdSSR abzuwehren: Eine Konfrontation der Supermächte schien kurz bevorzustehen.

Nach dem Tod des ägyptischen Präsidenten Gamal Abd el Nasser 1970 hatte Anwar as-Sadat die Macht erlangt. Die Zukunftsaussichten für Ägypten waren düster: Die Bevölkerung wuchs um 1 Mio. pro Jahr und die begrenzten Ressourcen beschränkten sich auf einen schmalen Gürtel im Tal und Delta des Nil. Sadat erkannte, dass Ägypten eine neue Vision brauchte – eine Vision, die Nixons Politik der Entspannung und Flexibilität widerspiegelte. Daher entließ Sadat 20 000 sowjetische Berater und umwarb stattdessen die USA. Dieser Strategie lag u. a. die Hoffnung zugrunde, dass sie mithilfe diplomatischer Mittel zur Rückgewinnung des Sinai führen könnte, einer der israelischen Gebietseroberungen des Sechstagekriegs von 1967. Als die Initiative ergebnislos blieb, bildete Sadat eine Koalition mit Syrien, das unter der Militärherrschaft von Präsident Hafiz al-Assad stand; am 6. Oktober 1973, dem jüdischen Versöhnungstag Jom Kippur, starteten beide Länder einen koordinierten Angriff gegen Israel. Die Offensive überrumpelte die Israelis und die Invasoren machten zunächst Gebietsgewinne.

Unterstützt durch Waffensendungen der USA mobilisierten die Israelis ihre Truppen. Sie drängten die Angreifer zurück und stießen über das 1967 eroberte Gebiet hinaus vor. Innerhalb von drei Wochen hatten die israelischen Streitkräfte den Suezkanal erreicht und die ägyptische Armee im Sinai eingekesselt. Zu diesem Zeitpunkt befand sich das amerikanische Militär in höchster Alarmbereitschaft, da die UdSSR drohte, aufseiten der arabischen Nationen einzugreifen. Es folgten fieberhafte Verhandlungen und der amerikanische Außenminister Henry Kissinger reiste zwischen Tel Aviv und Kairo hin und her, um eine Schlichtung auszuhandeln.

SCHWIERIGE ZEITEN

Oben: Anwar as-Sadat, Jimmy Carter und Menachem Begin (v.l.n.r.) feiern 1979 die Unterzeichnung des Camp-David-Abkommens. Rechts: Drei Jahre später wurde Sadat von militanten Arabern ermordet.

Am 22. Oktober 1973 wurde durch die Vermittlung der Vereinten Nationen ein Waffenstillstand erreicht und im Januar 1974 kam es schließlich zu einer Friedensvereinbarung.

Unterdessen beschlossen die arabischen Mitglieder der Organisation Erdöl exportierender Länder OPEC, ihre Trumpfkarte auszuspielen: Sie erhöhten die Rohölpreise um 70%, reduzierten die Ölproduktion und erließen ein Verkaufsembargo gegenüber den USA. Auf diese Weise wollten sie die Israelis zwingen, ihre Gebietseroberungen von 1967 abzutreten, die USA für ihre Unterstützung Israels bestrafen und den Nahen Osten im Mittelpunkt der Aufmerksamkeit halten. Die Aktion hatte jedoch noch viel weit reichendere Auswirkungen: Sie führte zu einer weltweiten Rezession, die wohlhabende und arme Nationen gleichermaßen lähmte.

Schließlich erklärte sich Israel bereit, sich zwischen 1974 und 1979 in mehreren Etappen aus dem Sinai zurückzuziehen. Im Juni 1975 wurde erstmals seit acht Jahren der Suezkanal wieder geöffnet. 1977 begann Sadat in dem Bewusstsein, dass der permanente Konflikt mit Israel für seine Nation zu kostspielig werden würde, eine Reihe von Verhandlungen für einen dauerhaften Frieden; im November reiste er nach Jerusalem zu einem Treffen mit dem neuen israelischen Ministerpräsidenten Menachem Begin – ein bis dato einmaliger, äußerst umstrittener Schritt für einen arabischen Staatschef. US-Präsident Jimmy Carter vermittelte zwischen Sadat und Begin; am Ende der Gespräche stand einer der großen diplomatischen Triumphe dieser Ära: Im September 1978 wurde im US-Bundesstaat Maryland das nach dem Landsitz des amerikanischen Präsidenten benannte Camp-David-Abkommen geschlossen und im März des darauf folgenden Jahres in Washington unterzeichnet. Zum ersten Mal bestätigte damit eine arabische Nation Israels Existenzberechtigung.

Das Friedensabkommen von Camp David kostete Sadat das Leben. Es versetzte viele arabische Staaten und deren Führer in Wut, hauptsächlich den libyschen Präsidenten Moamar al-Gaddhafi, aber auch die moslemischen Fundamentalisten. Bei einer Militärparade im Jahr 1981 wurde Sadat von einer Gruppe aufgebrachter Ägypter ermordet. Zu diesem Zeitpunkt zeigte die arabische Welt bereits Anzeichen von Uneinigkeit – Israel blieb nach wie vor der große Zankapfel.

Die Libanonkrise

Rund 700000 Palästinenser waren durch die Entstehung des Staates Israel vertrieben worden. Als die Israelis im Sechstagekrieg 1967 das Westjordanland, den Gazastreifen und die arabische Altstadt von Jerusalem eroberten, kam es zu einem weiteren Massenexodus: 400000 Palästinenser flohen in den Libanon sowie 250000 nach Jordanien, das zuvor die Herrschaft über das Westjordanland gehabt hatte. In Jordanien genossen palästinensische Flüchtlinge innerhalb ihrer Lager ein gewisses Maß an Autonomie. Die Lager erwiesen sich als Nährboden für bewaffnete Guerillas der Palästinensischen Befreiungsorganisation PLO, die sich entschlossen zeigten, die verlorenen Gebiete zurückzuerobern. Jordaniens gemäßigter König Husain II. tolerierte die Aktivitäten der PLO aber nicht und 1970/71 wurden die meisten Palästinenser nach einem kurzen Bürgerkrieg vertrieben; die meisten von ihnen flohen in den Libanon.

Seit Erlangen der Unabhängigkeit 1945 war es dem Libanon gelungen, ein zerbrechliches Gleichgewicht der Kräfte zwischen den beiden Bevölkerungsgruppen der christlichen Maroniten und der Moslems aufrechtzuerhalten, und der Libanon hatte sich zu einem der wohlhabendsten Staaten des Nahen Ostens entwickelt. Die Anwesenheit einer großen Zahl palästinensischer Flüchtlinge führte jedoch zu Spannungen – vor allem, als die Palästinenser begannen, sich aufseiten der linksgerichteten Moslems und der Drusen (einer lokalen moslemischen Sekte) in die libanesische Politik einzumischen. Die zahlenmäßig unterlegenen Christen befürchteten, ihre Machtbasis zu verlieren. Als die Spannungen stärker wurden, suchten sie den Schutz ihrer schwer bewaffneten Miliz, insbesondere der rechtsgerichteten Phalange. Aufkommende Gräueltaten eskalierten 1975 zu einem Bürgerkrieg.

Der Libanon wurde in einen größtenteils christlichen Norden und einen von Moslems und Drusen beherrschten Süden gespalten. Eine ähnliche Teilung erfuhr die einst wohlhabende Stadt Beirut entlang der so genannten grünen Linie. 1976 griff Syrien in die Kämpfe ein.

Aktivisten der PLO nutzten die instabile Lage und führten vom Libanon aus Angriffe auf Israel durch. Daraufhin rückten israeli-

TREFFPUNKT VON OST UND WEST

Vor 1975 galt Beirut bei vielen als Traumstadt. Es war ein kosmopolitisches Finanzzentrum am Schnittpunkt zwischen Asien und Europa sowie ein exotisches Touristenziel, erfüllt von den Geheimnissen des Orients. Fast über Nacht wurde Beirut durch den Bürgerkrieg zerstört.

sche Streitkräfte im März 1978 in den Südlibanon ein und griffen PLO-Stützpunkte an. Im Juni 1982 folgte eine israelische Invasion im Libanon, die das Ziel hatte, die PLO zu vertreiben; dabei drangen die Israelis bis in die Außenbezirke von Beirut vor. Die Führung der PLO sah sich nun gezwungen, Beirut zwei Monate später unter dem Schutz einer multinationalen Friedenstruppe zu

GEFÄHRLICHE KRISENHERDE

1978 befanden sich weite Teile der libanesischen Hauptstadt Beirut in der Hand von Heckenschützen. Christliche Phalange-Milizen (oben) kämpften gegen moslemische Gegner.

Rechts: Trauernde Palästinenser 1982 im Flüchtlingslager Sabra. Unten: Bergung von Verletzten nach einem Anschlag in Beirut 1983

BOATPEOPLE

Anfang 1977 wurden im Südchinesischen Meer Flüchtlinge entdeckt, die dicht zusammengedrängt auf den Decks alter Fischerdschunken kauerten. Sie flohen vor dem Regime, das Südvietnam nach dem Sieg des Nordens 1975 aufgebürdet worden war. Die ersten Wellen der so genannten Boatpeople lösten großes Mitgefühl aus. In Thailand, Indonesien, Malaysia, auf den Philippinen und in Hongkong wurden Auffanglager für sie errichtet. Die USA, China, Kanada, Australien, Großbritannien, Frankreich, die Bundesrepublik Deutschland und mehr als 60 andere Länder nahmen vietnamesische Flüchtlinge auf.

1979 begann dann eine große Zahl von Booten aus Nordvietnam auszulaufen; bald flohen jeden Monat 10 000 Flüchtlinge aus Vietnam. Die meisten von ihnen wurden nun nicht mehr als politische, sondern als Wirtschaftsflüchtlinge eingestuft. Viele von ihnen hatten Hongkong zum Ziel, wo sie in überfüllte Lager kamen, während ihr Gesuch nach Asyl überprüft wurde. Die meisten Asylbewerber wurden abgelehnt und 1989 begann die zwangsweise Rückführung in ihre Heimat. In den 90er-Jahren versiegte der Strom der Boatpeople immer mehr, aber zu diesem Zeitpunkt war bereits über 1 Mio. Vietnamesen vor den Unruhen nach der Beendigung des Vietnamkriegs aus ihrem Heimatland geflohen.

Einer von 29 vietnamesischen Boatpeople, die das amerikanische Marineschiff *White Plains* im Juli 1979 an Bord eines Fischerboots fand.

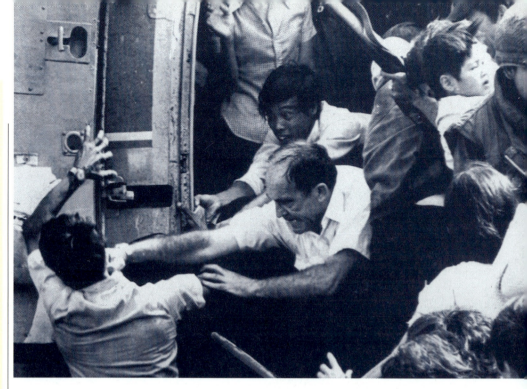

Oben: Im April 1975 verlassen die letzten Amerikaner Saigon per Hubschrauber. Wie dieses Plakat (unten) stolz verkündet, war das mächtige amerikanische Militär von einer Guerillaarmee überlistet worden.

räumen und in andere arabische Länder auszuweichen. Die Israelis zogen sich daraufhin zurück, aber dabei drangen christliche Milizen in die Flüchtlingslager Sabra und Chatilla ein und richteten ein Blutbad an, bei dem Hunderte von Palästinensern umkamen; das Massaker war wahrscheinlich ein Racheakt für die Ermordung des neu gewählten christlichen Präsidenten Bechir Gemayel zwei Tage zuvor.

Die USA griffen nicht ein, entsandten aber 1982 Truppen nach Beirut, um französische und italienische Soldaten des multinationalen Friedenskontingents zu unterstützen, die den Abzug der PLO überwachten. Unter militanten Moslems galt die Friedenstruppe als prochristlich und proisraelisch. Am 23. Oktober 1983 griffen moslemische Selbstmordkommandos Kasernen der US-Marine an, wobei 241 Soldaten ums Leben kamen. Bei einem weiteren Angriff wurden 58 Franzosen getötet. In Amerika riefen die Ereignisse schmerzliche Erinnerungen an Vietnam wach.

Trauma Vietnam

Zu Beginn der 70er-Jahre befanden sich über 500 000 US-Soldaten in Vietnam. Angesichts der enormen Kosten, der immer lauter werdenden Kritik in den USA und im Ausland sowie der täglichen Horrormeldungen in Zeitung und Fernsehen blieb Präsident Nixon kaum eine andere Wahl, als seine Truppen zurückzuziehen und den Versuch aufzugeben, das Vordringen des Kommunismus in Südostasien aufzuhalten. Bereits bei seinem Wahlkampf 1968 hatte er sich verpflichtet, das Engagement der USA im Vietnamkrieg zu reduzieren. Er verfolgte eine Politik der „Vietnamisierung" – die Südvietnamesen sollten zunehmend Eigenverantwortung für die Fortführung des Krieges übernehmen, wobei sie von den USA mit Waffen, Versorgungsgütern und militärischer Ausbildung unterstützt würden. Während die US-Bodentruppen Vietnam nach und nach verließen, behielten die USA ihre Lufthoheit und bombardierten den Ho-Chi-Minh-Pfad, die Versorgungsroute des Vietcong; diese begann in der Nähe von Hanoi, schlängelte sich innerhalb der Grenzen von Laos und Kambodscha nach Süden und endete in Südvietnam. Die Angriffe bewirkten, dass sich der Krieg über die Grenzen von Vietnam ausbreitete und auch bei den Nachbarländern für Instabilität sorgte.

In Paris hatten 1968 Friedensgespräche zwischen den USA und Nordvietnam begonnen, die jedoch wenig Früchte trugen. Der amerikanische Präsident Nixon bestand auf einen „ehrenhaften Frieden und keinen Frieden durch Aufgabe". Im März 1972 starteten die Nordvietnamesen einen Großangriff auf den Süden, der durch massive Luftangriffe

DIE "KILLING FIELDS" VON KAMBODSCHA

Erst nach dem vietnamesischen Einmarsch 1979 wurde der Welt bewusst, welchen Horror die Menschen Kambodschas unter der Herrschaft von Pol Pot erlitten hatten, denn immer mehr Massengräber wurden entdeckt. 1–2 Mio. kambodschanische Bürger hatten während der Schreckensherrschaft der Roten Khmer ihr Leben verloren. Viele davon waren Krankheiten, Unterernährung und Erschöpfung zum Opfer gefallen, die eine Folge der chaotischen wirtschaftlichen Experimente Pol Pots waren; zahlreiche von ihnen gehörten jedoch auch zu den Leidtragenden eines Massenvölkermords.

Pol Pot wollte einen nur aus Kambodschanern bestehenden Kleinbauernstaat und ließ rund 225 000 Chinesen, 100 000 Vietnamesen, 12 000 Thais, 100 000 Moslems und 2600 buddhistische Mönche hinrichten. Zudem hegte er einen unergründlichen Hass gegenüber der Klasse der Gebildeten. Sämtliche Akademiker, alle, die Französisch (die alte Kolonialsprache) sprachen, jegliche Kritiker des neuen Regimes und – das war das Absurdeste – sämtliche Brillenträger wurden systematisch liquidiert. Um Munition zu sparen, wurden viele mit Messern getötet, mit landwirtschaftlichen Geräten zu Tode geprügelt oder mit Plastiktüten erstickt – oft von Soldaten, die kaum dem Kindesalter entwachsen waren. Für die Massenexekutionen hatte man spezielle Orte ausgesucht, die als "Killing Fields" bekannt wurden. So wurden allein in Choeung Ek, 16 km südwestlich von Phnom Penh, vermutlich 40 000 Menschen hingerichtet; ihre Leichen wurden in 129 Massengräbern verscharrt. Die meisten wurden erst fotografiert, gefoltert und danach ermordet. Zum Beweis für die Exekutionen, durch die von 1975 bis 1979 rund 30 % der Kambodschaner ums Leben kamen, wurden die Schädel der Toten zu Pyramiden aufgetürmt.

Pol Pot sah man zumeist lächelnd; es schien ihm nichts auszumachen, dass er den Tod von über 1 Mio. Kambodschanern auf dem Gewissen hatte.

wurde. Im März 1975 gelang den Nordvietnamesen ein weiter Vorstoß nach Süden und am 30. April nahmen sie schließlich Saigon ein; damit war der Krieg endgültig beendet. Er hatte 58 000 Amerikaner und rund 2 Mio. Vietnamesen das Leben gekostet. Als Vietnam unter einer kommunistischen Regierung in Hanoi vereinigt und Saigon in Ho-Chi-Minh-Stadt umbenannt wurde, zeigte sich endgültig, dass es die USA nicht geschafft hatten, die Ausbreitung des Kommunismus aufzuhalten; sie hatten sie lediglich verzögert.

Terrorherrschaft in Kambodscha

Der Vietnamkrieg zeitigte schlimme Nachwirkungen. Als die Nordvietnamesen in den Süden vorstießen, fielen die von den Chinesen unterstützten kommunistischen Roten der Amerikaner zurückgeschlagen wurde. Im August 1972 verließen schließlich die letzten US-Bodentruppen Vietnam.

Am 20. Oktober 1972 erklärte der amerikanische Außenminister Henry Kissinger, ein „Frieden sei greifbar nahe". Diese Ankündigung erfolgte wenige Tage vor den Präsidentschaftswahlen, bei denen Nixon einen überwältigenden Sieg errang; in Wirklichkeit war der Frieden aber noch ein ganzes Stück weit entfernt, insbesondere für die Vietnamesen selbst. Um in Nordvietnam den Wunsch nach einer Beendigung des Krieges zu verstärken und den Süden zu überzeugen, dass die USA nicht einfach nachgeben und ihn schutzlos der kommunistischen Aggression ausliefern würden, ordnete Nixon ab dem 18. Dezember 1972 elf Tage massiver Luftangriffe auf Hanoi und Nordvietnam an. Dieses so genannte Weihnachts-Bombardement verfehlte seine Wirkung nicht. Am 23. Januar 1973 wurde in Paris ein Friedensvertrag unterzeichnet. Im Rahmen des Abkommens erklärten sich die USA bereit, alle noch verbliebenen Soldaten und Berater aus Vietnam abzuziehen, Kriegsgefangene auszutauschen und den 17. Breitengrad als Demarkationslinie zwischen Nord- und Südvietnam zu akzeptieren.

Die Nordvietnamesen ignorierten das Pariser Abkommen jedoch während der nächsten beiden Jahre und erhöhten nach und nach den Druck auf die Armee des Südens, die nun nicht mehr von den USA unterstützt

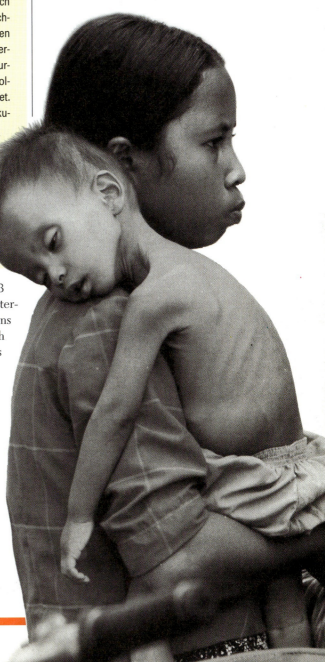

Als Kambodscha 1975 an die vorrückenden Roten Khmer fiel und sich die Schlinge um Phnom Penh zuzog, litten viele Menschen, vor allem Kinder, an Unterernährung.

IDI AMIN

Nur wenige Staatschefs haben sich einen schlimmeren Ruf erworben als Ugandas Präsident Idi Amin. Er stieg 1968 zum Kommandeur von Armee und Luftwaffe auf und inszenierte 1971 einen Militärputsch mit dem Versprechen, das Land wieder zur Zivilregierung zurückzuführen. 1972 wies er alle Asiaten mit britischem Pass aus. Als Nächstes ließ Amin seine Grausamkeiten an Andersdenkenden im eigenen Land aus. Viele von ihnen wurden misshandelt und getötet, wieder andere flohen aus dem Land.

Amin war eine komplizierte Persönlichkeit. Er konnte umgänglich sein, demonstrierte geschickte diplomatische Fähigkeiten und erlangte 1975/76 den Vorsitz der Organisation für Afrikanische Einheit. Aber hinter dieser Fassade verbarg sich äußerste Skrupellosigkeit. 1977 spitzten sich die Ereignisse zu: Im Februar wurden der Erzbischof von Uganda und zwei frühere Kabinettsminister bei einer Protestkundgebung in Kampala verschleppt und tauchten nie mehr lebend auf. Kurz darauf zettelten Armeeoffiziere einen Aufstand gegen Amins Begünstigung seines eigenen Volkes, der in der Minderheit befindlichen Kakwa, an, der aber niedergeschlagen wurde. Von nun an wurden Mitglieder der Stämme Acholi und Lango sowie Christen unbarmherzig verfolgt. Die Zahl der Todesopfer unter Amins Herrschaft lag Schätzungen zufolge zwischen 100 000 und 300 000.

Amins Plan, sich zu Tansania gehörende Grenzgebiete anzueignen, löste seinen Sturz aus. Seine im Exil lebenden Gegner organisierten die Uganda Liberation Front, die unterstützt von tansanischen Truppen 1979 in Uganda einmarschierte. Amin floh nach Libyen, dann nach Saudi-Arabien, wo man ihm als Moslem Schutz gewährte. Seit 1980 lebt er in Djidda.

Nach der Ausweisung von Asiaten durch Idi Amin (unten) brach Ugandas Wirtschaft zusammen.

Khmer über die proamerikanische Militärregierung von General Lon Nol in Kambodscha her. Im April 1975 nahmen sie die Hauptstadt Phnom Penh ein und begannen, die Bevölkerung mit Waffengewalt zu vertreiben. Inspiriert durch die Kulturrevolution in China und eine nationalistische Interpretation der alten Khmer-Kultur Kambodschas, wollten sie eine egalitäre Kleinbauerngesellschaft ohne die korrupten Einflüsse der modernen Welt schaffen. Stadtbewohner wurden auf das Land getrieben, um mit primitiven Werkzeugen in Kollektivbetrieben zu arbeiten; die neuen Machthaber schafften Geld als Zahlungsmittel ab und schlossen Schulen und Tempel. Zehntausende von Menschen wurden hingerichtet, Hunderttausende verhungerten oder starben an Krankheiten.

Angeführt wurde das Schreckensregime der Roten Khmer von dem Diktator Pol Pot, der seine Ausbildung teilweise in Frankreich genossen hatte und der bis zu seinem Tod 1998 Rätsel aufgab. „Wir wissen, dass er ein Monster ist", sagte Prinz Norodom Sihanouk, nach dem Sieg der Roten Khmer nomineller Staatschef Kambodschas, „aber wenn man ihn trifft, ist er nett." Doch Pol Pot war verantwortlich für den Tod von rund einem Drittel der kambodschanischen Bevölkerung.

1979 wurde Pol Pot bei einem Staatsstreich gestürzt, der von Vietnam unterstützt wurde. Die Roten Khmer wurden über die Grenze nach Thailand zurückgedrängt, von wo aus sie in den folgenden Jahren einen Guerillakrieg führten. China, das die Roten Khmer unterstützt hatte, startete nun einen Vergeltungsangriff auf Nordvietnam. Die chinesischen Streitkräfte erlitten schwere Verluste und zogen nach drei Wochen wieder ab. Die Vietnamesen blieben bis 1989 in Kambodscha, das inzwischen in Kampuchea umbenannt worden war.

Vorstoß in ein Vakuum

Auch in Afrika führten Spannungen zu Konflikten, die zunehmend mit Waffengewalt ausgetragen wurden. Portugal lockerte als eine der letzten Kolonialmächte die Herrschaft über seine afrikanischen Besitzungen; die Regierungen in Lissabon hatten viele Jahre gegen die Rebellion von Befreiungsbewegungen, insbesondere in Angola und Mosambik, gekämpft. 1974 wurde Portugals rechtsgerichtete Regierung

Nach dem Militärputsch im April 1974 durch linksgerichtete Militäroffiziere gingen junge Portugiesen auf die Barrikaden und warfen Bilder der Führer des alten Regimes aus den Regierungsgebäuden.

unter Marcello Caetano in einer weitgehend unblutigen Revolution durch linksgerichtete Militäroffiziere gestürzt. Angesicht des in Portugal herrschenden Chaos blieb der Regierung keine andere Wahl, als Angola, Mosambik, Guinea-Bissau, den Kapverdischen Inseln sowie São Tomé und Príncipe die Unabhängigkeit zu gewähren. Im Fernen Osten nutzte unterdessen Indonesien das Machtvakuum, um die Herrschaft über Osttimor zu erlangen.

In Angola setzte sich die Regierung aus einer Koalition der drei Guerilla-Armeen MPLA, FNLA und UNITA zusammen, aber diese zerstritten sich bald und begannen einen Bürgerkrieg. Die marxistische MPLA unter der Leitung von Agostinho Neto besetzte die Hauptstadt und bildete die Regierung. Die von Zaire, der heutigen Demokratischen Republik Kongo, unterstützte FNLA kontrollierte den Norden und die UNITA den Süden. Die von Jonas Savimbi geleitete UNITA unterhielt Verbindungen mit China, wurde aber auch von Südafrika unterstützt. Zwischen 1975 und 1988 unternahmen die

Der FNLA-Führer Holden Roberto (stehend, mit Sonnenbrille, im Fahrzeug) fuhr im Dezember 1975 durch die Straßen von Neu-Lissabon (heute Huambo) in Angola und feierte die Bildung einer Koalitionsregierung mit der UNITA.

Südafrikaner zahlreiche militärische Vorstöße in den Süden Angolas – unter dem Vorwand, ihre Grenzen abzusichern und Stützpunkte von SWAPO-Guerillas anzugreifen, die einen Befreiungsfeldzug in Namibia führten.

Um dem Regime in Angola den Rücken zu stärken, entsandte Kuba 1975 10 000 Soldaten in das afrikanische Land. In ähnlicher Weise waren 17 000 Kubaner in Auseinandersetzungen in Äthiopien verwickelt, wohin sie zur Unterstützung der prosowjetischen Militärjunta geschickt worden waren, die 1974 Kaiser Haile Selassie gestürzt hatte. Haile Selassie, der einst über einen Hofstaat mittelalterlicher Pracht geherrscht hatte, starb im darauf folgenden Jahr unter Hausarrest. Nach seinem Tod sah sich das marxistische Militärregime unter Mengistu Haile Mariam Rebellionen in den Provinzen Eritrea und Tigray gegenüber und führte 1977/78 einen Grenzkrieg mit Somalia über die Ogaden-Region. Dies brachte die bereits verarmte Region noch weiter ins Elend.

Die Exzesse selbstherrlicher afrikanischer Tyrannen wurden von der Außenwelt mit einer Mischung aus Verachtung, Verärgerung und Verwirrung betrachtet. 1977 ernannte sich Präsident Jean-Bedel Bokassa von der Zentralafrikanischen Republik in einer extravaganten, 30 Mio. Dollar teuren Zeremonie zum Kaiser, während seine Untertanen mit einem durchschnittlichen Jahreseinkommen von 250 Dollar auskommen mussten. Und in Uganda stand Präsident Idi Amin an der Spitze eines Regimes, das seine Macht mit unvorstellbarer Grausamkeit ausübte. Solche Machenschaften arbeiteten den Befürwortern der von Weißen dominierten Regime in Rhodesien und Südafrika in die Hände.

Isoliertes Rhodesien
Rhodesien hatte 1965 einseitig seine Unabhängigkeit erklärt; da es aber von einer selbst ernannten Regierung der weißen Minderheit unter Ian Smith regiert wurde, erlangte die Erklärung international keine Anerkennung. In der Folge formierten sich zwei in Kuba ausgebildete, von den Sowjets bewaffnete Guerillaarmeen und führten einen Krieg gegen das Regime: die ZANU (Zimbabwe African National Union) unter der Leitung des Marxisten Robert Mugabe und die ZAPU (Zimbabwe African People's Union) unter Vorsitz von Joshua Nkomo. Der Krieg wurde immer grausamer, als die Guerillas weiße Farmer in abgelegenen Landesteilen als Ziel auserkoren und sie zusammen mit ihren Familien und ihren schwarzen Angestellten töteten. Auch Missionaren gegenüber zeigten sie keine Gnade. So wurden im Februar 1977 drei Jesuiten und vier Dominikanernonnen in einer Missionsstation bei Salisbury ermordet.

Die weißen Rhodesier führten einen bisweilen ebenso grausamen Feldzug zur Unterdrückung der Guerilleros. Sie überquerten auch die Grenze zu Mosambik, dessen marxistische Regierung unter der Leitung des Anführers der Befreiungsarmee Frelimo, Samora Machel, in Rhodesien kämpfenden Guerillatruppen Unterstützung und Schutz bot. Außerdem bauten die Rhodesier in Mosambik eine konterrevolutionäre Guerillatruppe mit Namen Renamo auf. Mosambik hatte bereits wirtschaftlich zu kämpfen; nun wurden seine Industrien, Eisenbahnlinien und Kraftwerke durch Sabotage dezimiert, was die Nation in eine lang anhaltende Armut stürzte. Ungefähr 600 000 Menschen kamen bei dem Bürgerkrieg zwischen der Regierung Mosambiks und der Rebellenbewegung Renamo ums Leben und nahezu 500 000 Kinder starben an Unterernährung.

Da man sie aus der internationalen Gemeinschaft ausgeschlossen hatte, fehlte es den weißen Rhodesiern an politischer und militärischer Unterstützung. Schließlich gelang es aber doch, Smiths Regime an den Verhandlungstisch zu bringen, und am 21. Dezember 1979 stimmte er einer Herrschaft der schwarzen Mehrheit zu – unter der Garantie, dass die Weißen 20 der insgesamt 100 Parlamentssitze erhalten würden. 1979 wurde Robert Mugabe zum Ministerpräsidenten gewählt;

Bei Gesprächen in London 1980, die zum Ende der Herrschaft der weißen Minderheitsregierung in Rhodesien und der Entstehung von Simbabwe führten, demonstrierten Joshua Nkomo (links) und Robert Mugabe noch Geschlossenheit.

im nächsten Jahr wurde Rhodesien offiziell in die Unabhängigkeit entlassen und erhielt den Namen Simbabwe. Mugabe bot Joshua Nkomo an, die Macht mit ihm zu teilen, doch diese Vereinbarung zerbrach 1982.

Gewalt in Südafrika

In Südafrika sah sich die Regierung unterdessen zunehmendem Druck der schwarzen Bevölkerung gegenüber, die Opfer der diskriminierenden Apartheidgesetze geworden war. Im Rahmen ihrer Bemühungen, die Verantwortung für die Schwarzen loszuwerden, bildete die südafrikanische Regierung zwischen 1976 und 1981 eine Reihe von speziellen Territorien, die Homelands oder Bantustans, und erklärte diese für unabhängig. Den Bantustans wurde aber von der internationalen Gemeinschaft die Anerkennung verweigert. Durch skrupellose Polizeimethoden gelang es der Regierung, den Groll der Schwarzen und die Aktivitäten des Afrikanischen Nationalkongresses ANC unter Kontrolle zu halten. Dennoch flackerten Unruhen auf, besonders 1976 in der außerhalb von Johannesburg gelegenen Schwarzensiedlung Soweto. Als Tausende von Schulkindern und Studenten gegen Pläne der Regierung demonstrierten, den

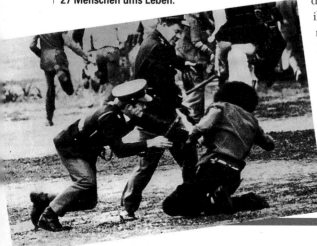

Nach blutigen Unruhen in Soweto im Juni 1976 breiteten sich die Proteste in andere Teile Südafrikas aus. An der University of Western Cape in Belville bei Kapstadt kamen bei zweitägigen Ausschreitungen im August 27 Menschen ums Leben.

Schulunterricht nur noch in Afrikaans – der Sprache der weißen Minderheit – abzuhalten, feuerten die Sicherheitskräfte auf sie; in den nächsten Monaten starben rund 500 Menschen bei Zusammenstößen mit der Polizei.

Herrschaft des Militärs

Ausbrüche von Gewalt beschränkten sich aber nicht nur auf neu entstandene Staaten. So stürzte in Griechenland 1973 eine Gruppe von Generälen die Regierung von Oberst George Papadopoulos. Weit reichendere Auswirkungen hatte dies, als die Offiziere versuchten, eine Machtübernahme in Zypern zugunsten der EOKA einzufädeln – einer griechischen Untergrundorganisation, die die politische Union zwischen Zypern und Griechenland anstrebte. Die türkische Minderheit Zyperns, das im Jahr 1960 seine Unabhängigkeit erlangt hatte, sah durch die Absicht der neuen griechischen Führung ihre Rechte in Gefahr. Nachdem der gemäßigte zypriotisch-orthodoxe Staatschef, Erzbischof Makarios III., im Juli 1974 in einem von der griechischen Militärregierung unterstützten Staatsstreich abgesetzt worden war und Zypern verlassen hatte, übernahm ein EOKA-Vertreter das Präsidentenamt. Nun berief sich die Türkei auf ihren Status als Schutzmacht der türkischen Zyprioten und entsandte Truppen auf die Insel, die die Kontrolle über den Nordteil erlangten – Zypern wurde zu einer geteilten Nation. Als der Anschluss Zyperns an Griechenland gescheitert war, entschloss sich die Militärführung, die Regierungsgeschäfte Griechenlands wieder an zivile Kräfte zu übertragen

Am 24. Juli 1974 gingen die Bewohner Athens auf die Straßen, um den Fall der Militärregierung und die Rückkehr eines zivilen Kabinetts unter Konstantin Karamanlis zu feiern.

Befreiungskampf der Guerilla

Ähnliche Konflikte wurden auch in Lateinamerika ausgetragen, wo es einen krassen Gegensatz zwischen reichen und armen Staaten gab. Diese Tatsache hatte sich durch die unterschiedlich rasche industrielle Expansion in den 60er-Jahren ergeben, die teilweise mit steigender Inflation, Arbeitslosigkeit und Auslandsschulden einherging. Viele linksgerichtete Aktivisten versuchten, durch legitime demokratische Mittel an die Macht zu

SALVADOR ALLENDE

Salvador Allende galt als Symbolfigur idealistischer Ambitionen.

1970 gewann Salvador Allende als erster Marxist in einem lateinamerikanischen Land die Präsidentschaft in freier Wahl. Er führte eine Vielzahl von sozialistischen Maßnahmen ein – so verstaatlichte er bedeutende Industriezweige, enteignete große landwirtschaftliche Besitztümer, um Genossenschaftsbetriebe für Kleinbauern zu schaffen, und fror die Preise wichtiger Lebensmittel ein. In der Folge stagnierte die Wirtschaft, die Inflation stieg und erreichte 1972 eine Rate von 162%. Dennoch erhielt Allende von vielen Seiten Unterstützung und wurde im März 1973 wieder gewählt.

In den darauf folgenden Monaten litt das Land unter Streiks und Unruhen und stand am Rand eines Bürgerkriegs. Am 11. September 1973 inszenierte das chilenische Militär einen Putsch und umstellte den Präsidentenpalast. Mit der Niederlage vor Augen richtete Allende das Gewehr gegen sich selbst. Nun begann eine Ära gewalttätiger Unterdrückung unter der Diktatur von General Augusto Pinochet.

gelangen; so wurde 1970 in Chile der Marxist Salvador Allende zum Staatspräsidenten gewählt. Wie sich später herausstellen sollte, hatte der amerikanische Geheimdienst CIA Allendes Wahlkampf sabotiert, um auf diese Weise zu versuchen, die amerikanischen Geschäftsinteressen in Chile zu wahren. Die Vereinigten Staaten wollten verhindern, dass sich der Kommunismus in Bereiche ausbreitete, die sie als ihre ureigenste Interessensphäre betrachteten.

In anderen Ländern Lateinamerikas entstanden – motiviert durch die Revolution in Kuba von 1958 – zahlreiche marxistische Guerillabewegungen, beispielsweise in Nicaragua, El Salvador, Uruguay und Argentinien. Nach und nach fielen beinahe alle lateinamerikanischen Länder an Militärregime. 1975 besaßen lediglich Venezuela, Kolumbien und Costa Rica gewählte Regierungen.

In Nicaragua gelang es 1979 nach nahezu zehn Jahre andauernden Guerillaaktivitäten den linksgerichteten Sandinisten, die korrupte Regierung von Präsident Anastasio Somoza zu stürzen. Unterdessen häuften sich Ende der 70er-Jahre gewalttätige Auseinandersetzungen zwischen Guerillas und der von den USA unterstützten rechtsgerichteten Regierung von El Salvador und nahmen durch die Anwesenheit skrupelloser Milizen einen zunehmend brutaleren Verlauf. 1980 wurde der

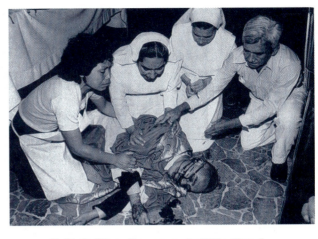

Erzbischof Oscar Romero wurde 1980 während einer Messe in San Salvador von einer rechtsextremen Todesschwadron ermordet.

Sozialreformer Erzbischof Oscar Romero von einer paramilitärischen Truppe während einer Messe in San Salvador ermordet; bei Angriffen auf die Trauergemeinde während seiner Beerdigung kamen 40 Menschen ums Leben. 1979/80 fanden in El Salvador über 9000 Zivilisten den Tod. In Uruguay und Argentinien wiederum sahen sich die jeweiligen Militärregierungen einer gemeinsamen Opposition durch einen nur schwer fassbaren Gegner gegenüber – Kämpfern, die zum Symbol der Gewalt und Unsicherheit dieser Ära werden sollten: den Terroristen.

Ein Sportstadion dient als improvisiertes Gefängnis für Tausende von Gefangenen, die nach dem Sturz von Präsident Allende Kritik an Chiles Militärregierung geäußert hatten.

Das Zeitalter des Terrorismus

Zur Durchsetzung ihrer Ziele verübten Extremisten in aller Welt Attentate und nahmen den Tod unschuldiger Menschen in Kauf.

Heutzutage zeigen sich Staatsregierungen in der Regel entschlossen, den Forderungen von Terroristen nicht nachzugeben. In den 70er-Jahren herrschte jedoch verbreitet die Ansicht, dass sich durch Anarchismus und Guerillakriege Regierungen stürzen oder zumindest radikale Veränderungen herbeiführen lassen, wie in einer Reihe von Ländern seit dem Zweiten Weltkrieg zu beobachten war, etwa in China und Kuba.

Das Ziel der Terroristen besteht in erster Linie darin, Chaos und Ängste auszulösen, um die existierende Ordnung aus dem Gleichgewicht zu bringen und Veränderungen herbeizuführen, die sich durch politische Verhandlungen nicht erreichen lassen. Während sie von den Regierungen als Kriminelle und Terroristen gebrandmarkt werden, gelten Terroristen für ihre Sympathisanten als Freiheitskämpfer und Märtyrer.

In den 70er-Jahren und zum Großteil auch in den beiden folgenden Jahrzehnten kam es zu einer Häufung von Terroranschlägen: Berichte über Flugzeugentführungen, Bombenattentate und Morde auf offener Straße beherrschten die Medien. Die Regierungen versuchten mit allen Mitteln, einen gelassenen Eindruck zu erwecken – das normale öffentliche Leben sollte weitergehen. Die Sicherheitsmaßnahmen wurden allerdings drastisch erhöht, um das Risiko von Attentaten zu verringern. So wurden verschärfte Sicherheitskontrollen an Flughäfen, öffentlichen Gebäuden wie Museen sowie Geschäften zu einer unumgänglichen Tatsache.

Jeder, der sich zur falschen Zeit am falschen Ort aufhielt, konnte einem Anschlag zum Opfer fallen. Die Terroristen rechtfertigten ihr Tun, dies sei eine bedauerliche, aber unvermeidliche Begleiterscheinung des Kampfes für eine gerechte Sache; sie gaben den Regierungen die Schuld, da diese die Terroristen durch ihre Haltung dazu zwingen würden, auf Gewaltaktionen zurückzugreifen.

Zahlreiche Regierungen gewährten den Terroristen Unterstützung und stellten ihnen Ausbildungslager, Geld und Waffen zur Verfügung. Dazu zählten die Länder des Ostblocks, insbesondere die DDR und Kuba, die ein politisches Interesse daran hatten, Staaten zu unterminieren, die sich noch nicht im Einflussbereich des Kommunismus befanden; außerdem das extrem antiwestliche Libyen unter der Herrschaft von Moamar al-Gaddhafi, das durch seine reichen Ölvorkommen Geld im Überfluss besaß, sowie Syrien und Jemen. Unterstützung für den Terrorismus ließ sich sogar in den Vereinigten Staaten finden, wo die Nachkommen katholischer irischer Einwanderer die IRA mit Geldspenden unterstützten.

Der Kampf der PLO

Zu Beginn der 70er-Jahre hielten zahlreiche Flugzeugentführungen die Welt in Atem. Allein zwischen dem 6. und 9. September 1970 versuchten palästinensische Terroristen mehrfach, Flugzeuge zu kapern, was ihnen in einigen Fällen auch gelang – so zwangen sie eine amerikanische, eine britische und eine Schweizer Passagiermaschine zur Landung auf einem jordanischen Militärflugplatz. Mit der Aktion wollten die Entführer erreichen, dass sechs in der Bundesrepublik Deutschland und in der Schweiz inhaftierte Terroristen sowie eine Palästinenserin, die man bei einer gescheiterten Entführung verhaftet hatte und in Großbritannien festhielt, auf freien Fuß gesetzt wurden. Nach einwöchigen Verhandlungen, in der sämtliche Geiseln bis auf 48 zumeist israelische Staatsangehörige freigelassen wurden, sprengten die Entführer die leeren Flugzeuge in die Luft. Bis zum 30. September trafen alle freigepressten Terroristen in Kairo ein; die noch festgehaltenen Geiseln wurden von der jordanischen Armee befreit.

Rechts: Eine von der baskischen Separatistenorganisation ETA rekrutierte junge Frau. Maskierte und bewaffnete Terroristen wurden in den Medien der Welt zu einem vertrauten Anblick.

1970
1970 Die Baader-Meinhof-Gruppe wird aktiv.
1972 Überfall auf das israelische Team bei der Olympiade in München
1975 Geiselnahme bei der OPEC-Konferenz in Wien
1976 Blutiges Ende der Flugzeugentführung in Entebbe
1977 Die GSG 9 beendet das Geiseldrama von Mogadischu.
1978 Die Roten Brigaden entführen und ermorden Aldo Moro.
1980 Der „Leuchtende Pfad" beginnt mit seinem Terror in Peru.

Die Entführer waren Mitglieder der 1967 von Georges Habash gegründeten Volksfront für die Befreiung Palästinas (PFLP), eines Ablegers der Palästinensischen Befreiungsorganisation (PLO). Die PFLP hatte sich kurz nach dem Sechstagekrieg gebildet, als deutlich wurde, dass Israel von den Arabern kaum mit konventionellen militärischen Mitteln besiegt werden konnte. Der spektakuläre Sabotageakt der PFLP führte dazu, dass die PLO und Tausende von Palästinensern 1970/71 aus Jordanien vertrieben wurden.

Vorsitzender der PLO war Jasir Arafat, der dieses Amt 1969 übernommen hatte. Innerhalb der PLO gab es zahlreiche terroristische Splittergruppen. Eine wichtige Rolle spielte neben der PFLP auch die Organisation Schwarzer September, die sich nach der Ausweisung militanter Palästinenser aus Jordanien im September 1970 gebildet hatte. Diese Gruppierungen hatten sich zum Ziel gesetzt, den Kampf zur Vernichtung des Staates Israel mit allen Mitteln fortzuführen.

1974 erklärte sich Jordanien im marokkanischen Rabat bereit, seinen Anspruch auf das inzwischen von Israel besetzte Westjordanland aufzugeben, wenn dieses in einen Palästinenserstaat umgewandelt werden könne. Arafat empfahl die Beendigung des PLO-Terrorismus außerhalb von Israel, um internationales Ansehen für seine Organisation und die Verfolgung ihrer Ziele zu erlangen. Aber die PFLP und andere radikale Gruppen lehnten diese Kompromisslösung ab und hielten an ihrer Verpflichtung fest, Palästina, ganz egal mit welchen Mitteln, wieder herzustellen. Zusammen mit anderen Extremistengruppen bildeten sie die so genannte Ablehnungsfront und setzten ihre Terroraktivitäten fort. Die PLO blieb gespalten, nachdem sie im Jahr 1982 aus ihrem Hauptquartier in Beirut vertrieben wurde, aber Arafat machte von seiner neuen Basis in Tunis aus allmählich wieder seine Autorität geltend. Unterdessen lehnte es Israel weiterhin ab, sich der Gewalt der Terroristen zu beugen, und rächte sich mit militärischen Angriffen auf Guerillalager und durch blutige Vergeltungsaktionen seines Geheimdienstes Mossad.

Separatistenbewegungen

Anderenorts kämpften Terroristen in ihrem Heimatland und versuchten, eine Eigenständigkeit oder Autonomie zu erlangen. So war den in Nordostspanien lebenden Basken unter dem Regime Francisco Francos eine be-

DAS GEISELDRAMA VON MÜNCHEN

Am 5. September 1972, dem zehnten Tag der Olympischen Spiele in München, überwanden morgens gegen 5 Uhr acht arabische Freischärler einen Sicherheitszaun und schlüpften heimlich ins olympische Dorf. Eine halbe Stunde später stürmten sie unter dem Kugelhagel ihrer automatischen Waffen in ein Apartment des israelischen Teams; der Manager der Gewichthebermannschaft war auf der Stelle tot, ein Ringertrainer erlag später seinen Verletzungen. Einigen Athleten gelang in der Verwirrung die Flucht, zehn wurden jedoch gefangen genommen. Innerhalb weniger Stunden wurde das olympische Dorf von Polizisten und Soldaten komplett abgeriegelt. Die Angreifer, Angehörige der radikalen Terroristengruppe Schwarzer September, forderten die Freilassung von 200 palästinensischen Gefangenen in Israel und einen Flug in eine arabische Hauptstadt. Sollten ihre Forderungen nicht erfüllt werden, würden sie alle zwei Stunden eine Geisel töten.

Die Frist wurde Stunde um Stunde verlängert, denn die intensiven Verhandlungen unter Leitung von Bundeskanzler Willy Brandt dauerten den ganzen Tag an. Einer Geisel gelang es, sich durch einen Sprung in die Freiheit zu retten. Um 22.00 Uhr fuhr schließlich ein Bus der Bundeswehr im olympischen Dorf vor, der die Terroristen und die Geiseln zu zwei wartenden Hubschraubern brachte. Deutsche Politiker und Polizeichefs bestiegen einen dritten Hubschrauber und gemeinsam flogen sie zum Militärflughafen Fürstenfeldbruck, 45 km außerhalb von München, wo eine Boeing 707 der Lufthansa bereitstand. Zwar hatte man den Terroristen versichert, dass ihre Forderungen erfüllt würden und sie nach Kairo fliegen könnten, doch dies war eine Falle. Zwei von ihnen überquerten das Rollfeld, um das Flugzeug zu inspizieren, aber als sie zu den Hubschraubern zurückkehrten, eröffneten Scharfschützen der Polizei das Feuer. Drei Terroristen waren rasch ausgeschaltet, doch die in den Hubschraubern verbliebenen Geiselnehmer richteten ihre Waffen auf die Gefangenen und warfen Granaten. In dem Feuer starben alle Geiseln, fünf Terroristen und ein deutscher Polizist.

Der Rettungsversuch erwies sich als entsetzlicher Fehlschlag, doch es kam noch schlimmer: In den Mitternachtsnachrichten wurde im Radio bekannt gegeben, alle Geiseln seien in Sicherheit, was in Israel und Deutschland eine Woge der Erleichterung auslöste. Erst drei Stunden später sickerte die entsetzliche Wahrheit durch. Nun musste Willy Brandt das Vorgehen seiner Regierung rechtfertigen: Die ägyptische Regierung hatte dem Flugzeug die Landung in Kairo verweigert und Israel hatte es kategorisch abgelehnt, über die Freilassung der Gefangenen zu verhandeln. Damit blieben kaum Alternativen als der Einsatz von Gewalt. Die Tragödie überschattete die gesamten Olympischen Spiele.

Oben: Trauernde Verwandte in Israel. Links: Ein vermummter Terrorist der Gruppe Schwarzer September.

sonders schlechte Behandlung widerfahren. Da sie ihre eigene Sprache und kulturellen Wurzeln besaßen, lehnten es zahlreiche Basken ab, zu Spanien zu gehören. Die baskische Separatistenorganisation ETA hatte Mitte der 60er-Jahre ihre Gewaltaktionen gestartet. Francos Regierung beschnitt ihre Aktivitäten durch Maßnahmen wie Inhaftierung, Entführung und Folter. Dennoch wirkte die ETA weiter und tötete 1973 den spanischen Ministerpräsidenten Luis Carrero Blanco mit einer Bombe, die eine so enorme Durchschlagskraft besaß, dass sein Wagen über eine Kirche hinweggeschleudert wurde.

Nach Francos Tod im Jahr 1975 setzte die neue demokratische Regierung Spaniens die inhaftierten ETA-Mitglieder auf freien Fuß. Die Unzufriedenheit über die Situation der Basken ließ den Gewaltfeldzug der ETA aber erneut eskalieren. Über einen Zeitraum von 30 Jahren hinweg zeichnete die ETA für rund 800 Todesfälle verantwortlich.

Auch in der ostkanadischen Provinz Quebec – deren französischsprachige Bevölkerung auf die ersten Siedler in Kanada zurückgeht, das 1779 von den Briten erobert wurde – gab es Bestrebungen, die auf die Erlangung der vollen Autonomie abzielten. Die Bemühungen beschränkten sich aber größtenteils auf rechtmäßige politische Aktivitäten und eine Reihe von Volksbefragungen. Im Jahr 1970 unternahm die Befreiungsfront für Quebec jedoch eine Reihe von Entführungen und tötete eine ihrer Geiseln, den Arbeitsminister von Quebec, Pierre Laporte.

Mit einem großen Problem sahen sich auch die Niederlande durch Flüchtlinge von den Südmolukken konfrontiert. Die christlichen Ambonesen von den Südmolukken, einer Inselgruppe im ehemaligen Niederländisch-Indien, waren während der niederländischen Kolonialzeit in großer Zahl für die Königlich Niederländisch-Indische Armee rekrutiert worden. Die Ambonesen hatten gehofft, nach dem Abzug der Niederländer 1950 in die Unabhängigkeit entlassen zu werden, aber diese Ambitionen wurden von Indonesien zerschlagen. 1975–78 unternahmen südmolukkische Terroristen in den Niederlanden eine Kampagne der Gewalt, um auf ihre Unzufriedenheit aufmerksam zu machen. So entführten sie im Juni 1977 in der Stadt Assen einen Zug und hielten 55 Menschen 20 Tage lang als Geiseln fest, bis niederländische Marinesoldaten den Zug stürmten; dabei kamen sechs Separatisten und zwei Geiseln ums Leben.

Pulverfass Nordirland

Überlagert wurden diese Konflikte jedoch allesamt von den Vorgängen in Nordirland. Jahrzehntelang war hier die römisch-katholische Minderheit von der protestantischen Mehrheit als Bürger zweiter Klasse behandelt worden; die Protestanten blieben Großbritannien gegenüber loyal und hielten die Macht durch das nordirische Parlament Stormont in Belfast fest in der Hand. Angeregt durch die Bürgerrechtsbewegung in den Vereinigten Staaten hatten katholische Aktivisten in Irland in den 60er-Jahren versucht, auf das

Oben: In den letzten Stunden der Flugzeugentführung durch die PFLP in Jordanien 1970 wurden die Geiseln aus den Flugzeugen ins Freie gebracht, bevor die drei Maschinen durch eine Reihe spektakulärer Explosionen in die Luft gesprengt wurden (unten).

Ungleichgewicht mit Protestmärschen und Kundgebungen aufmerksam zu machen, aber die von Protestanten dominierte Polizeitruppe RUC begegnete ihnen oft mit Gewalt.

Als die Auseinandersetzungen zwischen den beiden tief gespaltenen Gemeinschaften eskalierten, sah sich die britische Regierung zum Einschreiten gezwungen und entsandte Truppen nach Nordirland, um die Katholiken vor der zunehmenden Aggression der Protestanten zu schützen. Aber innerhalb weniger Monate sahen die Katholiken die Briten als feindliche Streitmacht an, die die Herrschaft der Protestanten und der britischen Regierung mit allen Mitteln aufrecht erhalten wollte. Die verworrene Situation erwies sich als Vorteil für die Republikanerbewegung, die den vollständigen Abzug der Briten und die Wiedervereinigung von Nordirland mit der Republik Irland im Süden zum Ziel hatte. Für das Erreichen dieses Zieles kämpften zwei eng miteinander verbundene Organisationen: Die nationalistisch-katholische Sinn Féin, der politische Flügel der Republikaner-Bewegung, und die Irisch-Republikanische Armee (IRA), ihr militärischer Arm. Die IRA unternahm parallel zu anderen Extremistengruppen wie z. B. der Irischen Nationalen Befreiungsarmee (INLA) Terroraktionen, die an Zahl und Brutalität weiter zunahmen.

Eskalation der Gewalt

Die Protestanten bildeten ihre eigenen paramilitärischen Gruppen wie die Ulster Defence Force (UDF) und die Ulster Freedom Fighters (UFF) und zahlten die Bombenattentate und Morde der IRA mit gleicher Münze heim. Auf das Konto der verfeindeten Gruppierungen gingen allein im Jahr 1971 insgesamt 37 Bombenexplosionen im April, 47 im Mai und 50 im Juni.

Im August 1971 nutzte die britische Regierung neue Vollmachten zur Internierung, um Verdächtige ohne Verhandlung in Haft nehmen zu können. Dies verstärkte die antibritische Stimmung noch weiter und im September war bereits das 100. Opfer der gewalttätigen Ausei-

Der spanische Ministerpräsident Luis Carrero Blanco, einer von Francisco Francos engsten Beratern, kam im Dezember 1973 bei einem Terroranschlag in Madrid ums Leben. Die baskische Separatistenorganisation ETA hatte eine Bombe unter der Straße vergraben.

nandersetzungen zu beklagen: Ein 14-jähriges Mädchen, das zufällig in einen Schusswechsel geriet. Im Dezember dieses Jahres wurden 15 Menschen allein bei Bombenattentaten in der Region Ulster getötet. Die Internierungsmaßnahmen der Briten lösten auch die Auseinandersetzung im folgenden Monat aus, die als Blutiger Sonntag bekannt wurde. Am 30. Januar 1972 feuerten britische Soldaten in Londonderry auf katholische Demonstranten und erschossen 13 von ihnen.

Als Vergeltung nahm die IRA nun offen das britische Militär ins Visier. Im Februar 1972 explodierte im Hauptquartier eines Fallschirmjägerregiments im britischen Aldershot eine Autobombe der IRA und tötete sieben Zivilisten.

Fortsetzung Seite 40

ANARCHISTISCHE GEWALTTÄTER

IN DER WESTLICHEN WELT WURDE DER TERRORISMUS DURCH EINE MISCHUNG AUS JUGENDLICHEM VERDRUSS UND REVOLUTIONÄREM IDEALISMUS ANGEHEIZT.

Die Plakate des marxistischen Revolutionärs Che Guevara, die Ende der 60er- und in den 70er-Jahren in den Zimmern zahlloser Studenten der ganzen westlichen Welt hingen, bekundeten eine verbreitete Sympathie mit linksextremen revolutionären Aktionen. Der Kampf für die Unterdrückten der Welt hatte etwas Romantisches und war „in". Einige gingen aber noch einen Schritt weiter und setzten ihre revolutionären Sympathien in die Praxis um. Führende Industrielle, Militärs, Regierungsbeamte und Diplomaten wurden zu Opfern von Entführungen und Mordanschlägen durch eine neue Generation skrupelloser Revolutionäre: die Stadtguerilla oder Terroristen.

Exemplarisch hierfür war die nach ihren Gründungsmitgliedern Andreas Baader und Ulrike Meinhof benannte Baader-Meinhof-Bande. Der Kaufhausbrandstifter Andreas Baader saß im Berliner Zuchthaus Tegel eine dreijährige Haftstrafe ab, als er am 14. Mai 1970 von drei Bewaffneten in einer dramatischen Aktion aus dem Gefängnis befreit wurde. Diese wurden später als Ulrike Meinhof, Horst Mahler und Astrid Proll identifiziert. Die Befreiungsaktion war für die Mitglieder der Baader-Meinhof-Bande, die sich selbst als Rote Armee Fraktion (RAF) bezeichneten, der Beginn eines Lebens auf der Flucht, wobei sie eine Spur von Banküberfällen, Entführungen und Morden hinterließen. Meinhof, Baader und dessen Freundin Gudrun Ensslin wurden 1972 verhaftet, aber ihre Mitstreiter setzten die Anschläge fort.

Motiviert wurden die Terroristen zunächst von einer tiefen Abneigung gegen das kapitalistische System und damit verbundenen sozialrevolutionären Vorstellungen. Vor allem der Vietnamkrieg wurde zum verhassten Symbol westlicher Habgier. Sie bekundeten auch Solidarität mit der Volksfront zur Befreiung Palästinas (PFLP) und anderen Organisationen und erhielten von der PLO, der DDR und Libyen sowohl Waffen als auch die Möglichkeit zur terroristischen Ausbildung. Ab 1972 galten die terroristischen Gewalttaten im Wesentlichen dem Ziel, die Freilassung der im Gefängnis sitzenden Gesinnungsgenossen zu erreichen.

Die Verhandlung gegen die inhaftierten Rädelsführer der RAF fand unter schärfsten Sicherheitsvorkehrungen in einem speziell errichteten Hochsicherheitstrakt in der Haftanstalt von Stuttgart-Stammheim statt. Sie begann im Mai 1975 und dauerte zwei Jahre lang. Ulrike Meinhof beging 1976 im Gefängnis Selbstmord.

Im Oktober 1977 entführten vier palästinensische Terroristen eine Lufthansa-Maschine mit 86 Passagieren an Bord; ein mehrtägiger Irrflug führte sie nach Mogadischu in Somalia; dort erschossen sie den Piloten Jürgen Schumann und forderten die Freilassung der inhaftierten RAF-Mitglieder und weiterer Häftlinge. Am 18. Oktober wurden die Geiseln aber in einer dramatischen Rettungsaktion der deutschen Anti-Terror-Einheit GSG 9 befreit und drei der Entführer erschossen. Nur wenige Stunden nach Bekanntwerden der Geiselbefreiung wurden Andreas Baader, Gudrun Ensslin und ein weiterer Terrorist, Jan-Carl Raspe, tot in ihren Gefängniszellen aufgefunden. Baader und Raspe hatten sich offenbar erschossen, auch wenn unklar blieb, wie sie zu den Waffen gekommen waren. Gudrun Ensslin hatte sich erhängt. Eine weitere in Stammheim inhaftierte Terroristin, Irmgard Möller, überlebte den Selbstmordversuch mit schweren Stichverletzungen. Danach verlor die Terroristenszene in Deutschland an Schlagkraft. In den 80er-Jahren spaltete sich die RAF in mehrere Gruppierungen auf.

Nach dem Zusammenbruch der DDR wurden 1990 einige RAF-Mitglieder verhaftet, deren Untertauchen in den 80er-Jahren von der DDR-Führung unterstützt worden war. Als die RAF im April 1998 ihre Selbstauflösung bekannt gab, war nur

Die Mitglieder der Roten Armee Fraktion begingen zahlreiche spektakuläre Sprengstoffanschläge und Entführungen und schreckten selbst vor Mord nicht zurück.

noch wenigen Menschen bewusst, dass die Organisation für mehr als 30 Morde verantwortlich zeichnete – unter ihren Opfern befanden sich Persönlichkeiten wie Arbeitgeberpräsident Hanns Martin Schleyer, der Vorstandssprecher der Dresdner Bank Jürgen Ponto, der Vorstandssprecher der Deutschen Bank Alfred Herrhausen sowie der Wirtschaftsmanager Detlev Carsten Rohwedder.

Die RAF bekannte sich zu internationalen Verbindungen mit ähnlichen Organisationen in anderen Ländern, etwa mit den Roten Brigaden in Italien. Diese 1970 gegründete Bewegung erhielt ihren

ANARCHISTISCHE GEWALTTÄTER

Zulauf von unzufriedenen linksextremen Intellektuellen und nahm sich die lateinamerikanischen Befreiungsbewegungen zum Vorbild. Die Roten Brigaden begannen mit Bombenattentaten auf Fabriken, aber ihre Gewalt eskalierte allmählich zu einem regelrechten Feldzug aus Bombenanschlägen, Entführungen und Morden. Ziel ihrer Attentate bildeten Polizeichefs, Richter, leitende Industrielle, Regierungsbeamte sowie andere „Feinde der Arbeiterklasse". Im März 1978 machten sie weltweit von sich reden, als sechs Männer Aldo Moro, den Parteivorsitzenden der Christlich Demokratischen Partei und früheren Ministerpräsidenten Italiens, entführten und fünf seiner Leibwächter töteten. Als sich die italienische Regierung weigerte, auf die Forderung einzugehen und 13 Terroristen freizulassen, die in Turin vor Gericht standen, ermordeten sie Aldo Moro. Seine Leiche wurde 54 Tage nach seiner Entführung im Kofferraum eines Autos gefunden.

Dieser brutale Mord an einer Persönlichkeit des öffentlichen Lebens beraubte die Roten Brigaden jeglicher Sympathie, die sie zuvor in der italienischen Öffentlichkeit genossen hatten. Aber die Gewaltaktionen nahmen weiter zu: Allein 1980 töteten die Roten Brigaden 30 Menschen. Ende der 80er-Jahre verschwanden die Roten Brigaden von der Bildfläche, als ihre revolutionäre Einstellung mehr und mehr zum Scheitern verurteilt war.

Die Medien konzentrierten sich auf bestimmte Einzelpersonen und verschafften ihnen Kultstatus. Der Terrorist Carlos, genannt „der Schakal", ein Venezolaner, dessen richtiger Name Ilich Ramírez Sánchez lautete, hatte Verbindungen zur PLO und zur Baader-Meinhof-Bande. Nach Anschlägen in Frankreich 1974/75, bei denen rund 15 Menschen starben, entging er in London knapp seiner Verhaftung. Als Nächstes tauchte er in Wien auf, wo er für die Gefangennahme von 70 Menschen im Hauptquartier der OPEC verantwortlich war. Zusammen mit elf Geiseln ließ er sich und seine Komplizen nach Algier fliegen; dort wurden die Geiseln für ein Lösegeld von 20 Mio. Dollar freigelassen. 1994 wurde Carlos schließlich im Sudan festgenommen und in Frankreich vor Gericht gestellt. Auch in Frankreich gab es eine Terrorgruppe, die Action Directe, die Bombenattentate auf Büros, Fabriken, Gerichtshöfe und Kasernen verübte; außerdem ermordeten ihre Mitglieder im November 1986 den Chef von Renault, George Besse.

Auch die USA sahen sich mit terroristischen Aktivitäten konfrontiert. Eine Gruppe mit Namen Symbionese Liberation Army (SLA) entführte im Februar 1974 in San Francisco die 19-jährige Verlegerstochter Patricia Hearst. Die Entführer forderten ein Lösegeld von 2 Mio. Dollar, das in Form von Lebensmittelgaben an Bedürftige ausgezahlt werden sollte. Obwohl die Forderung erfüllt wurde, kam die Verlegerstochter nicht frei. Stattdessen wurde sie eine Woche später bei einem Bankraub in San Francisco von Sicherheitskameras gefilmt, wie sie sich offenbar freiwillig an dem Überfall beteiligte. Sechs Mitglieder der SLA wurden im Mai 1975 bei einer Schießerei mit der Polizei getötet; weitere, darunter Patricia Hearst, wurden kurz darauf festgenommen. Sie behauptete, von ihren Entführern einer Gehirnwäsche unterzogen worden zu sein, musste aber trotzdem vier Jahre im Gefängnis absitzen.

Das Ziel der linksextremen Terroristen bestand darin, den Staat zu untergraben und den Boden für eine Revolution zu schaffen. Durch ihre Aktivitäten hofften sie, Regierungen zu einem scharfen staatlichen Durchgreifen zwingen zu können, das die Freiheiten der Bürger verletzen und verbreitet für Unzufriedenheit sorgen sollte. Wenn Regierungen Gewalt einsetzten, um den Terrorismus zu ersticken, würden die Terroristen und ihre Sympathisanten mit Genugtuung ihre Vorurteile bestätigt sehen.

Rechtsextreme Gruppen verfolgten ähnliche Strategien. So wurden 1980 in Italien 85 Menschen getötet, als im Wartesaal des Hauptbahnhofs von Bologna eine Bombe explodierte. Sie war von Neofaschisten gelegt worden, die versuchen wollten, den Prozess gegen Gesinnungsgenossen zu unterbrechen, die 1974 ein Attentat auf einen Zug in Mailand verübt hatten.

Der im September 1977 von der RAF entführte Hanns Martin Schleyer wurde über sechs Wochen später ermordet aufgefunden.

Dieses Waffenarsenal (unten), das offenbar dem legendären Terroristen Carlos (rechts oben) gehörte, wurde in Budapest entdeckt.

NORDIRLANDS BLUTIGER SONNTAG

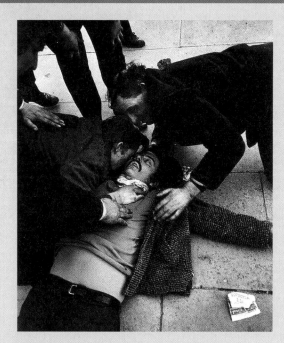

Ein Opfer des Blutigen Sonntags liegt sterbend auf einer Straße von Londonderry, nachdem britische Soldaten das Feuer auf Demonstranten eröffnet hatten.

Als sich am Sonntag, den 30. Januar 1972, die Abenddämmerung über Londonderry legte, lagen 13 Menschen tot auf den Straßen der Stadt – erschossen von britischen Soldaten; weitere 17 Menschen hatten Verletzungen erlitten. Sie waren zu Opfern von 50-minütigen heftigen Gewaltausbrüchen geworden. Was als friedlicher, wenn auch illegaler Protestmarsch von Bürgerrechtlern begonnen hatte, endete in schweren Krawallen, als 10 000 Demonstranten auf die Barrikaden losgingen, die sie am Vordringen ins Stadtzentrum hindern sollten. Britische Truppen, die man zum Schutz der Absperrungen eingesetzt hatte, gerieten unter einen Hagel aus Steinen und Flaschen und wurden von rund 300 Randalierern mit Eisenstangen traktiert. Die Soldaten antworteten mit Gummigeschossen und Tränengas. Sondereinheiten wurden eingesetzt, um die Rädelsführer festzunehmen, wenn diese wiederholt angriffen.

Dann kam es zu dem kritischen, umstrittenen Moment, an dem die Schießerei begann. Die Armee behauptete, sie sei unter Gewehrfeuer geraten und hätte angemessen reagiert und auf die Schützen gezielt. Die Demonstranten hingegen erklärten, die Armee habe zuerst geschossen und unbewaffnete Demonstranten getötet.

Die Todesfälle riefen vielerorts Empörung und Entsetzen hervor, insbesondere unter der katholischen Bevölkerung Nordirlands, die anschließend sehr verbittert gegenüber der britischen Regierung und der protestantischen Mehrheit war. Jede Seite schilderte die Vorfälle auf ihre Weise, aber wie es auch immer tatsächlich gewesen sein mag, für Großbritannien stellten die Vorfälle eine Katastrophe dar. Es war, so erklärte Bernadette Devlin, katholische Parlamentarierin für die Region Ulster, „ein Massenmord durch die britische Armee … den wir nie vergessen werden". Im Parlament warnte sie am nächsten Tag davor, paramilitärische katholische Gruppen würden bestimmt für jeden der Toten Vergeltung üben. Es dauerte nicht lange, bis ihre Prophezeiung Wirklichkeit wurde: Der Blutige Sonntag markierte einen Wendepunkt in der Geschichte der Unruhen Nordirlands – die IRA verstärkte ihre Kampagne der Gewalt erheblich, wobei nun vor allem das britische Militär in Ulster und in Großbritannien ins Visier der Aktivisten geriet.

In Westminster starb im März 1979 Airey Neave, der Sprecher der Konservativen Partei für Nordirland, durch eine Bombe der IRA.

Im März 1972 wurde das Parlament Stormont aufgelöst und die Briten enthoben die nordirische Regierung ihres Amtes, aber dies veranlasste die IRA nur, ihren Terror bis nach London zu tragen. Im Juni 1974 zerstörte eine Bombe einen Teil der Westminster Hall im britischen Parlament; Airey Neave, ein ranghoher Berater der Vorsitzenden der Konservativen Partei sowie der späteren Premierministerin Margaret Thatcher, fiel im März 1979 einem Attentat zum Opfer. Im August des gleichen Jahres kam Lord Mountbatten,

Bei der Beerdigung von Bobby Sands tragen maskierte Gesinnungsgenossen den Sarg des IRA-Häftlings, der an den Folgen seines 66-tägigen Hungerstreiks in Belfast starb.

der 79-jährige Cousin der Königin, ums Leben, als in seinem Boot vor der Küste der Grafschaft Sligo in der Republik Irland eine Bombe explodierte. Die IRA, deren Anschlag auch Mountbattens 14-jähriger Enkel und sein irischer Bootsführer zum Opfer fielen, sprach von einer Hinrichtung.

Zu einer weiteren Verschärfung der Lage kam es 1981, als Bobby Sands und neun weitere republikanische Gefangene des Hochsicherheitsgefängnisses Maze bei Belfast infolge eines Hungerstreiks starben; sie wurden damit zu Märtyrern und lösten tagelange schwere Unruhen aus. Am 20. Juni 1982 traf eine Bombe der IRA einen berittenen Trupp des Blues-and-Royals-Regiments im Londoner Hyde Park, wobei zwei Gardisten und sieben Pferde getötet wurden. Noch am gleichen Nachmittag bildete eine Militärkapelle der Royal Green Jackets, die im Londoner Regent's Park spielte, das Ziel eines Anschlags; dabei kamen sechs Mitglieder der Kapelle ums Leben.

Die Mehrheit der Menschen in Nordirland war jedoch der Gewalt überdrüssig, die immer mehr Familien und unschuldige Beteiligte traf, darunter auch Kinder. Im August 1976 gründeten Betty Williams und Mairead Corrigan – die Tante von drei Kindern, die ums Leben gekommen waren – die Friedensbewegung Community of Peace People oder Ulster Peace Movement. Im Wesentlichen handelte es sich dabei um eine Kampagne von Frauen beider Konfessionen, die immer stärkeren Zulauf erhielt. Im November 1976

Weil sie den endlosen Kreislauf der Gewalt nicht länger hinnehmen wollten, schlossen sich viele nordirische Frauen der Friedensbewegung Ulster Peace Movement unter der Leitung von Mairead Corrigan (Mitte links) und Betty Williams (Mitte rechts) an.

beteiligten sich rund 30 000 Menschen an einem Friedensmarsch durch London. Im Oktober 1977 erhielten Betty Williams und Maired Corrigan für ihre Bemühungen zur Beendigung des Bürgerkriegs nachträglich den Friedensnobelpreis für 1976 zuerkannt. Doch der anfängliche Elan und Optimismus der Bewegung ließ bald nach, denn jedes weitere Attentat forderte neue Opfer und brachte Menschen dazu, Vergeltung zu fordern und Rache zu üben. Während das restliche Europa weiter zusammenwuchs, wurde die Grenze zwischen Nordirland und der Republik Irland durch Barrikaden, Kontrollposten und Grenzpatrouillen verstärkt. Eine friedliche Lösung schien in immer weitere Ferne zu rücken.

Revolutionsbestrebungen in Südamerika

Die Katholiken Nordirlands wollten zwar den Wandel, aber sie wollten keine Revolution. In Südamerika dagegen nahm eine Reihe linksextremer Terrororganisationen den Kampf

Mit Schlagstöcken, Tränengas und Gummigeschossen versuchen britische Soldaten, einen Aufstand im nordirischen Londonderry unter Kontrolle zu bekommen.

gegen ihre Regierungen auf, um eine Revolution herbeizuführen; dazu unternahmen sie vor allem in den Großstädten Gewaltaktionen. Die Tupamaros in Uruguay wurden 1963 von dem Gewerkschaftsaktivisten Raúl Sendic gegründet und nach Tupac Amarú II. benannt, dem Anführer der peruanischen Revolte gegen Spanien im 18. Jh. Anfangs raubten die Tupamaros Banken und Geschäfte aus und verteilten ihre Beute an die Armen. In den 70er-Jahren waren sie dann in zunehmend gewalttätigere Anschläge sowie Brandstiftungen und Entführungen verwickelt; als ihr Ziel hatten sie das Militär und ausländische Beamte erklärt. 1970 wurde ein amerikanischer Berater der uruguayischen Polizei entführt und ermordet; der britische Botschafter Geoffroy Jackson wurde im Jahr 1971

entführt und rund acht Monate lang festgehalten, bevor er freikam – kurz nachdem mehr als 100 Tupamaros, möglicherweise mit offiziellem Einverständnis, aus dem Gefängnis ausgebrochen waren. Ein scharfes Durchgreifen der Militärregierung führte 1973 zum Tod von ungefähr 300 Aktivisten und Sympathisanten der Tupamaros und der Verhaftung mehrerer Tausend ihrer Anhänger. Die meisten von ihnen wurden auf freien Fuß gesetzt, als im Jahr 1985 wieder eine Zivilregierung an die Macht kam.

In Argentinien entwickelte sich die von Präsident Juan Péron in den frühen 50er-Jahren gegründete Jugendbewegung Montoneros während seines langjährigen Exils zu einer militanten Bewegung, die von Péron bei seiner Rückkehr an die Macht 1973 abgelehnt wurde. Während der Präsidentschaft von Péróns Witwe Isabel ab 1974 entwickelte sich die Bewegung zu einem heftigen Regierungsgegner, fand aber einen skrupellosen Kontrahenten in Stabschef General Jorge Rafael Videla, der im März 1976 Präsident wurde. Noch im selben Monat wurden Hunderte von Regierungsgegnern verhaftet; später wurden mehr als 15 000 inhaftiert, gefoltert, von Todesschwadronen ermordet oder verschwanden spurlos.

Der Leuchtende Pfad

Eine der gewalttätigsten Terrorbewegungen Südamerikas war die 1970 von dem Philosophieprofessor Abimael Guzmán Reynoso gegründete Sendero Luminoso (Leuchtender Pfad) in Peru. Inspiriert von extremen kommunistischen Manifesten, etwa der chinesischen Kulturrevolution und den Roten Khmer in Kambodscha, griffen Reynosos Anhänger 1980 zu den Waffen und unternahmen einen Feldzug der Gewalt, durch den sie sich die Kontrolle über weite Teile Zentral- und Südperus verschafften. Sie traten für die Rechte und die Kultur der einheimischen Indianer

Ganz oben: Rekruten der Tupamaros in Uruguay glaubten, sich einer revolutionären kommunistischen Armee anzuschließen, wie auf den Propagandaplakaten dargestellt. Darunter: In Peru bildeten Kleinbauern ihre eigenen militärischen Einheiten, um sich gegen die Terroristengruppe Sendero Luminoso (Leuchtender Pfad) verteidigen zu können.

ein und terrorisierten die Bevölkerung durch skrupellose Einschüchterung, Zerstörung und Mord. Als Reynoso 1992 schließlich verhaftet wurde, hatte seine revolutionäre Bewegung bis zu diesem Zeitpunkt bereits den Tod von ungefähr 25 000 Menschen auf dem Gewissen.

Selbst diese Gruppe hatte in der übrigen Welt ihre Anhänger; nach wie vor betrachteten zahlreiche Menschen die Rolle der linksextremen Terroristen in einem romantischen Licht und verunglimpften die Regierungen, die sich mit ihnen auseinander setzen mussten. Bedingt durch den Zusammenbruch des Kommunismus gegen Ende der 80er-Jahre verloren revolutionäre marxistische Terroristen jedoch allmählich die Unterstützung und den Rückhalt im Volk; nun erschien es vielen Aktivisten aussichtsreicher zu sein, Gewaltaktionen zugunsten von Verhandlungen und politischer Überzeugungsarbeit aufzugeben.

STURMANGRIFF AUF ENTEBBE

Im Flughafenterminal von Entebbe in der Nähe von Ugandas Hauptstadt Kampala herrschte drückende Hitze. Als am 5. Juli 1976 die Nacht hereinbrach, saßen dort 106 jüdische Geiseln, die meisten von ihnen israelische Staatsbürger. Sie wurden von sieben Terroristen gefangen gehalten. Fünf der Geiselnehmer gehörten der Volksfront zur Befreiung Palästinas PFLP an, zwei stammten aus der Bundesrepublik. Im Hintergrund standen ugandische Soldaten, die von Idi Amin, dem Präsidenten des Landes, hierher beordert waren; dieser behauptete wenig überzeugend, er würde zugunsten der Entführten verhandeln.

Das Martyrium der Geiseln hatte eine Woche zuvor auf einem Flug der Air France von Tel Aviv nach Paris begonnen. Vier Terroristen hatten das Flugzeug entführt und den Piloten gezwungen, zunächst nach Libyen und anschließend nach Uganda zu fliegen. Hier kamen drei weitere Kidnapper hinzu, was eine Mittäterschaft Amins nahe legte. Während der darauf folgenden Verhandlungen wurden über 150 Passagiere freigelassen; für die übrigen 106 wurde die Situation jedoch zunehmend bedrohlicher, da der Ablauf des Ultimatums immer näher rückte. Im Austausch für die Geiseln forderten die Terroristen die Freilassung von 53 Gesinnungsgenossen. Würden die Gefangenen nicht freigelassen, müssten die Geiseln sterben. Die Israelis zeigte sich jedoch nicht bereit, auf diese Form der Erpressung einzugehen; sie bildeten während der viertägigen Verhandlungen eine Eliteeinheit aus, um einen riskanten Rettungsversuch zu unternehmen.

Am 3. Juli verließen drei riesige Hercules-Transportmaschinen Israel und flogen 4000 km direkt nach Uganda. Die Israelis kannten den Flughafen von Entebbe gut, denn sie hatten ihn vier Jahre zuvor erbaut. Im Schutz der Dunkelheit sprangen Fallschirmjäger am Rand des Flugplatzes ab und zündeten zur Ablenkung einige Sprengsätze auf der dem Terminalgebäude abgewandten Seite der Rollbahn. Dann landeten die drei Hercules, fuhren beim Bremsen ihre Rampen aus, und 150 Angehörige der Sondereinheit stürmten heraus und drangen in das Terminal ein. Beim folgenden Schusswechsel kamen alle sieben Terroristen sowie 20 ugandische Soldaten und drei Geiseln ums Leben. Die Isrealis hatten nur ein Opfer zu beklagen – den Kommandeur der Aktion, Oberstleutnant Jonathan Netanjahu, der Bruder von Israels späterem Ministerpräsidenten Benjamin Netanjahu. Ein weiteres Opfer war die 75-jährige Geisel Dora Bloch. Sie hatte vor dem Angriff einen Erstickungsanfall bekommen und war ins Krankenhaus gebracht worden, aus dem sie nie wieder auftauchte – offenbar wurde sie zu einem Opfer der ugandischen Rache.

Aufbruch in ein neues Zeitalter

Die 70er-Jahre waren geprägt von tief greifenden gesellschaftlichen Veränderungen. Vor allem viele junge Menschen suchten in alternativen Lebensweisen oder in der Religion nach einem Sinn des Daseins. Popmusik und Medien wurden zum Sprachrohr der jungen Generation und verbreiteten die neue Lebenseinstellung. Beide Bereiche reflektierten auch die stärker werdende Globalisierung der Welt, die durch die Fortschritte der Kommunikationstechnik erst ermöglicht wurde.

Die Befreiung

Der Einfluss der Bürgerrechtsbewegung und die schwindenden gesellschaftlichen Zwänge führten zu einer Veränderung der Normen.

Die Zeit der experimentellen Jugendkultur, die in der westlichen Welt in den späten 60er-Jahren ihre Blüte hatte, erstreckte sich bis weit in die 70er-Jahre. Viele junge Menschen probierten neue Formen des Zusammenlebens aus, um sich den Zwängen herkömmlicher Lebensweise und der Notwendigkeit zur Anpassung an traditionelle Werte zu entziehen. Sie gründeten Kommunen oder flohen aus den Städten auf das Land, um dort ein vollkommen autarkes Leben zu führen. Viele betrieben eine ökologische Landwirtschaft und stellten ihre Stromversorgung alternativ durch Wind- und Sonnenenergie oder Wasserkraft sicher. Manche experimentierten mit vegetarischen und makrobiotischen Diäten, suchten Entspannung und Erkenntnis bei Yoga und in der Meditation und nutzten die Alternativmedizin – alles Elemente einer speziellen Richtung der Esoterik, die man später New Age nannte.

Aber diese Experimentierfreudigkeit hatte auch ihre Schattenseiten, wie etwa die steigende Zahl der Drogenopfer belegt; vor allem extreme religiöse Sekten übten einen verhängnisvollen Einfluss auf ihre Anhänger aus. Die Manson-Prozesse in Los Angeles überschatteten die frühen 70er-Jahre: Im März 1971 wurden Charles Manson und seine Mittäter für schuldig befunden, 1969 an der hochschwangeren, bekannten Hollywood-Schauspielerin Sharon Tate sowie an weiteren Personen in Beverly Hills Ritualmorde begangen zu haben. Sie wurden dafür zu hohen Haftstrafen verurteilt.

Schon bald wich der naive Idealismus, der die Flower-Power- und die Hippie-Bewegung geprägt hatte, entweder einem Anflug von Zynismus oder schlug in politischen Aktivismus um. So führte die Kritik an der Zerstörung der Umwelt zu konkreten Aktionen der 1971 ins Leben gerufenen Greenpeace-Organisation oder zur Gründung ökologischer Parteien, wie etwa der „Grünen" in der

DIE GROSSE ZEIT DER FLITZER

Mitte der 70er-Jahre kam es in Mode, die Öffentlichkeit zu schockieren, indem man nackt durch die Straßen rannte. Mit diesem provokanten Verhalten, das von amerikanischen Studenten ins Leben gerufen worden sein soll, wollten die Flitzer, wie man sie allgemein nannte, gegen die spießbürgerliche Moral der damaligen Gesellschaft protestieren.

Als die Polizei 1974 an der Universität von Delaware versuchte, „Flitzen" zu unterbinden, wurden elf Studenten und elf Polizisten bei den darauf folgenden Ausschreitungen verletzt. In Europa wurde Flitzen modern, als ein britischer Geschäftsmann nackt den Gang eines Jumbojets entlangrannte. Danach gab es in ganz Europa unzählige Vorfälle dieser Art. Männer wie auch Frauen „flitzten" in Vorlesungen an Universitäten, in Einkaufszentren und bei Sportveranstaltungen – sehr zum Spaß der anderen.

Die Polizei nimmt 1974 im Stadion von Twickenham einen Flitzer in Gewahrsam.

1970							
1970 Veröffentlichung von *The Female Eunuch*	1971 Oben-ohne-Baden an der Côte d'Azur	1973 Indianer besetzen Wounded Knee.	1974 Der neueste Trend heißt Flitzen.	1976 Der *Hite-Report* erscheint.	1977 Amnesty International erhält den Friedensnobelpreis.		1981 Feministinnen rufen zum Friedensmarsch von Kopenhagen nach Paris auf.

Bundesrepublik Deutschland. Die 1979 ins Leben gerufene Partei wurde von der charismatischen Petra Kelly geleitet, die zu Beginn der 80er-Jahre zur Symbolfigur der Umwelt- und Friedensbewegung wurde.

Freizügige Gesellschaft

Ob Werbung, Medien, Künste oder Mode – sie alle wollten herausfinden, ob es ein neues Interesse der Öffentlichkeit an Nacktheit und Sexualität gab und ob deren Toleranz in diesem Bereich größer geworden war. Anfang der 70er-Jahre erwiesen sich winzige Shorts für Frauen, so genannte Hotpants, als die freizügigste neue Modeerscheinung seit der Erfindung des Minirocks, während in den Schwimmbädern und an den Badestränden des Mittelmeers das Oben-ohne-Sonnenbaden die Gemüter erhitzte. Bereits 1970 sorgte der britische Intendant Kenneth Tynan für einen Skandal, als er seine umstrittene Revue *Oh! Calcutta.* auf die Londoner Bühnen brachte, die ausschließlich Tanzdarbietungen unbekleideter Tänzer, Orgien und Gotteslästerungen zum Inhalt hatte. Auch das Kino huldigte dem neuen Trend und ging ebenfalls immer mehr ins Detail. Der italienische Regisseur Bernardo Bertolucci etwa nutzte die Popularität des Hollywoodstars Marlon Brando, um in seinem Aufsehen erregenden Film *Der letzte Tango in Paris* mit der Darstellung rein körperlicher Sexualität die Zuschauer gleichermaßen zu schockieren und zu faszinieren.

Die Pille und ihre Auswirkung

„Ich nehme die Pille" – diesen Spruch konnte man 1973 auf den T-Shirts vieler junger Frauen in Italien lesen. In einem Land, das noch immer die Empfängnisverhütung ablehnte, wie es Papst Paul VI. in seiner Enzyklika *Humanae vitae* 1968 festgelegt hatte, war dies eine sehr mutige, politische Meinungsäußerung.

Die in den 60er-Jahren in den USA entwickelte Pille veränderte die sexuellen Beziehungen grundlegend. Sie war verlässlicher als jede vorher gebräuchliche Form der Empfängnisverhütung und befreite Frauen von der Angst vor einer ungewollten Schwangerschaft. Dies und eine liberalere Handhabung der Abtreibung sorgten dafür, dass Frauen selbst bestimmen konnten, wann und mit wem sie Sex suchten – so wie Männer es schon immer getan hatten. Die weibliche Sexualität wurde in Publikationen wie dem 1976 publizierten *Hite-Report* der US-Wissenschaftlerin Shere Hite mit einer noch nie da gewesenen Offenheit untersucht. Aber die Frauen wollten nicht nur die sexuelle Befreiung, sie forderten die Gleichstellung in allen Lebensbereichen.

Großes Bild: Anfang der 70er-Jahre kamen Hotpants in Mode. Dazu trugen die jungen Mädchen Strümpfe bis über die Knie. **Kleines Bild:** In der Bühnenshow *Oh! Calcutta* zeigte man sich 1970 dagegen völlig hüllenlos.

1985 Die WHO erklärt, dass Aids die Ausmaße einer Epidemie erreicht hat.

1988 Aborigines demonstrieren anlässlich der 200-Jahr-Feier für ihre Rechte.

So rief die amerikanische Feministin Kate Millet ihre Geschlechtsgenossinnen 1970 dazu auf, ihre Wut und Klagen in politisches Handeln umzusetzen. Im selben Jahr erschien auch Germaine Greers' Buch *The female Eunuch* (*Die kastrierte Frau*), eine sehr aggressive Neubewertung der Position von Frauen in einer von Männern dominierten Welt. Greers behauptete, dass Frauen im übertragenen Sinne erfolgreich von einer männerdominierten Gesellschaft kastriert worden seien. Die Ehe wurde als eine legale Versklavung der Frauen abgetan. Ein populärer Slogan der damalige Zeit lautete „Women's Lib", die Kurzform von „Women's Liberation Movement" (Freiheitsbewegung der Frauen). Das amerikanische Magazin *Ms.* war weltweit die erste Frauenzeitschrift. In Berlin erschien im Herbst 1976 mit *Courage* die erste überregionale, nur von Frauen gestaltete Frauenzeitschrift der Bundesrepublik und ein halbes Jahr später gab die streitbare Feministin Alice Schwarzer ihre Zeitschrift *Emma* heraus. Ein Teil des Kapitals stammte aus dem Honorar ihres Bestsellers *Der „kleine Unterschied" und seine großen Folgen*.

Germaine Greers' 1970 erschienenes Buch *The Female Eunuch* sorgte wegen seiner radikalen Ansichten für erhebliches Aufsehen.

Frauen in der Politik

Auch die Gesetzgebung kam den Forderungen der Frauen in einigen Bereichen entgegen. So verabschiedete die britische Regierung 1975 ein Gesetz zur Gleichstellung der Geschlechter, das u.a. die gleiche Entlohnung für Frauen wie für Männer vorsah. In der Bundesrepublik klagten im Mai 1979 insgesamt 29 Arbeiterinnen vor dem Arbeitsgericht gegen die fortgesetzte Lohndiskriminierung. In der ersten Instanz wurde ihnen Recht gegeben, in der zweiten Instanz verloren sie jedoch. Es kam zu tumultartigen Szenen vor dem Gericht, und eine Welle der Solidaritätsbezeugungen stärkte den Frauen den Rücken. Zwei Jahre später gewannen die Klägerinnen den Prozess vor dem Bundesarbeitsgericht. Trotzdem blieb die Entlohnung von Frauen auch weiterhin im Schnitt um 25 % unter der für Männer.

Auch auf anderen Gebieten wurden traditionelle Barrieren niedergerissen: 1976 durften Frauen zum ersten Mal eine Ausbildung an der US-Militärakademie in West Point absolvieren; 1981 wurde Sandra Day O'Connor als erste Frau zur Richterin am Obersten Gerichtshof ernannt. In anderen Staaten der Erde übernahmen Frauen vermehrt Regierungsverantwortung: in Sri Lanka Sirimavo Bandaranaike, in Indien Indira Gandhi, in

Tausende von britischen Frauen protestierten in den 80er-Jahren gegen die Stationierung von amerikanischen Cruise Missiles in Großbritannien.

Israel Golda Meir, in Großbritannien Margaret Thatcher und in Norwegen Gro Harlem Bruntland. Die letzten Staaten, die Frauen das Wahlrecht einräumten, waren die Schweiz (1971), Portugal (1976), Nigeria (1977) und Jordanien (1982).

Viele politisch aktive Frauen engagierten sich in der Friedensbewegung. So organisierten 1980 verschiedene Feministinnengruppen eine groß angelegte Protestaktion gegen die bevorstehende Stationierung von US-Mittelstreckenraketen in Großbritannien. Die Frauen errichteten in der Nähe des für die Cruise Missiles vorgesehenen Luftwaffenstützpunkts bei Greenham Common in Berkshire ein Friedenscamp, in dem sich zeitweilig bis zu 20 000 Menschen aufhielten, um friedlich gegen den internationalen Rüstungswettlauf zu demonstrieren. Im folgenden Jahr, 1981, riefen bundesdeutsche Kriegs- und Rüstungsgegnerinnen zur Aktionswoche „Frauen gegen Krieg und Militarismus" auf und im Sommer fand auf Initiative skandinavischer Feministinnen ein 1120 km langer Friedensmarsch von Kopenhagen nach Paris statt, bei dem für eine atomwaffenfreie Zone in Europa geworben wurde.

Gegenläufige Tendenz

Im Verlauf der 80er-Jahre allerdings zeigten sich bei den Feministinnen erste Ansätze einer Gegenbewegung. Viele Menschen waren der Penetranz des militanten Feminismus überdrüssig. Paradoxerweise hatte die Bewegung viele der aggressiven Verhaltensmuster an den Tag gelegt, die sie an Männern verurteilt hatte. Zwar kämpften Frauen noch immer gegen ihre Ungleichbehandlung in der Gesellschaft, doch suchten sie zunehmend nach einer realistischen Balance zwischen beruflicher und familiärer Anforderung, zwischen Karriere und Kinderwunsch.

In den 90er-Jahren gewann die individuelle Verwirklichung der Frau immer mehr an Bedeutung. In gewisser Hinsicht glaubten viele Frauen, sich zurücklehnen zu können, weil viele ihrer Ziele mittlerweile erreicht worden waren. Auch wenn unsichtbare Barrieren oft noch den beruflichen Aufstieg verhinder-

Der Kampf um gleiche Entlohnung vereinte alle arbeitenden Frauen. Dgegen war das legale Recht von Frauen auf eine Abtreibung sehr umstritten und blieb ein ständiger Diskussionspunkt.

ten, besaßen sie jetzt in größerem Maß die Freiheit, in dieser Welt nach ihren eigenen Vorstellungen leben zu können. Dagegen waren in vielen Teilen der Dritten Welt, mit ihren patriarchalischen Gesellschaftsformen, die Freiheiten von Frauen noch immer so beschnitten wie seit ehedem.

Aber auch in der modernen, westlichen Welt rangen Feministinnen noch mit erheblichen Problemen. Die Abtreibung spielte beispielsweise Anfang der 70er-Jahre eine ganz wesentliche Rolle im Forderungskatalog der Feministinnen. Richtungsweisend war der Fall von zwei amerikanischen Frauen, denen man eine Abtreibung verweigert hatte und die gesetzlich gezwungen wurden, ihre Babys zur Adoption freizugeben. Aufgrund dieses Falls sah sich die amerikanische Regierung 1973 gezwungen, die Abtreibung zu legalisieren. In Großbritannien wurde die Abtreibung 1967 legalisiert, Frankreich folgte 1975. In Deutschland ist der Schwangerschaftsabbruch nur unter bestimmten Voraussetzungen – „medizinisch-soziale Indikation – möglich.

Die Rechte der Homosexuellen

Etwa zur selben Zeit, als sich die Frauen emanzipierten, begannen auch die Homosexuellen, sich gegen ihre Diskriminierung zu wehren. Die Gründung der Gay Liberation Front wird gewöhnlich zurückgeführt auf den 28. Juni 1969, an dem die Polizei in einer Szene-

Die Legalisierung der Homosexualität gestaltete sich von Land zu Land unterschiedlich. In vielen westlichen Staaten protestierten Homosexuelle gegen ihre Diskriminierung im alltäglichen Leben.

DIE SEUCHE UNSERER ZEIT

Die späten 60er- und die 70er-Jahre waren dank Pille und Aufklärung die Zeit der freien Liebe. Homosexualität wurde in immer höherem Maße akzeptiert und offener praktiziert. Konservative Kreise und christliche Gruppen wandten sich entschieden gegen diese Freizügigkeit und sahen darin ein Zeichen des Verfalls von Sitte, Moral und Anstand. Einige Strenggläubige prophezeiten den Menschen sogar eine „göttliche Vergeltung".

Die Bedrohung durch Aids war ein Thema in den Medien.

Diese schien gekommen, als Forscher 1981 in Kalifornien eine neue Krankheit mit dem Namen Aids entdeckten. Aids zerstört die Fähigkeit des menschlichen Körpers, sich gegen Krankheitserreger zu wehren. Ohne Zweifel hatten diese Erreger bereits vorher existiert, aber sie waren verborgen und namenlos geblieben, bis in San Francisco mehrere Opfer dieser Erreger entdeckt wurden. Alle waren homosexuell und deshalb nahm man sofort an, dass diese Krankheit durch homosexuelle Aktivitäten verbreitet wurde. Bald zeichneten sich jedoch weitere gefährdete Gruppen ab, wie z. B. Drogensüchtige, die sich die Droge intravenös injizierten, und Bluter.

1985 verkündete die Weltgesundheitsorganisation, dass Aids die Ausmaße einer Epidemie erreicht habe. In den USA und in Europa starben meist Homosexuelle an dieser Immunschwäche, und genau das führte dazu, dass diese Regeln für sicheren sexuellen Umgang aufstellten. Homosexuellen wurde geraten, Kondome zu benutzen. Mittlerweile setzten sich die Regierungen dafür ein, dass das Problem in das Bewusstsein der breiten Öffentlichkeit drang. So ermutigte man auch Heterosexuelle, Safer Sex zu praktizieren. Weltweite Statistiken zeigten sehr bald eindeutig, dass Aids viel eher eine Krankheit war, die Heterosexuelle betraf: Mindestens 70 % aller Fälle resultierten aus dem Geschlechtsverkehr heterosexueller Partner.

Waren 1986 in der Welt 20 000 Aids-Fälle bekannt, belief sich die Zahl 1996 bereits auf rund 23 Mio. Menschen, die mit dem Aids auslösenden HI-Virus infiziert waren. Aids war verantwortlich für 6 Mio. Tote. Während die Krankheit in der westlichen Welt durch präventive Maßnahmen scheinbar unter Kontrolle gebracht war, stieg die Zahl der Erkrankten in den Entwicklungsländern drastisch an. Der am stärksten betroffene Erdteil ist Afrika, in dem 60 % aller Infizierten leben.

Ungeachtet anders lautender Beteuerungen gab es in den USA Polizeieinheiten, die gegenüber schwarzen Verdächtigen eine kompromisslose Haltung einnahmen. Die Beziehungen zwischen den Rassen blieben in den USA explosiv und der Streit flammte wegen Ungerechtigkeiten immer wieder auf.

bar, dem Stonewall Inn in Greenwich Village, New York, eine Razzia durchführte. Statt sich zu fügen, leisteten die Gäste Widerstand und es kam in den folgenden Tagen zu Ausschreitungen.

Damit war ein Zeichen gesetzt. Die Homosexuellen begannen sich zu organisieren. Ihr Ziel war, Homosexualität zu entkriminalisieren und Ungleichbehandlungen von Homosexuellen vor dem Gesetz, in der Arbeitswelt und in der Armee zu beseitigen. Außerdem ging es ihnen vor allem darum, die üblichen Vorurteile einer heterosexuell orientierten Gesellschaft ihnen gegenüber abzubauen. Für viele Homosexuelle bedeutete das Wort „Befreiung" darüber hinaus, zum ersten Mal in der Lage zu sein, sich öffentlich zu ihrer Homosexualität bekennen zu können. Man nimmt an, dass etwa vier Prozent aller erwachsenen Männer eine vorherrschend homosexuelle Neigung haben.

Das Milieu der Homosexuellen beiderlei Geschlechts entwickelte rasch eine bedeutende Subkultur mit eigenen Bars, Clubs, Zeitschriften und eigener Kunstszene. In San Francisco gibt es sogar mit dem „Castro district" einen ausschließlich den Homosexuellen vorbehaltenen Stadtteil. Das Leben der Homosexuellen entwickelte sich in diesem gegen die Außenwelt abgeschotteten Umfeld in ganz neuen Bahnen. Man lebte nicht länger im Verborgenen, sondern stellte seine Neigungen selbstbewusst und überschwänglich zur Schau.

Seit den 70er-Jahren wuchs in der westlichen Welt auch die Toleranz gegenüber den Homosexuellen und zahlreiche Staaten entkriminalisierten homosexuelle Handlungen zwischen Erwachsenen. Im Jahr 1989 legalisierte Dänemark schließlich sogar die Eheschließung von Homosexuellen. Insbesondere in moslemischen Ländern und in Afrika blieb Homosexualität jedoch streng verboten. Und selbst in einigen Bundesstaaten der USA ist sie weiterhin strafbar.

Der Übermut der homosexuellen „Revolution" erfuhr mit der Entdeckung von Aids zu Beginn der 80er-Jahre einen erheblichen Dämpfer. Die tödliche Immunschwäche galt anfangs als Krankheit, die nur unter Homosexuellen auftrat. Doch auch hier hat sich im Laufe der Jahre die Einstellung der breiten Öffentlichkeit geändert.

Kostbare Menschenrechte

Zu Beginn des letzten Viertels des 20. Jh. lebte eine große Zahl von Menschen noch immer in diktatorischen Regimes oder wurde Opfer von Diskriminierung und Verfolgung. Allerdings nahm die Toleranz der internationalen Staatengemeinschaft gegenüber diktatorischen Regierungen immer mehr ab. Eine neue Gewichtung der Menschenrechte wurde 1975 in den „Vereinbarungen von Helsinki" angekündigt und nichtstaatliche Organisationen wie z. B. Amnesty International führten einen ständigen Kampf gegen die Nichtbeachtung der Menschenrechte, gegen Folter und illegale Festnahmen.

Währenddessen litten die Minderheiten in den westlichen Demokratien noch immer unter zahllosen Beschimpfungen und Schikanen. Zwar konnte die Bürgerrechtsbewegung in den USA in den 60er-Jahren einiges zum Besseren wenden, aber der Rassismus blieb eine beständige Geißel. Regelmäßig kam es in den folgenden Jahrzehnten zu Rassenunruhen,

AMNESTY INTERNATIONAL

Amnesty International wurde 1961 in London durch den Rechtsanwalt Peter Berenson gegründet. Die Organisation startete ihre erste Kampagne zur Zeit des portugiesischen Diktators António de Oliveira Salazar, als Studenten in einem Restaurant Freiheitsparolen verkündeten und daraufhin verhaftet wurden.

Seitdem erhielt Amnesty International einen großen Zulauf. Zu Beginn des 21. Jh. verfügte die Organisation über mehr als 1 Mio. Mitglieder in 160 Ländern. So war sie in der Lage, sich für mehr als 4000 Inhaftierte gleichzeitig einzusetzen. Oberstes Ziel von Amnesty International ist es, Gefangenen, die wegen ihres Glaubens oder ihrer Überzeugungen inhaftiert wurden, die Freiheit zu verschaffen – Männer und Frauen überall in der Welt, die aus politischen oder religiösen Gründen, wegen Gewissensentscheidungen, aufgrund ihrer ethnischen Abstammung, ihres Geschlechts, ihrer Hautfarbe oder Sprache eingesperrt wurden. Amnesty beruft sich bei ihrer Arbeit auf den Grundsatz der Menschenrechtserklärung der Vereinten Nationen.

Sie setzt sich außerdem dafür ein, dass Lynchjustiz, Exekutionen, die Anwendung von Folter oder grausame und entwürdigende Behandlung von Gefangenen unterbleiben und international geächtet werden. In Anerkennung ihrer Verdienste erhielt Amnesty International im Jahr 1977 den Friedensnobelpreis.

Symbol der Hoffnung: Die Kerze mit dem Stacheldraht ist das Logo von Amnesty International.

SCHWERE RASSENKRAWALLE

Entgegen allen Forderungen nach Toleranz und Aufgeschlossenheit gegenüber Minderheiten herrschte in Großbritannien in den 70er- und 80er-Jahren ein unterschwelliger Rassismus. Besonders die afrokaribischen Mitbürger fühlten sich als Opfer von Diskriminierung. Ihre Wut richtete sich vor allem gegen die Polizei als Vertreter von Recht und Ordnung. Die Beamten dagegen waren verpflichtet, besonders gegen die wachsende Bedrohung durch die urbane Straßenkriminalität und den Drogenhandel vorzugehen. Was die Polizei als das Durchsetzen von Gesetzen rechtfertigte, betrachtete die schwarze Bevölkerung als rassistisch motivierte Angriffe.

Im April 1981 führte die Polizei in einer weitgehend von Schwarzen bewohnten Gegend von Brixton im südlichen Teil Londons eine einwöchige Aktion gegen Straßenkriminalität durch. Die Spannungen wuchsen im Verlauf der Woche und eskalierten am Wochenende, als eine Gruppe Menschen die Polizei angriff, weil diese ihrer Meinung nach einen Notarztwagen aufhielt, der einem niedergestochenen Jugendlichen helfen sollte. Am nächsten Tag entluden sich die Spannungen in gewalttätigen Auseinandersetzungen, nachdem mehrere Personen versucht hatten, einen Verhafteten zu befreien. Benzinbomben, Ziegel- und Pflastersteine wurden auf die Polizei geworfen, Autos umgestürzt und angezündet, Geschäfte geplündert sowie Löschfahrzeuge und Ambulanzen angegriffen. Die Polizei ging mit Schlagstöcken gegen die Randalierer vor, von denen die meisten Schwarze waren. Mehr als 200 Polizisten wurden verletzt und 150 Teilnehmer verhaftet. Die Ausschreitungen dauerten noch zwei Tage, bis endlich die öffentliche Ordnung wiederhergestellt war.

Auf Druck der Öffentlichkeit setzte die Regierung eine öffentliche Untersuchungskommission ein. Der im November 1981 veröffentlichte Bericht verurteilte zwar die Polizeiaktion, lobte jedoch das Verhalten der Polizei während der Unruhen. Er empfahl der Polizei Reformen in der Ausbildung ihrer Beamten und im Umgang mit schwierigen Situationen. Weiterhin sprach er sich dafür aus, Benachteiligungen aufgrund von ethnischer Zugehörigkeit zu beseitigen.

Der Unmut über eine kompromisslose Polizeiaktion im Londoner Stadtteil Brixton schlug 1981 in Unruhen um.

wie etwa in Miami im Mai 1980. Ein weißer Polizist war angeklagt, einen schwarzen Geschäftsmann getötet zu haben. Er wurde von einer ausschließlich von Weißen besetzten Jury freigesprochen. Das Urteil empörte die schwarze Bevölkerung derart, dass es zu Unruhen kam, bei denen 18 Menschen starben.

Vier Jahre zuvor hatte Großbritannien bereits ein Gesetz gegen Rassendiskriminierung verabschiedet, das die Anstiftung zum Rassenhass unter Strafe stellte. Mit diesem Schritt startete die britische Regierung eine Reihe von Aktionen, die dazu dienen sollten, die Toleranz zwischen den Minderheiten und die Integration von Ausländern zu verbessern. Trotzdem gab es 1981 gewalttätige Unruhen in London, Liverpool, Bristol, Birmingham und verschiedenen anderen Städten. Es waren die schlimmsten Rassenunruhen in Großbritannien im 20. Jh. In der Bundesrepublik Deutschland richtete sich der Rassenhass der Neonazis vornehmlich gegen moslemische Gastarbeiter, während der unterschwellige Rassismus in Frankreich – geschürt von Jean-Marie Le Pens rechtsradikaler Nationalen Front – sich gegen die Einwanderer aus Nordafrika richtete.

Fast vergessen – die Indianer

Eingeborene und Gruppen der Aborigines bemühten sich in Australien, Neuseeland und in den USA darum, jahrhundertealte Missstände zu beseitigen. In den USA litten die Indianer vor allem unter der von Washington betriebenen Politik der „Termination". Dabei beendete die Bundesregierung ihre direkte Kooperation mit den Indianern und gab die Verantwortung nach und nach an die einzelnen Bundesstaaten ab. Dies führte zu steigender Arbeitslosigkeit, einer Vernachlässigung der Ausbildung und zunehmender Verarmung, besonders in den Reservaten. Eine Zählung im Jahr 1980 ergab, dass von den 1,36 Mio. in den USA lebenden Indianern fast 45 % in den Reservaten dahinvegetierten und ein Viertel unterhalb der Armutsgrenze lebte.

Die militante amerikanische Indianerbewegung AIM, die 1968 gegründet worden war, hatte sich zum Ziel gesetzt, die Lebensbedingungen der Ureinwohner zu verbessern. Sie forderte mehr Landzuweisungen und Selbstverwaltung. Ein Ereignis machte 1973 weltweit Schlagzeilen, als bewaffnete

Mitglieder von AIM Wounded Knee, den Schauplatz des Massakers an Indianern von 1890, besetzten. Die Demonstranten konnten sich trotz des Einsatzes von Waffen 72 Tage dort verschanzen, bevor sie die Besetzung aufgaben. Zwei Indianer wurden im Verlauf dieser Aktion getötet.

In den letzten Jahren erhielten die Eingeborenen Amerikas in Bezug auf ihre Landansprüche größere Unterstützung. So schlossen die Yukon-Indianer 1996 eine Vereinbarung über die Zuweisung eines riesigen Geländes, und den Inuit wurde die Hälfte der Nordwestterritorien Kanadas zugestanden, um dort ein neues, selbstverwaltetes Gebiet – Nunavut – ins Leben zu rufen. Außerdem bemühten sich die Indianer darum, ihre Lebensumstände aus eigenem Antrieb zu verbessern. Sie entwickelten Programme, um ihre Kunstfertigkeiten, ihre Sprachen, ihre traditionelle Religion und Riten sowie ihre Philosophie zu erhalten. In welchem Maß sich das Bild von den Indianern inzwischen gewandelt hatte, zeigte sich in den Hollywood-Produktionen. Statt reißerischer Western, in denen die Indianer nur Kanonenfutter darstellten und zu Dutzenden abgeknallt wurden, drehte man nun Filme mit Zwischentönen, in denen man die Ureinwohner des Kontinents als Menschen wie du und ich erlebte. Diese neue Haltung zeigte sich besonders in Kevin Costners Kinohit *Der mit dem Wolf tanzt* aus dem Jahr 1990, der die Indianer in einem respektvollen und sympathischen Licht darstellte.

Kampf der Aborigines

Ähnliche Konflikte gab es auch in Neuseeland, wo der Anteil der Maori 12 % der Gesamtbevölkerung beträgt. Hauptstreitpunkt, der bis auf das Jahr 1840 zurückgeht, ist die Regelung des Landbesitzes. Damals hatten die Maori mit den weißen Siedlern einen Vertrag aufgesetzt, um ihre Landansprüche zu sichern; aber die gute Absicht wurde später durch Übervorteilung, Beschlagnahmungen, illegale Verkäufe und falsche Vermessungen zunichte gemacht.

Angesichts zunehmender Spannungen durch Protestaktionen der Maori setzte die neuseeländische Regierung 1975 einen Ausschuss ein, der die Landansprüche der Maori von 1840 überprüfte und neu bewertete. Als weiteres Zeichen der Anerkennung der Maori erklärte die Regierung im Jahr 1987 ihre Sprache neben Englisch zur offiziellen Landessprache. Trotzdem leiden die Maori immer noch unter Benachteiligungen. Jugendliche, die ihre Wurzeln verloren haben, schließen sich in den Städten zu Straßenbanden zusammen und geben sich bereitwillig dem Drogen- und Alkoholmissbrauch hin. Mehr als 50 % aller Gefängnisinsassen Neuseelands sind heute Maori.

Unzählige Delegationen amerikanischer Indianer waren über 100 Jahre immer wieder mit ihren Beschwerden beim Präsidenten in Washington vorstellig geworden, aber erst seit den 70er-Jahren ändert sich die Lage der Indianer.

Anders als die Maori hatten die Aborigines, die halbnomadischen Ureinwohner Australiens, nie irgendwelche konkreten Vereinbarungen mit den weißen Siedlern getroffen. Zwar erhielten die Aborigines im Jahr 1948 das australische Bürgerrecht, doch erst 1993 änderte die australische Regierung ihre bis dahin gültige Einstellung, Australien sei bei der Ankunft der ersten europäischen Siedler unbewohnt gewesen, und erkannte erstmals an, dass auch die Ureinwohner nach dem Gewohnheitsrecht natürliche Ansprüche auf das Land haben. Die heiligen Orte der Aborigines, Uluru (Ayers Rock) und Kata-Tjuta (die Olgas), waren bereits 1985 ihren ursprünglichen Besitzern zurückgegeben worden. Doch die ungleiche und ungerechte Behandlung blieb auch weiterhin bestehen.

Protestmarsch der Aborigines in Sydney während der 200-Jahr-Feier 1988. Seit die Europäer ins Land kamen, litten sie unter Diskriminierung und der Enteignung ihres Landes. Heute verlangen sie gleiche Rechte und Respekt vor ihren Traditionen und Überlieferungen.

Suche nach Antworten

Während sich viele Menschen von den traditionellen Glaubensrichtungen abwendeten, konnten Sekten einen regen Zulauf verzeichnen.

Zu Beginn des 20. Jh. trafen Beobachter die Voraussage, dass die Wissenschaft die Religion langsam aber sicher in den Hintergrund drängen würde. Entdeckungen in der Atomphysik und der Astronomie sowie die Lehre Darwins schienen in Bereiche einzudringen, die zuvor einzig und allein als die Domäne Gottes gegolten hatten. Die Prophezeiung hatte sich im Jahr 1970 noch nicht bewahrheitet, denn die Religion war immer noch lebendig. Allerdings äußerten die Führer der großen institutionalisierten Religionen öffentlich ihre Besorgnis über die abnehmende Zahl von Gottesdienstbesuchern. Für viele Menschen, besonders in der westlichen Welt, war der allwöchentliche Besuch des Gottesdienstes bei weitem nicht mehr so selbstverständlich wie für ihre Eltern und Großeltern. Dennoch spendeten die großen Religionen immer noch vielen Menschen Trost. Gleichzeitig hatte die Anzahl von Sekten und Kulten, die eine völlige Hingabe verlangten, zugenommen. Im Islam manifestierte sich diese neue Hingabe im Fundamentalismus, der weltweit große politische Auswirkungen zeitigte.

Fernöstliche Weisheiten

Zu Beginn der 70er-Jahre hatte der so genannte Hippie Trail noch seine Blütezeit. Über den Mittleren Osten, Afghanistan, Thailand und Bali verband diese Route Europa mit Australien. Die meisten jungen Reisenden aus Europa, Australien, Neuseeland und den USA strömten aber auf den indischen Subkontinent, um von Hindu-Gurus in deren Ashrams oder von buddhistischen Lehrern in abgelegenen Bergdörfern spirituell erleuchtet zu werden. Mit ihren philosophischen Weisheiten, dem Versprechen der persönlichen Erleuchtung sowie einem Hauch von Exotik befriedigten die asiatischen Religionen den Geist der Menschen aus der westlichen Welt auf einem Gebiet, auf dem viele christliche Traditionen gescheitert waren. Religiöse Techniken wie Yoga, Meditation und Fasten lehrten viele Menschen, Körper und Geist in neuem Licht zu sehen – und gerade diese neuen Betrachtungsweisen waren es, nach denen die Hippies auf ihren Reisen suchten. In einer Welt, die von Materialismus, Ungerechtigkeit und politischen Konflikten verdorben schien, begaben sie sich auf die Suche nach dem Sinn des Lebens.

Einige folgten dem Beispiel der Beatles und anderer berühmter Persönlichkeiten, die Ende der 60er-Jahre den Ashram des Maharishi Mahesh Yogi besucht hatten. Seit 1940 hatte der Maharishi eine als Transzendentale Meditation bezeichnete Technik ausgearbeitet. Er brachte die alte Disziplin der Meditation in eine neue Form, die die Menschen aus dem Westen leicht erlernen und übernehmen konnten. Nachdem die Lehren des Maharishi Anklang gefunden hatten, gründete er überall in der westlichen Welt Schulen.

Am Anfang der 70er-Jahre war die Hippie-Bewegung noch aktuell. Während sich die meisten mit dem Besuch von Musikfestivals begnügten (links), machten sich andere auf die Suche nach der Erleuchtung (oben).

1978 Papst Johannes Paul II. wird gewählt; Massenselbstmord in Jonestown, Guyana

1981 Bhagvan Shree Rajneesh gründet im US-Bundesstaat Oregon einen Ashram.

Hare-Krishna-Anhänger veränderten ihre Persönlichkeit sowohl geistig als auch körperlich.

Auf asiatischen Religionen basierende Einrichtungen bildeten bald einen gewohnten Anblick. Ihr Angebot reichte von Yogakursen in der Abendschule bis hin zu höchst disziplinierten Schulungen im japanischen Zen-Buddhismus. In den 70er-Jahren wurden die Mitglieder der Hare-Krishna-Bewegung mit ihren kahl geschorenen Köpfen und safrangelben Kutten zu einem alltäglichen Anblick in den westlichen Städten, da sie auf der Straße ihre Lehre verbreiteten, Spendengelder erbaten und neue Mitglieder anwarben. Die im Jahr 1965 von A. C. Bhaktivedanta Swami Prabhupada in New York gegründete Bewegung hatte sich, bis er 1977 im Alter von 81 Jahren starb, auf mehr als 100 Zentren weltweit ausgedehnt. Ein Grund für diese Popularität lag in dem strengen, unmaterialistischen Lebensstil der Hare-Krishna-Jünger. Durch das Studium und das Praktizieren alter vedischer Schriften und das „Chanten" des Hare-Krishna-Mantras hofften die Anhänger, sich von den bösen Einflüssen des Körpers zu befreien und an der Energie des Gottes Krishna teilzuhaben. Besorgte Eltern von Mitgliedern der Hare-Krishna-Bewegung beklagten sich, dass ihre Kinder Opfer von Gedankenkontrolle oder Gehirnwäsche seien. Dieser Vorwurf wurde gegen einige Sekten laut, denn viele dieser Glaubensgemeinschaften verlangten hohe Spendenbeträge von ihren Anhängern, was zum Vorwurf der finanziellen Ausbeutung führte. Der indische Guru Bhagvan Shree Rajneesh häufte durch die Förderung eines Kultes, der alte Mystik mit sexueller Freizügigkeit vereinte, immense Reichtümer an, die er gern öffentlich zur Schau stellte. Im Lauf der 70er-Jahre wuchs die Zahl der so genannten Bhagvan-Jünger auf ungefähr 200 000 an; 1981 gründete er im US-Bundesstaat Oregon ein großes Zentrum mit Namen Rajneeshpuram, doch 1985 führten vermehrte Austritte von Mitgliedern sowie Anklagen wegen Verstoßes gegen das Waffengesetz, Drogenhandel und Betrug zum Zusammenbruch seiner Kommune. Danach begab sich Bhagvan Shree Rajneesh in seinen Ashram im indischen Poona, der bis zu seinem Tod im Jahr 1990 weiterhin viele wohlhabende Anhänger anzog.

Wiederaufleben des Christentums

Die traditionellen christlichen Kirchen hatten Schwierigkeiten, sich dieser Suche der jungen Leute nach erneuerter Spiritualität zu stellen. Neue Impulse erhielt die römisch-katholische Kirche 1978 mit der Wahl des Erzbischofs von Krakau, Karol Wojtyla, zum Papst Johannes Paul II. – der erste nicht italienische Papst seit 1542 und mit 58 Jahren der jüngste des 20. Jh. Schon bald unternahm er

Die Anhänger von Bhagvan Shree Rajneesh kamen hauptsächlich aus westlichen Nationen. Sein Kult drehte sich um die „Dynamische Meditation" und beinhaltete eine völlige Ergebenheit gegenüber Rajneesh.

1989 Der Dalai Lama erhält den Friedensnobelpreis.

1993 Feuerdrama bei der Erstürmung des Hauptquartiers der Davidianer durch das FBI

1995 Giftgasattentat der Aum-Sekte in Tokio

1997 Massenselbstmord der Kultgruppe „Heaven's Gate"

eine Reihe von Reisen, auf denen er begeisterte Menschenmengen anzog, die ihn in seinem „Papamobil" sehen und an einer seiner Messen in einem öffentlichen Park oder einem Stadion teilnehmen wollten.

In Lateinamerika, wo die Kluft zwischen Arm und Reich offensichtlich war, suchten katholische Priester wie der Peruaner Gustavo Gutiérrez nach Wegen, die Not der Unterdrückten zu lindern. Sie entwickelten eine Bewegung, die als „Befreiungstheologie" bekannt wurde. Es wurden lokale Selbsthilfegruppen, so genannte Basisgemeinden, gegründet. Diesen kam die Aufgabe zu, in ihrer Stadt drängende Probleme – z. B. hinsichtlich Wasser- und Stromversorgung, Abwasserbeseitigung und Gesundheitswesen – anzugehen, aber auch die Bibel zu studieren. Schnell kam die Befreiungstheologie mit der Politik in Berührung: Zahlreiche Ziele der Bewegung, die von vielen Regierungen als umstürzlerisch angesehen wurden, stimmten zumindest teilweise mit denen linksradikaler Politiker und Guerilla-Organisationen überein.

Die Befreiungstheologie breitete sich über Lateinamerika hinaus bis nach Afrika aus. Anfangs schien Papst Johannes Paul II. diesen Trend zu unterstützen, aber später widerstrebte ihm eine zu offensichtliche Verbindung zwischen römisch-katholischer Kirche und Politik, und der Bewegung wurde durch die Ernennung von angepassteren Prälaten entgegengewirkt. Der konservative Johannes Paul II. bestärkte die Kirche in ihrer Ablehnung von Verhütung, Abtreibung, Scheidung und der Ordination von Priesterinnen.

Moderne Fernsehprediger

Die evangelikale Bewegung blühte auf durch Fernsehen und Radio auf, besonders in den USA. Als strenge Fundamentalisten neigten ihre Mitglieder dazu, moralische Rechtschaffenheit und absolute Bibeltreue zu predigen – zusammen mit einem rechts stehenden antiliberalen Programm, das Antikommunismus, die Unterstützung starker militärischer Verteidigung und den lautstarken Protest gegen Feminismus, Abtreibung und die Rechte Homosexueller beinhaltete. In den späten 80er-Jahren jedoch war der Ruf der Fernseh-Evangelisten durch offenkundige Heuchelei stark gefährdet. 1987 gestand Reverend Jim Bakker, Chef des christlichen Medienimperiums Heritage USA, eine Affäre mit einer Sekretärin gehabt zu haben. Sein größter Rivale, Jimmy Swaggart, bezeichnete ihn als ein „Krebsgeschwür auf dem Körper Christi", aber schon im darauf folgenden Jahr musste Swaggart selbst zugeben, mit einer Prostituierten zu verkehren.

Ab 1985 akzeptierte die anglikanische Kirche auch Frauen als Diakone und im Jahr 1992 sogar die Ordination von Priesterinnen, aber nicht ohne den Protest einiger Mitglieder.

DER DALAI LAMA

Im Alter von nur fünf Jahren wurde Tenzin Gyatso 1940 in der tibetischen Hauptstadt Lhasa auf den Thron erhoben. Er war nun der bedeutendste religiöse Führer und gleichzeitig das Staatsoberhaupt in dem von buddhistischen Mönchen bevölkerten, entlegenen Land. 1950 annektierten die Chinesen Tibet und eine lange Zeit der Unterdrückung begann. Die Tibeter rebellierten 1959, aber als ihr Aufstand fehlschlug, floh der Dalai Lama zusammen mit 100 000 seiner Anhänger über die Berge nach Indien und bildete in Dharamsala eine Exilregierung.

Von dort aus kämpfte der Dalai Lama gegen die chinesische Unterdrückung in Tibet. Während der Kulturrevolution, als viele Klöster mutwillig verwüstet und zerstört wurden, erwies sich dies als besonders schwierig. Der Dalai Lama bereiste die Welt, um sich für seine Sache einzusetzen, und wurde wegen seiner Würde, seiner Weisheit und seinem nicht vorhandenen Bedürfnis nach Rache geachtet. Die Chinesen betrachteten ihn jedoch immer als Feind. Als der Dalai Lama 1987 in die USA reiste und sich an den Kongress wandte, beschuldigte China die USA, sich in die inneren Angelegenheiten des Reiches der Mitte zu mischen. Im selben Jahr brachte der Dalai Lama einen Fünf-Punkte-Plan für Tibet vor, in dem er vorschlug, nicht länger um die Unabhängigkeit Tibets zu kämpfen, wenn das Land eine größere Autonomie erhielte und zu einem Gebiet würde, „in dem Frieden und Gewaltlosigkeit herrschten und in dem Mensch und Natur in Frieden und Harmonie leben könnten". Chinas Antwort hat damals wie heute wenig Anlass zu Optimismus gegeben.

1989 erhielt der Dalai Lama den Friedensnobelpreis. Bei der Verleihung wurde hervorgehoben, dass er immer friedliche, auf Toleranz und gegenseitigem Respekt basierende Lösungen angestrebt hatte, um das historische und kulturelle Erbe seines Volkes zu erhalten.

Der für seine mitreißenden Predigten bekannte Reverend Jimmy Swaggart (links) übte großen Einfluss auf ein breites Publikum aus. Wenn er und andere Evangelisten wie Jerry Falwell im Fernsehen sprachen (oben), riefen Zuschauer mit Gebetswünschen und Spendenangeboten an.

jedoch nach wie vor ein äußerst umstrittenes Thema. Die Airport Vineyard Church gehörte ursprünglich zur „Association of Vineyard Churches", einem Netzwerk von Neuen Pfingstkirchen, die John Wimber im kalifornischen Anaheim gegründet hatte. Der ehemalige Geschäftsmann und Manager von Popgruppen war im Jahr 1962 zum fundamentalistischen Christentum konvertiert. Aber selbst dieser Verband distanzierte sich vom „Toronto-Segen".

Religiöse Randgruppen

Eine der Aufsehen erregendsten Bewegungen unseres Zeitalters ist die Vereinigungskirche, die den christlichen und den taoistischen Glauben vereint. Sie wurde 1954 von dem koreanischen Prediger und Industriellen San Myung Mun gegründet, von dessen Namen die volkstümliche Bezeichnung „Munis" für ihre Mitglieder herrührt. Die Vereinigungskirche gibt an, das Werk Christi weiterzuführen, indem sie den Satanismus, den sie auch im Kommunismus manifestiert sieht, bekämpft. Von den Mitgliedern wird absolute Loyalität gegenüber Mun und der Vereinigungskirche erwartet. Dies hat zu Vorwürfen der Gedankenkontrolle und der Indoktrination geführt, die durch die Vorliebe der Vereinigungskirche für Massentrauungen noch bestärkt wurden.

Pfingstkirchen und „Toronto-Segen"

Das Aufblühen des fanatischen fundamentalistischen und evangelikalen Christentums hatte weit reichende Auswirkungen in den USA. Die von dem baptistischen Minister Jerry Falwell 1970 gegründete „Moral Majority" bildete eine mächtige konservative politische Gruppierung und trug 1980 dazu bei, dem Republikaner Ronald Reagan den Wahlsieg zu sichern. Besonders die Pfingstkirchen, die zu Beginn des 20. Jh. zunächst in Kansas entstanden waren, erfuhren das Wiederaufleben eines hingebungsvollen Christentums. Im Anklang an die Pfingstoffenbarung der Bibel suchen ihre Mitglieder bei ihren Treffen nach Beweisen für die Anwesenheit des Heiligen Geistes. Am 20. Januar 1994 wurde ein Gebetstreffen in der Airport Vineyard Church in der Nähe der Start- und Landebahn des Flughafens von Toronto abgehalten. Plötzlich zeigte die ganze Gemeinde ein scheinbar unkontrollierbares Verhalten: Die Mitglieder zitterten, zuckten, fielen in Ohnmacht, lachten, schrien oder stießen Tierlaute aus. Dies wurde als Beweis für die Anwesenheit des Heiligen Geistes angesehen und in der Folge als der „Toronto-Segen" bekannt. Die Kunde davon erreichte zahlreiche Kirchen – unabhängig von der Konfession – und verbreitete sich in der ganzen Welt. Der „Toronto-Segen" bleibt

APOKALYPSE IN GUYANA

Im November 1978 gingen aufrüttelnde Fernsehbilder um die Welt. Im Dschungel Guyanas lagen 913 von Hitze und Verwesung entstellte Leichen, darunter 276 Kinder. Diese Menschen hatten am größten Massenselbstmord der modernen Zeit teilgenommen. Ort des Geschehens war das abgelegene, 240 km von der Hauptstadt Georgetown entfernte Jonestown, das von dem amerikanischen Pastor Jim Jones für Mitglieder seiner Volkstemplersekte als landwirtschaftliche Siedlung gegründet worden war. Jones, früher Pastor einer Methodistengemeinde, gründete in den 50er-Jahren die Volkstemplersekte in Indiana, USA, bevor er 1965 nach Kalifornien zog. Seine Lehre bestand aus einer Mischung aus fundamentalistischem Christentum, sozialer Fürsorge, Rassengleichheit und der Vision vom Ende der Welt. Mit Zentren in San Francisco und Los Angeles sowie zahlreichen Siedlungen und Rückzugsorten entlang der Westküste wuchs die Sekte in den 70er-Jahren rapide. Sie leitete auch soziale Projekte, die Programme für Behinderte und die Rehabilitation Drogensüchtiger mit einschlossen. Jones galt im öffentlichen Leben als bedeutende Persönlichkeit: Er war Mitglied der Democratic Party und 1976/77 Vorsitzender der Wohnungsbaubehörde in San Francisco.

1975 hatten die Volkstempler 4000 Mitglieder, von denen 70% der afroamerikanischen Bevölkerungsgruppe entstammten. Jones begann sich selbst als Messias zu sehen und prophezeite, dass die Schwarzen von einer faschistischen Regierung verfolgt würden, bevor die Welt bei einem Atomkrieg unterginge. Aber die Presse zeigte immer häufiger Unregelmäßigkeiten auf: finanzielle Misswirtschaft, moralische Verstöße in der Kirche und Jones' fälschliche Behauptungen, Wunder vollbringen zu können. Da er sich zunehmend verfolgt fühlte, zog Jones 1977 mit rund 1000 Sektenmitgliedern nach Jonestown. Hier unterwarf er seine Anhänger mithilfe von bewaffneten Wachen einer tyrannischen Herrschaft mit „Erziehungsmaßnahmen" wie Folter, öffentlicher Auspeitschung und Arrest. Als Vorbereitung für den Weltuntergang ließ er sogar regelmäßig den Massenselbstmord proben.

Aufgrund von Gerüchten, dass Mitglieder der Volkstempler gegen ihren Willen in Jonestown festgehalten würden, flog im November 1978 der US-Kongressabgeordnete Leo Ryan mit vier Journalisten und einigen Verwandten von Sektenmitgliedern nach Guyana. Nach einer Nacht in Jonestown machten sich Ryan, sein Team und zehn abtrünnige Mitglieder der Volkstempler auf den Weg zu Jones, doch dieser gab seinen Wachen den Befehl, alle zu erschießen. Ryan und vier weitere Personen starben im Kugelhagel, aber der Rest der Gruppe konnte entkommen. In dem Wissen, dass diese Aktion das Militär gegen die Volkstempler aufbringen würde, bereitete Jones seinen Selbstmordplan vor und ließ Limonade mit Zyankali versetzen. „Die Zeit, sich an einem anderen Ort zu treffen, ist gekommen", erklärte er, als er seinen Anhängern befahl, das Gift zu trinken. Kleinen Kindern wurde die Flüssigkeit mithilfe von Spritzen eingeflößt, während Wachen auf jeden schossen, der zu entkommen versuchte. Nur 34 Personen entgingen dem Tod.

von einer körperlichen Reise aus. Ihre unverwechselbare Kultur erhielt durch die Reggae-Musik von Bob Marley und Peter Tosh weltweite Publicity.

Weltuntergangssekten

Charismatische Führer können in der abgeschotteten Welt religiöser Sekten eine Menge Unheil anrichten. Dies hat sich in den letzten 30 Jahren des 20. Jh. immer wieder auf dramatische Weise gezeigt. Einer der bekanntesten Fälle ist der 1978 von Jim Jones, dem Führer der Volkstempler, inszenierte Massenselbstmord von über 900 seiner Anhänger. Sein Kult war mit einer Vision, die das Ende der Welt voraussagte, verbunden. Dasselbe gilt für die Davidianer, die eine Ranch im texanischen Waco als Hauptquartier nutzten. Diese Sekte war 1935 gegründet und von verschiedenen Führern, die sich alle mit dem biblischen König David und dem Messias identifizierten, geleitet worden. Der letzte Führer war Vernon Howell, der 1990 seinen

Die in Jamaika lebenden Rastafari, die das Verbot des Marihuanagenusses missachten, verehren den früheren äthiopischen Kaiser Haile Selassi und hoffen auf die Rückkehr in ein „erlöstes Afrika".

Die Vereinigungskirche behauptet, von den Behörden verfolgt zu werden – ebenso wie die Scientology-Kirche, eine Bewegung, die in den 50er-Jahren von dem Sciencefiction-Autor L. Ron Hubbard in den USA gegründet wurde. Der zentrale Gedanke der Scientologen besteht darin, dass wir als Kinder die Erinnerungen an unangenehme Erlebnisse speichern. Diese „Engramme" müssen durch eine bestimmte Form der Psychotherapie, Dianetik genannt, beseitigt werden, damit wir ein ausgeglicheneres und selbstbestimmtes Leben führen und aus der Energie des Universums Kraft schöpfen können. In den 80er-Jahren wurde Scientology wegen finanzieller Misswirtschaft überprüft. Die Sekte hat nach eigenen Angaben weltweit 8 Mio. Mitglieder, darunter Prominente wie die Hollywood-Stars Tom Cruise und Nicole Kidman.

Die Rastafari wiederum verstoßen bewusst gegen geltende Gesetze, indem sie auf den Genuss von Marihuana bestehen. Für sie sind Verordnungen nur ein weiterer schädlicher Faktor von Babylon, der verdorbenen Welt und der absoluten Hölle, die außerhalb des heiligen Landes Äthiopien existiert. Die Rastafari glauben, dass die Schwarzen die überlegene Rasse darstellen, die enterbten Nachkommen der Israeliten, die zeitweilig von den Weißen beherrscht werden. Aber ihr Tag wird kommen, und ihr Anführer wird ihre gottesgleiche Galionsfigur Kaiser Haile Selassie von Äthiopien sein, der behauptete, ein direkter Nachkomme König Salomos zu sein. Vor seiner Krönung trug Haile Selassie den Titel Ras (Prinz) Tafari, der der Bewegung ihren Namen gab. Die Religion entstand in Jamaika und wurde bedeutend von Marcus Garveys „Zurück-nach-Afrika"-Philosophie beeinflusst. Als den Rastafari bewusst wurde, dass sie nicht wirklich auf eine Rückkehr nach Äthiopien hoffen konnten, gingen sie eher von einer philosophischen als

Die Aum-Sekte verübte am 3. März 1995 einen Giftgasanschlag auf die Tokioter U-Bahn, wobei 12 Menschen starben und Tausende verletzt wurden.

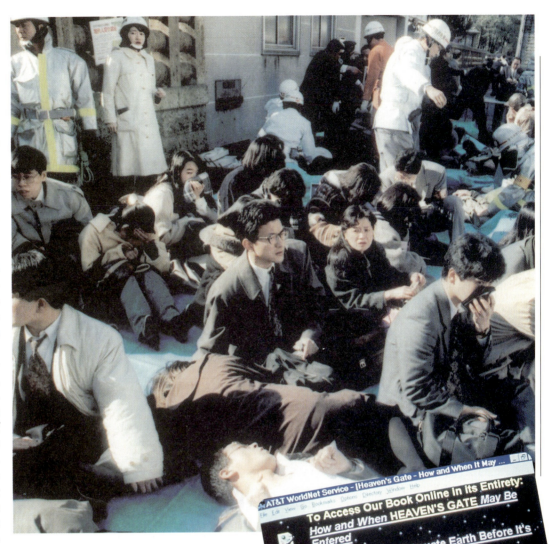

Rechts: Die Kultgruppe „Heaven's Gate" lebte in San Diego und kommunizierte via Internet mit der Außenwelt. Der Glaube der Mitglieder an ein außerirdisches Schicksal war augenscheinlich so groß, dass sie kollektiven Selbstmord begingen.

Namen in David Koresh (nach dem alten Perserkönig Kyros) änderte. Koresh erschuf sein eigenes streng autoritäres Regime und herrschte über etwa 130 Anhänger. Er lehrte, dass die Welt in einer apokalyptischen Schlacht von Ungläubigen übernommen würde und lediglich die Auserwählten überleben könnten. 1992/93 wurde die Ranch mit Waffen, Munition und Granaten im Wert von 200 000 Dollar aufgerüstet, und alle Mitglieder, auch Kinder, erhielten eine militärische Schulung.

Am 28. Februar 1993 kam ein 200-köpfiges FBI-Team auf die Ranch, um nach illegalen Waffen zu suchen. Dies führte zu einer bewaffneten Auseinandersetzung, in deren Verlauf vier Regierungsbeamte und sechs Sektenmitglieder getötet wurden. Das FBI zog sich zurück und eine 51-tägige Belagerung begann. In dieser Zeit konnten 37 Sektenmitglieder die Ranch verlassen, aber 91 waren noch auf dem Anwesen, als sich die Behörden zum Handeln entschlossen. Im Glauben, dass sich die Anhänger ergeben würden, entsandte die Armee am 19. April Panzer, um Löcher in die Wände der Ranch zu rammen; anschließend feuerte man Tränengas in das Gebäude. Die Ranch ging in Flammen auf, und Koresh und 81 andere, darunter 25 Kinder, starben in dem Feuer, das vermutlich absichtlich von der Sekte entfacht worden war.

Die Volkstempler und Davidianer waren nicht die einzigen Sekten, deren Lehre vom Ende der Welt zum Tod vieler Menschen führte. So wurden 1994 mehr als 50 Mitglieder des von Luc Jouret geleiteten Schweizer Sonnentemplerordens in ihren Chalets in der Schweiz und Kanada tot aufgefunden.

„Erlösung" durch Gewalt

Im März 1995 starben zwölf Menschen bei einem Attentat mit dem Giftgas Sarin auf die U-Bahn in Tokio. Die japanische Polizei identifizierte die von Shoko Asahara geleitete Sekte Aum-Shinri-Kyo („Kirche der höchsten Wahrheit") als Urheber des Anschlags. Das Ziel der Bewegung bestand darin, Japan zu einer „unabhängigen Nation" zu machen, die die Welt erlösen werde. Die Sekte verfügte über ein umfangreiches Waffenarsenal und hochgiftige Chemikalien. Bereits vor dem U-Bahn-Attentat war die Aum-Sekte in einige Mordfälle verstrickt. Shoko Asahara ging der Polizei im Mai 1995 ins Netz.

Im März 1997 wurden alle 39 Mitglieder der Sekte „Heaven's Gate" in einer exklusiven Villa in einem Vorort im kalifornischen San Diego tot aufgefunden. Die streng enthaltsam lebende Gruppe, die an die Existenz außerirdischer Mächte glaubte, verdiente sich durch das Entwerfen von Web-Pages im Internet ihren Lebensunterhalt. Als der Komet Hale-Bopp am Nachthimmel erschien, kamen die Mitglieder zu der Überzeugung, dass er einem UFO als Deckung diene; sie wollten in dem Raumschiff im Schweif des Kometen in eine bessere Welt reisen. Sie tranken einen Cocktail aus Beruhigungsmitteln und Wodka und zogen sich Plastiktüten über den Kopf.

Schließlich kamen im März 2000 bei einer Massenverbrennung in der Kirche der ugandischen Sekte „Bewegung für die Wiedereinsetzung der zehn Gebote Gottes" mehr als 500 Anhänger ums Leben. Bei ihren Ermittlungen entdeckte die Polizei kurz danach auf Grundstücken der Bewegung einige Massengräber, in denen mehrere hundert Menschen vergraben waren. Für den gewaltsamen Tod dieser Menschen werden die Anführer der Sekte verantwortlich gemacht.

BEWEGTE MUSIKSZENE

Rock- und Popstars wurden zu gefeierten Idolen ihrer Fans und füllten mühelos die größten Konzerthallen und Stadien.

John Lennon, einer der Beatles, mit seiner zweiten Frau, der in Japan geborenen Künstlerin Yoko Ono, im Jahr 1971.

Seit dem Ende der 60er-Jahre durchlebte die Welt der Musik eine Phase der künstlerischen Innovation. In der Folge entstand ein eigenständiger Industriezweig, der für jeden Geschmack etwas zu bieten hatte. Man unterschied nun zwischen „Pop", der sich im Wesentlichen auf Chart-Hits konzentrierte, und „Rock", dessen Schwerpunkt auf Live-Auftritten lag. Viele Bands der 70er-Jahre hatten in den späten 60er-Jahren ihre ersten musikalischen Erfahrungen gesammelt und profitierten nun von einer zunehmend wohlhabenden und hoch entwickelten Branche.

Aber die Atmosphäre hatte sich beinahe unmerklich verändert; sie war durch die unkritische Bewunderung der Fans und den immensen Druck des Showgeschäfts, das Erfolg jetzt immer mehr an der Größe der Veranstaltungsorte und der Zahl der verkauften Eintrittskarten als am musikalischen Talent und der Innovationsfähigkeit der Künstler festmachte, verdorben worden. Im April 1970 trennte sich die wohl bekannteste Musikgruppe aller Zeiten, die Beatles, nach einer beispiellosen Karriere aufgrund von künstlerischen Differenzen und weil den Bandmitgliedern John Lennon, Paul McCartney, George Harrison und Ringo Starr der Druck der Musikbranche zu groß geworden war.

Die Musiker Jimi Hendrix (links), Janis Joplin und Jim Morrison (rechts) starben jeweils im Alter von nur 27 Jahren. Als Todesursache gilt in allen Fällen übermäßiger Drogenkonsum.

Um mit den steigenden Anforderungen von Fans, Medien und Plattenfirmen fertig zu werden, flüchteten sich zahlreiche Musiker in Drogen und Alkohol. Im September 1970 wurde der innovative amerikanische Gitarrist Jimi Hendrix nach dem Genuss von Alkohol und Barbituraten tot aufgefunden. Im Oktober desselben Jahres starb die weiße amerikanische Blues-Sängerin Janis Joplin an einer Überdosis Drogen. Und Jim Morrison, Sänger und Mitglied der US-Band The Doors, wurde im Juni 1971 zum Opfer seines Drogenkonsums und seines exzessiven Lebensstils.

Stars des Musikbusiness

Zu Beginn der 70er-Jahre entstand eine Reihe von „Supergruppen", in denen sich bekannte Solointerpreten zu neuen Projekten zusammenfanden, um musikalisches Neuland zu betreten. So versuchten Emerson, Lake and Palmer der Rockmusik zu einem höheren Ansehen zu verhelfen, indem sie sie mit klassischen Klängen von Komponisten wie Bartók und Janáček verbanden. Die Band konnte 1971 zunächst einen beachtlichen Erfolg verzeichnen, aber dem Unternehmen mangelte es an musikalischer Überzeugungskraft, sodass es schließlich in einer Sackgasse endete. Der Trend im so genannten Softrock testete auch die Möglichkeiten von elektronischer Musik, die sich z. B. in der Arbeit der deutschen Band Tangerine Dream mit dem Synthesizer zeigten. Diese Formation ge-

---

1970
- 1970 Trennung der Beatles
- 1971 Erste Bühnenproduktion von *Jesus Christ Superstar*
- 1974 Abba gewinnt den europäischen Schlagerwettbewerb.
- 1975 Entstehung des Punkrock
- 1977 John Travolta spielt die Hauptrolle in *Saturday Night Fever*.
- 1979 Der Rap wird bekannt.
- 1982 Michael Jackson veröffentlicht seinen bahnbrechenden Videoclip zu *Thriller*.

hörte zu den wenigen deutschen Gruppen, die ein internationales Publikum begeistern konnten. Dieses Problem war der britischen Band Pink Floyd fremd: Ihr Album *The Dark Side of the Moon* von 1973 verkaufte sich bis heute mehr als 25 Mio. Mal. Andere Gruppen ließen sich von Jimi Hendrix dazu inspirieren, auf Gitarrenspiel basierenden Rock zu produzieren, der bald die Bezeichnung Heavy Metal erhielt. Dazu gehörten Led Zeppelin, deren Ballade *Stairway to Heaven* zu einem Klassiker wurde.

Mit *Renaissance of the Celtic Harp* (1971) erzielte auch der französische Musiker Alan Stivell einen beachtlichen Erfolg. Selten fand man einen englischsprachigen Künstler, der sich mit französischen Songwritern wie z. B. Jacques Brel und Georges Brassens messen konnte – eine Ausnahme bildete der Amerikaner Bob Dylan, der Mitte der 70er-Jahre mit *Planet Waves* (1974), *Blood on the Tracks* (1974) und *Desire* (1975) eine Reihe außergewöhnlicher Alben produzierte.

Die Konzerte der britischen Kultband Pink Floyd wurden stets von einer aufwändigen, perfekt ausgefeilten Bühnenshow begleitet.

Glamour und Glitter

Gerade als die ihrem Ende zugehende Hippie-Ära in einem Zustand von Trostlosigkeit versank, brachte eine neue Generation von Musikern mit Glitter, Pailletten, Schlaghosen und Plateauschuhen wieder Leben auf die Bühne. The Sweet, Marc Bolan und Queen

Unten: David Bowie und Elton John (kleines Bild) verstanden es blendend, sich in Szene zu setzen; bei ihren Auftritten begeisterten sie ihr Publikum nicht nur durch ihre Musik, sondern auch durch ihre häufig futuristisch anmutende Kleidung.

MUSIKVIDEOS AUF DEM VORMARSCH

Das Fernsehen begann als Erstes damit, die visuellen Möglichkeiten der Pop- und Rockmusik zu erkunden. Die Filmemacher verwendeten neue Kameratechniken und genau auf die Musik abgestimmte Schnitte, um die Künstler auf eine positive, neue Weise darzustellen. Eine der ersten richtigen Videoclip-Produktionen war *Bohemian Rhapsody* (1975) von Queen, bei der Tricklinsen und andere Kameratechniken verwendet wurden, um die Wirkung des Songs durch optische Eindrücke zu verbessern.

Es wurde bald deutlich, dass man die Produktion von Musikvideos als eine eigene Kunst ansehen konnte; während sich die einen dabei auf Konzertmitschnitte beschränkten, stöberten andere Produzenten in den Archiven und Film-Trickkisten, um neue und aufregende Wege zur Gestaltung der Videoclips zu erschließen. Die bereits in den 20er-Jahren von dem sowjetischen Filmregisseur Sergei Eisenstein entwickelten Bildmontagetechniken boten dazu besonders reichhaltige Möglichkeiten, da

Michael Jacksons kostspieliges Video *Thriller* von 1982 gilt als eine wegweisende Produktion.

sie durch immer neue, schnelle Bildfolgen einen kaleidoskopischen Effekt hervorriefen. Andere Filmemacher arbeiteten mit Animation, wieder andere ließen sich von Hollywoodfilmen inspirieren. Um zu zeigen, wie wichtig die visuellen Aspekte des Musikgeschäfts inzwischen geworden waren, schuf der Popsänger Michael Jackson im Jahr 1982 für seinen berühmten Videoclip *Thriller* einen zehnminütigen Horrorfilm mit den neuesten Spezialeffekten.

In den 90er-Jahren entwickelten sich Musikvideos zu einem unverzichtbaren Teil des Popbusiness und bilden nach wie vor die Grundlage für Musiksender wie MTV oder VIVA, die sich vor allem bei jungen Leuten großer Beliebtheit erfreuen.

1986 Uraufführung des Musicals *Das Phantom der Oper*.

1994 Kurt Cobain von Nirvana stirbt.

1999 Die Rolling Stones beenden ihre alle Rekorde brechende Welttournee.

Zum silbernen Kronjubiläum der englischen Königin im Jahr 1977 veröffentlichte die britische Punkband The Sex Pistols ihre blasphemische Single *God Save the Queen*.

gehörten dieser als Glamrock bezeichneten Musikrichtung an. Einer ihrer Vertreter war David Bowie, der mit seiner LP *The Rise and Fall of Ziggy Stardust and the Spiders from Mars* (1972) eines der bahnbrechendsten Werke der Musikgeschichte schuf und futuristische Symbolik in phantasievolle Lieder einführte.

Extravagantes Outfit war das Markenzeichen von Elton John, der 1970 sein erstes Album veröffentlichte; auch als das Jahrhundert zu Ende ging, blieb er einer der bedeutendsten Popstars und war mit seinen melodiösen Liedern häufig in den Charts vertreten. Besondere Aufmerksamkeit wurde ihm 1997 zuteil, als er nach dem tragischen Unfalltod Prinzessin Dianas bei der Trauerfeier in der Londoner Westminster Abbey die zu Ehren der Verstorbenen neu geschriebene Version seiner Erfolgsballade *Candle in the Wind* spielte, die Millionen von Menschen zu Tränen rührte.

Um das Jahr 1972 entdeckte die Musikindustrie eine neue Marktlücke: die so genannten Teeny-Boppers, die hauptsächlich das jugendliche Publikum ansprachen. Mit Jungstars wie David Cassidy, den Osmonds und den Bay City Rollers wurde der Markt angekurbelt. Währenddessen lauschte die ältere Generation der Pop-Liebhaber den Liedern des amerikanischen Geschwister-Duos The Carpenters oder den Songs der schwedischen Gruppe Abba, die durch eine Reihe von Tophits zwischen 1974 und 1980 zur erfolgreichsten Gruppe seit den Beatles wurde.

Punkrock und „Discodancing"

1975 hatte die Kommerzialisierung der Rock- und Popwelt die jüngere Generation ernüchtert. Jugendliche aus Großbritannien reagierten mit einer neuen Musikrichtung, dem Punkrock. Als Vorreiter galt die britische Gruppe The Sex Pistols. In Interviews unflätig und provozierend, auf der Bühne heiser, ordinär und unmusikalisch – so boten sie ein bewusst herausforderndes Bild voller aggressiver Energie. Andere Gruppen folgten diesem Trend und spielten vor einem Publikum, das sich hemmungslos betrank und häufig randalierte. Das äußere Erscheinungsbild der Bands und ihrer Fans war ihrem provokativen Verhalten angepasst: zerrissene Jeans, T-Shirts mit beleidigenden Slogans, rot, blau und grün gefärbte, zu Spitzen aufgetürmte Haare oder ein Irokesenschnitt; als Schmuck trugen sie Ketten und Piercings, als berühmtestes davon die durch die Nase gestochene Sicherheitsnadel.

In den frühen 90er-Jahren vermarktete sich Madonna als berühmte Sex-Ikone. Den Grundstein zu ihrer steilen Karriere hatte sie zuvor mit zahlreichen Hits gelegt.

Die Zeit des Punkrock war jedoch begrenzt. Sie lief ab, als Sid Vicious von den Sex Pistols seine Freundin in New York tötete; später starb er an einer Überdosis Drogen. Aber die Energie des Punk hatte einen positiven Nebeneffekt: Sie ließ neue Songwriter und Künstler wie U2, die Boomtown Rats und Adam and the Ants aktiv werden. Dies fiel mit einem anderen Trend, nämlich dem Besuch von Discos und dem „Discodancing", zusammen; ein Trend, der

Der Film *Saturday Night Fever* mit John Travolta rückte das „Discodancing", das in den späten 70er-Jahren in Mode kam, ins Scheinwerferlicht.

von New York ausging, wo das ultramoderne Studio 54 die Reichen und Berühmten anzog, und der sich auch auf der Leinwand niederschlug. So zeigt der höchst erfolgreiche Tanzfilm *Saturday Night Fever* (1977) mit dem Newcomer John Travolta in der Hauptrolle, wie sich ein Verkäufer durch seine erstaunlichen Fähigkeiten auf der Tanzfläche in New York verändert. Auch die bereits Ende der 60er-Jahre erfolgreichen Bee Gees feierten mit dem Soundtrack zu *Saturday Night Fever* ein viel beachtetes Comeback.

Ebenso wie Blues und Jazz in früheren Jahren die Entwicklung der Popmusik entscheidend mitbestimmt hatten, nahm die Musik der Schwarzen auch später noch einen großen Einfluss auf die moderne Musik. In den späten 60er- und frühen 70er-Jahren hatte sich in Jamaika eine neue Musikrichtung entwickelt, der Reggae. Er wurde durch den

Soundtrack zu dem Film *The Harder They Come* (1972) mit Jimmy Cliff bekannt, erlangte aber erst durch Bob Marley und seine Gruppe The Wailers wirkliche Popularität.

Neue Trends in der Musik

In den frühen 80er-Jahren konnten sich Musikliebhaber mit dem neu auf den Markt gelangten Walkman von Sony die Musik verschiedener Gruppen wie Culture Club und Depeche Mode, die zusammen als die Neoromantiker bekannt wurden, anhören. Zur gleichen Zeit eroberte eine neue Stilrichtung schwarzer Musik, der Rap, die Vereinigten Staaten im Sturm. Bei diesem Produkt der Disco-Welt sprachen Discjockeys rhythmischen, improvisierten, gereimten Sprechgesang über bearbeitete Auszüge aufgenommener Musik. Der Rap wurde bald mit bestimmten Tanzarten wie Hip-Hop und Breakdance assoziiert. Anfang der 80er-Jahre machte auch der schwarze Künstler Michael Jackson, der frühere Kinderstar der Jackson Five, von sich reden. Seine Langspielplatte *Thriller* (1982) wurde zum weltweit meistverkauften Album. Er war einer von vielen Künstlern, die Videoclips als gutes Mittel sahen, das Bild der Öffentlichkeit zu manipulieren. Für die Produktion ihrer Musikvideos gaben neben Michael Jackson auch Stars wie Elton John und Madonna immer größere Summen aus.

Im Gegensatz dazu fühlten sich desillusionierte Jugendliche durch neu aufgekommene Post-Punk-Bands aus Seattle im Nordwesten der USA angesprochen, die sich durch einen düsteren Kleidungsstil und harte, resignative und aggressive Musik – Grunge genannt – auszeichneten. Die führende

Der jamaikanische Rockmusiker Bob Marley galt als bedeutendster Vertreter des Reggae. In seinen Liedern wandte er sich vor allem gegen soziale Ungerechtigkeit.

EIN LEBEN FÜR DIE MUSIK – BOB MARLEY

Bei weitem der größte Reggae-Star war Bob Marley, der diese aus Jamaika stammende Musikrichtung einem Weltpublikum zugänglich machte. Marley gründete 1964 zusammen mit seinen Schulfreunden Bunny Wailer und Peter Tosh in Kingston seine erste Band, die sich The Wailers nannte. Ihre Musik fand zunächst nur wenig Beachtung, bis im Jahr 1972 ein Promoter der Plattenfirma Island Records auf die Gruppe aufmerksam wurde und sie unter Vertrag nahm. Bereits ihr erstes Album wurde zu einem internationalen Erfolg und Lieder wie „I Shot the Sheriff" und „No Woman No Cry" stürmten die Charts.

Bob Marleys Sinn für Integrität, der auch seine Musik durchzieht, machte einen Teil seiner Anziehungskraft aus. Mit großer Intensität sang er Lieder über die Armen und Unterdrückten oder sein Geburtsland Jamaika, alles aus der Sicht eines engagierten Rastafari. In seinen Texten spiegelten sich einerseits die Probleme in den Städten der Dritten Welt sowie sein brennender Wunsch nach Gerechtigkeit, während er andererseits aber auch über Zärtlichkeit und Liebe sang. Als er im Mai 1981 im Alter von lediglich 36 Jahren an einem Krebsleiden starb, wurde ihm in Jamaika ein Staatsbegräbnis zuteil.

AUFBRUCH IN EIN NEUES ZEITALTER

ANDREW LLOYD WEBBER

Bereits in jungen Jahren war Andrew Lloyd Webber von einer Vision beseelt – den Zauber der Musicals der klassischen Ära von Richard Rodgers und Oscar Hammerstein wieder aufleben zu lassen. 1965 traf er den Texter Tim Rice, mit dem er einige Popsongs schrieb, bevor beide zusammen *Joseph and the Amazing Technicolour Dreamcoat*, eine Neufassung der biblischen Geschichte von Joseph, herausbrachten. Ihr nächstes Unternehmen brachte sie an die Spitze: *Jesus Christ Superstar* wurde zu einem weltweiten Publikumserfolg. Nie scheuten Lloyd Webber und Rice davor zurück, in einem Musical eine neue Thematik auszuprobieren. So produzierten sie 1978 *Evita*, die Geschichte der Frau von Juan Perón, des früheren argentinischen Staatspräsidenten.

Von da an arbeitete Lloyd Webber ohne Rice. *Cats* (1982) erzielte in der ganzen Welt große Erfolge. An diese knüpften 1984 *Starlight Express*, *Das Phantom der Oper* (1986), *Aspects of Love* (1989), *Sunset Boulevard* (1993) und *Whistle Down the Wind* (1998) an.

Andrew Lloyd Webbers Melodien wurden zwar oft als ausdrucksschwach und einfallslos beschrieben, aber es gab in jeder seiner Shows einige eingängige Hits. Das Konzept erwies sich als erfolgreich. 1983 hatte Lloyd Webber drei Shows gleichzeitig auf beiden Seiten des Atlantiks laufen. 1991 stellte er einen Theaterrekord auf: In London wurden sechs seiner Musicals aufgeführt.

Andrew Lloyd Webber (rechts) und sein Texter Tim Rice waren erst Anfang 20, als sie ihren Durchbruch feierten.

Band dieser Musikrichtung war Nirvana, deren Bandleader Kurt Cobain 1994 Selbstmord beging.

Globalisierung der Musik

Ende der 70er- und Anfang der 80er-Jahre kam es unter dem Schlagwort Neue Deutsche Welle in der Bundesrepublik zu einer starken Zunahme an Bands, die sich mit überwiegend deutschsprachigen Liedern ihren Weg in die Hitparaden bahnten. Zu den bekanntesten Vertretern dieser Stilrichtung gehörten Gruppen und Interpreten wie Trio, Hubert Kaah und Markus. Internationaler Erfolg war jedoch lediglich Nena und ihrem Riesenhit *99 Luftballons* beschieden.

Das Ende der 80er- und die 90er-Jahre waren von einer enormen stilistischen Vielfalt geprägt. Ob Country, Jazz, Soul, Blues, Rock, Folk oder Western – jeder musikalische Geschmack wurde bedient. Hinzu kam noch der Trend zur Vermischung unterschiedlicher Stilrichtungen, die so genannte World Music. Peter Gabriel, ehemaliger Leadsänger der britischen Erfolgsband Genesis, David Byrne von den Talking Heads und der Sänger Ry Cooder strebten als Erste nach musikalischer Einheit, wo immer es möglich war. Daraus folgte, dass beispielsweise die Westernmusik neue Impulse u. a. von der südamerikanischen Folkmusik, afrikanischen Gitarrenrhythmen sowie von Künstlern wie Youssou N'Dour aus dem Senegal und Nusrat Fateh Ali Khan aus Pakistan erhielt. Gegen Ende der 90er-Jahre ließ sich zudem vor allem bei den Jugendlichen in Deutschland eine Vorliebe für Techno erkennen – elektronische Tanzmusik, deren Merkmal in einem sehr schnellen Grundtempo besteht.

Obwohl immer wieder musikalische Newcomer für Schlagzeilen sorgten, konnten sich einige Pop- und Rockstars lange im Showgeschäft halten. Ein gutes Beispiel hierfür sind die Rolling Stones: 1999 beendeten sie eine zweijährige Mammut-Tournee, die ihnen weltweit volle Konzertarenen beschert hatte – 35 Jahre nach ihrem ersten großen Hit.

Durch ihre Darbietungen beliebter Arien trugen Placido Domingo, José Carreras und Luciano Pavarotti (v.l.n.r.) dazu bei, das Interesse der Öffentlichkeit an der Oper und der klassischen Musik im Allgemeinen neu zu wecken.

Eine musikalische Renaissance

Heutzutage erfreuen sich Musicals besonders in Deutschland großer Beliebtheit – vor allem die Werke von Andrew Lloyd Webber und Tim Rice. Auch der französische Komponist Claude-Michel Schönberg und der Librettist Alain Boublil arbeiteten erfolgreich zusammen: Ihr Musical *Les Misérables*, das auf einem Roman von Victor Hugo über das revolutionäre Frankreich basiert, wurde 1980 in Paris uraufgeführt und erfreute später in New York und London das Publikum.

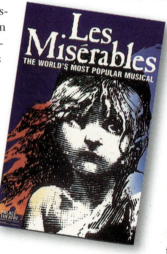

Die dramatische Intensität von *Les Misérables* ließ das Konzept des Musicals in einem neuen Licht erscheinen.

Von solchen Erfolgen kann die moderne klassische Musik dagegen nur träumen. Führende zeitgenössische Komponisten wie der Deutsche Karlheinz Stockhausen, ein Wegbereiter der elektronischen Musik, begeistern nur ein verhältnismäßig kleines Publikum.

Dass die Oper eine Art Wiederauferstehung erlebte, ist zumindest teilweise dem Fußball zu verdanken. Giacomo Puccinis Arie „Nessun Dorma" aus Turandot kam 1990 bei der Weltmeisterschaft in Italien zu Ehren. Drei der weltbesten Opernsänger, der Italiener Luciano Pavarotti sowie die beiden Spanier Placido Domingo und José Carreras, sangen die Arie gemeinsam bei den Schlussfeiern in Rom. Die Bilder gingen um die Welt, und seitdem hat die Oper einen stärkeren Zuwachs an Liebhabern zu verzeichnen.

Die Ära der Massenmedien

Seit der Globalisierung der Medienbranche sind Fernsehen, Filme, Bücher, Zeitschriften und Mode ein internationales Gut.

Die 1987 in Indien ausgestrahlte Fernsehserie *Ramayana* wurde von schätzungsweise 70 Mio. Zuschauern begeistert mitverfolgt – ein Rekord, der nicht folgenlos blieb: Die professionell aufgemachte Nacherzählung eines Klassikers aus der hinduistischen Mythologie trug zu einer landesweiten Renaissance des Hinduismus bei, begünstigte die Entstehung einer politischen Gruppierung militanter Hindu, der Bharatiya Janata Partei (BJP), und war darüber hinaus Anlass für Streitigkeiten zwischen einigen indischen Kommunen.

Die nahezu uneingeschränkten Möglichkeiten des TV-Mediums, auf ein immer größer werdendes Publikum Einfluss auszuüben, haben seit den 70er-Jahren globale Ausmaße angenommen. Am Ende des 20. Jh. zählte man weltweit etwa 855 Mio. Haushalte mit Fernsehen, ein Viertel davon allein in China. Die Branche verzeichnet rund um den Erdball ein rasantes Wachstum, und gemessen an Verkaufszahlen und Werbeeinnahmen machen erfolgreiche Medienunternehmen gute Geschäfte.

Die Einschaltquoten für die beliebtesten Fernsehsendungen erreichen mitunter zweistellige Millionenhöhe. Ein solcher Publikumsfavorit war die amerikanische Seifenoper *Dallas*, die in insgesamt 90 Sprachen übersetzt wurde und Zuschauer in 137 Ländern über Jahre hinweg begeisterte. Bei der erstmals im November 1980 ausgestrahlten Episode, in der der Mord an der Hauptfigur J. R. Ewing aufgeklärt wurde, saßen in den USA mehr als 41 Mio., in Großbritannien rund 27 Mio. und rund um den Globus schätzungsweise 125 Mio. Seifenoper-Fans vor den Bildschirmen.

Im großen Stil feiert die Schauspielerriege der Serie *Dallas* die 250. Folge. Die glamouröse Saga über das große Geld und kriselnde Ehen bewies, dass Seifenopern internationale Goldgruben sein können.

Die Macht der Medienkonzerne

Manche Medienfachleute mit Weitblick sahen schon in den 60er-Jahren das riesige Ausweitungspotenzial des globalen Medienmarktes voraus. Einer von ihnen war Rupert Murdoch, Jahrgang 1931, Sohn eines Kriegsberichterstatters und Zeitungsinhabers. Er wuchs in Australien auf und nahm Anfang der 50er-Jahre bei der Zeitung *Daily Express* in London seine erste Stelle an. Hier entwickelte er seine Theorien darüber, was eine Zeitung erfolgreich macht. Nach seiner Rückkehr nach Adelaide übernahm er das Unternehmen seines verstorbenen Vaters und setzte seine Ideen in die Praxis um.

Er verlieh seinen Zeitungen mehr Pep durch Sensationsberichte über Sex, Kriminalität, Skandale, Klatsch und Sport, wahrte dabei aber stets den konservativen redaktionellen Standpunkt. Die Blätter erreichten Massenauflagen und verschafften Murdoch die nötigen Mittel zum Erwerb weiterer Zeitungen. Auch der britischen Boulevardpresse drückte er seinen Stempel auf: 1969 erwarb er das Sonntagsblatt *News of the World*, im

1989 stieg Rupert Murdoch mit dem Sender Sky Television ins Satellitenfernsehen ein.

Der amerikanische Medienzar Ted Turner, bekannt für unkonventionelle Ideen, heiratete 1991 die Schauspielerin Jane Fonda, die ebenfalls gern eigene Wege geht.

Jahr darauf Großbritanniens verkaufskräftigste Tageszeitung, die *Sun*. Auch hier ging er nach bewährtem Muster vor, und bald erschien auf dem ersten Innenblatt der *Sun* das ganz oder teilweise hüllenlose Pin-up-Girl.

Im Jahr 1981 vergrößerte Murdoch mit dem Kauf der Zeitungen *The Times* und *The Sunday Times* seinen Einflussbereich entscheidend. Diese berühmten britischen Pressehäuser litten unter langwierigen Arbeitskämpfen, die das Wachstum behinderten. Murdoch ging dagegen mit radikalen Maßnahmen vor, die sein Markenzeichen werden sollten: 1986 verlegte er die Verlage aus der Fleet Street in neu errichtete moderne Produktionsanlagen im Osten Londons – den Verlust von 5500 Arbeitsplätzen nahm er dabei in Kauf – und setzte Maßstäbe hinsichtlich einer modernen computergestützten Druckindustrie, die von der Konkurrenz bald aufgegriffen wurden.

Ein besonders wichtiges Terrain waren für Murdoch die USA. In den 70er-Jahren kaufte er hier eine Reihe von Zeitungen auf, darunter die *San Antonio News* in Texas und später die *New York Post*. 1985 nahm er die US-amerikanische Staatsbürgerschaft an, im selben Jahr erwarb er die Filmgesellschaft Twentieth Century Fox Film Corporation und gründete den TV-Sender Fox Television. Zwei Jahre später fügte er seinem Medienimperium das Verlagshaus Harper & Row und das britische Gegenstück Collins hinzu, die er anschließend zu dem transatlantischen Verlagsgiganten HarperCollins zusammenschloss. Mit dem britischen Sender Sky Television bediente er bald auch den expandierenden Markt für Satelliten- und Kabelfernsehen. Seine Interessen in Asien nahm er mit dem Erwerb des in Hongkong stationierten Fernsehsenders Star TV wahr. Und auch in Deutschland wurde Murdoch fündig: Im April 2000 erwarb er den Münchner Fernsehsender TM3 vollständig.

Nachrichten rund um die Uhr

Zu Murdochs Mitstreitern und Konkurrenten im lukrativen Medienrevier gehört der Amerikaner Ted Turner, dessen Anfänge in Atlanta liegen. Als Besitzer eines kleinen Fernsehstudios wurde ihm klar, welche Vorteile es bot, „Syndikate" von Kabelsendern als Zentralen für Satellitenübertragungen zu errichten. Entgegen vielen Ratschlägen gründete er 1980 den Nachrichtensender Cable News Network (CNN), der über Satellit 24 Stunden täglich über die aktuellsten Ereignisse berichtet. Spätestens in den ersten internationalen Krisensituationen wurde der Wert einer Berichterstattung ohne Zeitverzögerung offenkundig, und CNN etablierte sich schnell als *die* Fernsehanstalt für alle, die an aktuellen Nachrichten interessiert waren. In den späten 80er-Jahren vergrößerte Turner seinen Einflussbereich durch die Gründung des Kabelsenders Turner Network Television (TNT) und den Erwerb eines Archivs von 4000 Filmklassikern von den ehemaligen MGM-Studios. Darüber hinaus gründete er den Kabelsender Cartoon Network und erwirtschaftete im Jahr 1996 mit dem Verkauf seiner Holdinggesellschaft Turner Broadcasting Systems (TBS) an den amerikanischen Mediengiganten Time Warner 7,5 Mrd. Dollar.

Auch Deutschland hatte in der Zwischenzeit sein Medienimperium: den Bertelsmann-Konzern in Gütersloh. Als Eigentümer einer Reihe von führenden Buchklubs und der Buchverlage Random House, Bantam Doubleday Dell und Transworld sowie Teilhaber an diversen Druck- und Multimedia-Unternehmen verzeichnete der Konzern beträchtliche Profite – auch wenn 1998 von der Wettbewerbsbehörde der EU der Zusammenschluss beim digitalen Fernsehen mit dem anderen großen deutschen Medienunternehmer Leo Kirch untersagt wurde.

Die Schattenseiten

Die spektakulären Erfolge dürfen aber nicht darüber hinwegtäuschen, dass Macht und Einfluss der Medienimperien Gefahren bergen wie die Monopolbildung in der Informationsverteilung, die Behinderung der kleineren Konkurrenz, die Senkung von Standards im Bemühen, einer breiten Masse zu gefallen, und die Ausschaltung des regionalen Unternehmertums durch die Vorherrschaft amerikanisch ausgerichteter Inhalte.

Um das unermüdliche Interesse vieler Menschen am Leben der Stars befriedigen zu können, lassen Paparazzi bei Prominenten keine Privatsphäre gelten. Prinzessin Diana (links) waren die Pressefotografen ständig auf den Fersen. 1994 wurde in den USA sogar die Verfolgungsjagd (unten) auf O. J. Simpson bis hin zu seiner Festnahme live übertragen.

1970 | 1975 Spielbergs Film *Der weiße Hai* wird ein Hit. | 1976 *Die Muppet Show* geht auf Sendung. | 1980 Ted Turner beginnt mit CNN. | 1981 Rupert Murdoch kauft *The Times*.

Jim Henson war einer der Väter der erfolgreichen Kindersendungen *Sesamstraße* und *Die Muppet Show*, an denen ebenfalls viele jung gebliebene Erwachsene ihren Spaß hatten.

Auch die Arbeit mancher Presseorgane geriet ins Kreuzfeuer der Kritik, weil einige Journalisten und Fotografen in dem Bestreben, der Konkurrenz zuvorzukommen und damit weltweit die Verkaufszahlen in die Höhe zu treiben, immer skrupelloser vorgingen. Zu den Opfern der Presse gehörte beispielsweise das britische Königshaus, besonders als die Ehen der jüngeren Familienmitglieder zerbrachen. Trotz ihrer Märchenhochzeit im Jahr 1981 stand die Ehe von Prinz Charles und Lady Diana Spencer schon bald vor ernsten Schwierigkeiten, und die Einmischung der Presse in die familiären Probleme belastete die jungen Royals noch zusätzlich. Auch nach der Trennung des Paars 1992 veröffentlichten einige Blätter weiterhin intime Einzelheiten, und Lady Di blieb eines der bevorzugten Ziele der Paparazzi.

Die Balance zwischen dem Recht der Öffentlichkeit auf Information und unangebrachter Einmischung der Presse war auch ein Thema bei einem Aufsehen erregenden Strafprozess in den USA, der für das Fernsehen aufgenommen und weltweit live ausgestrahlt wurde. Die Hauptfigur in dem Drama war der gefeierte amerikanische Football-Star O. J. Simpson. Am 12. Juni 1994 wurden seine Exfrau Nicole und ihr Bekannter Ronald Goldman, ein Kellner, der ihr nach einem Restaurantbesuch die vergessene Brille nach Hause brachte, erstochen in ihrer Wohnung in Los Angeles aufgefunden. Eine Blutspur führte zu einem Handschuh auf dem Grundstück Simpsons, wo dieser seit der Trennung allein lebte. Die Indizien deuteten darauf hin, dass der Football-Star seine Exfrau in einem der für ihn typischen Eifersuchtsanfälle umgebracht hatte. Man spürte ihn in Begleitung eines Bekannten auf einer Autobahn auf, und mit einer riesigen Polizeieskorte erfolgte die Rückfahrt nach Hause, die live in die amerikanischen Wohnzimmer übertragen wurde. Während des mehrmonatigen Strafprozesses führten die Anwälte von Simpson ins Feld, dass die Befunde der Gerichtsmediziner gefälscht und die Polizeibeamten von Los Angeles korrupte Rassisten seien, die O. J. etwas anhängen wollten. Damit gelang es ihnen, das Plädoyer der Anklage zu erschüttern, und der Entscheid der Geschworenen lautete auf Freispruch. Dieser Prozess stieß weltweit auf großes Interesse, doch angesichts seines Unterhaltungswerts erschienen die Tat und die betroffenen Personen selbst fast schon nebensächlich.

Kermit für Kids

Andere Bereiche der Medienwelt erfreuten und erfreuen sich dagegen großer Zustimmung, so etwa viele Sendungen für Kinder. Hier tat sich durch seinen Einfallsreichtum insbesondere der amerikanische Pionier des Puppentheaters Jim Henson hervor. Er hatte seine Starfigur, den Frosch Kermit, bereits 1955 geschaffen, doch sein Debüt gab dieser erst im Jahr 1969, als die Arbeit an der legendären *Sesamstraße* begann, in der sich zu Kermit schon bald Bert und Ernie, Grobi, Bibo und das Krümelmonster gesellten. Mit über 30 Jahren Laufzeit avancierte die *Sesamstraße*, die in ein Dutzend Sprachen übersetzt wurde, zum Klassiker unter den Kinderprogrammen. Die erste von Henson selbst produzierte Show war allerdings *Die Muppet Show*, die ab Mitte der 70er-Jahre zu Spitzenzeiten weltweit von über 235 Mio. Fernsehzuschauern gesehen wurde.

Bücher, die um die Welt gehen

Angesichts der multimedialen Konkurrenz wurde oft vorausgesagt, dass sich die Zeit des Mediums Buch unweigerlich ihrem Ende zuneigt. Doch das Gegenteil scheint der Fall zu sein: Die Zahl der jährlich verlegten Bücher steigt; allerdings sind die Auflagen häufig nur gering.

Wie die übrige Medienwelt erhielt auch die Literatur globalen Charakter. Mithilfe von Übersetzungen konnten Schriftsteller eine weltweite Leserschaft finden, u. a. beispielsweise so profilierte Autoren wie der Ita-

Die Schriftstellerin Arundhati Roy verfasste den Roman *Der Gott der kleinen Dinge*, dessen Schauplatz im Süden Indiens liegt.

1985 Christo verhüllt den Pont Neuf in Paris.

1995 Christo verhüllt den Reichstag in Berlin.

SKANDAL UM HITLERS TAGEBÜCHER

Am Morgen des 22. April 1983 schickte der Fernschreiber des Hamburger Magazins *Stern* eine sensationelle Mitteilung an alle Presseagenturen: Die Zeitschrift habe die lange Zeit verschollenen Tagebücher Adolf Hitlers erworben. Die Veröffentlichung im *Stern* sollte in der folgenden Woche beginnen, danach sollten Fortsetzungen folgen. Dieser größte journalistische Coup aller Zeiten wurde von Historikern und anderen Zeitungsleuten von Anfang an mit Skepsis betrachtet, doch der *Stern* beteuerte unerschütterlich die Echtheit der Tagebücher. Am 5. Mai erklärten dann Gutachter, dass die Manuskripte ihrer Überprüfung nicht standgehalten hätten, die 60 Bände waren Fälschungen. Wie hatte der *Stern* so hinters Licht geführt werden können, und wer stand hinter einem derart spektakulären Betrug?

Gerd Heidemann, der für die Beschaffung der Tagebücher verantwortliche Reporter beim *Stern*, war leidenschaftlicher Sammler von Militaria und Erinnerungsstücken aus dem Dritten Reich. Er wusste, dass in den letzten Tagen des Zweiten Weltkriegs ein Flugzeug mit Unterlagen aus dem Hitler-Bunker in Berlin in der Nähe von Börnersdorf, also auf dem Gebiet der späteren DDR, abgestürzt war. Angeblich hatte es persönliche Dokumente an Bord gehabt. Anfang 1980 traf Heidemann einen Sammlerkollegen, der ihm einen Band von Hitlers Tagebüchern zeigte, der seiner Aussage nach aus dem Flugzeugwrack stammte. Ein Jahr später kam Heidemann mit dem Lieferanten der Dokumente zusammen, einem gewissen Konrad Fischer aus Stuttgart, dessen Bruder in der DDR das Tagebuch und weitere Hefte mit persönlichen Aufzeichnungen des „Führers" habe. Heidemann war begeistert und beauftragte Fischer, das Material in die Bundesrepublik zu schmuggeln. Der Geschäftsführung des *Stern* teilte er mit, dass Fischer dafür 2,5 Mio. DM verlange. Außerdem riet er dringend davon ab, die Hefte von Experten prüfen zu lassen, die Sache müsse absolut geheim bleiben. Das Magazin akzeptierte die Bedingungen Heidemanns und richtete ein spezielles Konto für die notwendigen finanziellen Transaktionen ein. Es bedachte allerdings nicht Heidemanns bekanntermaßen unkritischen Übereifer in Sachen Nationalsozialismus.

Anfang Februar 1983 legte Heidemann der Chefredaktion des *Stern* die ersten der angeblich wieder aufgetauchten Tagebücher vor: drei in schwarzes Kunstleder gebundene Kladden, jede etwas mehr als 1 cm dick, mit den eingeprägten Initialen A. H. und einem roten Wachssiegel auf dem Einband. Die Seiten waren in der alten deutschen Schreibschrift vollgeschrieben. Keiner der Anwesenden hatte irgendwelche Zweifel an der Echtheit, auch dann noch nicht, als Heidemann die Preise höher schraubte und ankündigte, dass noch mehr als die bisher gefundenen 27 Bände aus dem Flugzeugwrack gerettet worden seien.

Besonders erfreut über diese Tatsache war jener Konrad Fischer, der in Wirklichkeit Konrad Kujau hieß und ein Experte in der Fälschung von Dokumenten war. Er hatte sich auf sein Unternehmen gründlich vorbereitet, indem er aus Büchern und Zeitschriften das Alltagsleben Hitlers studierte. Dann machte er sich daran, Band für Band mit Hitlers Handschrift zu füllen. Er verwendete dazu alte Schulkladden aus der DDR, die er zerknitterte und mit Tee bespritzte, um sie alt aussehen zu lassen.

Mit der Zeit musste sich der *Stern* dem wachsenden Druck aus dem In- und Ausland beugen und unterzog die Tagebücher einer eingehenden Untersuchung. Diese ergab eindeutig: Der große Knüller erwies sich als eine Fälschung. Das Fiasko kostete den Verlag insgesamt mehrere Millionen, Chefredakteur Henri Nannen musste zurücktreten, Kujau und Heidemann wurden als Betrüger verurteilt und wanderten ins Gefängnis. 1992 drehte Helmut Dietl den Film *Schtonk*, in dem das Geschehen mit Götz George und Uwe Ochsenknecht in den Hauptrollen satirisch nachgespielt wurde.

Gerd Heidemann präsentiert auf der Pressekonferenz des *Stern* am 25. April 1983 die vermeintlichen Hitler-Tagebücher.

---

liener Primo Levi, dessen Buch *Das Periodische System* 1975 erschien; sein Landsmann Umberto Eco, dessen 1980 herausgekommener Roman *Der Name der Rose* von einem großen Publikum verschlungen wurde; der tschechische Autor Milan Kundera, von dem 1984 *Die unerträgliche Leichtigkeit des Seins* als Übersetzung herauskam; und der kolumbianische Literat Gabriel Garcia Márquez, dessen Werk *Hundert Jahre Einsamkeit* im Jahr 1967 erschien. Hervorgetan haben sich auch asiatische Autoren: Salman Rushdies Roman *Mitternachtskinder* (1981) brachte dem Schriftsteller in Großbritannien den begehrten Booker Prize ein, und das Indien-Epos *Eine gute Partie* (1993) von Vikram Seth errang trotz seines großen Umfangs internationalen Ruhm. Eine der vor der Jahrtausendwende weltweit meistgelesenen Neuerscheinungen war der 1995 herausgekommene Roman *Der Vorleser* des deutschen Schriftstellers und Juristen Bernhard Schlink.

Doch auch für das Geschäft mit der Literatur wurde der Marktwert das Maß aller Dinge, sodass auf Dauer die Bestseller der Erfolgsautoren international dominierten, unter ihnen etwa John Grisham und Michael Crichton.

Florierende Filmindustrie

Dasselbe Prinzip galt auch für die Filmbranche und nicht selten stammte ihr Ideenrepertoir aus der Feder berühmter Massenliteraten. Eine zentrale Figur dieser Ära war Steven Spielberg, der mit seinem Horrorfilm *Der weiße Hai* (1975) in kürzester Zeit erfolgreich wurde. Mit seiner Methode, kostengünstig realisierbare Filmhandlungen mit modernsten Spezialeffekten und Produktionsverfahren auszustatten, entwickelte er eine wahre Erfolgsformel. Er produzierte einen Kassenschlager nach dem anderen, darunter *Unheimliche Begegnung der dritten Art* (1977), die *Indiana-Jones*-Serie (1981–89) und *ET: Der Außerirdische* (1982). Sein Film *Jurassic Park* aus dem Jahr 1993, in dem er mit Computeranimation lebensecht wirkende Dinosaurier auf die Leinwand brachte, spielte weltweit schätzungsweise 912 Mio. Dollar ein.

Als weiterer Erfolgsregisseur aus den USA glänzte George Lucas. Seine *Star Wars Trilogie* (1977–83) und deren in *Star Wars: Die dunkle Bedrohung* 1999 inszenierte Vorgeschichte eroberte weltweit die Kino-Charts. Populär über Jahrzehnte hinweg waren auch

70er-Jahre und dessen zunehmender Verbreitung in den 80er- und 90er-Jahren in ein neues Zeitalter ein. Jetzt konnten Filmproduzenten damit rechnen, allein aus dem Videoverkauf einen wesentlichen Teil ihrer Einnahmen zu erzielen. Unterdessen trugen neue handliche und auch preislich erschwingliche Videokameras zu einer stetigen „Demokratisierung" des Filmgeschäfts bei, denn fortan – so schien es – konnte gleichsam jeder einen Film machen.

Links: Bond-Filme wie *Der Spion, der mich liebte* haben nichts von ihrer Popularität verloren. **Oben:** Spielberg weist einen Leinwandstar aus *Jurassic Park* ein. **Rechts:** Bertolucci mit Keanu Reeves bei den Vorbereitungen zu *Little Buddha*

die *James-Bond*-Filme – obwohl die Besetzung der Hauptrolle mehrfach wechselte: Sean Connery wurde von Roger Moore (1973) abgelöst, dieser wiederum von Timothy Dalton (1987), und schließlich reihte sich Pierce Brosnan (1995) in die Liste der legendären Bond-Darsteller ein, zuletzt in der 19. Folge (1999).

Hollywood etablierte sich unumstritten als Olymp der Filmbranche, doch es gab auch andernorts ausgezeichnete Filmemacher. Australische Regisseure wie Peter Weir und Phillip Noyce hatten in den 70er-Jahren mit Filmen wie *Picknick am Valentinstag* (1975) und *Nachrichtenkrieg* (1978) eine andauernde Erfolgssträhne. Auch französische Produktionen begeisterten mit Filmen wie *Die amerikanische Nacht* (1973) von François Truffaut ein internationales Publikum. Italien brachte einen Federico Fellini (*Fellinis Roma*, 1972; *Amarcord*, 1973) und einen Bernardo Bertolucci hervor, der mehrsprachige Filme mit internationaler Besetzung produzierte, so z. B. den Epos *1900* (1976). Die Goldene Palme der Filmfestspiele in Cannes wurde u. a. auch an einige unerwartet erfolgreiche Streifen wie die chinesische Produktion *Lebewohl, meine Konkubine* (1993) verliehen. Großbritannien glänzte mit zwei Produktionen, die trotz geringen Budgets auf beiden Seiten des Atlantiks begeisterten: *Vier Hochzeiten und ein Todesfall* (1994) und *Ganz oder gar nicht* (1997). Indien, Heimat eines schier unersättlichen Filmpublikums, bleibt jedoch mit durchschnittlich über 750 Filmen pro Jahr – im Vergleich zu jährlich 680 US-Produktionen – das Land mit der weltweit produktivsten Filmindustrie.

Mitte der 90er-Jahre errang in Cannes der Film *Pulp Fiction* von Quentin Tarantino die Goldene Palme. Die Qualität des Streifens wurde allgemein anerkannt, doch steht er mit der Inszenierung von brutaler Gewalt zugleich für eine Schattenseite der Filmwelt, und die Debatte um dieses Problem, das auch das Fernsehen betrifft, dauert an.

Film und Fernsehen traten mit der Erfindung des Videorecorders zu Anfang der

Die Mode im Wandel

Die große Faszination, die der Glamour von Film- und Medienwelt auf die Öffentlichkeit ausübte, dokumentierte sich nicht zuletzt im Boom neuer Style-Magazine, ob für Kleidung, Inneneinrichtung, Garten oder allgemein für Lifestyle, d. h. Lebensgefühl und -stil. Ein Paradebeispiel für diese Entwicklung war die Welt der Top-Models, berühmter Schönheiten wie Claudia Schiffer, die den Globus bereisten und als Mannequins für Modedesigner gutes Geld verdienten.

Die Modewelt selbst erlebte drastische Veränderungen. Mitte der 70er-Jahre wurde in der Londoner King's Road der Punk als eine Art Revolution gegen den Status quo in der Mode eingeführt, in den 80er-Jahren auch in Paris. Der rebellische und subversive Tenor dieses Designs hatte bleibenden Einfluss auf die Haute Couture. Innovativ zeigte sich auch das Konzept der italienischen Modeschöpfer Gianni Versace, der souverän mit Farben und Textilien spielte, und Giorgio Armani, der dem klassischen Herrenanzug eine neue Lässigkeit verlieh. Die Kreationen japa-

MODE MIT SEXAPPEAL

Der bedeutende italienische Modeschöpfer Gianni Versace, geboren 1946, wurde am 15. Juli 1997 von einem homosexuellen Serienkiller vor seiner Villa in Miami Beach, Florida, erschossen.

Versace begann seine Laufbahn in Süditalien, wo er seit dem neunten Lebensjahr im Nähbetrieb seiner Mutter aushalf und sein Handwerk als Schneider und Designer von der Pike auf lernte. Seit 1972 arbeitete er in der Modemetropole Mailand für einige renommierte Häuser der Branche, bis er sechs Jahre später sein eigenes Unternehmen gründete. Seine Modelle waren von Anfang an dekorativ und ausgefallen und verrieten seinen Hang zu gemusterten Seidenstoffen und anderen luxuriösen Materialien. Versace kombinierte klassische Schnitte mit dem Glamour Hollywoods und verlieh seinen Kreationen einen gewissen Sexappeal – eine extravagante Mischung, die auch den Geschmack seiner jüngeren Schwester und späteren Partnerin Donatella widerspiegelte.

Von Versace ließen sich die Reichen und Schönen einkleiden, von denen viele zu seinem Freundeskreis gehörten. Der Modezar machte sich einen Namen als großzügiger Gastgeber, war aber zugleich ein schonungsloser Workaholic. Seit Anfang der 90er-Jahre vermarktet sein milliardenschweres Modeimperium auch Parfum, Accessoires und Inneneinrichtung.

Unten: Versace belebte die Mode mit Glitter, Glamour, Luxus und einem Hauch von Erotik.

nischer Modeschöpfer wie Issey Miyake und Yohji Yamamoto bestechen durch eine neue asiatische Note. Die Farbe Schwarz beherrschte die Kleiderschränke der Damen.

Die Designershows auf den Laufstegen, beispielsweise von den exquisiten Pariser Modehäusern Dior und Givenchy, gestalteten sich immer theatralischer. Und obwohl die dabei vorgeführten provokanten und unkonventionellen Kreationen sich meilenweit von der Kleidung der Leute auf der Straße abhoben, sickerte der neue Stil doch allmählich durch. Darüber hinaus sorgten mit legerer Sport- und Alltagsbekleidung viele andere Trends für den nötigen Ausgleich. Trainings- und Jogginganzüge wurden zum Ausdruck für einen eher saloppen Kleidungsstil und Turnschuhe waren das allgegenwärtige Schuhwerk für Jung und Alt.

Besondere Bedeutung kam dem Imagewert kommerzieller Produkte zu, der durch Fernsehen, Zeitschriften und Plakatwerbung hochstilisiert wurde. Das klassische Beispiel sind die Blue Jeans. Um ihr Ansehen zu steigern, startete Levi Strauss 1985 mit Erfolg eine Werbekampagne, bei der das muskulös gebaute Model Nick Kamen sich im Waschsalon entkleidete. Überhaupt wurden in der Reklame zunehmend Sex und Erotik als Zugmittel eingesetzt, und sei es bei Speiseeis wie schon 1991 von Häagen-Dazs.

Als besonders effektiver Trick zur Imagesteigerung erwies sich eine Art „Neuverpackung", die auch die Grundnahrungsmittel nicht ausschloss. Die Fast-Food-Kette McDonald's verkauft einfache Burger und Fritten, doch ihre Markenbezeichnung und Werbekampagnen hoben das Unternehmen von der Konkurrenz ab. Die Standardisierung der Produkte wirkte außerdem als Qualitätsgarant für die Kundschaft – wo auch immer diese sich auf der Erde aufhielt. Mit dieser Formel expandierte die Firma kontinuierlich und bediente Ende des 20. Jh. weltweit etwa 26 Mio. Menschen pro Tag.

Models wie Naomi Campbell wurden durch die Medien zu Berühmtheiten gemacht. Naomi präsentiert hier eine Kreation des britischen Modedesigners Alexander McQueen in seiner ersten Kollektion für Givenchy.

Kunst und Kommerz

Nach Andy Warhol und der Pop-Art schien die Welt der Kunst von einer wachsenden Kommerzialisierung bedroht. Als ein Beweis dafür galt die Tatsache, dass die Auktionspreise für die Werke der alten Meister alle Rekorde brachen. 1990 erwarb Ryoei Saito von der Papierherstellungs-Firma Daishowa Vincent van Goghs *Porträt des Doktor Gachet* für 75 Mio. Dollar und Auguste Renoirs *Moulin de la Galette* für 71 Mio. Dollar. Dennoch bewahrheitete sich die Prognose nur teilweise. Viele zeitgenössische Künstler schufen Werke, die weder käuflich erworben werden konnten noch in Galerien oder Museen hineinpassten, unter ihnen Christo, der „Verpackungskünstler", oder der Amerikaner Robert Smithson und der Brite Richard Long, zwei „Landschaftskünstler", die in meist unkultivierter Natur menschliche Präsenz markieren wollten.

In den 70er-Jahren wurde die Kunstszene von zwei Hauptströmen dominiert. Die Minimalisten, vertreten durch die amerikanischen Bildhauer Donald Judd, Richard Serra und Carl Andre, schufen ihre Werke aus gängigen Industriematerialien wie Stahl und Ziegel. Ausdruck und Ausschmückungen wurden auf ein Minimum reduziert, und neben dem Kunstwerk selbst spielte die Umgebung, in die es hineingesetzt wurde, eine maßgebliche Rolle. Die so genannte Konzeptkunst hingegen vertrat die Vorstellung, dass wahre Kunst nicht so sehr das Objekt als vielmehr die Idee selbst sei. „Aktuelle Kunstprodukte sind nicht viel mehr als geschichtliche Kuriositäten", erläuterte der Amerikaner Joseph Kosuth, dessen Manifeste zur Konzeptkunst weite Verbreitung fanden. In der modernen Kunst bahnte sich somit der Siegeszug eines vollends anderen Kunstbegriffs an und läutete die Ära des „Alles ist erlaubt" ein.

Neue Eigendynamik

Es gab aber auch zahlreiche Künstler, die solche modernen Ansichten nicht mit der völligen Abkehr von der klassischen Malerei gleichsetzten. David Hockney, einer der führenden Vertreter der bildenden Kunst in Großbritannien, experimentierte mit Fotokollagen und Fotokopien, während die so genannten Neo-Expressionisten wie Anselm Keifer und Georg Baselitz oder der Amerikaner Julian Schnabel der Malerei durch eine Mischung aus abstrakten und klassischen Elementen neue Eigendynamik verliehen.

CHRISTO UND JEANNE-CLAUDE – DER VERHÜLLTE REICHSTAG IN BERLIN

Nach jahrzehntelangem Ringen wurde die Verhüllung des Reichstagsgebäudes am 24. Juni 1995 von einer Mannschaft bestehend aus 90 Gewerbekletterern und 120 Montagearbeitern vollendet. Der Reichstag blieb 14 Tage verhüllt.

100 000 m² dickes Polypropylengewebe mit einer aluminisierten Oberfläche und 15 600 m blaues Polypropylenseil mit einem Durchmesser von 3,2 cm wurden für die Verhüllung des Reichstags benutzt. Die Fassaden, die Türme und das Dach wurden mit 70 speziell dafür zugeschnittenen Gewebepaneelen bedeckt, die doppelte Menge der Oberfläche des Gebäudes. Das Kunstwerk wurde wie alle anderen Projekte der beiden Künstler Christo und Jeanne-Claude ausschließlich aus eigenen Mitteln finanziert, durch den Verkauf der Vorstudien, Zeichnungen, Collagen maßstabsgerechter Modelle, frühere Arbeiten und Originallithographien. Die Künstler akzeptierten keinerlei Födermittel aus öffentlicher und privater Hand.

Der verhüllte Reichstag vermittelte nach Ansicht der beiden Künstler ein dramatisches Erlebnis von großer visueller Schönheit und stellte als Kunstobjekt auch ein Symbol der Vergänglichkeit dar.

Doch die Malerei war nur eine Ausdrucksform in dem vielfältigen Fundus von Trends, der als Postmoderne Furore machte. Weitere künstlerische Betätigungsfelder waren die Fotografie, Videoverfilmungen, Gießkunst, Installationen und diverse andere Künstleraktionen. Joseph Beuys, der zu den bedeutendsten deutschen Künstlerpersönlichkeiten der Nachkriegszeit zählte, war mit seinen plastischen Arbeiten aus Tierfett Avantgardist bei der Abkehr vom konventionellen Kunstbegriff. Eines seiner 1985 ausgestellten Werke zeigte ein großes Piano in Räumen, die mit Filz ausgelegt waren. Zu den bedeutendsten Vertretern der Kunstgattung Video-Installationen gehört der gebürtige Koreaner Nam June Paik, der schon 1977 auf der documenta in Kassel vertreten war.

Die junge Künstlergeneration kostete ihre neu gewonnene Freiheit, losgelöst von der konventionellen Kunstvorstellung, in vollen Zügen aus – das Publikum fühlte sich manchmal überfordert. So sind z. B. die Werke des Enfant terrible der amerikanischen Kunstszene Jeff Koons, der sogar den Kitsch zum Gegenstand seiner Darstellung erhob, eine Hommage an die Banalität. Eine seiner Kuriositäten wurde 1997 vor dem neuen Guggenheim-Museum im spanischen Bilbao ausgestellt: ein mit 60 000 Stiefmütterchen bepflanzter monumentaler Yorkshire-Terrier.

Die Vergänglichkeit der Kunst wurde wie auch früher schon immer wieder diskutiert – obwohl es den aus Glasfaser, Beton, Ton, Stein und Metall geschaffenen Werken mancher moderner Künstler wie etwa Antony Gormley und Anish Kapoor aus Großbritannien nicht an Tiefgründigkeit mangelte und ihre Arbeiten durchaus dem Anspruch der Zeitlosigkeit gerecht werden könnten.

Die Welt wächst zusammen

Die rasche Entwicklung der Informations- und Kommunikationstechnik lässt die Welt immer enger zusammenrücken.

Mit einem Blick in die Kristallkugel prophezeite die Zeitschrift *Popular Mechanics* im Jahr 1949, dass „die Computer der Zukunft wahrscheinlich nur noch 1,5 t wiegen werden". Auch in den 70er-Jahren glaubten nur wenige, dass Computer so Raum sparend und erschwinglich werden könnten, dass sie sowohl in Privathaushalten als auch in jedem Minibüro Platz finden würden. Bis dahin handelte es sich bei Computern um gewaltige Maschinen, die in multinationalen Unternehmen große Räume beanspruchten, wo sie die riesigen Daten- und Zahlen-mengen verarbeiteten und die Ergebnisse auf Magnetbänder aufzeichneten. Kleinere Bü-ros kamen sehr gut mit Addier- und Schreibmaschinen, Kopiergeräten und Hauptbüchern aus.

Doch die radikale Wende zeichnete sich bereits ab – eine Wende, die später ohne große Übertreibung als Revolution bezeichnet wurde. 1971 produzierte die kalifornische Firma Intel den ersten Mikroprozessor oder Siliziumchip. Dieser konnte Daten nicht nur wesentlich schneller verarbeiten als sein Vorgänger, der Transistor, sondern nahm auch weniger Platz ein und war vor allem erheblich billiger. Der Trend ging hin zu Miniaturisierung und Massenmarkt.

Ursprünglich war der Siliziumchip für den Einsatz in Kalkulatoren vorgesehen: 1972 stellte Texas Instruments den ersten Taschenrechner her. In Verbindung mit der 1970 entwickelten Flüssigkristall-Sichtanzeige (LCD) besaßen Rechner künftig nicht nur Taschenformat, sie sanken auch drastisch im Preis. Das erste marktfähige Modell, der Sinclair Executive, kostete 1972 noch zehnmal mehr als ein Jahrzehnt später. Während Pädagogen mit erhobenem Zeigefinger prophezeiten, das menschliche Gehirn werde als Ergebnis einer solchen Technik verkümmern, war der Durchschnittsbürger froh, seine Rechenschieber und Logarithmentafeln vergessen und die Arbeit den neuen Rechnern überlassen zu können.

Der PC kommt

Die eigentliche Revolution ereignete sich mit dem Aufkommen des Personal Computers, des PC. Obgleich die Konzeption dafür eine logische Folge der durch immer leistungsfähigere Siliziumchips ermöglichten Miniaturisierung war, ließen sich Hersteller anfangs kaum davon begeistern. Steven Jobs und Stephen Wozniak hatten mit ihrer Idee weder bei Atari noch bei Hewlett Packard Erfolg, bevor sie 1976 in Kalifornien ihre eigene Firma, Apple, gründeten und 1977 den bahnbrechenden Apple II produzierten. Ganz bewusst wählten sie einen einfachen, einprägsamen Namen für ihr Unternehmen, um sich von der steifen, unzugänglichen Geschäftswelt der multinationalen Konzerne, wie etwa IBM, abzuheben. Die Mitarbeiter von Apple gaben sich lässig, trugen Jeans und erweckten äußerlich den Anschein einer Gegenkultur, die an die Jugendbewegung der 60er-Jahre erinnerte. Insbesondere vertraten sie die Auffassung, dass Computertechnik keine entfremdende Macht war, sondern eher eine Technik verkörperte, die sich zum Nutzen und zur Unterhaltung der Menschen einsetzen ließ. Ihre Idee fand rasch Anklang.

Als die in Kalifornien ansässige Firma Apple Computer, mitbegründet von Steve Jobs (Foto rechts unten), 1977 den Apple II entwickelte, wurden Computer erstmals auch kleineren Unternehmen und Privatpersonen zugänglich.

1970
- 1970 Jumbojet fliegt über den Atlantik.
- 1971 Entwicklung des Siliziumchips.
- 1972 Erster Taschenrechner auf dem Markt.
- 1973 Strichcode in den USA patentiert.
- 1976 Concorde beginnt mit Passagierflügen.
- 1977 Apple bringt den ersten PC auf den Markt.
- 1979 Einführung des ersten erfolgreichen Textverarbeitungsprogramms.
- 1983 Franzosen starten mit dem TGV-Zugverkehr.
- 1984 Entstehung des Begriffs „Cyberspace".

DIE WELT WÄCHST ZUSAMMEN

Bald schon produzierten alle Großen der Branche, darunter auch IBM, Raum sparende PCs, während kleinere Betriebe weltweit die Erfindung illegal nachbauten und die Geräte ohne Kosten für Forschung und Entwicklung zu wesentlich günstigeren Preisen verkaufen konnten.

Die Öffentlichkeit erkannte schnell, dass der PC entscheidende Vorteile besaß. Besonders überzeugend waren die Möglichkeiten der Textverarbeitung. Mit dem Computer war jeder, der ein wenig tippen konnte, in der Lage, einen Text aufzusetzen, zu verändern, umzuordnen und erst dann zu Papier zu bringen – ein entscheidender Vorteil gegenüber der traditionellen Schreibmaschine. Es gab aber auch Erfindungen, die das Alte mit dem Neuen kombinierten: So wurden ab 1978 „intelligente" Schreibmaschinen produziert, die mit kleinen Arbeitsspeichern und schmalen LCD-Bildschirmen zur Textansicht ausgestattet waren. Doch PCs hatten nicht nur eine viel größere Kapazität für die Informationsverarbeitung; sie besaßen auch fernsehgroße Monitore. Diese Vorteile machte man sich 1979 bei der Markteinführung von WordStar zunutze, dem ersten erfolgreichen Textverarbeitungsprogramm, das bis Mitte der 80er-Jahre den Markt beherrschte.

Damals schafften sich viele Leute einen PC nur zur Textverarbeitung an. Dass sie dabei nur einen winzigen Bruchteil der Möglichkeiten ihrer Geräte nutzten, war ihnen wohl bewusst. Nachfolgende Programme zeigten, dass man mit demselben Rechner auch

Der im Jahr 1976 entwickelte Portable von IBM spiegelt den Trend wider, immer kleinere Computer zu bauen.

VOM EINFACHEN PINGPONGSPIEL ZUM GAMEBOY

Das erste moderne Videospiel war eine Art Tischtennis und hieß „Pong". 1972 in Kalifornien entwickelt, bestand es aus einem schwarzweißen Bildschirm und zwei stockartigen Schlägern, mit denen die Spieler einen quadratischen Punkt vor und zurück schlugen. So einfach es auch war, es schlug sensationell ein. Um die Idee besser vermarkten zu können, gründete sein Erfinder, Nolan Bushnell, das Unternehmen Atari, das ihm 15 Mio. Dollar einbrachte, als er es ein Jahrzehnt später an die Warner Brothers verkaufte.

Die Entwicklung neuer Videospiele war allerdings sehr zeitaufwändig. 1978 wurde „Space Invaders" herausgebracht und entwickelte sich schnell zum Renner: Die Aufgabe bestand darin, einfallende außerirdische Raumschiffe abzuschießen. 1980 stellte die japanische Firma Namco „Pac-Man" vor, ein Spiel, bei dem ein gefräßiger Kopf ein Labyrinth durchquerte, dabei Punkte verschlang und gefährlichen Geistern ausweichen musste. Beide Spiele waren sehr erfolgreich. Auf den Erfahrungen von Atari und anderen Herstellern von Videospielen aufbauend, entwickelte Hiroshi Yamauchi, Chef der japanischen Spielkartenfabrik Nintendo, Ende der 70er-Jahre das Spiel „Donkey Kong" und wenige Jahre später die „Super Mario Brothers". Beide Spiele fanden nicht nur in Japan, sondern auch in Europa und den USA eine begeisterte Anhängerschaft.

Inzwischen kamen auch schon die ersten tragbaren, batteriebetriebenen Spiele mit Flüssigkristall-Sichtanzeigen auf. Nintendo verhalf diesem Trend 1990 mit seinem Gameboy zu neuen Höhenflügen; dieser bot die Möglichkeit, auf dem Gerät verschiedene Spiele zu benutzen. In den 90er-Jahren machte Sega, später auch Sony, dem bisherigen Marktführer Nintendo Konkurrenz. Ende der 90er-Jahre wetteiferten die drei Firmen um Anteile an einem Geschäft mit 10 Mrd. Dollar Jahresumsatz.

Videospiele verdrängten die „einarmigen Banditen" aus den Spielsalons (rechts), eroberten die Fernsehgeräte daheim (rechts oben) und schufen einen Markt für reine Gameboys im Taschenformat (links).

1989 Begriff der „elektronischen Datenautobahn" wird geläufig.

1994 Eröffnung des Ärmelkanaltunnels

1995 Microsoft bringt Windows 95 auf den Markt.

1998 Microsoft bringt Windows 98 auf den Markt.

1973 wurden erstmals Strichcodes eingesetzt. Optische Abtastgeräte können diesen Strichcode lesen und auf diese Weise Preis und Ware erkennen.

andere Bürotätigkeiten, wie etwa Buchführung, verrichten konnte. Diese Programme boten den gewaltigen Vorteil, dass Kalkulationstabellen von den leistungsstarken Recheneinheiten des Computers ohne zeitliche Verzögerung erstellt werden konnten.

Laptop und Laserdrucker

Allerdings konfrontierten Computer ihre Benutzer auch mit einem beängstigenden Lernpensum. Käufer, die ihre neuen Geräte auspackten, standen ratlos vor einem Wirrwarr von Kabeln und Steckern, dicken Handbüchern und einem ganz neuen Vokabular mit Wörtern wie Kompatibilität, Megabytes, DOS und Crash. Doch mit dem sprunghaft expandierenden Markt wurde diese Technik benutzerfreundlicher und Computer immer preiswerter. Gewünscht waren Geräte und Programme, die ihren Benutzern mit einem Mindestmaß an Ärger die versprochene Arbeit verrichteten. Software, wie z.B. das in den 90er-Jahren von Microsoft entwickelte Windows, trug diesen Erwartungen Rechnung. Das Unternehmen trat dabei in die Fußstapfen von Apple.

Inzwischen schritt der Prozess der Miniaturisierung unaufhaltsam voran: Tragbare, batte-

Die ständige Zunahme von Kreditkarten ging seit den 50er-Jahren Hand in Hand mit der Entwicklung auf dem Computersektor.

riebetriebene Laptop-Computer erschienen erstmals in den frühen 80er-Jahren. In kurzem Abstand folgten die verbesserten Minicomputer, die einen Terminkalender, ein Adressbuch und einen Rechner mit Textverarbeitungsanwendungen miteinander verbanden.

Immer ausgefeilter wurden auch die Drucker. Der Laserdrucker ersetzte die geräuschvollen und weniger leistungsfähigen Typenscheiben- und Matrixdrucker. Durch die Verbesserung der Druckqualität konnte man Dokumente erstellen, die sich kaum vom Original unterschieden, ohne sich dafür an eine spezielle Druckerei wenden zu müssen. In den späten 80er-Jahren war der Begriff des „Desktop-Publishing" in aller Munde. Autoren waren nun in der Lage, Manuskripte auf Diskette zu liefern, was dem Verlag das nochmalige Abtippen ersparte.

Diese Neuerungen veränderten die Druckindustrie und machten den alten Beruf des Schriftsetzers überflüssig. Aber auch viele andere Berufe hatten mit der unaufhaltsamen Entwicklung der Computertechnik zu kämpfen. Bald wurden PCs nicht mehr nur arbeitsbezogen genutzt. Zu den Textverar-

beitungs- und Kalkulationsprogrammen kamen immer mehr Lern- und Unterhaltungsprogramme hinzu.

Aber der Datenaustausch mittels Disketten brachte auch ein ganz neues, Besorgnis erregendes Problem mit sich: die Übertra-

> ### CYBERSPACE
> William Gibson benutzte das Wort „Cyberspace" in seinem Roman *Neuromancer* (1984), um die virtuelle Realität von Menschen zu beschreiben, deren Gehirne an vernetzte Computer angeschlossen sind. Cyberspace leitet sich von dem griechischen Wort Kybernetik – Steuermann – ab, das die Wissenschaft der Kommunikationstechnik und Selbstregulation bezeichnet. In Gibsons Darstellung entwickeln Menschen die Vorstellung, „dass sich hinter dem Bildschirm ein tatsächlicher Raum verbirgt, ein Ort, den man nicht sehen, sondern nur spüren kann."

gung von so genannten Computerviren. Der Begriff kam in den späten 80er-Jahren auf, als zerstörerische, meist von Computerfreaks verfasste Programme durch infizierte Disketten von Computer zu Computer weitergegeben wurden und die vorhandenen Datenmengen vernichteten.

Langsam aber sicher eroberten Computer alle Bereiche des öffentlichen Lebens wie etwa Finanzämter, Krankenhäuser und Fluggesellschaften. In Fabriken wurde die stumpfsinnige und körperlich anstrengende Fließbandarbeit teilweise von Robotern übernommen, die gänzlich ohne menschliche Hilfe auskamen: In den 80er-Jahre modernisierten die führenden Autohersteller ihre Produktion durch den Einsatz von computergestützten Robotern, die Stahl pressen, schweißen, lackieren und polieren konnten. Im Jahr 1973 wurde dann erstmals der in den USA patentierte Strichcode in Supermärkten zur Preisauszeichnung und Kontrolle der Lagerbestände eingesetzt. Heute ist er nicht mehr aus dem Handel wegzudenken.

Um Kredit- und Kundenkarten zu verbreiten, machten Bankwesen und Handel zunehmend Gebrauch von datenbankverbundenen Kommunikationssystemen wie beispielsweise dem elektronischen Zahlungsverkehr. In den 80er-Jahren schien die „bargeldlose Gesellschaft" zum Greifen nah zu sein. Weil aber viele Menschen nach wie vor an traditionellen Verhaltensweisen festhielten, hatten sich am Ende des 20. Jh. diese Visionen noch nicht vollständig bewahrheitet.

Eine neue Dimension – das Internet

Mittlerweile waren Telefonverbindungen weltweit immer leistungsfähiger und kostengünstiger geworden. 1970 war es zum ersten Mal möglich, über den internationalen Selbstwählferndienst direkt – ohne Vermittlung durch einen Telefonisten – zwischen New York und München zu telefonieren. Wenige Jahre später war dies in den meisten Staaten der Erde selbstverständlich geworden. Ende der 70er-Jahre kamen dann die ersten Mobil- oder Funktelefone auf.

Eine immer bedeutendere Rolle in der Kommunikation spielten Satelliten. Um Informationen rund um den Globus zu schicken, benutzten Fernsprechsysteme und Fernsehen geostationäre Satelliten, die sich mit einer solchen Geschwindigkeit auf einer Umlaufbahn bewegten, dass sie über bestimmten Fixpunkten auf der Erde verharrten. Ursprünglich wurden die Satelliten mit Raketen ins All geschossen, doch das Aufkommen des Spaceshuttle in den 80er-Jahren eröffnete einen sichereren Weg, die empfindlichen Satelliten in ihre Umlaufbahn in rund 36 000 km Höhe zu bringen.

Unterdessen ermöglichte der Einsatz der 1970 erstmals entwickelten Glasfaserkabel eine raschere und klarere Übertragung von Telefon-, Fernseh- und Computersignalen. Bald hatte man auch ein System entwickelt,

Fortsetzung Seite 76

BILL GATES – DER SOFTWARE-GIGANT

Gut 20 Jahre nachdem der damals 19-jährige Bill Gates in Seattle sein Software-Unternehmen Microsoft gegründet hatte, überschlug sich die Presse mit Meldungen und Spekulationen über sein unermessliches Privatvermögen. 1998 galt er als der reichste Mann der Welt, und sein Vermögen wurde mit ca. 51 Mrd. Dollar beziffert. Wollte man sein Vermögen in Dollarnoten transportieren – so hieß es –, wären dazu 304 Jumbojets nötig gewesen. Bill Gates ist der mit Abstand größte Nutznießer der Computerrevolution. Sein Kollege und Mitbegründer von Microsoft, Paul Allen, gilt mit einem Vermögen von etwa 7,5 Mrd. Dollar immerhin noch als drittreichster Mann der Welt.

1975 entdeckte Allen eine Werbeanzeige für den Altair-Selbstbaucomputer und überredete Gates, der damals in Harvard Jura studierte, mit ihm zusammen ein Betriebsprogramm dafür zu schreiben. Sie entwickelten GW-Basic und verkauften die Lizenz an den Hersteller von Altair. Noch im selben Jahr gründeten sie Microsoft, doch der Durchbruch gelang den beiden Pionieren erst 1981, als sie IBM, den damaligen Marktführer im Computerbereich, dazu bewegen konnten, ihr MS-DOS-System zu kaufen, das Gates ein Jahr zuvor von einer Firma in Seattle für 50 000 Dollar einschließlich sämtlicher Rechte erworben hatte.

Gates' Begabung lag nicht so sehr in der technischen Innovation, vielmehr besaß er einen ausgeprägten Geschäftssinn. So verkaufte er IBM keine Ausschließlichkeitsrechte an MS-DOS, sondern ließ sich die Möglichkeit offen, das System an andere Soft- und Hardware-Hersteller in Lizenz zu vergeben. Bereits Mitte der 80er-Jahre wurden 80 % aller PCs mit Microsoft-Software betrieben, und jeder Verkauf brachte dem Unternehmen eine beträchtliche Lizenzgebühr ein. 1995 stellte Microsoft sein benutzerfreundliches Programm Windows 95 vor. Sein Betriebskonzept war nicht grundlegend neu, bereits 1984 hatte Apple ein ähnliches System für seinen Macintosh-Computer entwickelt. Doch der entscheidende Punkt war, dass Microsoft jetzt einen beherrschenden Anteil an dem Markt besaß, in den dieses Produkt eingeführt werden sollte.

Gates verkörpert einerseits die unermessliche Macht und Erfindungsgabe des amerikanischen Software-Geschäfts; andererseits erscheint er der Öffentlichkeit als linkischer Computerfreak. Er erweckt aber auch Neid und Missgunst bei seinen Konkurrenten, die ihn beschuldigen, er missbrauche Microsofts führende Position auf dem Software-Markt, um die Konkurrenz zu unterdrücken. So wurde sein Unternehmen 1998 wegen des Verstoßes gegen die Antitrustbestimmungen einer Prüfung durch die US-Regierung unterzogen, weil Microsoft darauf bestand, sein Internet-Explorer-Programm als kostenlose Zugabe zu Windows herzugeben. Diese Absatzpolitik stellte sicher, dass Microsoft den Internet-Zugang der Anwender zum Nachteil anderer Hersteller von Internet-Browsern, namentlich Netscape, kontrollierte. Nach dem neuesten Stand der Dinge wird das Unternehmen Microsoft in mehrere Firmen zerschlagen, um eine solche Monopolstellung wie in der Vergangenheit zu verhindern.

Als Microsoft 1998 Windows 98 auf den Markt brachte, galt Bill Gates als reichster Mann der Welt.

GESCHWINDIGKEITSRAUSCH UND VERKEHRSKOLLAPS

REISEN PER FLUGZEUG, ZUG UND AUTO WURDE SCHNELLER, BEQUEMER UND BILLIGER, DOCH VOR ALLEM DIE VORLIEBE FÜR DAS AUTO FÜHRTE ZU STAUS AUF DEN STRASSEN.

Während die Welt unter dem Einfluss von schnelleren, immer leistungsfähigeren Kommunikationswegen wie dem Internet zu schrumpfen schien, schwanden mit der anhaltenden Verbesserung des Transportwesens auch die räumlichen Entfernungen. 1970 überflog der erste Jumbojet den Atlantik und landete mit 362 Passagieren an Bord auf dem Londoner Flughafen Heathrow. Dies war nahezu die doppelte Beförderungskapazität gewöhnlicher Flugzeuge. Mit dem Angebot immer neuer Reiseziele, verbunden mit einer Reduzierung von Flugzeiten und -kosten, stellten sich die Fluggesellschaften auf die gewaltig gestiegenen Anforderungen im Massentourismus ein.

Im Streit darüber, ob die Zukunft des Flugverkehrs in höherer Geschwindigkeit oder in schierer Größe lag, vertrat der Jumbojet letztere Seite. In den 60er-Jahren gab man zunächst mehr der Geschwindigkeit den Vorrang. So schlossen sich 1962 Briten und Franzosen zu einem ehrgeizigen Joint-Venture-Projekt zusammen: Noch vor Amerikanern und Sowjets wollte man ein Überschallverkehrsflugzeug bauen. 1969 startete die Concorde, die durch ihre Deltaflügel und die spitze, abgeknickte Nase auffiel, ihre Testflüge. Doch wegen ihres starken Lärmpegels und ihres hohen Treibstoffverbrauchs geriet das Superflugzeug bald in die Kritik. Nach der Ölkrise 1973 ließ das Interesse an der Concorde nach und die internationalen Fluggesellschaften zogen ihre 74 vorläufigen Bestellungen zurück. 1976 kam die Concorde schließlich bei Passagierflügen zum Einsatz. Im Ganzen wurden nur 16 Concordes gebaut und nicht 1370, wie von den Planern einst veranschlagt – und am Ende erwies sich nur die transatlantische Fluglinie als wirtschaftlich überlebensfähig. Die Concorde war ein technischer Triumph, der noch 25 Jahre später bewundernde Blicke erntete, doch sie war auch ein finanzielles Desaster. Die Öffentlichkeit war einfach nicht gewillt, für ein paar Stunden weniger Flugzeit ein derart beträchtliches Aufgeld zu zahlen. Der amerikanische Komiker Bob Hope spottete: „Concorde ist toll. Sie gibt dir drei Stunden mehr Zeit, um dein Gepäck zusammenzusuchen."

Als attraktiv erwies sich die Geschwindigkeit dagegen bei der Eisenbahn. Im Jahr 1983 setzten die Franzosen den ersten Hoch-

Der Jumbojet (unten) und die Concorde (oben) waren Gesprächsthema Nr. 1 in der Flugzeugindustrie der frühen 70er-Jahre. Sie verkörperten das Streben der Menschen nach Großraumpassagiermaschinen und Zeit sparender Geschwindigkeit. Beide Modelle prägten das Bild von der Luftfahrt bis zum Ende des Jahrhunderts.

Der ICE verbindet neue Antriebstechnologie mit speziell entwickelten Hochgeschwindigkeitsschienen.

geschwindigkeitszug TGV (*Train à Grande Vitesse*) auf der Strecke Paris–Lyon ein. Mit Geschwindigkeiten von bis zu 275 km/h konnte der TGV über kurze Entfernungen durchaus mit der Flugzeit mithalten. Unterdessen arbeiteten die Japaner an der Ausweitung des Streckennetzes für den in den 60er-Jahren entwickelten Hochgeschwindigkeitszug Shinkansen über die gesamte japanische Hauptinsel. Verbunden damit waren immer ehrgeizigere Tunnel- und Brückenprojekte. In Deutschland kam 1999 die dritte Generation des ICE zum Einsatz, der mit einer Reisegeschwindigkeit von bis zu 330 km/h die Reisenden befördern soll.

Eines der größten Meisterwerke der Technik des ausgehenden 20. Jh. war der Bau des Ärmelkanaltunnels zwischen Großbritannien und Frankreich. Die Arbeiten an diesem britisch-französischen Gemeinschaftsunternehmen begannen 1986 und wurden 1994 abgeschlossen. Die Kosten stiegen dabei ins Unermessliche und türmten einen Schuldenberg von über 20 Mrd. DM auf.

Die letzten Jahrzehnte des 2. Jt. standen jedoch ganz im Zeichen des Autos. Den einzigen Rückschlag erlebte es in den 70er-Jahren während der Ölkrise. Als Reaktion auf die drastische Erhöhung der Benzinpreise produzierten die Hersteller kleinere, sparsamere Modelle. Die protzigen amerikanischen Spritfresser der 50er-Jahre wurden durch kleinere Fahrzeuge ersetzt, viele davon aus japanischer Produktion. Der Wagen mit Heckklappe wurde 1974 von VW mit dem ersten Golf eingeführt, einem der erfolgreichsten Modelle seiner Zeit. Zu Ende des 20. Jh. gab es Schätzungen zufolge mehr als 600 Mio. Autos auf der Erde. Doch die stolzen Autobesitzer mussten sich auch mit den Kehrseiten des zunehmenden Individualverkehrs auseinander setzen: Verkehrsstau in der Rushhour und überfüllte Straßen. Während die Concorde ihre Fluggäste in weniger als vier Stunden von London nach New York befördern konnte, dauerte die kurze Autofahrt vom Flughafen in die Innenstadt nicht selten fast ebenso lang.

Eine weitere Schattenseite des wachsenden Massentransports war die Zunahme von Katastrophen. 1977 starben in Teneriffa auf den Kanarischen Inseln 583 Passagiere bei der Bodenkollision zweier Jumbojets. 1987 kenterte eine britische Autofähre vor Zeebrügge, dabei ertranken 193 Menschen. Und im Juni 1998 entgleiste auf der Strecke Hannover–Hamburg bei Eschede ein ICE. Dabei kamen 100 Menschen ums Leben und 88 wurden verletzt.

Hauptverkehrszeit in der Londoner City: In vielen Städten der Welt gehören Verkehrsstaus zum Alltag. Die Straßen sind der rapiden Zunahme des Individualverkehrs kaum gewachsen. So verkehrt sich die Aussage vom Auto als mobilem Verkehrsmittel oft in sein Gegenteil.

1990 gewann die doppelrumpfige *Great Britain* das Blaue Band für die bis dahin schnellste Überquerung des Atlantiks in der Rekordzeit von drei Tagen und sieben Stunden.

mit dem man Computer direkt ans Telefonnetz anschließen konnte. Große Sorge bereitete jedoch von Anfang an die Sicherheit der Daten. Ein neuer Begriff entstand: Hacken – der Versuch, sich über Telefonleitungen unerlaubten Zugang zu Computerdatenbanken zu verschaffen. So brachten es Hacker 1983 fertig, in den Hauptcomputer des US-Verteidigungsministeriums einzudringen. In einer Welt, die im Begriff war, die Ostwestkonfrontation aufzuheben, beschworen sie damit einen neuen Alptraum herauf.

Trotzdem machte die Verknüpfung von Computer und Telefonnetz den Weg frei für eine der bedeutendsten Entwicklungen des Jahrhunderts in der Kommunikationstechnik: das Internet. Das rasche Wachstum des PC-Marktes in den 80er- und 90er-Jahren trieb diese Entwicklung voran und machte das Internet, das bis dahin nur auf den Bereich der Hochschulforschung beschränkt gewesen war, auch der Öffentlichkeit zugänglich. Mit der Verknüpfung von Millionen Computern durch das Telefonsystem bekamen die Teilnehmer plötzlich Zugang zu einer noch nie da gewesenen Informationsfülle. Die benutzerfreundliche Aufmachung des World Wide Web und ein rascher Zugriff mittels speziellen Suchmaschinen machte Internet-Surfen zum Kinderspiel. E-Mail brachte Menschen auf der ganzen Welt miteinander in Kontakt und ermöglichte es ihnen, Informationen aller Art auszutauschen, von den neuesten wissenschaftlichen Erkenntnissen bis hin zu Kochrezepten.

Die Kehrseite des Internets war, dass es auch dazu benutzt wurde, ungesetzliche Informationen, von Kinderpornographie bis zur Anleitung für den Bau von Bomben, einer breiten Öffentlichkeit unkontrolliert zugänglich zu machen. Die Frage nach der Einführung einer angemessenen Kontrolle stellt zu Beginn des 21. Jh. noch ein ungelöstes Problem dar. Doch das Internet ließ die Vision einer „elektronischen Datenautobahn" in greifbare Nähe rücken. Endlich schien ein umfassendes System realisierbar, dessen einzelne Komponenten miteinander verbunden waren und das so ein großes Angebot an neuen Online-Dienstleistungen ermöglichte. Telefon, TV und Video ließen sich miteinander verbinden, Datenbanken standen jedermann offen, Filme konnten im Internet gesehen, Spiele heruntergeladen und Einkäufe getätigt werden.

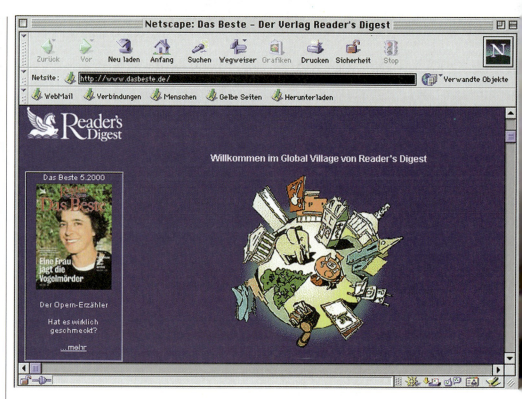

Das Internet verschafft Zugang zu einer riesigen und beständig wachsenden Menge von Informationen. Einige davon werden von internationalen Firmen wie Reader's Digest zur Verfügung gestellt.

SIEGESZUG DES INTERNETS

Ein Vorläufer des Internets war ARPANET, ein Computerverbundsystem, das 1969 für das US-Verteidigungsministerium entwickelt wurde, um die Nachrichtenübertragung zu verbessern, Forschungsergebnisse auszutauschen und einem atomaren Angriff vorzubeugen. Später wurde es auf weitere wissenschaftliche Körperschaften und Hochschulen ausgedehnt, bis es 1990 endgültig vom Internet abgelöst wurde. Bereits 1997 hatten 11 Mio. Unternehmen und 60 Mio. Privatnutzer einen Zugang zum Netz. Zu Beginn des 21. Jh. sollen es bereits 450 Mio. sein.

Die ersten mobilen Telefone wurden bereits in den 40er-Jahren vorgestellt, aber erst die Entwicklung von Funktelefonen in den späten 70er-Jahren erweckte sie zu neuem Leben. Zu Beginn des 21. Jh. sind Handys aus dem Alltagsleben nicht mehr wegzudenken.

Faszination des Sports

Das Massenmedium Fernsehen machte die Stars unter den Athleten berühmt und zahlreiche von ihnen wurden zu Topverdienern.

Der 22-jährige amerikanische Schwimmer Mark Spitz wurde 1972 zum Helden der Olympischen Spiele von München, als er sieben Goldmedaillen gewann und vier Weltrekorde brach.

Die Olympischen Sommerspiele des Jahres 1992 von Barcelona wurden im Allgemeinen als Neuanfang betrachtet – im Gegensatz zu früheren Spielen gab es keine herausragenden, dominierenden Stars, was einen Teil des Erfolgs und des Reizes dieser Wettkämpfe ausmachte. Noch bedeutender aber war, dass die Stimmung bei den Spielen das erste Mal seit zwei Jahrzehnten nicht von politischen Misstönen getrübt wurde.

Der überragende Athlet der Münchner Spiele von 1972 war der amerikanische Schwimmer Mark Spitz gewesen, der sieben Goldmedaillen gewann. Dennoch konnten die US-Sportler mit der Gesamtbilanz nicht zufrieden sein, denn sie verloren zehn Titel, die sie vier Jahre zuvor in Mexico City noch gewonnen hatten. Ganz oben im Medaillenspiegel rangierten die Sportler aus dem Ostblock, und hier insbesondere der sowjetische Sprinter Valery Borzov, während die junge sowjetische Turnerin Olga Korbut auf ihrem

Der Ostblock stellte die herausragendsten Turnerinnen. Die 16-jährige Russin Olga Korbut (links) stand im Mittelpunkt der Olympischen Spiele von 1972. Vier Jahre später jedoch stahl ihr die Rumänin Nadia Comaneci (unten) die Schau.

Weg zu drei Goldmedaillen weltweit die Herzen des Publikums eroberte. Überschattet wurden die sportlichen Ereignisse jedoch durch den Anschlag palästinensischer Terroristen auf das olympische Dorf, wobei elf Athleten des israelischen Teams ums Leben kamen – die Olympischen Spiele waren zum Schauplatz einer Tragödie geworden, vor deren Hintergrund selbst die glänzendsten sportlichen Leistungen verblassten.

1976 in Montreal wurden Geist und Ansehen der Spiele durch den Boykott 22 afrikanischer Nationen getrübt, die damit gegen

AUFBRUCH IN EIN NEUES ZEITALTER

Bei den Olympischen Spielen von 1984 in Los Angeles zeigte der US-Athlet Carl Lewis sein Ausnahmekönnen, als er außer drei Goldmedaillen in den Sprintwettbewerben auch noch den Weitsprung gewann.

die Teilnahme Neuseelands protestierten, das die Boykott-Maßnahmen der internationalen Sportverbände gegen Südafrika unterlaufen hatte. Herausragende Athletin in diesem Jahr war das rumänische Turn-Wunderkind Nadia Comaneci. Gerade 14 Jahre alt, erhielt sie als erste Teilnehmerin an Olympischen Spielen überhaupt siebenmal die Höchstnote Zehn und gewann drei Goldmedaillen.

1980 waren es die USA, die aus Protest gegen die sowjetische Invasion in Afghanistan einen Boykott gegen die Olympischen Spiele von Moskau anführten und dabei von allen westeuropäischen Nationen bis auf Großbritannien unterstützt wurden. Als Ergebnis

GOLDENE ZEITEN

Begünstigt durch den Boykott der meisten sozialistischen Staaten gewannen die Athleten aus der Bundesrepublik 1984 in Los Angeles insgesamt 59 olympische Medaillen, davon 17-mal Gold. Damit lagen sie hinter den USA und Rumänien auf Rang drei der Nationenwertung.

des Boykotts dominierten Sowjetathleten die Wettkämpfe und sicherten sich 80 Goldmedaillen; damit lagen sie weit vor der DDR, die mit 47 Medaillen Platz zwei erreichte.

Die UdSSR und ihre Verbündeten zahlten den Boykott des Westens mit gleicher Münze zurück, als ihre Athleten den Spielen von Los Angeles im Jahr 1984 fernblieben. Aus dieser Olympiade ging der US-Sportler Carl Lewis als Superstar hervor. Er konnte die Sprints über 100 und 200 m sowie den Weitsprungwettbewerb für sich entscheiden und lief auch bei der siegreichen 4x100-m-Staffel mit – eine Leistung, an die nur noch Jesse Owens mit seinen Erfolgen bei den Olympischen Spielen von 1936 heranreichte. Dies bildete den Auftakt zu einem phänomenalen Triumphzug von Lewis bei Olympischen Spielen, bei denen er in den folgenden zwölf Jahren das Rekordergebnis von neun Goldmedaillen erzielte, wobei er viermal hintereinander den Weitsprungwettbewerb gewann – eine einmalige, bis heute unerreichte Leistung. Unvergessen blieb auch der Vorfall beim 3000-m-Lauf der Frauen, als die barfuß laufende Südafrikanerin Zola Budd unfreiwillig stolperte und dadurch die US-Favoritin Mary Decker so stark behinderte, dass diese aus dem Wettkampf ausschied.

1988, bei den Olympischen Spielen von Seoul, dominierte die UdSSR in den Medaillenwertungen und das Dopingproblem rückte zunehmend in den Blickpunkt der Öffentlichkeit – Vorwürfe wurden insbesondere gegen ostdeutsche Athleten laut. Die Schlagzeilen beherrschte jedoch der kanadische Sprinter Ben Johnson, Gewinner des 100-m-Laufes, dem die Einnahme verbotener leistungsfördernder Mittel nachgewiesen wurde, worauf man ihm seine Medaille aberkannte.

Bei diesen Wettkämpfen zog auch der US-Turmspringer Greg Louganis die Aufmerksamkeit auf sich. Louganis schlug im Wettkampf mit dem Kopf auf das Sprungbrett auf, doch er ließ seine Wunden nähen und verteidigte anschließend seine bereits vier Jahre zuvor in Los Angeles gewonnene Goldmedaille.

Diego Maradona führte Argentinien 1986 zum Gewinn der Fußballweltmeisterschaft. Auf dem Höhepunkt seiner Laufbahn galt er als der beste Spieler der Welt, doch seine Exzesse ließen seine Leistungen immer mehr in den Hintergrund treten.

Beginn einer neuen Ära

Ein Umschwung in der Weltpolitik brachte 1992 frischen Wind in die Olympischen Spiele von Barcelona. Nach dem Zusammenbruch des Kommunismus traten Länder wie Lettland unter ihrem eigenen Namen an. Nordkorea war den Spielen von 1988 in Seoul ebenso ferngeblieben wie Äthiopien und Kuba. Die drei Staaten gaben ihren Boykott

| 1970 | 1972 Terrorangriff auf israelische Sportler in München | 1974 Deutschland wird in München zum zweiten Mal Fußballweltmeister. | 1976 Nadia Comaneci erobert in Montreal die Sympathien des Publikums. | 1980 Die meisten westlichen Länder boykottieren die Olympischen Spiele von Moskau. | 1984 Carl Lewis dominiert die Olympischen Spiele von Los Angeles. |

Mit seinen 2,06 m Größe zählte Earvin „Magic" Johnson zu den echten Giganten des amerikanischen Basketballs. Er führte die Los Angeles Lakers zu fünf Meisterschaften.

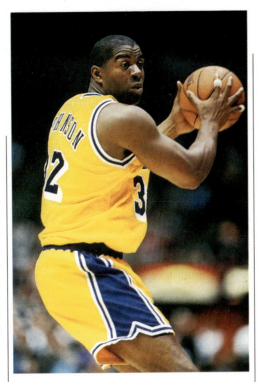

nun auf. Auch Südafrika, dessen Regierung mit der Abschaffung der Apartheidpolitik begann, durfte erstmals seit 1960 teilnehmen.

Bei den Olympischen Spielen im amerikanischen Atlanta wurde 1996 ein neuer Star geboren: Der US-Sprinter Michael Johnson gewann Gold über 400 m und brach den Weltrekord über die 200-m-Distanz. Für das wohl bewegendste und unvergesslichste Ereignis dieser Spiele sorgte Muhammad Ali, ehemaliger US-Boxer und Goldmedaillengewinner bei den Spielen von 1960: Schwer gezeichnet von der parkinsonschen Krankheit entfachte er das Olympische Feuer.

Kommerz und Sport

Hohe Einnahmen aus den Fernsehrechten und ständig wachsende Gagen für Topsportler führen zwangsläufig zu dem Eindruck, dass Kommerzialisierung, Geld und leistungssteigernde Substanzen das sportliche Geschehen immer mehr in den Hintergrund drängen. Die Ablösegelder im Fußball vermitteln einen Eindruck davon, welche Rolle das Geld inzwischen spielte: 1982 wechselte der argentinische Star Diego Maradona für die damalige Rekordtransfersumme von umgerechnet über 15 Mio. DM nach Barcelona. 1995 wurde für den britischen Stürmer Alan Shearer bereits der dreifache Betrag gezahlt. Und heutzutage stellen Ablösesummen von weit über 50 Mio. DM für Fußballspieler keine Seltenheit dar, wie das Beispiel des Franzosen Nicolas Anelka zeigt, der seinem Arbeitgeber Real Madrid die Transfersumme von umgerechnet etwa 66 Mio. DM wert war.

Gleichzeitig schossen die Gagen für Topspieler in anderen Sportarten, für die sich ein Millionenpublikum begeisterte, in die Höhe, vor allem aufgrund von Zahlungen für TV-Übertragungsrechte. In den 80er-Jahren verfolgten in den USA regelmäßig über 40 Mio. Zuschauer die Übertragungen der Superbowl-Endspiele im American Football im Fernsehen, was etwa der Hälfte aller Haushalte entspricht. Basketball, der populärste Hallensport der Welt, machte bedeutende US-Spieler wie Kareem Addul-Jabbar in den 70er und 80er-Jahren sowie Earvin „Magic" Johnson in den 80er- und 90er-Jahren zu Stars. Ende der 90er-Jahre zählten US-Sportler zu den reichsten Bürgern des Landes.

„KAMPF IM DSCHUNGEL" – FIGHT UM DIE KRONE DES BOXCHAMPIONS

In den 60er-Jahren hatte sich der Boxer Muhammad Ali, der alles überragende Weltmeister im Schwergewicht, persönlich zum „Größten" erklärt, und auch 1970 war er unbestritten immer noch einer der bekanntesten Sportler der Welt. Allerdings hatte er drei Jahre im Abseits gestanden – ein Gericht hatte ihn 1967 vom Boxsport ausgeschlossen, da er vor dem Hintergrund des Vietnamkriegs aufgrund seiner moslemischen Überzeugung den Wehrdienst verweigert hatte. 1971 wurde dieser Beschluss wieder aufgehoben. Danach trat Ali zu dem als „Jahrhundertkampf" bezeichneten Fight gegen den damaligen Titelträger Joe Frazier an, gegen den er die erste Niederlage seiner Karriere erlitt.

1974 gab es einen neuen Champion, den 25-jährigen George Foreman. Ali hatte inzwischen einen neuen Manager, den dynamischen Don King, der einen weiteren spektakulären Kampf plante. King gelang es, den zairischen Präsidenten Mobutu für die Idee eines Weltmeisterschaftsfights zu gewinnen. Mobutu dachte an das Millionenpublikum, das seine Blicke auf sein Land richten würde, und sah in dem Kampf eine günstige Gelegenheit, das Ansehen Zaires in Afrika und in der ganzen Welt zu verbessern. Alis Gewinnchancen galten allgemein als gering. Mit 32 Jahren hatte er den Zenit seiner Karriere bereits überschritten. Foreman hatte zuvor seine letzten 35 Gegner geschlagen und viele hielten ihn für unbesiegbar. Doch Ali war ein kluger Stratege und heckte einen Plan aus, um Foreman zu besiegen.

Der Kampf wurde auf zwei Uhr morgens Ortszeit festgesetzt, damit er in den USA zur Hauptfernsehzeit übertragen werden konnte. 62 000 Zuschauer hatten sich erwartungsfroh im Stadion von Kinshasa eingefunden, um dem Kampf beizuwohnen. In den ersten vier Runden zwang Ali Foreman in die Offensive und musste einige Schläge einstecken, bis die Kräfte seines Gegners allmählich schwanden. Dann, in der achten Runde, ging Ali selbst zum Angriff über und nach einer Serie von Schlägen ging Foreman zu Boden und wurde ausgezählt. Nach diesem von der Presse respektlos als „Kampf im Dschungel" bezeichneten Duell hatte Ali ein Jahrzehnt nach seinem überwältigenden Sieg gegen Sonny Listen den Weltmeistertitel im Schwergewicht zurückerobert. Bezeichnend für ihn war sein schlichter Kommentar, als man ihn um eine Erklärung für seinen überraschenden Erfolg bat: „Der Stier ist stärker, aber der Matador ist schlauer."

In der Hitze von Kinshasa verhielt sich Ali im Kampf gegen Foreman bis zur achten Runde abwartend. Dann startete er zum Gegenangriff, der ihm erneut den Titel einbrachte.

1986 Mike Tyson wird Boxweltmeister im Schwergewicht.

1990 Die deutsche Nationalelf gewinnt bei der Fußballweltmeisterschaft in Italien ihren dritten WM-Titel.

1994 Ayrton Senna kommt in Imola ums Leben.

1998 Doping-Skandal bei der Tour de France

Aufbruch in ein neues Zeitalter

Oben: Der Gesamtrekord des Radrennfahrers Eddy Merckx ist bis heute ungeschlagen. Der fünfmalige Gewinner der bedeutenden Tour de France dominierte diese Sportart in den frühen 70er-Jahren.

Faszination Boxen

Boxen nahm unter den im Fernsehen übertragenen Sportarten weiterhin eine Schlüsselstellung ein, und so wurden immer wieder hochkarätige Spitzenduelle ausgetragen – auch nachdem es in den 80er-Jahren zu einer Aufspaltung in drei Boxverbände, die WBA, die WBC und die IBF, gekommen war, und das Gesamtgeschehen dadurch für Außenstehende immer unübersichtlicher wurde. Der amerikanische Boxer Muhammad Ali, der eigentlich Cassius Clay hieß, dominierte die 70er-Jahre, während die 80er-Jahre von dem im Mittelpunkt des Zuschauerinteresses stehenden US-Profi Mike Tyson bestimmt wurden. Der als stahlhart geltende New Yorker wurde 1986 der jüngste Weltmeister aller Zeiten, als er im Alter von 20 Jahren durch einen Sieg über Trevor Berbick den Titel eines WBC-Schwergewichtsweltmeisters errang. 1987 wurde Tyson Boxweltmeister aller Verbände und galt als unbezwingbar, bis er 1990 von Außenseiter James Douglas besiegt wurde. Als Tyson 1992 wegen der Vergewaltigung einer 19-Jährigen zu sechs Jahren Gefängnis verurteilt wurde, ging es mit seiner Karriere weiter bergab. Nachdem er seinem Gegner Evander Holyfield in einem Comeback-Kampf einen Teil seines Ohrs abgebissen hatte, erhielt er 1997 endgültig Boxverbot.

Helden des Sports

Sportler, die sich aus irgendwelchen Gründen vom Rest der Athleten abheben, erfreuen sich bei den Medien großer Beliebtheit. Im Tennis der 70er-Jahre gab es Spieler mit feurigem Temperament wie den Amerikaner Jimmy Connors oder den Rumänen Ilie Nastase, doch der eigentliche Champion dieses Jahrzehnts hieß Björn Borg, der das genaue Gegenteil zu diesen Heißspornen verkörperte und wegen seiner unterkühlten Art den Spitznamen „Eisborg" erhielt. 1981 aber setzte das Enfant terrible des weißen Sports, John McEnroe, Borgs Serie von fünf Siegen hintereinander in Wimbledon ein Ende, wobei er eine Geldstrafe wegen ungebührlichen Verhaltens zahlen musste. Von da an war McEnroe bei den Männern neben dem Tschechen Ivan Lendl der herausragende Tennisspieler des Jahrzehnts. Als der Leimener Boris Becker 1985 im Alter von 17 Jahren zum ersten Mal das traditionsreiche Rasentennisturnier von Wimbledon gewann, deutete sich eine künftige Wachablösung an der Weltspitze an. Tatsächlich wurde der dreimalige Wimbledongewinner Becker im Jahr 1991 erstmals die Nummer eins der Tennisweltrangliste. Unterdessen erzielte Martina Navratilova bei den Frauen einen bis heute unerreichten Rekord von neun Wimbledon-Siegen im Einzel. Ende der 80er-Jahre wurde sie von Steffi Graf auf dem Tennisthron abgelöst, die das Damentennis der 90er-Jahre weitgehend dominierte.

Großer Beliebtheit auf dem europäischen Kontinent erfreute sich auch der Radsport. Der herausragende Star der frühen 70er-Jahre war der Belgier Eddy Merckx, der die bedeutende Tour de France zwischen 1969 und 1974 insgesamt fünfmal gewann und mit 38 Siegen bei den Radsportklassikern einen Weltrekord aufstellte. Andere große Radrennfahrer jener Zeit waren der Spanier Miguel Indurain, der Franzose Bernard Hinault und Greg LeMond aus den USA. Ende der 90er-Jahre machten auch deutsche Radprofis wie Jan Ullrich und Erik Zabel von sich reden. 1998 jedoch wurde der Radsport, eine der härtesten Sportarten überhaupt, vom Schreckgespenst des Dopings heimgesucht, durch das die Tour de France von 1998 zu einem einzigen Fiasko geriet.

Als Boris Becker 1985 die All-England-Tennismeisterschaften in Wimbledon gewann, sorgte er für die bis dahin größte Sensation in der Geschichte des deutschen Tennissports. In den folgenden Jahren machte Becker durch zahlreiche denkwürdige Spiele auf sich aufmerksam.

Nach dem knappen Erfolg gegen Argentinien im Endspiel von Rom bei der Fußballweltmeisterschaft 1990 posiert das deutsche Team für das Siegerfoto.

Weltweiter Turnierzirkus

Viele Sportarten entwickelten zunehmend internationales Flair, weil der Turnierzirkus der Profis von einem Teil der Welt zum anderen zog, die TV-Kameras im Gefolge. Zu den Helden der internationalen Golfturniere zählten Jack Nicklaus und Tom Watson aus den USA, Severiano Ballesteros aus Spanien, der Deutsche Bernhard Langer und der Brite Nick Faldo, der 1989 und 1990 zweimal hintereinander das bedeutende US-Masters zu seinen Gunsten entscheiden konnte. Als Eldrick „Tiger" Woods 1997 mit 21 Jahren der jüngste Masters-Gewinner aller Zeiten wurde, verdienten nicht weniger als zehn US-Profigolfer mehr als 1 Mio. Dollar pro Jahr.

In der Formel 1 dominierte zu Beginn der 70er-Jahre der Brite Jackie Stewart, dessen Nachfolge der Brasilianer Emerson Fittipaldi antrat. Nach einem Unfall auf dem Nürburgring im Jahr 1975, bei dem er fast umgekommen wäre, schaffte der Österreicher Niki Lauda ein Comeback und gewann 1977 erneut die Weltmeisterschaft. Er gehörte auch danach zu den besten Fahrern, bis er Mitte der 80er-Jahre von dem Franzosen Alain Prost, dem Brasilianer Ayrton Senna und dem Briten Nigel Mansell abgelöst wurde. Ab 1994 rückte dann immer mehr Michael Schumacher in den Vordergrund und setzte seinen Anspruch, der beste Fahrer zu sein, durch. Obwohl technischer Fortschritt und strengere Auflagen den Motorsport insgesamt sicherer gemacht hatten, beklagte man in diesem Jahr im italienischen Imola den Tod des Rennfahrers und brasilianischen Volkshelden Ayrton Senna. Heute liefern sich vor allem Ferraristar Michael Schumacher und der Top-Fahrer von Mercedes, Mika Häkkinen, ein spannendes Duell um den Gewinn der Formel-1-Weltmeisterschaft.

Zuschauertragödien

Motorsport und andere Sportarten sind gefährlich, deshalb müssen leider auch Unfälle hingenommen werden. Weniger eingestellt auf solch tragische Ereignisse ist man dagegen im Fußball. Einige Unglücke in Fußballstadien warfen in den 80er-Jahren einen tiefen Schatten auf das Spiel. Im Jahr 1982 wurden 340 Fans im Lenin-Stadion in Moskau zu Tode getrampelt. Im Finale um den Europapokal der Landesmeister 1985 im Heysel-Stadion in Brüssel zwischen Liverpool und dem italienischen Team von Juventus Turin drückten randalierende Liverpooler Fans eine Mauer ein, wobei 38 italienische und belgische Besucher zu Tode kamen. Etwa 80 Menschen starben 1988 bei einer Massenpanik in einem Stadion in Katmandu in Nepal. Und 1989 verloren 96 Liverpooler Fans im Hillsborough-Stadion in Sheffield ihr Leben, als sich im Halbfinalspiel des Ligapokals zwischen Liverpool und Nottingham Forest zu viele Fans an einer Stelle drängten und der Boden der Tribüne unter ihnen zusammenbrach.

König Fußball regiert die Welt

Zwar kam es in Europa immer wieder zu Ausschreitungen von so genannten Fußballfans, insbesondere von britischen und niederländischen Hooligans, die Turniere um die Fußballweltmeisterschaft blieben jedoch glücklicherweise weitgehend verschont und gerieten in der Regel zu einem großen und fröhlichen Fest der Freude. Das Endspiel um die Weltmeisterschaftstrophäe von 1970, das in Mexico-City zwischen Brasilien und Italien ausgetragen wurde, ging ebenso wie das dramatische Halbfinale zwischen Deutschland und

1994 und 1995 gewann Michael Schumacher die Formel-1-Weltmeisterschaft. 1996 wechselte er zum Ferrari-Team, für das er bis heute nicht den Weltmeistertitel holen konnte.

Italien – das die Italiener mit 4:3 nach Verlängerung für sich entscheiden konnten – in die Annalen der Geschichte ein und gilt als das beste Endspiel aller Zeiten; nicht zuletzt deshalb, weil es im Zeichen des brasilianischen Ausnahmespielers Pele stand, der bei seiner vierten Weltmeisterschaft in Folge antrat und dabei zum dritten Mal den Pokal für sein Land gewann. In der Folge drängten Argentinien, Italien und Deutschland als große Fußballnationen nach vorne. 1986 gewann Argentinien in Mexiko zum zweiten Mal das WM-Turnier, das vor allem durch „La Ola", die mexikanische Welle, berühmt wurde, die heute aus keinem Stadion wegzudenken ist.

Bei dieser Weltmeisterschaft erzielte Diego Maradona, unumstritten einer der größten Fußballer aller Zeiten, im Viertelfinale gegen England sein „berühmtestes" Tor – er spielte den Ball verbotenerweise mit der Hand und verkündete später, „die Hand Gottes" habe das Leder ins Netz befördert. Maradona wurde zum Opfer seines eigenen Ruhmes, denn seine Karriere nahm ein jähes Ende, nachdem man ihn 1991 des Kokainmissbrauchs überführt hatte. Nachfolger von Argentinien wurde das deutsche Team, das sich bei der folgenden Weltmeisterschaft 1990 in Italien in einem spannenden Finale durch einen von Andreas Brehme verwandelten Foulelfmeter mit 1:0 gegen die Argentinier durchsetzen konnte.

„Dabeisein ist alles"

Das vielleicht bemerkenswerteste Phänomen der Zeit war jedoch das Aufkommen von Stadtmarathons. Diese Idee geht auf Fred Lebow zurück, einen Einwanderer aus der Tschechoslowakei mit rumänischen Wurzeln, der 1970 in New York für 27 Teilnehmer ein Rennen rund um den Central Park organisierte. Fünf Jahre später zählte das Rennen bereits 2000 Teilnehmer, die durch sämtliche Viertel der Stadt liefen. Die Veranstaltung, an der immer mehr internationale Topsportler, aber auch Amateure teilnahmen, gewann mit jedem Jahr an Bedeutung. Unterdessen war die Idee auch in anderen Städten aufgegriffen worden. 1981 kamen über 7000 Läufer beim ersten London-Marathon zusammen und 1996 fanden in vielen Weltstädten große Marathons statt, insbesondere in Osaka, Tokio, Boston und Rotterdam. Das eigentlich Schöne an diesem sportlichen Phänomen jedoch ist, dass es sich an der alten Weisheit „Gewinnen ist unwichtig, Dabeisein ist alles" zu orientieren scheint.

Unten: Während 1981 mehr als 7000 Läufer am ersten Londoner Stadtmarathon teilnahmen, waren es 1990 bereits über 30000. Links: Auch im Rollstuhl-Marathon stellten sich zahlreiche Teilnehmer der sportlichen Herausforderung.

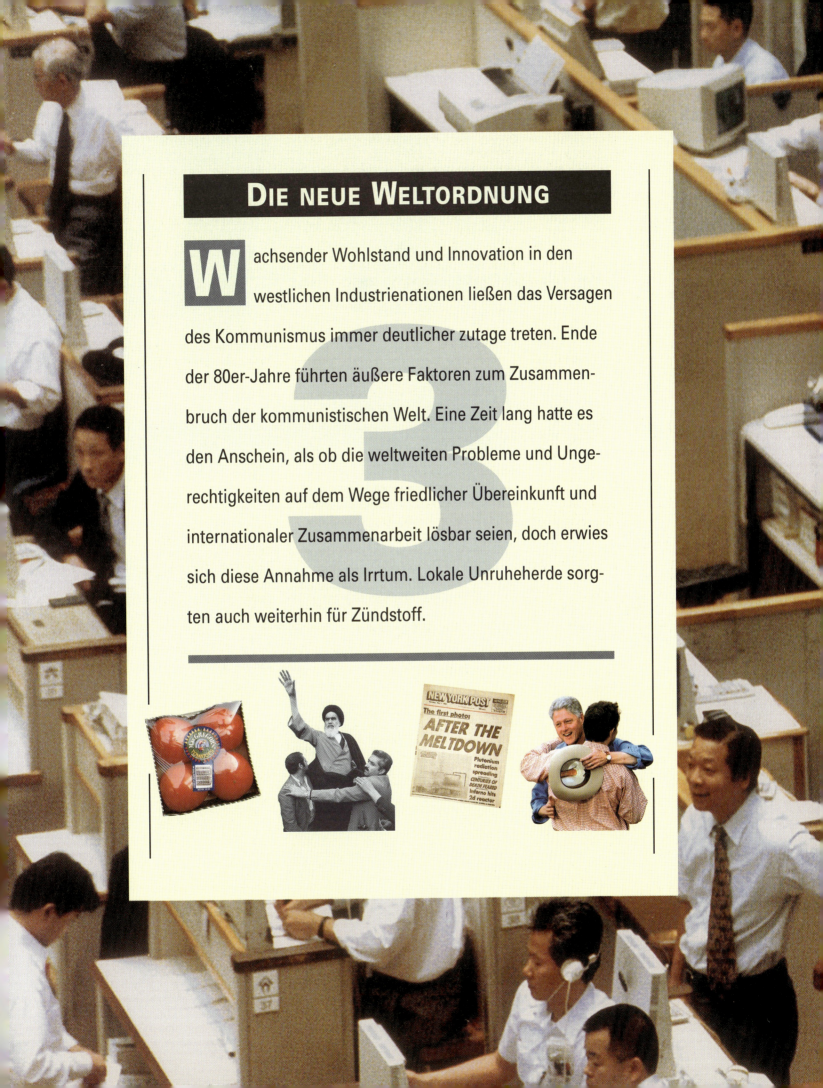

DIE NEUE WELTORDNUNG

Wachsender Wohlstand und Innovation in den westlichen Industrienationen ließen das Versagen des Kommunismus immer deutlicher zutage treten. Ende der 80er-Jahre führten äußere Faktoren zum Zusammenbruch der kommunistischen Welt. Eine Zeit lang hatte es den Anschein, als ob die weltweiten Probleme und Ungerechtigkeiten auf dem Wege friedlicher Übereinkunft und internationaler Zusammenarbeit lösbar seien, doch erwies sich diese Annahme als Irrtum. Lokale Unruheherde sorgten auch weiterhin für Zündstoff.

Reine Marktwirtschaft

Die zunehmende Globalisierung der Weltwirtschaft zwang die westlichen Industrieländer zur Änderung ihrer Wirtschaftspolitik.

Im Jahr 1973 verkündete der amerikanische Soziologe Daniel Bell, die westlichen Industriestaaten stünden an der Schwelle zu einem neuen Zeitalter der postindustriellen Gesellschaft. Anfangs habe es nur die Landwirtschaft gegeben, später gesellten sich Handel und Gewerbe hinzu und führten infolge der industriellen Revolution zur groß angelegten Güterproduktion. Schließlich verlagerte der Westen die Fabrikation in die Entwicklungsländer mit ihren Niedriglöhnen, um seine Konkurrenzfähigkeit zu erhalten. Um den erworbenen Wohlstand allerdings langfristig zu wahren, mussten sich die Industrieländer der ersten Generation neue Einnahmequellen erschließen. Diese lagen in den Dienstleistungen des Banken-, Versicherungs- und Bildungswesens, die sich genauso berechnen und verkaufen lassen wie Fertigungsgüter.

Doch ganz ohne industrielle Produktion kam auch die postindustrielle Gesellschaft nicht aus. Jedoch verlagerte man die Fertigung in billig produzierende Fabriken der Dritten Welt oder vergab sie an inländische Hightech-Einrichtungen, die von Computern unterstützt und mithilfe von Industrierobotern kostengünstig arbeiteten.

Globalisierung – das Gebot der Stunde

Zwischen der postindustriellen Gesellschaft, der Revolution in der Informations- und Kommunikationstechnologie sowie der zunehmenden Globalisierung von Handel und Industrie besteht ein unmittelbarer Zusammenhang. Seit den 70er-Jahren hat der Begriff „multinational" stetig an Bedeutung gewonnen. Man benutzt ihn im Zusammenhang mit Firmen, die ihre Produkte sowohl in mehr als einem Land erzeugen und absetzen als auch ihre Ressourcen weltweit beziehen. So brachte beispielsweise der amerikanische Autohersteller Ford bereits 1976 mit dem Modell Fiesta einen neuen Kleinwagen auf den europäischen Markt. Er wurde in deutschen, spanischen und britischen Ford-Werken montiert – die Bauteile kamen jedoch aus Frankreich, Nordirland und zehn weiteren Staaten.

Vor dem Hintergund der gerade überwundenen Ölkrise und der stark gestiegenen Ölpreise warb Ford 1976 in Europa für sein sparsames Familienauto Fiesta.

Viele bekannte Hersteller – Siemens, Nike, DaimlerChrysler, Philips, Mitsubishi – gingen den gleichen Weg. Den Multis wird von Kritikern rücksichtsloses Verhalten bescheinigt: Sie agieren dort, wo profitable Geschäfte winken, und ziehen sich von nicht einträglichen Standorten sogleich wieder zurück. Sie können nur mit einer solchen globalen Unternehmensstrategie überleben.

In den 70er-Jahren stellte die Globalisierung für die Industrienationen der ersten Generation eine außerordentlich wichtige Perspektive dar. Ihre Schwerindustrie verlor zunehmend an Bedeutung; ihre zukunftsträchtigen Industrien konnten es jedoch nicht mit Japan und den emporstrebenden Industriestaaten Südkorea und Taiwan aufnehmen. Vor diesem Hintergrund kreisten die Überlegungen um zwei Modelle. Das eine sah vor, die westlichen Industrien durch Einfuhrzölle oder -abgaben zu schützen. Kritiker wandten dagegen ein, dass mit Zöllen lediglich an den Symptomen kuriert, nichts aber gegen die Krankheit als solche unternommen werde. Die Alternative dagegen bestand in der Liberalisierung des Welthandels. Seit 1947 fanden sieben Gesprächsrunden im Rahmen des Allgemeinen Zoll- und Handelsabkommens (GATT) unter der Schirmherrschaft der Vereinten Nationen statt. Verhandlungsziel war es, unter den Mitgliedsländern eine Überein-

In vielen Teilen Europas gerieten Teile der verarbeitenden Industrie Mitte der 70er-Jahre in eine schwere Krise. So manche Fabrik musste stillgelegt werden, wie auch auch diese Ölraffinerie in Mestre unweit von Venedig.

1970 | 1973 Internationale Ölkrise schockiert die Öffentlichkeit in der westlichen Welt. | 1979 Margaret Thatcher wird Premierministerin. | 1980 Ronald Reagan neuer US-Präsident | 1981 François Mitterrand versucht sozialistische Reformen durchzusetzen. | 1984 Großer Bergarbeiterstreik in Großbritannien

Während die Arbeiter im öffentlichen Dienst streikten, stapelten sich im Februar 1979 Müllberge in Londons Straßen. Für viele Briten ein Zeichen der Wirtschaftskrise.

kunft über den Abbau von Handelshemmnissen zu erreichen. Die in Genf ansässige Welthandelsorganisation WTO trat 1995 offiziell an die Stelle des GATT. Die 125 Mitgliedsstaaten wickelten 90 % des Welthandels unter sich ab. Hatten 1947 die Zölle noch 40 % des Marktwerts betragen, so war es gelungen, sie auf etwa 5 % zu senken.

Länder, in denen eine Rezession herrschte oder die mehr ein- als ausführten, fühlten sich durch die Liberalisierung des Welthandels bedroht. Dies war in den 70er-Jahren in Großbritannien der Fall. 1976 musste die einst führende Industrienation einen Kredit von 3 Mrd. Pfund beim Internationalen Währungsfonds IWF beantragen, um ihr Zahlungsbilanzdefizit auszugleichen.

Anatomie des Niedergangs

Britische Politiker und Wirtschaftsbosse bemühten eine Reihe von Erklärungen für diese bedrohliche ökonomische Entwicklung. Die Auswirkungen der Ölkrise von 1973 wa-

Als Reaktion auf das Ölembargo der OPEC verordnete die Bundesregierung am 4. November 1973 einen autofreien Sonntag.

ren verheerend und hatten sämtliche westlichen Industrieländer empfindlich getroffen. Durch hohe Staatsausgaben und staatliche Unternehmen, die tief in den roten Zahlen steckten, war die britische Regierung doppelt belastet. Außerdem machten der Nation Arbeitskämpfe zu schaffen. So gingen 1970 insgesamt 8,8 Mio. Arbeitstage durch Streiks verloren – so viel wie nie zuvor. 1972 und 1973 sah sich der konservative Premierminister Edward Heath gezwungen, in Großbritannien die Drei-Tage-Woche einzuführen, weil streikende Bergarbeiter die Kraftwerke blockierten und die Belieferung mit Kohle erfolgreich verhinderten. Als 1974 weitere Unruhen drohten, rief er die Wähler zu den Urnen und verlor sein Amt. Der nachfolgenden Labour-Regierung widerfuhr das gleiche Schicksal. Die Arbeitskämpfe gipfelten im Frühjahr 1979 in umfangreichen Streiks im öffentlichen Dienst, die die britische Volkswirtschaft erheblich schädigten.

Kampfansage an die Gewerkschaften

Dies war die Stunde von Margaret Thatcher. Die Parteivorsitzende der Konservativen versprach der streikmüden Wählerschaft ein Ende der Arbeitskämpfe. Sie war absolut überzeugt davon, dass Großbritanniens Heil allein im freien Spiel der marktwirtschaftlichen Kräfte lag. Einer ihrer ersten Schritte nach der Wahl zur Premierministerin 1979 war die Senkung der Einkommenssteuer.

Danach ließ sie sich auf einen langwierigen und schmerzhaften Kampf mit den Gewerkschaften ein. Mit ihren Lohnforderungen und Streiks hatten diese das Land praktisch erpresst und trugen zu einem erheblichen Maß die Verantwortung für den Sturz dreier Regierungen in Folge. Mit ihrer herausfordernden Frage: „Wer regiert Großbritannien – die Regierung oder die Gewerkschaften?" startete Thatcher eine Reihe von Gesetzesinitiativen, um die Macht der Gewerkschaften zu beschneiden. So führte sie geheime Abstimmungen über Streiks, ein Verbot, nicht unmittelbar beteiligte Betriebe zu bestreiken, sowie Strafen bei Zuwiderhandlungen ein, wozu auch die Beschlagnahmung des gewerkschaftlichen Vermögens zählte.

Die Regierung Thatcher startete zudem eine Kampagne, die globale Ausgabenkürzungen der öffentlichen Hand vorsah. Das hieß weniger Sozialleistungen, den Subventionsabbau in nicht rentablen Industriezweigen und den Beginn der Privatisierung staatlicher Unternehmen. Es wurde ein langwieriger Prozess mit einschneidenden Folgen, in dessen Verlauf in ganz Großbritannien Betriebe aufgrund der ausbleibenden finanziellen Unterstützung schließen mussten. Die Arbeitslosenrate kletterte auf 3 Mio., die Inflation auf 21 %, während sie zur gleichen Zeit in Frankreich und Deutschland bei rund 4 % lag. Während Thatchers erster Amtszeit schienen die Hoffnungen auf den von ihr versprochenen Aufschwung zu schwinden. Nach ihren Worten waren jedoch die schweren Zeiten die bittere Pille, die die Briten schlucken mussten, damit es wieder aufwärts gehen konnte.

1987 Weltweiter Börsenkrach am „Schwarzen Montag".

1990 Margaret Thatcher muss als Regierungschefin zurücktreten.

1998 Nike wegen Ausbeutung seiner Arbeitskräfte in der Dritten Welt angeprangert.

Widerstand der Bergarbeiter

Als 1984 die Regierung bekannt gab, eine große Zahl unrentabler Bergwerke zu schließen, rief die britische Bergarbeitergewerkschaft unter ihrem linksgerichteten Chef Arthur Scargill zum Streik auf. Die Gewerkschaft hoffte, die konservative Regierung in die Knie zwingen zu können, wie es ihr bereits 1970 gelungen war. Scargill sah in der Auseinandersetzung eine Art Klassenkampf gegen den Kapitalismus.

Doch als der Streik im Sommer begann, hatten die Kraftwerke riesige Kohlehalden auf Vorrat angelegt. Außerdem unterstützten nicht alle Bergarbeiter den Kurs Scargills, und so spaltete sich ein Teil der Gewerkschaft ab und ignorierte den Streikaufruf. Der Streik entzweite ganze Familien. Nach monatelangen gewaltsamen Auseinandersetzungen zwischen Streikenden und Polizisten brach die Gewerkschaftsführung den Kampf im März 1985 ab. Auch wenn Scargill von einem Sieg sprach, hatten die

Links: Arthur Scargill, Chef der britischen Bergarbeitergewerkschaft. Unten: Gewalttätige Zusammenstöße zwischen Streikposten und Ordnungshütern während des Bergarbeiterstreiks 1984.

NIKE – SIEGESZUG DES SPORTSCHUHS

Schon Anfang der 60er-Jahre begann Philip Knight, Turnschuhe bei Sportveranstaltungen direkt vom Lieferwagen zu verkaufen. Bald stieg der ehemalige Handelsschüler selbst in die Produktion von Sportschuhen ein: 1964 gründete er in Oregon an der amerikanischen Westküste den Sportausrüster Nike. In den 90er-Jahren setzte sein Unternehmen pro Jahr Waren im Wert von über 4,7 Mrd. Dollar um.

Diese außergewöhnliche Erfolgsstory war möglich, weil drei Faktoren zusammenkamen: ein innovatives Produkt, eine groß angelegte Werbestrategie und billige Fertigung im Ausland. In den 60er-Jahren hatte sich Knight mit der Frage an seinen alten College-Trainer Bill Bowerman gewandt, ob er eine neue Idee für die Entwicklung von Sportschuhen beisteuern könne. Es wird kolportiert, Bowerman habe das Waffeleisen seiner Frau benutzt, um die Idee einer ganz neuen Sohle zu entwickeln, die, aus einzelnen Zellen bestehend, leichter und besser gefedert war als beim herkömmlichen Sportschuh und eine bessere Bodenhaftung versprach. Das war die Geburtsstunde des modernen Sportschuhs.

Auch in der Werbung war Knight äußerst rührig und förderte mit bekannten Werbeträgern – Spitzenathleten wie John McEnroe und Michael Jordan – den Absatz seiner Sportschuhe und -bekleidung im Rahmen großer Anzeigenkampagnen und eindrucksvoller TV-Werbespots, die ein breites Publikum ansprachen. Ende der 90er-Jahre setzte der Konzern annähernd 1 Mrd. Dollar für Werbezwecke ein. Sein 1971 entstandenes Logo genießt mittlerweile überall auf der Welt einen hohen Bekanntheitsgrad.

Nike kann sich derartig hohe Werbeausgaben aufgrund seiner hohen Gewinnspannen leisten. Schon 1960 ließ Knight seine Sportschuhe in Japan, später in Südkorea und Taiwan herstellen. Ende der 90er-Jahre waren 450 000 Menschen in 33 Ländern mit der Produktion von Nike-Artikeln beschäftigt, wo man aus den geringen Lohn- und Arbeitskosten Profit schlug. Zu dieser Zeit hatten die Nike-Lieferanten in Südkorea und Taiwan die Arbeit wiederum selbst im Unterauftrag an Hersteller in China, Vietnam und Indonesien vergeben. 1998 stellte sich heraus, dass in einigen dieser Fabriken gefährliche und unhygienische Arbeitsbedingungen herrschten. Die unterdrückten Arbeiter verdienten bisweilen weniger im Monat, als ein Paar Nike-Schuhe kostete. Als Nike wegen seiner Verfehlungen international an den Pranger gestellt wurde, behauptete das Unternehmen, es werde zu Unrecht der Ausbeutung bezichtigt.

Mit einer zugleich phantasievollen und aggressiven Werbestrategie gelang es Nike, den Sportschuh zu einem anerkannten Markenzeichen zu machen.

Kumpels die Auseinandersetzung mit der Regierung verloren. In der Folgezeit wurden zahllose Bergwerke geschlossen und traditionelle Kohlereviere siechten dahin, bis auch sie ihren Betrieb einstellten.

Inzwischen trieb Thatcher ihre Privatisierungskampagne voran. Staatliche Sozialwohnungen wurden den Mietern günstig zum Kauf angeboten, sodass diese Eigentum bilden konnten. Daneben konnten sie Aktien der gerade privatisierten Industrien erwerben. Im November 1980 stand British Airways zum Verkauf und wandelte sich von einem kränkelnden Subventionsempfänger zu einer erfolgreichen und profitablen Fluggesellschaft. Bei der Privatisierung von British Telecom wurde 1984 das international bislang größte Aktienpaket ausgegeben, was dem britischen Schatzamt 4 Mrd. Pfund einbrachte.

Aufwärtstrend mit Schattenseiten
Nach Jahren der Krise zog Großbritannien nun wieder Investoren an. Insbesondere japanischen Unternehmen wie Nissan und Sony gefielen nicht nur die steuerlichen Anreize, die die Insel versprach, sondern auch die konstruktiven Beziehungen zwischen den Sozialpartnern. In den 90er-Jahren gab es in Großbritannien 275 japanische Fabrikationsbetriebe, die 650 000 Arbeitsplätze geschaffen hatten. Die Globalisierung hatte auch vor Großbritannien nicht Halt gemacht.

Für viele Immobilienbesitzer war es eine Zeit, in der das Geschäft boomte, und aufgrund der steigenden Immobilienpreise erzielten sie ungeheure Gewinne. In den Städten entstand eine neue Schicht von jungen Männern und Frauen, die ein Leben in Saus und Braus führten. Es war das Zeitalter der betuchten, sorgenfreien und unbekümmerten Yuppies.

Doch diese Politik des rigiden Kapitalismus hatte auch ihre Kehrseite. Die Beschäftigten wurden mehr und mehr zu einem austauschbaren Glied in der marktwirtschaftlichen Gleichung, die man in guten Zeiten einstellte und dann wieder freisetzte, wenn es der Zwang zur Wirtschaftlichkeit erforderte. Als die Beschäftigungsverhältnisse bedingungslos den Wechselfällen der Globalisierung anheim fielen, galt es Abschied zu nehmen von der früheren Vorstellung der sicheren Lebensstellung in einer soliden, alteingesessenen Firma. In dieser erbarmungslos gewordenen Welt fielen viele Schwächere durch das soziale Netz. Die extremen Folgen dieser Entwicklung zeigten sich daran, dass die Zahl der Wohnsitzlosen in Großbritannien enorm anstieg. Die Gemeinschaft, so hieß es, sollte den Abbau der Sozialleistungen und die Arbeitslosigkeit „auffangen". Viele betroffene Menschen konnten sich des Gefühls nicht erwehren, dass man sich in Thatchers Großbritannien wenig oder überhaupt nicht für sie interessierte.

Siegeszug des „Thatcherismus"
Doch die britische Wirtschaft hielt Thatchers Kurs trotz aller widrigen sozialen Folgen für richtig. Es herrschte nach wie vor die Auffassung, dass hohe Staatsausgaben auf lange Sicht schlecht für die Wirtschaft und somit auch für das Wohlergehen und den Wohlstand der gesamten Bevölkerung waren.

**Oben: In den 80er-Jahren trieb der ungehinderte Kapitalismus in Großbritannien viele Menschen in die Armut, sie verloren ihr Hab und Gut und mussten in Notbehelfen hausen.
Rechts: Zur gleichen Zeit kamen die Yuppies aus der Finanzwelt in den Genuss hoher Gehälter und kräftiger Provisionen.**

In den europäischen Ländern, die wie etwa die Niederlande und Schweden ausgeprägte Sozialsysteme besaßen, geriet die Wirtschaft bei jeder Flaute hingegen erheblich unter Druck. Jedes Defizit musste durch ein Drehen an der Steuerschraube finanziert werden, sodass man die Kaufkraft der Arbeitnehmer schmälerte und die Konjunktur zusätzlich schwächte. Es war eine Frage des Gleichgewichts: Die Regierungen mussten sich entweder für weniger Staat entscheiden, damit sich die freien Kräfte des Marktes ungehindert entfalten konnten, oder aber ihre Pflicht erfüllen und die sozial Schwächeren schützen. Im Verlauf der 80er-Jahre gingen die meisten Staaten in der EU dazu über, den „Thatcherismus" zu praktizieren, obwohl sie dies nicht öffentlich zugaben, da die britische Premierministerin wegen ihrer ablehnenden Haltung gegenüber der EU umstritten war.

In der Bundesrepublik Deutschland stellte die CDU/CSU/FDP-Regierung unter Helmut Kohl nach ihrem Amtsantritt 1982 ihre Politik unter das Motto „Wirtschaftsförderung und Atempause in der Sozialpolitik". Auch wenn in den folgenden Jahren die bundesdeutsche Wirtschaft dank steigender Exportanteile Zuwächse beim Bruttosozialprodukt erzielen konnte, stieg die Zahl der Arbeitslosen von 5,5 % im Jahr 1982 auf 7,6 % im Jahr 1989 an. Und in den 90er-Jahren wurde immer deutlicher, dass der Sozialstaat auf Dauer kaum noch zu finanzieren ist.

Eine kurze Zeit lang lief Frankreich gegen den „Thatcherismus" Sturm, indem es 1981 nach der Wahl François Mitterrands zum Präsidenten einen strammen sozialistischen Kurs einschlug. Seine Regierung setzte ihr linkes Programm um, verstaatlichte Großbanken und zahlreiche Schlüsselindustrien. Doch angesichts des zunehmenden Handelsbilanzdefizits, eines Inflationsschubs und der steigenden Steuerlast schwenkten die Wähler 1986 nach rechts. Mitterrand musste sich auf eine stärker marktorientierte Politik einlassen. Ende der 80er-Jahre trennte sich Frankreich im Rahmen eines vorsichtigen Privatisierungsprogramms unter dem sozialistischen Premierminister Michel Rocard von der staatlichen Großbank Crédit Agricole sowie dem Rüstungs- und Elektronikkonzern Matra. Dennoch gehörte immer noch jeder vierte Arbeitnehmer dem öffentlichen Dienst an, doppelt so viel wie in Großbritannien. Auch andere gemäßigte sozialistische Regierungen in Portugal, Spanien, Italien und Österreich kämpften mit ähnlichen Problemen.

Reagonomics

In den USA zeichnete sich eine ähnliche Entwicklung wie in Großbritannien ab. 1980 hatte der Republikaner Ronald Reagan den zaudernden Jimmy Carter als Präsidenten abgelöst. Reagan, der ehemalige Hollywoodschauspieler und Gouverneur von Kalifornien, erwärmte sich ebenfalls für den vom Ökonomen Milton Friedman propagierten Monetarismus, wie ihn Margaret Thatcher praktizierte. Im August 1981 setzte Reagan Steuersenkungen im Kongress durch, erließ Maßnahmen zur Liberalisierung der Wirtschaft, indem der Staat immer weniger in die Wirtschaft eingriff, und kürzte die Sozialausgaben, während er gleichzeitig den Verteidigungshaushalt erhöhte. Voller Begeisterung schrieb die *Time*: „Mit Ausnahme der ersten sechs Monate der Regierung Roosevelt hat seither kein neuer Präsident mehr so umfangreiche Maßnahmen in dieser Größenordnung so umgehend auf den Weg gebracht, um das Land auf einen neuen Wirtschaftskurs einzuschwören." Diese Politik rief jedoch heftige Entrüstung bei den sozial Schwachen hervor, da sich die Kluft zwischen Arm und Reich noch mehr vertiefte.

Doch die Wirtschaft kam nicht recht in Schwung. Das Defizit im US-Haushalt wurde immer größer und schließlich kam es am 19. Oktober 1987 zum „Schwarzen Montag" an der Wall Street, als die Börsenkurse ins Bodenlose fielen. Während des Börsenkrachs am legendären „Schwarzen Freitag" 1929 war der Aktienindex um 12,8 % gefallen; am „Schwarzen Montag" 1987 fiel er um 22,6 %. Insgesamt gingen dadurch an den Börsen der Welt Werte von annähernd 500 Mrd. Dollar verloren.

Kluft zwischen Arm und Reich

In den USA und Europa schienen die guten Zeiten der 80er-Jahre vorüber zu sein. Tatsächlich bedeutete die bessere Steuerung der internationalen Finanzen, dass ein heftiger Wirtschaftsabschwung, wie er während der Weltwirtschaftskrise zu Beginn der 30er-Jahre aufgetreten war, vermieden werden konnte. Die westlichen Industrienationen wuchsen weiterhin, wenn auch nicht mehr so ungehemmt wie zuvor.

Ebenso wie die Kluft zwischen Arm und Reich innerhalb dieser Länder stetig wuchs, tat sich auch weltweit eine solche Kluft auf: Bei den Ärmsten der Armen in der Dritten Welt nahm die Verelendung zu, sie hatten mit starkem Bevölkerungswachstum, wachsender Auslandsverschuldung und damit einhergehend mit Korruption und politischen Unruhen zu kämpfen. Die meisten reichen Industrienationen lehnten es ab, für die Schulden dieser Länder geradezustehen. So sank der Umfang der Entwicklungshilfe sei-

Links: Im Oktober 1987 rotierte die New Yorker Börse angesichts der ins Bodenlose fallenden Kurse. Oben: Auch erfahrene Börsianer in London gerieten angesichts dieser Talfahrt in Panik.

MARGARET THATCHER – DIE EISERNE LADY

Die Sowjets gaben ihr den Spitznamen „Eiserne Lady"; viele Briten sprachen diskret von „Mrs. T". Mit beiden Bezeichnungen schienen sie der Krämerstochter Unrecht zu tun, die zur ersten britischen Premierministerin avancierte, der freien Marktwirtschaft weltweit Geltung verschaffte und in die Rolle einer international anerkannten Politikerin hineinwuchs.

1975 übernahm Margaret Thatcher nach dem Sturz von Edward Heath die Führung der Konservativen. In ihrem Reformeifer, mit dem sie Großbritannien wieder auf den Weg zum Wohlstand zurückführen wollte, nahm sie die Gewerkschaften, das öffentliche Ausgabegebaren sowie die unproduktiven verstaatlichten Wirtschaftszweige ins Visier und sprach sich für mehr Eigeninitiative aus. Mit diesem Programm nahm sie die Nation für sich ein und gewann 1979 die Wahlen. In ihrer ersten Amtszeit setzte sich der Konjunkturabschwung zwar fort, ihr Ansehen war jedoch durch ihr Auftreten im Falklandkrieg 1982 gestärkt, als sie die argentinischen Invasionstruppen mit militärischer Gewalt von den Inseln vertrieb.

„Der Piraterie, Hexerei und des Mordes für schuldig befunden!", lautet der schrille Kommentar auf der Titelseite einer argentinischen Zeitschrift während des Falklandkriegs.

Bei den Wahlen von 1983 konnte sie noch mehr Stimmen auf sich vereinigen und begann nun damit, den politischen Charakter Großbritanniens nachhaltig zu verändern. Anstelle der Hocharistokratie, die bei den Konservativen weitgehend den Ton angab, berief sie unnachgiebige Politiker, wie Norman Tebbit, der Arbeitslosen riet, „sich aufs Fahrrad zu schwingen" statt wehleidig zu klagen.

Das Glück stand im Oktober 1984 auf ihrer Seite, als die IRA eine Bombe im Grand Hotel in Brighton zündete, in dem die Konservativen zum alljährlichen Parteitag abstiegen. Dabei wurde ihr Badezimmer zerstört – nur wenige Augenblicke, nachdem sie es verlassen hatte.

Als sich die Finanzmärkte und die Wirtschaft öffneten, erlebte Großbritannien einen starken Konjunkturaufschwung. 1987 wurde sie zum dritten Mal gewählt. Doch die Eiserne Lady besaß eine Achillesferse. Sie entwickelte im Lauf der Jahre einen autokratischen Führungsstil. In ihrem Kabinett regierte sie selbstherrlich und entließ jeden, der abweichender Meinung war. Viele waren erzürnt über ihre ablehnende und halsstarrige Einstellung gegenüber Europa. Als sie darauf bestand, die alte Einkommenssteuer durch eine unpopuläre Kopfsteuer zu ersetzen, begehrten die Briten auf. Im November 1990 löste John Major sie ab.

Oben: Das Grand Hotel in Brighton nach dem Bombenattentat 1984. Rechts: Reagan und Thatcher

tens der wichtigsten Geberländer – USA, Japan, Frankreich, Bundesrepublik, Großbritannien und Italien – von 0,99 % des Bruttosozialprodukts 1982 auf 0,83 % im Jahr 1994.

Jedoch gab es in Fernost auch eine Reihe von so genannten Schwellenländern, denen die Globalisierung sehr gelegen kam, weil sie über reichlich Rohstoffe und billige Arbeitskräfte verfügten. Außerdem praktizierten sie eine Politik des knappen Geldes, da sie lediglich rund 20 % ihres Bruttoinlandsprodukts für Staatsausgaben aufwendeten – in Westeuropa waren es im Schnitt 50 %. Diese Politik trug ihnen den Neid der Dritten Welt und die Bewunderung der hoch entwickelten Industriestaaten ein, die ihnen die Bezeichnung „Tigerstaaten" gaben.

Expansion in Asien

Nach dem Vorbild der Industrienation Japan entwickelten sich die Länder Südostasiens zu einer dynamischen Wirtschaftsregion.

Japan hatte in Südostasien den Vorreiter gespielt und galt als Paradebeispiel. Die seit den 50er-Jahren energisch betriebene Industrialisierungs- und Modernisierungskampagne hatte zahlreiche ausländische Investoren angelockt. Anfangs konzentrierte sich das Land auf Exporte wie etwa Textilien, erst später sorgten die Schwerindustrie, der Schiffsbau und die Autoindustrie für eine breite industrielle Basis. Weitere Staaten aus dem südostasiatischen Raum – Südkorea, Taiwan, Hongkong und Singapur – folgten diesem Beispiel.

Anfangs bildete ein billiges und emsiges Heer von Arbeitskräften den Schlüssel zum Erfolg dieser Länder. Für die Multis, um deren Präsenz und Investitionen nachhaltig gerungen wurde, waren diese geschickten, fleißigen und lernwilligen Arbeitnehmer eine zuverlässige und kostengünstige Produktionsbasis. Besonders fähige Studenten schickte man zur Ausbildung in die USA, die mit einem Fundus an technischem Know-how und Erkenntnissen über Wirtschafts- und Marketing-Strategien zurückkehrten und sie mit Erfolg vor Ort umsetzten. In Südkorea leitete die autokratische Führung unter Park Chung Hee die Modernisierung ein, und einheimische Großunternehmen wie Daewoo, Samsung und Hyundai nahmen die Herausforderung an. Die Regierung investierte in ein gigantisches Stahlwerk in Pohang, das 1973 fertig gestellt wurde, und im selben Jahr lief bei Hyundai einer der ersten Supertanker vom Stapel. Knapp zehn Jahre später war das Unternehmen zur weltweit größten Werft aufgestiegen.

Den fünf Staaten fehlten allerdings nennenswerte Rohstoffvorkommen; anders als etwa Australien konnten sie sich auch nicht auf den Rohstoffexport stützen. Daher setzten sie sich die Schaffung hoch entwickelter Industriezentren zum Ziel und legten zu diesem Zweck u. a. größten Wert auf eine gute Bildung und Ausbildung ihrer Mitarbeiter. 1976 stellten Japan, Südkorea, Taiwan, Hongkong und Singapur 60 % der industriellen Exporte weltweit her. Japan war mittlerweile zu einem der führenden Industriestaaten aufgestiegen und sah sich in der Lage, seinerseits in Europa und den USA zu investieren – eine bemerkenswerte Umkehrung der Verhältnisse seit den 50er-Jahren, als das Kapital einseitig in die entgegengesetzte Richtung geflossen war.

Die fünf südostasiatischen Staaten bezogen den Großteil ihrer Rohstoffe von ihren Nachbarn, namentlich aus Thailand, Indonesien, Malaysia und von den Philippinen. Bald darauf machte sich der Wohlstand auch in diesen Ländern bemerkbar. Sie lieferten nicht nur Rohstoffe, sondern verfügten ebenfalls über billige Arbeitskräfte: Jetzt begannen auch sie mit der industriellen Fertigung und profitierten vom Technologietransfer. Während vor allem Japan sich auf hochpreisige Hightech-Erzeugnisse konzentrierte, produzierten die vier anderen Staaten billige Massenware.

Oben: In den 80er-Jahren galten die Arbeitsplätze in Japan als sicher. Dafür erwarteten die Unternehmen ein hohes Maß an Einsatzbereitschaft und Treue von ihren Mitarbeitern. Links: Die japanische Industrie konzentrierte sich auf die Herstellung von Hightech-Erzeugnissen und auf die lukrative Forschung, wie beispielsweise die Entwicklung von Prototypen eines Meeresbeobachtungssatelliten.

1970

1976 Japan, Südkorea, Taiwan, Hongkong und Singapur erzeugen weltweit 60 % der industriellen Exporte.

1981 In Malaysia kommt Mahathir bin Mohamad an die Macht.

1983 Der südkoreanische Konzern Hyundai ist weltweit die Nr. 1 unter den Werften.

EXPANSION IN ASIEN

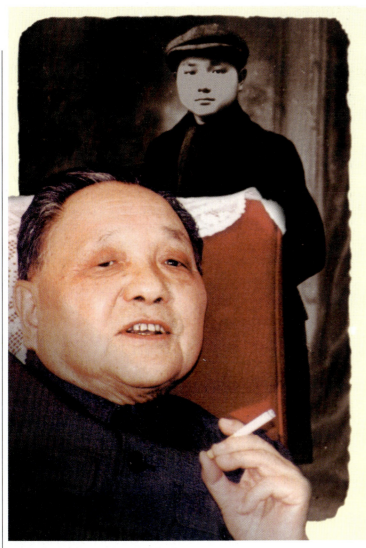

DENG XIAOPING – DER GROSSE ALTE MANN CHINAS

Ein altes chinesisches Sprichwort besagt: „Es spielt keine Rolle, ob die Katze ein schwarzes oder weißes Fell hat. Wenn sie Mäuse fängt, ist es auf jeden Fall eine gute Katze." Deng Xiaoping hat es häufig zitiert, und es entsprach seiner Mentalität. Er war für seinen Pragmatismus bekannt und suchte nach Strukturen, die wirtschaftliche Stabilität für sein Land versprachen. Indem er einen Balanceakt zwischen Kommunismus und Kapitalismus vollzog, erlebte er in seinen letzten Lebensjahren, wie in China der Wohlstand Einzug hielt.

Deng Xiaoping gehörte zur alten Garde der chinesischen Kommunistischen Partei. 1925 trat er in diese ein und nahm sowohl am Langen Marsch als auch am Japanisch-Chinesischen Krieg und am Bürgerkrieg teil. In den 50er-Jahren gelang ihm der politische Aufstieg, in den 60er-Jahren beschloss er jedoch, sich dem ebenfalls pragmatischen Liu Shaoqi anzuschließen. Mao Zedong, der Revolutionär aus Leidenschaft, konnte eine solche Entscheidung nicht gutheißen. So verschwand Deng 1969 ganz von der Bildfläche. Hua Guofeng holte ihn 1978 auf die politische Bühne zurück. Anfang der 80er-Jahre hatte Deng die Schalthebel der Macht mit seinen Vertrauten besetzt und galt von da an als der starke Mann in China.

Unter seinem wirtschaftlichen Liberalisierungskurs vollzog sich ein rascher Wandel im Reich der Mitte. Nun wurden auch Forderungen laut, das politische System zu demokratisieren, aber Deng als alter Pragmatiker erkannte, dass dies auf den erbitterten Widerstand des konservativen Flügels in der KPCh stoßen würde. Daher blieb ihm nichts übrig, als 1989 die Demokratiebewegung auf dem Platz des Himmlischen Friedens niederzuschlagen. Der damals 84-Jährige wurde in den folgenden Jahren zunehmend hinfällig. 1997 starb er schließlich im Alter von 92 Jahren. In den Augen vieler ist er der Architekt einer modernen chinesischen Wirtschaft, andere aber können ihm nicht verzeihen, dass er ab 1989 den Weg der Unterdrückung beschritten hatte.

Deng wuchs in einem China heran, das bewegte Zeiten gesehen hatte. Er erlebte den Übergang vom Kaiserreich zur Republik und war am Kampf der Kommunisten um die Macht aktiv beteiligt.

China holt auf

Vor allem die pazifischen Randstaaten, darunter Australien, Neuseeland und Kanada, profitierten von dem steigenden Wohlstand im pazifischen Raum. Auf diesen Märkten waren die Waren aus Asien hoch willkommen, außerdem verfügten sie über wertvolle Rohstoffvorkommen. Im Übrigen hatte sich der Westen der USA zum internationalen Mittelpunkt der Computer- und Kommunikationstechnologie entwickelt. Während sich das internationale Wirtschaftsgeschehen zuvor vorwiegend im nordatlantischen Raum zwischen Europa und der amerikanischen Ostküste abgespielt hatte, verschoben sich nun die Gewichte deutlich, als sich die pazifischen Randstaaten mit dem Zentrum Japan als bestimmender Wirtschaftsfaktor herauskristallisierten.

Trotz rückständiger und arbeitsintensiver Anbauverfahren waren 60 % aller chinesischen Arbeiter in den 80er-Jahren in der Landwirtschaft beschäftigt.

Auch China trug in den 80er-Jahren beträchtlich zur Erhöhung des Wohlstands in der Region bei. Das Reich der Mitte bot angesichts seines riesigen Bevölkerungspotenzials von mehr als 1 Mrd. Menschen ein gewaltiges Angebot billiger Arbeitskräfte und stellte außerdem einen gigantischen potenziellen Markt dar. Führende Politiker wie Deng Xiaoping förderten in den 80er-Jahren diesen Prozess. Um die in ausländischer Hand befindlichen Häfen Hongkong und Macau sowie entlang der chinesischen Ostküste entstand eine Reihe von speziellen Wirtschaftszonen. Hier erhielten ausländische Investoren finanzielle Anreize zur Errichtung von Fertigungszentren, während die Chinesen durch diese

- 1986 Präsident Marcos muss die Philippinen verlassen.
- 1989 China schlägt die Demokratiebewegung in Beijing blutig nieder.
- 1996 Singapur ist das siebtreichste Land der Erde.
- 1997 Großbritannien gibt Hongkong an China zurück.
- 1998 Der indonesische Präsident Suharto tritt zurück.

Oben: Chinesische Arbeiterinnen in einer Spielzeugfabrik in Guangdong. Unten: Als letzter Gouverneur von Hongkong oblag es Chris Patten, die Kronkolonie an China zurückzugeben. Am 30. Juni 1997 wird ihm der Union Jack überreicht, der kurz zuvor an seinem Amtssitz zum letzten Mal eingeholt worden war.

Erfahrungen wertvolles Know-how erwerben konnten. Bis 1992 waren auf diese Weise über 36 Mrd. Dollar investiert worden, und Chinas Bruttosozialprodukt stieg im Lauf von zehn Jahren jährlich im Schnitt um 10 %. Shanghai verdreifachte in den 80er-Jahren seine industrielle Produktion. Parallel dazu erfolgte auch eine allgemeine Liberalisierung der Wirtschaft: So konnten die Bauern z. B. wieder Land pachten und in eigener Regie bewirtschaften, wobei sie als Anreiz den Überschuss an den landwirtschaftlichen Erzeugnissen für sich behalten durften. 1985 war die Agrarproduktion in China um nahezu 50 % gewachsen, und das Land begann mit der Ausfuhr von Nahrungsmitteln. Im gleichen Jahr erreichte die Zahl privater Unternehmer die 17-Mio.-Grenze; 1978 waren es nur 100 000 gewesen. Dennoch behielt der Staat die Kontrolle über nahezu 80 % der chinesischen Volkswirtschaft.

Angesichts seines wachsenden Wohlstands stieg das Selbstbewusstsein Chinas erheblich. 1984 vereinbarte Deng mit Großbritannien für 1997 die Rückgabe Hongkongs an China, wobei die kommunistische Führung zusagte, dass die spezifischen Wirtschafts- und Sozialstrukturen in der Kronkolonie 50 Jahre lang unangetastet bleiben würden. Großbritannien war zum Verzicht auf die Kolonie gezwungen, da sein Pachtvertrag über das Festlandsgebiet Hongkongs auslief. Auf diesem Weg fiel China eine der reichsten Enklaven der Welt zu.

Panzer gegen Demonstranten

Das politische System Chinas hielt jedoch mit der Liberalisierung der Wirtschaft nicht Schritt. Der Ruf nach demokratischen Reformen wurde unter dem vergleichsweise liberalen Regime von Hu Yaobang, dem General-

sekretär der Kommunistischen Partei, und seinem Nachfolger Zhao Ziyang immer drängender. Deng entließ 1987 Hu Yaobang, doch als dieser 1989 starb, nahmen die Studenten und Arbeiter seine Beisetzung zum Anlass für Demonstrationen, bei denen sie für die Fortsetzung seines liberalen Kurses eintraten und ihre Unzufriedenheit mit dem gegenwärtigen Regime zeigten. Letztendlich ging es dabei um mehrere strittige Punkte, vor allem um die steigende Arbeitslosigkeit und die zunehmende Korruption. Im April 1989 zogen Tausende von Demonstranten zum Platz des Himmlischen Friedens im Zentrum Beijings. Dieser Ort besitzt eine außerordentliche Symbolkraft in der chinesischen Geschichte: Hier hatten 1919 die Studenten aufbegehrt und 1949 Mao Zedong den Sieg des Kommunismus verkündet.

Die Demonstranten – Studenten, Lehrer und Arbeiter – errichteten Zelte, Podeste, Übertragungseinrichtungen und stellten eine 9 m hohe Gipsstatue auf, die „Göttin der Demokratie". Der Wandel schien zum Greifen nahe, die Regierung wurde von dem friedlichen Protest überrascht und verhielt sich zunächst passiv. Einige Regierungsmitglieder wandten ein, China sei für den Übergang zur Demokratie noch nicht gerüstet; sie sahen die Anarchie in großem Stil auf das Land zukommen, wussten aber keinen Ausweg aus der Krise, ohne dass sie die Wut ihrer Landsleute oder die Kritik der Weltöffentlichkeit auf sich ziehen würden.

Zum Unbehagen der chinesischen Behörden stand für den Mai ein Besuch des reformfreudigen sowjetischen Staatsoberhauptes Michail Gorbatschow in Beijing an, der erste offizielle Besuch eines Sowjetführers seit 1959. Als dieser am 14. Mai an den Feierlichkeiten in der Großen Hal-le des Volkes teilnehmen

Links: Viele Hongkonger reagierten optimistisch auf die Rückgabe. China hatte zugesagt, den Status Hongkongs nicht anzutasten.

DIE LETZTE BASTION

Das Überseegebiet Macau, das im Westen Hongkongs auf der gegenüberliegenden Seite des Perlflusses liegt, war der letzte Außenposten Europas in Ostasien. Nachdem Portugal über 400 Jahre lang die Kontrolle über diese winzige Enklave innehatte, einigte es sich 1987 mit China über dessen Rückgabe zum 20. Dezember 1999.

wollte, strömten Tausende von Studenten und Arbeiter zum Platz des Himmlischen Friedens und begannen einen Hungerstreik. Am 17. und 18. Mai marschierte fast 1 Mio. Menschen durch Beijings Straßen und forderten mehr Demokratie und die Einhaltung der Menschenrechte. Diese Art der Demütigung konnte die chinesische Führung nicht so ohne weiteres hinnehmen. So ließ sie Anfang Juni die Armeekräfte verstärken, die am Rande der Beijinger Innenstadt bereitstand, und am 3. Juni rückten schwer bewaffnete Soldaten und Panzereinheiten geschlossen zum Platz des Himmlischen Friedens vor. In dieser Nacht fielen die ersten Schüsse, und die Demonstration wurde gewaltsam aufgelöst. Das Blutbad kostete nach inoffiziellen Schätzungen rund 3600 Menschen das Leben; die offiziellen Stellen sprachen nur von 300 Toten. In den folgenden Monaten ließ die chinesische Führung etwa 120 000 Oppositionelle verhaften.

>
> ### BLUTIGES DRAMA AUF DEM PLATZ DES HIMMLISCHEN FRIEDENS
>
> Anhand von Interviews mit Beteiligten schildert ein Dokumentarfilm mit dem Titel *Das Tor des Himmlischen Friedens* (1995) die Geschichte der Protestaktionen, die sich im Juni 1989 gegen die Regierung richteten:
>
> Der Arbeiter Zhao Hongliang: „Arbeiter und die Bevölkerung Beijings brachten den Mannschaftstransportwagen zum Stehen. Jemand bewarf ihn mit einem Molotow-Cocktail, worauf er zu brennen anfing. Das Feuer vermochte ihn aber kaum zu bremsen. Ehrlich gesagt, mich packte das Entsetzen, sodass ich das Weite suchte. Jedermann suchte das Weite … Wir wollten aber sehen, was vor sich ging, und bogen daher nach Süden ab, wo wir geradewegs einigen Soldaten in die Arme liefen. Sie feuerten direkt auf uns. Neben mir stürzten fünf Arbeiter zu Boden. Anfangs forderten wir sie noch auf: ‚Kommt schon, Jungs, hört auf mit dem Blödsinn und steht auf!' Dann aber sahen wir das Blut. Einige waren in der Brust, andere am Kopf getroffen."
>
> Der Student Feng Congde: „Gegen 3.30 Uhr wandten sich die vier Hungerstreikenden an die Studierenden. Sie sagten: ‚In der ganzen Stadt ist es zu Blutvergießen gekommen. Blut ist mehr als genug geflossen, um die Menschen wachzurütteln. Wir wissen, dass ihr keine Angst vor dem Tod habt, wenn ihr aber jetzt geht, ist das kein Eingeständnis für Feigheit.' Ich ließ abstimmen, ob wir gehen oder bleiben sollten. Ich sagte: ‚Bei drei rufen all diejenigen, die gehen möchten, Gehen!; wer bleiben will, ruft Bleiben!' Ich sah mich außerstande zu entscheiden, welche Partei lauter geschrien hatte … Ich hatte das Gefühl, dass sich wohl mehr zum Gehen entschlossen hatten. So teilte ich also mit, dass man gehen werde."
>
> Der Lehrer Liang Xiaoyan: „Wir verließen den Platz an der Südostecke. Ich war fast ganz am Ende der Kolonne. Als wir bei der Konzerthalle um die Ecke bogen, tauchten mehrere Panzer hinter uns auf. Plötzlich hörten wir Stimmen, die panisch vor Angst schrien. Als wir zurückblickten, konnten wir sehen, dass sich Menschen auf allen Vieren mühten, von der Stelle zu kommen, als ein Panzer mitten in der Menge ein Wendemanöver vollführte. Dann hörten wir gellende Rufe und Schreie. Aus Angst, von dem Panzer überrollt zu werden, rannten wir, so schnell wir konnten, davon. Ein Schüler kroch unter dem Panzer hervor. Zwei seiner Klassenkameraden wurden regelrecht zermalmt."

In einem Akt trotziger Verzweiflung versuchte 1989 ein Chinese, den Vormarsch der Panzer auf dem Platz des Himmlischen Friedens in Beijing zu stoppen.

Es folgte eine lange Phase gewaltsamer politischer Unterdrückung, die erst wieder Mitte der 90er-Jahre durch Reformen unter Präsident Jiang Zemin aufgehoben wurden, dessen „sozialistische Marktwirtschaft" dem Land eine anhaltende Phase wirtschaftlicher Stabilität und Wachstum brachte. Ende der 90er-Jahre sagte die Weltbank voraus, dass das Bruttosozialprodukt der „Chinesischen Wirtschaftszone", die die Staaten China, Taiwan, Hongkong und Singapur umfasste, bis zum Jahr 2002 höher sein werde als das der Vereinigten Staaten.

Die blutigen Ereignisse auf dem Platz des Himmlischen Friedens 1989 überschatteten allerdings bis zum Ende des Jahrhunderts sämtliche politischen Reformansätze in China und belasteten auch die außenpolitischen Beziehungen zum Westen.

Erfolg und Krise in Südostasien

Unter Premierminister Lee Kuan Yew vollzog Singapur von 1959 bis 1993 den Aufstieg von einem unbedeutenden Handelshafen zu einem Land, das im internationalen Vergleich ein überdurchschnittlich hohes Wirtschaftswachstum zu verzeichnen hatte. Lee Kuan Yew stand einem zentralistischen Regime vor, das kaum Steuern erhob, aber auch nur geringe Gelder für öffentliche Zwecke ausgab. Anstelle der staatlichen Investitionen war jeder Einzelne verpflichtet, einen beträchtlichen Teil seines Einkommens zur individuellen Vorsorge und Alterssicherung anzulegen. Dies führte zu ansehnlichen Einsparungen der öffentlichen Hand sowie einem beträchtlichen Wohlstand. 1996 nahm Singapur mit einem höheren Pro-Kopf-Einkommen als Frankreich und Großbritannien international den 7. Platz unter den reichsten Ländern ein.

Nach den unkontrollierten Brandrodungen, die 1997 durchgeführt wurden, war der Großteil der Insel Sumatra in eine beißende Rauchwolke gehüllt (großes Bild). Die Kinder mussten beim Schulbesuch Schutzmasken tragen (kleines Bild).

STURZ DES DIKTATORS MARCOS

Nach Marcos' Sturz entdeckten die Rebellen die gigantische Schuhsammlung seiner Frau. Die Fotos, die durch die Presse gingen, legten beredt Zeugnis über die Habgier und das ausschweifende Leben des Paares ab.

Was die Weltöffentlichkeit am meisten an dem Regime Marcos geschockt hatte, war wohl die riesige Schuhsammlung seiner Ehefrau Imelda. Während die armen Filipinos in den Städten die Müllberge nach Wiederverwertbarem durchwühlten, zockte Präsident Marcos mit seinem Familienclan und dessen Günstlingen die Nation ab, um am teuren und amüsanten Leben des gehobenen Jetsets teilzuhaben.

Als Ferdinand Marcos 1965 an die Macht kam, setzte er anfänglich erfolgreich Reformvorhaben in der Landwirtschaft, der Industrie und im Bildungswesen durch. Studentenunruhen und fortgesetzte Untergrundaktivitäten kommunistischer Rebellen und moslemischer Separatisten untergruben jedoch die Wirkung seiner Reformen. 1972 dienten diese Aktionen Marcos als Vorwand, um das Kriegsrecht auszurufen und sich mit diktatorischen Vollmachten auszustatten. Außerdem versuchte er, einen Personenkult um sich zu errichten, indem er sich eine Legende als Widerstandskämpfer im Zweiten Weltkrieg gegen die Japaner zulegte. Das Kriegsrecht wurde zwar 1981 wieder aufgehoben, doch seine Regierung stand im Ruf eines autoritären korrupten Regimes.

1972 verhaftete man neben vielen anderen auch den beliebten Sprecher der Opposition, Begnino Aquino, der sieben Jahre im Gefängnis verbrachte, bevor ihm wegen einer Operation die Ausreise in die USA gestattet wurde. 1983 kehrte er als Oppositionsführer auf die Philippinen zurück, wurde aber beim Verlassen des Flugzeugs erschossen. Eine von Marcos eingesetzte Untersuchungskommission lastete dem Stabschef des Heeres sowie 25 weiteren Offizieren den Mordanschlag an; aber die ebenfalls von Marcos berufenen Richter sprachen diese frei.

Aufgrund der brutalen Ermordung Aquinos und der nachlässigen Aufklärung wendete sich das Blatt gegen Marcos. Zudem spaltete sich das Heer in treue Anhänger und jene, die die Opposition unter Führung von Aquinos Witwe Corazon unterstützten. Als Gefolgsleute von Aquino am 25. Februar 1986 den Malacanang-Palast in Manila stürmten, brachten US-Hubschrauber den Präsidenten und seine Frau Imelda in Sicherheit. Nach vierjährigem Exil auf Hawaii starb er 1990. Imelda Marcos wurde in den USA in einem Betrugsverfahren freigesprochen und kehrte auf die Philippinen zurück, wo sie versuchte, den Marcos-Kult wiederzubeleben. Das gelang ihr trotz des Scheiterns der Regierung Aquino nicht. Im Gegenteil: Sie musste sich wegen weiterer Korruptionsvorwürfe erneut vor Gericht verantworten.

Für viele bedeutete der Niedergang des Marcos-Regimes das Ende eines über 20 Jahre währenden Kampfes.

DIE NEUE WELTORDNUNG

200 JAHRE AUSTRALIEN

Die Feierlichkeiten zum 200-jährigen Bestehen Australiens im Jahr 1988 erstreckten sich über das ganze Jahr und boten eine Vielzahl von Konzerten, festlichen Bällen, sportlichen Großveranstaltungen, Ausstellungen, militärischen Paraden sowie Nachstellungen historischer Begebenheiten.

Zu den denkwürdigsten Ereignissen gehörte wohl die Windjammer-Parade im Hafen von Sydney am australischen Nationalfeiertag, dem 26. Januar. Darüber hinaus zog eine Wanderausstellung mit Informationen über den jungen Staat in einer endlosen Kolonne von 60 Lkws durch den fünften Kontinent. Zahlreiche Bau- und Landschaftsprojekte sollten die Erinnerung an das Jubiläum auch noch für nachfolgende Generationen wach halten, etwa der Chinesische Garten in Sydney und der Botanische Garten in Gladstone. Königin Elisabeth II. und der Herzog von Edinburgh reisten eigens an, um das neue Parlamentsgebäude in Canberra einzuweihen.

Aber nicht jeder war von dem Rummel gleichermaßen angetan. Die Aborigines, die Eingeborenen Australiens, benutzten die Feierlichkeiten, um ihre völlig andere Sicht der Dinge im Hinblick auf die Besiedlung durch die Europäer und um ihre Klagen über ihre Behandlung in der Vergangenheit und die derzeitigen Besiedlungsmaßnahmen darzulegen. Schließlich waren sie in Australien nicht erst seit 200, sondern seit 50 000 Jahren heimisch.

Die Schiffsparade im Hafen von Sydney am 26. Januar 1988 erinnerte an die Ankunft der ersten europäischen Siedler vor 200 Jahren.

Zwischenzeitlich zeigte sich, dass die Wirtschaft Thailands, Indonesiens, Malaysias und der Philippinen im Vergleich zu Singapur auf relativ tönernen Füßen stand, wobei die Ausgangslage insgesamt wegen der höheren Armut, schlechteren Infrastruktur und korruptionsanfälligen politischen Strukturen ungünstiger gewesen war. Die ökonomische Leistungsfähigkeit der Philippinen wurde unter der Ära Marcos, die 1986 zu Ende ging, regelrecht heruntergewirtschaftet. Alle Folgeregierungen waren außerstande, jene Stabilität zu gewährleisten, die für eine echte Wirtschaftsentwicklung unabdingbar ist.

Indonesien wurde von 1967 bis 1998 über 30 Jahre lang von Thojib Suharto regiert. In dieser Zeit erlangte seine Familie die Kontrolle über immer größere Teile des nationalen Vermögens – sowohl in der Industrie, den Zechen als auch im Banken- und Dienstleistungsbereich. Solange die Wirtschaft florierte und jedermann davon profitierte, war dies für die Bevölkerung hinnehmbar, als die Konjunktur jedoch einbrach, erwies sich dies als ein unhaltbarer Zustand. Die Staatsfinanzen waren total zerrüttet und die Landeswährung verfiel.

Unter Führung von Ministerpräsident Mahathir bin Mohamad, der 1981 an die Macht gelangte, wuchs der Wohlstand in Malaysia stetig und in einem bislang ungekannten Ausmaß. Er senkte die Handelszölle und hieß ausländische Investoren ausdrücklich willkommen. Doch das ungebremste Wirtschaftswachstum Malaysias erhielt 1997 einen schweren Dämpfer. Es kam zu einem plötzlichen und unerwarteten Konjunktureinbruch auf den südostasiatischen Märkten, der die aufstrebenden Länder dieser Region in eine schwere Währungs- und Finanzkrise stürzte. Verantwortlich dafür waren vor allem die zunehmende Auslandsverschuldung, die sinkenden Exporte, die geringen Gewinne und die steigenden Lohnkosten. Die Krise führte zum Zusammenbruch von ganzen Unternehmensbereichen und zahlreichen Banken sowie zum rapiden Anstieg der Arbeitslosenzahlen.

Singapurs moderne Skyline ist ein Spiegelbild seiner Wirtschaft. Während der 80er-Jahre entwickelte es sich zu einem der dynamischsten Finanzzentren der Welt.

DER ISLAM GREIFT NACH DER MACHT

Bei seinem Regierungsantritt im Iran war Ajatollah Khomeini der Hoffnungsträger aller Moslems, doch den Westen lehrte er das Fürchten.

Im Herbst 1978 – die Tinte des Friedensabkommens von Camp David, das Ägypten und Israel in Washington unterzeichnet hatten, war noch nicht richtig trocken – erschütterten die Vorboten einer Revolution den Nahen Osten. Schauplatz des Geschehens war der Iran, das Reich des Schahs von Persien, eines treuen amerikanischen Verbündeten.

Seit Mohamed Schah Resa Pahlewi im Jahr 1941 das Zepter übernommen hatte, war er mit viel Elan und riesigen Summen aus der Ölgewinnung an die Modernisierung seines Landes gegangen. Im ehemals rückständigen Iran siedelten sich Industrien an und wurden Investitionen getätigt; Luxusautos, Coca-Cola, Whisky, das Fernsehen, Hollywood-Filme und Pariser Chic gehörten bald zum alltäglichen Erscheinungsbild in den größten Städten, insbesondere in Teheran. In ärmeren Gemeinden dagegen, in Suks und Moscheen hegten all jene, die nicht in den Genuss dieser Neuerungen kamen, tiefen Groll, den die unnachsichtige und allgegenwärtige Geheimpolizei des Schah, SAVAK in Schach hielt.

Autokratisch herrschte der Schah auf seinem Pfauenthron über Land und Leute. Seine Kronjuwelen waren in einem festungsartig ausgebauten Museum in Teheran zu besichtigen, in dem noch Unmengen weiterer Edelsteine lagerten. 1971 ließ der Herrscher anlässlich des 2500-jährigen Bestehens der persischen Monarchie ein Fest in der antiken Ruinenstadt Persepolis ausrichten, die Dareios I. im 6. Jh. v. Chr. erbaut hatte. Würdenträger und gekrönte Häupter aus aller Welt nahmen daran teil, wurden in luxuriösen Zelten untergebracht und mit Champagner bewirtet; die Kosten beliefen sich auf 20 Mio. Dollar. Das ländliche Persien und seine rückständige Industrie steckten zu der Zeit noch immer in tiefster Armut.

Die Moscheen waren der einzige Bereich, den die Geheimpolizei nicht antasten konnte oder wollte – sie wurden zu Brutstätten wachsender Unzufriedenheit mit dem Regime. In dieser Situation wuchs der Einfluss eines langjährigen Dissidenten, des Ajatollah Khomeini, eines hohen geistlichen Würdenträgers und Führers der schiitischen Moslems, die im Iran die Mehrheit der Bevölkerung ausmachen.

Khomeini dirigierte aus der Ferne die sich anbahnenden Umwälzungen, zunächst aus dem irakischen Exil, dann aus Paris. Er war auf sehr reale Weise im Iran gegenwärtig – durch seine Reden und Anweisungen, die auf Flugblättern und Tonkassetten zirkulierten. Er rief zum Sturz des Schahs auf, um den Weg zur Errichtung eines islamischen Gottesstaates zu bereiten, der frei

Links: Schah Resa Pahlewi in vollem Ornat. Der Herrscher trug viel zur Modernisierung des Iran bei, doch galt sein Regime als autokratisch und korrupt. Vor allem aber verletzten seine Maßnahmen die religiösen Gefühle der Untertanen.

AJATOLLAH KHOMEINI

Ruhollah („der von Gott Beseelte") Khomeini war bereits Ende 70, als er 1979 im Iran an die Macht kam. Schon seit den 60er-Jahren hatte er sich politisch für den Islam betätigt. Er war ein vehementer Kritiker des Schah-Regimes und lehnte die Säkularisierung des Iran ab, die mit der Industrialisierung und Modernisierung einherging. Stattdessen hatte er die Vision eines islamischen Gottesstaates. 1963 wurde Khomeini vom Schah des Landes verwiesen. Er ließ sich daraufhin im Irak nieder, wo er ein Widerstandszentrum gegen den persischen Herrscher aufbaute, und ging einige Jahre später nach Paris. Kurz nachdem Resa Pahlewi im Januar 1979 seinen Thron verwaist zurückgelassen hatte, kehrte Khomeini heim in den Iran und rief nach einer Volksabstimmung die „Islamische Republik" aus. Er befreite das Land von den Spuren des Vorgängerregimes und säuberte es von etwaigen Gegnern. Außerdem zielte seine Politik darauf ab, die islamische Revolution in andere Länder zu tragen und fundamentalistische Untergrundbewegungen und terroristische Vereinigungen zu unterstützen.

Als Khomeini im Juni 1989 starb, war man ihm in seinem Land noch immer blind ergeben. Im Westen dagegen machte man sich Hoffnungen auf ein besseres Verhältnis zum Iran.

Bei seiner Rückkehr in den Iran im Februar 1979 wurde Khomeini begeistert empfangen.

DIE NEUE WELTORDNUNG

Ein kleines Mädchen beteiligt sich im Dezember 1979 an den Protesten gegen die Amerikaner, die in der Teheraner US-Botschaft gefangen gehalten wurden.

1977 und 1978 waren unruhige Jahre: Demonstrationen und Streiks, an denen auch Frauen teilnahmen, erschütterten das Land. Am Ende des Fastenmonats Ramadan im September 1978 schossen Truppen in eine Menge von rund 750 000 Menschen im Zentrum Teherans, und über 100 Personen kamen ums Leben. Der Schah verhängte das Kriegsrecht und verlangte vom Irak die Ausweisung Khomeinis, der daraufhin nach Paris ging. Die Fortsetzung der Demonstrationen führte zu weiterem Blutvergießen. Freiwillige islamische Komitees begannen, nicht islamische Einrichtungen wie Bars oder unverschleierte Frauen anzugreifen. In dieser eskalierenden Lage reagierte die Armee unschlüssig, denn nach Meinung der Mullahs kam es einer Gotteslästerung gleich, wenn sie sich den für eine Islamisierung Kämpfenden entgegenstellte.

DEBAKEL IN DER WÜSTE

Zehn Monate nach der islamischen Revolution Khomeinis war die Stimmung im Iran noch immer spannungsgeladen. Studenten erstürmten am 4. November 1979 die US-Botschaft in Teheran und besetzten das Gebäude. Sie forderten, dass der Schah, der damals in den USA weilte, an den Iran ausgeliefert würde, damit man ihm den Prozess machen könnte. Die US-Regierung unter Präsident Carter hoffte zunächst auf die Unterstützung der iranischen Regierung, doch diese erwirkte lediglich die Freilassung aller Frauen und farbigen Geiseln am 17. November, sodass noch immer 53 Amerikaner in Gefangenschaft blieben.

Präsident Carter beschloss, einen Versuch zur Befreiung der Geiseln zu unternehmen. Am 25. April 1980 landete die Elitetruppe Delta Force in der Salzwüste Dasht-e-Kawir 320 km südlich von Teheran. Doch gleich zu Beginn der Operation trat bei mehreren Hubschraubern ein Maschinenschaden auf, und das Vorhaben musste abgebrochen werden, da nicht mehr genug einsatzfähige Helikopter zur Verfügung standen, um alle Geiseln auszufliegen. Beim Auftanken stieß ein Hubschrauber mit einem Tankflugzeug zusammen, und es kam zu einer gewaltigen Explosion, bei der acht Amerikaner starben. Überstürzt verließen die Übrigen den Ort des Geschehens und traten den Heimflug an.

Carter übernahm die politische Verantwortung für das Fiasko. Nach 444-tägiger Gefangenschaft wurden die Geiseln am 21. Januar 1981 freigelassen. Der Schah war bereits im Juli des Vorjahres gestorben.

Links: Fotos von Geiseln in der US-Botschaft in Teheran, auf denen sie mit verbundenen Augen zu sehen waren, verstärkten die Entschlossenheit der gedemütigten Amerikaner, einen Befreiungsversuch zu unternehmen. Doch die Operation endete mit einem verheerenden Fehlschlag (unten).

sein würde von den verderblichen Einflüssen des Westens und in dem die Scharia, das Gesetzbuch des Islam, gelten sollte. Besonders heftig verabscheute Ajatollah Khomeini den „Großen Satan", die USA, die mächtigen Verbündeten und Gönner des Schahs, die für Khomeini die Verkörperung des sittlichen Niedergangs waren.

Die Verwirklichung von Khomeinis Visionen erschien durchaus möglich. Lange schon fühlten sich die Moslems im Nahen Osten und andernorts durch das Vordringen der ihnen unwürdig erscheinenden westlichen Lebensweise verletzt und obendrein vom Westen geringschätzig behandelt. Nun ergab sich die Gelegenheit, der Welt zu demonstrieren, wie viel Würde, Substanz, intellektuelle Klarheit und Originalität der Islam besaß, wenn der Schah und sämtliche westlichen Einflüsse aus dem Iran verbannt wurden.

1970					
	1971 Aufwändige Jubiläumsfeier in Persepolis		1978 Der Schah verhängt das Kriegsrecht im Iran.	1979 Flucht des Schahs und Machtübernahme Khomeinis; Besetzung der US-Botschaft	1980 Beginn des Irakisch-Iranischen Krieges

DER ISLAM GREIFT NACH DER MACHT

Oben: Die antiamerikanische Stimmung im Iran wurde noch zusätzlich durch die stillschweigende Unterstützung geschürt, die die USA dem Irak im Irakisch-Iranischen Krieg zukommen ließ. Später kam jedoch heraus, dass die USA auch den Iran heimlich mit Waffen beliefert hatten.

Im Dezember 1978 strömten etwa 5 Mio. Menschen während des schiitischen Muharran-Festes in Teheran zusammen: Der wachsende Druck der öffentlichen Meinung war unübersehbar. Unter dem Vorwand, einen Urlaub anzutreten, verließ der Schah am 16. Januar 1979 mit seiner Familie den Iran. Er kehrte nie mehr zurück.

Dem aus Paris herbeigeholten Ajatollah Khomeini wurde am 1. Februar 1979 ein ekstatischer Empfang bereitet. Unverzüglich begann er damit, sein Land zu reformieren. Tatkräftige Unterstützung leisteten dabei eifernde Mullahs und Revolutionswachen, die frühere Anhänger des Schahs verhafteten, unverschleierte Frauen abstraften, Kinos zerstörten und Alkohol vernichteten. Schätzungen zufolge wurden 10 000 Regimegegner hingerichtet und 40 000 inhaftiert. Im November 1979 stürmten fanatisierte Studenten die amerikanische Botschaft und nahmen die Botschaftsangehörigen als Geiseln.

Aufruhr und Glaubenseifer im Iran riefen im benachbarten Irak Sorge hervor. Präsident Saddam Husain, der der nationalistischen arabischen Baath-Partei angehörte, regierte – obwohl auch hier Schiiten einen großen Teil der Bevölkerung ausmachten – einen weltlichen Staat. Aus seiner Sicht bedrohte die Revolution im Iran nicht nur die innere Sicherheit seines eigenen Landes, sondern bot zugleich die glänzende Gelegenheit, den Schatt el Arab, den Mündungsstrom von Euphrat und Tigris, zu vereinnahmen und damit die vollständige Kontrolle über die strategisch

Iranische Soldaten feiern die Eroberung der strategisch wichtigen Hafenstadt Al-Faw im Irak.

1987 Ausschreitungen in Mekka

1988 Ende des Irakisch-Iranischen Krieges

1989 Salman Rushdie wird für vogelfrei erklärt; Tod Ajatollah Khomeinis

1996 Die Taliban erobern Kabul.

2000

wichtige Verbindung zum Golf zu erhalten. Am 23. September 1980 überfielen die Iraker den Süden des Iran, trafen nach anfänglichen Geländegewinnen beim Gegner jedoch auf entschlossenen Widerstand, denn die Iraner, unter ihnen auch tausende von Jugendlichen, kämpften in der Aussicht auf einen Tod als Märtyrer einen heiligen Krieg. Die Auseinandersetzung endete erst 1988 unentschieden mit einem Waffenstillstand.

Auswirkungen der Revolution

Die USA, Großbritannien, Frankreich und die UdSSR unterstützten Saddam Husain mit Geld und Waffen, und auch er selbst sah sich als Wahrer der arabischen Interessen gegen die Woge des islamischen Extremismus. Sicherlich gab es deutliche Hinweise für Khomeinis Willen, die Revolution über Irans Grenzen hinauszutragen. Im Libanon wurde 1983 die vom Iran finanzierte Hisbollah-Miliz gegründet; auf ihr Konto und das weiterer terroristischer Vereinigungen gingen zahlreiche Entführungen westlicher Bürger. Ende 1987 wurden im Libanon 17 Geiseln festgehalten, darunter der Sonderbeauftragte des Erzbischofs von Canterbury, der Verhandlungen zur Freilassung von Geiseln geführt hatte. Einige Geiseln wurden hingerichtet; schließlich ließ man aber bis Dezember 1991 sämtliche Überlebenden frei, die letzten im Gegenzug zur Freilassung von Gefangenen aus israelischer Haft – dem Hauptgrund für die Geiselnahmen.

In Bahrain und Kuwait kam es zu Aktionen schiitischer Terroristen. In Syrien versuchten schiitische Revolutionäre 1982, in der Stadt Hamah einen Aufstand gegen das Regime von Präsident Hafiz al-Assad anzuzetteln, wurden aber niedergeschlagen und aufgerieben. 1987 ereigneten sich in Mekka Ausschreitungen von 150 000 schiitischen Pilgern aus dem Iran; möglicherweise waren sie von Khomeini, der die saudische Königsfamilie der Ketzerei beschuldigt hatte, dazu aufgestachelt worden. 275 Iraner verloren bei der Auseinandersetzung mit der saudischen Polizei ihr Leben.

Auch in Europa zeitigten sich Auswirkungen der iranischen Revolution. Am 30. April 1980 besetzten bewaffnete Konterrevolutionäre die Botschaft des Iran in London und nahmen unter den Mitarbeitern und Besuchern 21 Geiseln. Sie forderten die Freilassung von 91 Gesinnungsgenossen, die im Iran gefangen gehalten wurden. Nach sechs Tagen hatten sie eine Geisel erschossen und ihre Entschlossenheit demonstriert, weitere Menschen zu töten, sodass man die britische Antiterroreinheit SAS einsetzte. Sie stürmte die Botschaft und erschoss bei der Befreiung der Geiseln vier der fünf Terroristen.

In einer dramatischen Rettungsaktion befreite die britische Sondereinheit SAS am 5. Mai 1980 die von Terroristen besetzte iranische Botschaft in London. Zu Beginn der Operation wurde im ersten Stock eine Brandbombe gezündet.

Schon bevor Ajatollah Khomeini die *fatwa* über Salman Rushdie verhängte, hatte dessen Roman *Satanische Verse* in der ganzen islamischen Welt für wütende Ausschreitungen gesorgt. Im britischen Bradford verbrannten Moslems im Januar 1989 das Buch öffentlich.

DER ISLAM GREIFT NACH DER MACHT

ALS GEISEL IN BEIRUT

Der gebürtige Belfaster Dozent Brian Keenan nahm 1985 einen Lehrauftrag an der amerikanischen Universität in Beirut an. In der bereits vom Bürgerkrieg heimgesuchten Stadt kam es zu einer Reihe von Entführungen, die jeden westlichen Besucher treffen konnten. Im April 1986 entführten schiitische Extremisten, die mit Unterstützung des Iran handelten, Keenan auf offener Straße und hielten ihn daraufhin über vier Jahre lang gefangen. Erst im Sommer 1990 kam er wieder frei. Die meiste Zeit der Gefangenschaft verbrachte er eingekerkert mit einem weiteren Entführungsopfer, dem britischen Journalisten John McCarthy. Gemeinsam ertrugen sie die jahrelange Ungewissheit, Isolation, geistestötende Langeweile und die gelegentlichen Gewaltausbrüche ihrer unberechenbaren Kidnapper. Die Auszüge aus seinen Erinnerungen *An Evil Cradling* (1992) geben einen Einblick in seine damalige Verfassung:

„Ein weiterer Tag gegen das Verrücktwerden. Ruhig denke ich mich durch alte Filme, die mir nicht gefallen haben. Ich lasse sie neu erstehen, schreibe sie um und mache sie so gut, dass man sie gar nicht besser machen könnte. So gehen wenigstens ein paar Stunden vorbei, und ich frage mich, wie viel andere alte Filme mir wohl noch durch den Kopf gehen, die ich in ein gutes Epos verwandeln kann? Ich wusste gar nicht, dass ich so viele Filme gesehen hatte und dass mir so viele noch gegenwärtig waren … Doch alles geht nun wild durcheinander. Die Welt ist außer Rand und Band. El Cid reitet irgendwo im Wilden Westen durch die Prärie. Bilder aus Kriegsfilmen tauchen auf, und andere Szenen stimmen ebenso wenig mit den historischen Tatsachen überein. Es ist ein Wahnsinnsstück … Ich bin es leid … Die Wut siegt über die Vorstellungskraft, und die Langeweile greift immer mehr um sich."

Später teilte Keenan eine Zelle mit John McCarthy: „Sie gaben uns regelmäßig Schmelzkäseecken, die in Stanniol verpackt waren, manchmal in Gold-, manchmal in Silberfolie. Ich begann diese Folien zu sammeln, ohne zu wissen, weshalb. Unbewusst macht man scheinbar grundlos merkwürdige Dinge. John schaute mich dann immer fragend an. ,Wozu behältst du all diese Dinger?' ,Ich kann dir's noch nicht sagen', gab ich zur Antwort. Aber eines Tages wusste ich es schließlich. Ich nahm mir eine leere Plastikflasche und schaffte es, den Flaschenhals abzutrennen. Dann stellte ich aus den Silber- und Goldfolien Kügelchen her, die ich auf zwei Haufen aufschichtete, nahm den Flaschenrumpf und stellte ihn am Kopfende des Bettes gegen die Wand. John musterte mich; ich setzte mich mit einer Hand voll Kügelchen an das andere Ende des Bettes und zielte bedächtig in Richtung Flasche. Mein erster Versuch war schlichtweg eine Katastrophe. Ich schaffte es gerade mal, drei Kügelchen von 30 in der Flasche zu landen. John war fasziniert. Ich stand auf, sammelte sie wieder ein und versuchte es aufs Neue, wobei ich nur einen Treffer unter 20 erzielte. John sagte: ,Gib mir diese Dinger, ich zeige dir, wie es geht.' Das war der Anfang: ein fortwährender Zweikampf. Stundenlang ging das nun täglich so … In den folgenden Wochen mauserten wir uns zu regelrechten Experten, und bei dem erbarmungslosen Duell scherzten wir miteinander und warfen uns gegenseitig in Hochstimmung boshafte Ausdrücke an den Kopf …"

Abgemagert, aber sichtlich erleichtert gab Brian Keenan im Juli 1990 kurz nach seiner Entlassung aus vierjähriger Gefangenschaft eine Pressekonferenz. Seine Geiselhaft umschrieb er als „freien Fall in die totale Verzweiflung, den lautlose Schreie begleiteten".

Im Juli 1988 glaubte der Kommandant des im Golf stationierten amerikanischen Kriegsschiffs *Vincennes*, das Ziel eines Luftangriffs zu sein, und schoss einen iranischen Airbus mit 290 Passagieren ab. Die USA erklärten, es habe sich um einen bedauerlichen Irrtum gehandelt. Im Iran kam es angesichts dieser amerikanischen Fehleinschätzung zu wütenden Reaktionen.

Ein halbes Jahr später, kurz vor Weihnachten 1988, explodierte eine Bombe an Bord eines PanAm-Jumbojets, der von London nach New York unterwegs war, und führte zum Absturz der Maschine über dem schottischen Dorf Lockerbie. Alle 259 Passagiere und Besatzungsmitglieder sowie elf Dorfbewohner kamen dabei ums Leben. Ursprünglich ging man von einem iranischen Vergeltungsschlag aus. Später verlor sich die Spur jedoch in Libyen, das der Unterstützung des Terrorismus bezichtigt wurde und von den Amerikanern bereits im April 1986 mit einem schweren Luftangriff abgestraft worden war.

1989 erklärte Khomeini kurz vor seinem Tod den Roman *Satanische Verse* des britischen Schriftstellers indischer Abstammung Salman Rushdie für gotteslästerlich. Rushdie wurde geächtet und die *fatwa*, die ihn vogelfrei machte, über ihn verhängt. Auf seinen Kopf wurde eine Prämie in Millionenhöhe ausgesetzt. In der gesamten islamischen Welt – bis ins mittelenglische Bradford – kam es zu erregten Demonstrationen gegen Rushdie. Bis heute muss der Schriftsteller mit dieser Bedrohung leben – allerdings lockerte sich unter Khomeinis Nachfolgern das strenge Regime ein wenig, und vorsichtig bahnen sich neue Beziehungen zum Westen an.

Islamische Internationale

Der Fundamentalismus wurde in der gesamten islamischen Welt zur zentralen Frage, und auch innerhalb der Islamischen Weltkonferenz, die 1971 ins Leben gerufen wurde, um die Einigkeit und Solidarität unter den 49 Mitgliedsstaaten zu fördern, kam es darüber zu hitzigen Debatten. Häufig ließ sich nur schwer zwischen überzeugten Fundamentalisten und Oppositionellen, die mit einem bestimmten Regime nicht einverstanden waren, unterscheiden. Denn auch diese scharten sich um das Banner des Islam, zu dem sich die Massen hingezogen fühlten, da sie in ihm kulturell verwurzelt waren.

Auf staatlicher Ebene reagierte man auf die Woge religiösen Eifers unterschiedlich. In Pakistan führte das Regime von Präsident Mohammed Zia ul-Haq nach 1979 das islamische Recht, die Scharia, ein, die sudanesische Regierung vollzog diesen Schritt 1983.

Indonesien, das bevölkerungsreichste islamische Land, schlug einen vorsichtigeren Weg ein, erlaubte bestimmte Entwicklungen, beispielsweise das Tragen des Schleiers, beschnitt jedoch aus Verfassungsgründen die politische Macht der Mullahs.

In der Türkei, die als laizistischer Staat gegründet worden war, sah sich die Regierung zunehmendem Druck seitens der islamischen Parteien ausgesetzt, insbesondere durch die Refah, die Wohlfahrtspartei. Nachdem sie 1994 erfolgreich bei den Gemeinderatswahlen abgeschnitten hatte, vereinigte sie bei der Wahl von 1995 die meisten Stimmen auf sich – fast 25 %. Einige andere Parteien taten sich jedoch zusammen, um die Refah von der Macht fern zu halten, bis sie 1997 mit Tansu Cillers Mitterechtspartei des Rechten Weges eine Koalition bildete und der Refah-Vorsitzende Erbakan elf Monate lang das Amt des

Ministerpräsidenten innehatte. 1998 wurde die Wohlfahrtspartei jedoch vom türkischen Verfassungsgericht verboten, weil sie die Gründung eines fundamentalistisch-islamischen Staates plante.

In Ägypten stellten die Fundamentalisten für die säkulare Regierung unter Präsident Hosni Mubarak eine stetig wachsende Bedrohung dar, beispielsweise durch die erstarkende Moslem-Bruderschaft. Die überraschenden klärte die Wahlen unter dem Vorwand, die nationale Sicherheit sei gefährdet, für ungültig. Daraufhin ließen die Islamisten die Waffen sprechen: Eines der ersten Opfer war Präsident Muhammad Boudiaf, Mitbegründer der FLN. Terrorakte seitens der Rebellen und der Regierung stürzten das Land immer weiter in die Krise; seit 1991 kamen über 75 000 Menschen ums Leben.

Anfangs verfügten die Mudschaheddin in Afghanistan nur über leichte Waffen. Doch der Glaube an ihre Mission und ihr Nationalstolz stärkten ihre Kampfkraft, mit der sie die militärische Überlegenheit der UdSSR wettmachten.

Oben: Angriffe mit modernsten Raketen bedrohten Ende der 80er-Jahre die Sowjetarmee in Afghanistan. Die Mudschaheddin hatten die Waffen von den USA und Großbritannien in der Zeit des Kalten Krieges erhalten.

Terrorakte speziell gegen Touristen sollten die labile Wirtschaft des Landes und damit auch die Regierung weiter schwächen.

In Algerien versuchten die Fundamentalisten bzw. Islamisten, die Macht auf legitime Weise zu erlangen. Sie gründeten die Islamische Heilsfront (FIS), die Kapital schlug aus den wachsenden Unruhen, hervorgerufen durch wirtschaftliche Stagnation, Korruption, schlechte Wohnbedingungen und steigende Lebensmittelpreise. Die regierende Nationale Befreiungsfront (FLN), die sich seit der Erlangung der Unabhängigkeit von Frankreich im Jahr 1962 an der Macht gehalten hatte, veranstaltete im Dezember 1991 die ersten landesweiten Wahlen. Die Islamisten errangen einen überwältigenden Erfolg, doch die Regierung er-

Weltweit ist der Islam nach wie vor eine der stärksten politischen Kräfte – wie das Beispiel der sowjetischen Niederlage in Afghanistan zeigt. Mit religiösem Eifer und Waffen aus den USA sowie aus islamischen Staaten kämpften die Mudschaheddin (arabisch: Kämpfer) unerbittlich gegen die sowjetischen Truppen, die im Dezember 1979 in das Land eingedrungen waren. Am Ende erkannte die Sowjetregierung, dass sie trotz aller technischen Überlegenheit einen nicht zu gewinnenden Krieg führte. 1989 zogen die Russen ab und hinterließen eine Marionettenregierung unter Präsident Najibullah. Doch den vereinigten Rebellen gelang es 1992 schließlich, Kabul zu erobern.

1996 formierte sich allerdings eine neue fundamentalistische Bewegung: die Taliban, ursprünglich eine Studentenmiliz. Sie eroberten weite Teile des Landes und nahmen auch die Hauptstadt ein, wo sie die strikte Anwendung des islamischen Rechts erzwangen. Sie verboten Musik, Tanz und Fernsehen. Frauen durften nur noch in Ausnahmefällen das Haus verlassen und mussten sich dann von Kopf bis Fuß verhüllen. Außerdem wurde ein Berufsverbot für Frauen, auch für mittellose Witwen mit Kindern, erlassen, und die Mädchenschulen wurden geschlossen.

Oben: Szene bei der Eroberung der afghanischen Stadt Mazar-e-Sharif im August 1998.
Unten: Nach der Einnahme von Kabul wurden von den Taliban die Rechte der Frauen extrem eingeschränkt. Sie müssen sich, wenn sie das Haus verlassen, von Kopf bis Fuß verschleiern.

Das Ende des Kommunismus

Nach sieben Jahrzehnten Gewaltherrschaft und wirtschaftlicher Erstarrung zerbrach die einst so mächtige Sowjetunion.

Der sowjetische Historiker Konstantin Volkogonow, ein ehemaliger Viersternegeneral, verfolgte wie viele seiner Landsleute den erschreckenden körperlichen Verfall des ersten Mannes im Staat, Konstantin Tschernenko: „Im Sommer 1984 sprach er im Kreml auf einer Wehrkundetagung. Nach den Vorträgen der jungen Politoffiziere erklomm Tschernenko unter Mühen das Podium. Es war völlig unmöglich, den Inhalt seiner fünfzehnminütigen Ansprache zu verstehen. Alle zwei bis drei Minuten hielt er inne, wischte sich die Stirn und benutzte seinen Inhalator ... Als alles vorbei war, bat man zum Fototermin den Sankt-Georgs-Saal. Für die etwa 100 m lange Strecke dorthin benötigte Tschernenko 20 Minuten, musste häufig eine Atempause einlegen ... Von Zeit zu Zeit lächelte er ein wenig gequält, wendete mühsam den Kopf nach rechts und links, als ob er sich nicht sicher sei, wohin man ihn führte ..."

Tschernenko war wie ein Symbol für den Verfall der Sowjetunion. Der verknöcherte Bürokrat entstammte einem dem Niedergang geweihten System und war 1984 von einer alternden Clique Gleichgestellter an die Spitze des zweitmächtigsten Staates der Welt befördert worden. In der Sowjetunion gehörte Siechtum bei den führenden Politikern allerdings schon fast zur Tradition. So hatten Krankheit und Altersschwäche auch die letzte Zeit der insgesamt 18 Jahre währenden Herrschaft Leonid Breschnews überschattet. Nach seinem Tod im November 1982 kam Jurij Andropow, ehemals Chef des sowjetischen Geheimdienstes KGB, an die Regierung. Er galt im Westen zunächst als aufgeklärt und fortschrittlich, war aber tatsächlich ein überzeugter Leninist und mit seinen 68 Jahren nur jung im Vergleich zu den meisten seiner Kollegen im Politbüro. Nach nur drei Monaten Amtszeit hatte Andropow im August 1983 wegen eines Nierenleidens seinen letzten öffentlichen Auftritt und regierte dann bis zu seinem Tod im Februar 1984 vom Krankenbett aus. Zu seinem Nachfolger bestimmte man den 72-jährigen Tschernenko.

Auch unter dem neuen Staatschef blieb die Lage für Land und Leute misslich: Die zentralistisch gesteuerte Wirtschaft kam nicht in Schwung. Die unterdrückte Bevölkerung litt wie ehedem unter der überbordenden Bürokratie und den gefürchteten Geheimdiensten und fügte sich in ein Schicksal, von dem die meisten kaum noch etwas Gutes erwarteten. Der Traum vom kommunistischen Paradies, für den mehrere Generationen ihr Leben geopfert hatten, sollte allerdings nichts weiter als eine Fata Morgana bleiben.

Im November 1982 stirbt Leonid Breschnew. Im letzten Jahrzehnt seiner Regierungszeit stagnierte die sowjetische Wirtschaft.

Die 13-monatige Amtszeit Konstantin Tschernenkos als sowjetischer Staatschef hinterließ keine Spuren in der Weltgeschichte.

Die finanziellen Belastungen des stetigen Wettrüstens, in das die Sowjetführung immer noch über ein Viertel des Staatshaushalts investierte, war einer der Gründe für die wirtschaftliche Misere. Doch trotz dieser Rüstungskosten führte die UdSSR seit der Jahreswende 1979/80 in Afghanistan einen aus-

Gorbatschow und Reagan bei ihrem dritten Gipfel in Washington im Dezember 1987. Sie unterzeichneten den historischen INF-Vertrag über die vollständige Vernichtung ihrer atomaren Mittelstreckenraketen.

1970 | 1980 Gründung der Solidarność | 1981 Kriegsrecht in Polen | 1982 Tod von Leonid Breschnew | 1985 Gorbatschow übernimmt die Macht im Kreml.

DAS ENDE DES KOMMUNISMUS

sichtslosen Krieg, bei dem Woche für Woche etwa 30 junge Sowjetsoldaten in Zinnsärgen in ihre Heimat zurückkehrten. Und trotzdem versuchte die UdSSR nach wie vor die Revolution zu exportieren, indem sie in Asien, Afrika sowie Mittel- und Südamerika aufständische Bewegungen und Revolutionsregierungen unterstützte.

US-Präsident Ronald Reagan bezeichnete dieses Regime als das „Reich des Bösen", und das Klima zwischen den beiden Supermächten kühlte sich immer mehr ab. Als sowjetische Abfangjäger im September 1983 eine südkoreanische Boeing 747 auf dem Weg von New York nach Seoul über der strategisch wichtigen Insel Sachalin abschossen – wobei alle 269 Insassen ums Leben kamen –, erreichten die Beziehungen einen historischen Tiefstand. Zunächst schwieg der Kreml zu dem Vorfall, dann erklärte er, es habe sich um ein Spionageflugzeug gehandelt, das auf Warnungen nicht reagiert habe. Die USA behaupteten, die Maschine sei lediglich vom Kurs abgekommen.

Die Spannungen wurden noch verstärkt durch Reagans Ankündigung der Strategischen Verteidigungsinitiative (SDI), die als „Krieg der Sterne" durch die Presse geisterte. Dieser Plan sah vor, Satellitenwaffen zu entwickeln, die gegnerische Atomraketen bereits in der Nähe ihrer Abschussrampen mit Laserstrahlen abfangen sollten. Allerdings waren die Finanzierung des Projektes und seine technische Realisierbarkeit unsicher. Für die UdSSR bedeutete die Herausforderung durch das SDI-Projekt eine Erhöhung der Rüstungsausgaben, was zu einer weiteren Verschärfung der Wirtschaftsprobleme führen würde.

Die Ära Gorbatschow

Während der gesamten Ära Andropow und Tschernenko wartete ein junger und charismatischer Parteifunktionär auf seine Stunde: Michail Gorbatschow. Als er im März 1985 an die Macht kam, war sich der überzeugte Leninist sogleich im Klaren, dass ein radikaler Wandel herbeigeführt werden müsse. Der Sozialismus sowjetischer Prägung funktionierte nicht – er gehörte auf den Prüfstand und musste reformiert werden. Anfänglich ging Gorbatschow vorsichtig zu Werke und verlegte sich hauptsächlich darauf, jüngere Kader in die Regierung zu holen. Diese Maßnahme allein bewirkte jedoch noch gar nichts: Hartnäckig widersetzten sich die staatlichen Institutionen allen Neuerungen. Im Westen beurteilte man die Lage in der Sowjetunion mit Zurückhaltung, registrierte aber doch, dass Gorbatschow eine neue Generation in der Sowjetführung verkörperte. Mit seinen 54 Jahren strahlte er Jugendlichkeit aus, er hatte jederzeit ein Lächeln parat und wirkte umgänglich.

Die notwendigen Kürzungen der Verteidigungsausgaben standen ganz oben auf Gorbatschows Liste und mit Unterstützung sei-

KRIEG IN AFGHANISTAN

Nach einer längeren Phase der Entspannungsbemühungen kam es Ende 1979 durch die Invasion der UdSSR in Afghanistan zu einem Rückfall in den Kalten Krieg. Die Sowjetunion fiel in das kleine Nachbarland ein, weil sie die Errichtung eines fundamentalistischen islamischen Regimes und die entsprechenden Auswirkungen auf die südlichen Teilrepubliken der UdSSR, in denen eine islamische Bevölkerung lebte, befürchtete. Die Mudschaheddin,

Ein kleiner Trupp Mudschaheddin posiert triumphierend auf einem abgeschossenen sowjetischen Kampfhubschrauber.

von Glaubenseifer beseelt und mit leichten Waffen aus den USA und anderen Staaten ausgerüstet, leisteten jedoch heftigen Widerstand. Wahrscheinlich waren sie auch deshalb so erfolgreich, weil ihnen der nicht unbegründete Ruf vorauseilte, dass sie zu unbeschreiblichen Grausamkeiten fähig wären. Die Sowjets reagierten ebenfalls mit Gräueltaten und übten Vergeltung, indem sie ganze Ortschaften niederbrannten.

Als Michail Gorbatschow 1985 an die Macht kam, erkannte er, dass ein Abzug aus Afghanistan zwingend notwendig war. Die Sowjetarmee war in einen schmutzigen Krieg verwickelt, der schon so lange dauerte wie der Zweite Weltkrieg, und die Moral der Truppe litt immer mehr darunter. Im Januar 1987 bot die Sowjetregierung eine einseitige Waffenruhe an, doch die Mudschaheddin lehnten ab. Es sollte noch zwei weitere Jahre dauern, bis Gorbatschow den Krieg beenden konnte: Im Mai 1988 begann schließlich der Teilabzug und der letzte sowjetische Soldat verließ das Land am 15. Februar 1989. Die Sowjetarmee hatte nicht nur über 13000 Mann eingebüßt, sondern auch ihr Selbstvertrauen verloren, und ihr Ruf war schwer beschädigt. In Afghanistan war über 1 Mio. Menschen umgekommen.

1986 Der Dissident Andrej Sacharow kehrt aus der Verbannung zurück.

1989 Fall der Mauer

1990 Deutschland wieder vereint; Boris Jelzin wird russischer Präsident.

1991 Ende der Sowjetunion; Gorbatschow tritt zurück.

1995 Dayton-Abkommen bringt keinen dauerhaften Frieden für Bosnien-Herzegowina.

1999 Kosovokrieg: NATO-Luftangriffe auf Serbien

Im Mai 1987 landete der junge Deutsche Mathias Rust mit einer Cessna auf dem Roten Platz in Moskau. Er war sofort umringt von Neugierigen, die über das Husarenstück staunten.

nes weltgewandten Außenministers Eduard Schewardnadse nahm er die Abrüstungsverhandlungen mit neuem Schwung in Angriff. Nach dem viel versprechenden Auftakt der Gespräche über den Abbau strategischer Waffen (START), die im November 1985 in Genf stattfanden, kam man auf dem Gipfeltreffen in Reykjavík 1986 jedoch nicht voran. Nachdem sich Präsident Reagan weigerte, das SDI-Projekt aufzugeben, wurde der Gipfel ergebnislos abgebrochen.

Damals – genauer: im Mai 1987 – wurde offenkundig, dass das sowjetische Militär in einer Krise steckte: Der 19-jährige Bundesbürger Mathias Rust flog, ohne von der Abwehr behelligt zu werden, mit einer Cessna direkt auf den Roten Platz in Moskau. Als Folge dieser Panne wurde der Verteidigungsminister entlassen und durch Dmitrij Jasow ersetzt, einen Vertrauten Gorbatschows.

Der eigentliche Durchbruch in den Verhandlungen zwischen den USA und der UdSSR erfolgte dann im Dezember 1987 in Washington mit der Unterzeichnung des INF-Abkommens, in dem beide Seiten vereinbarten, ihre landgestützten nuklearen Mittelstreckenraketen abzubauen – im Wesentlichen alle sowjetischen SS20 und die amerikanischen Pershing II in Europa.

Glasnost und Perestroika

Gorbatschow hatte schon bald erkannt, dass es nur mit radikalen Veränderungen gelingen würde, die UdSSR aus der Krise zu führen.

Ein vollständiger Umbau der sowjetischen Institutionen war erforderlich: *Perestroika*, d.h. Umgestaltung, wurde 1987 zum gängigen Schlagwort. Man wandte sich von der zentralistischen Planwirtschaft ab und ließ eine beschränkte Zahl freier Unternehmen zu; die Bauern konnten ihre Überschüsse privat verkaufen und Privatpersonen durften ein eigenes Geschäft eröffnen. Ausländische Investitionen wurden gefördert: Die erste McDonald's-Filiale in Moskau nahm 1988 den Betrieb auf.

Innerhalb der Kommunistischen Partei führte man ein rudimentäres demokratisches Wahlverfahren ein, indem mehrere Bewerber kandidieren konnten und in geheimer Abstimmung gewählt wurden, anstatt von oben eingesetzt zu werden.

Konsumgüter waren Mangelware – ein entscheidender Grund für die längst fälligen Wirtschaftsreformen. Die Eröffnung der ersten McDonald's-Filiale 1988 in Moskau erschien wie ein Symbol für rosige Konsumaussichten.

Mit einer neuen Form der Offenheit (russisch: *Glasnost*) wollte Gorbatschow auch die Institutionen transparenter und ihr Handeln berechenbarer machen. Das war eine der Lehren, die man aus dem Reaktorunfall im ukrainischen Atomkraftwerk Tschernobyl im April 1986 zog. Anfangs hatte sich die Regierung auf die übliche Geheimhaltungspraxis verlegt, doch es blieb der restlichen Welt nicht verborgen, dass die UdSSR mit dieser Katastrophe von internationaler Tragweite überfordert war. Künftig wollte sich Gorbatschow nicht wieder eine solche Blöße geben.

Die Nachricht über das Reaktorunglück in Tschernobyl verbreitete sich in Windeseile um den Erdball. Das Ausmaß der Katastrophe vereitelte die Absicht der Sowjetbehörden, den Vorfall geheim zu halten.

Mit Glasnost setzte für die Intellektuellen eine Tauwetterperiode ein; Dissidenten erlangten ihre Freiheit wieder. Die Bekanntesten unter ihnen waren der Physiker Andrej Sacharow und seine Ehefrau Jelena Bonner, die im Dezember 1986 aus der Verbannung in Gorkij nach Moskau zurückkehren durften. Historiker und Journalisten erhielten nun größere Freiheiten und wurden ausdrücklich ermuntert, der Wahrheit auf den Grund zu gehen. Leider erwies sich diese nur allzu oft als schwer verdaulich: Die Schrecken der Stalin-Zeit und die Fehler in der neueren sowjetischen Geschichte kamen nach und nach an die Öffentlichkeit. Bald wurde der Kommunismus selbst durchleuchtet, und viele Menschen begannen nun das ganze System infrage zu stellen.

In den Jahren 1987/88 waren die Erwartungen hoch gesteckt. Der Sowjetbevölkerung versprach man aufgrund der geringeren Verteidigungsausgaben und der wirtschaftlichen Liberalisierung einen höheren Lebensstandard, und dank Glasnost herrschte eine nie da gewesene Meinungs- und Redefreiheit. Doch schon bald platzte der Traum wie eine Seifenblase. Die Geschäfte blieben wegen Geldmangels leer, die Arbeitslosigkeit stieg, nationalistische Gefühle in den Teilrepubliken trugen dazu bei, dass die alten ethnischen Gegensätze wieder aufflammten. Die unzufriedenen Arbeiter streikten, u. a. im Juli 1989 die Bergarbeiter. Während der Westen Gorbatschow als Reformer feierte – man sah ihn mit seiner Ehefrau Raissa auf internationalen Banketten im angeregten Gespräch mit alten Klassenfeinden wie dem US-Präsidenten George Bush und sogar dem Papst –, erkannte sein eigenes Volk allmählich, dass er die Erwartungen nicht erfüllen konnte. Doch dazu wäre in Wahrheit niemand in der Lage gewesen: Der Sowjetkommunismus war in einer Sackgasse.

Zerfall der kommunistischen Herrschaft

Der Zerfall des Kommunismus bahnte sich jedoch nicht in der Sowjetunion, sondern in den osteuropäischen Satellitenstaaten an. In Polen, das stets zu den aufbegehrenden Satellitenstaaten gehörte, hatten es protestierende Arbeiter und die katholische Kirche geschafft, das System zu unterminieren: 1980 musste die Regierung den streikenden Werftarbeitern in Gdansk Zugeständnisse machen und es kam zur Gründung der unabhängigen Gewerkschaft Solidarność.

Das ging der Sowjetregierung jedoch entschieden zu weit: Sie drohte mit der Anwendung der Breschnew-Doktrin, die ein militärisches Eingreifen in kommunistischen Staaten vorsah, wenn diese vom sozialistischen Pfad abzuweichen versuchten. Im Februar 1981 wurde die polnische Regierung durch ein Militärregime unter Verteidigungsminister General Wojciech Jaruzelski abgelöst. Der Parteisoldat mit der getönten Brille hatte die undankbare Aufgabe, Polen den sowjetischen Bären vom Hals zu halten, was ihm allerdings nur durch diktatorische Maßnahmen gelang. So wurde einige Monate nach der Verhängung des Kriegsrechts am 13. Dezember 1981 die Solidarność verboten.

Gorbatschows Ernennung zum sowjetischen Staatschef 1985 war für Polen ein wah-

MICHAIL GORBATSCHOW – EIN MANN VERÄNDERT DIE WELT

Am 11. März 1985 kam Michail Sergejewitsch Gorbatschow in der UdSSR an die Macht. Der im Ausland weitgehend unbekannte Parteifunktionär hatte klare politische Vorstellungen: Er strebte die Vervollkommnung, Verbesserung und den beschleunigten Umbau des kommunistischen Systems an.

Gorbatschow wurde 1931 als Sohn kleiner Bauern in der Region Stawropol im Nordkaukasus geboren. Über Einsätze in der Jugendorganisation Komsomol und der Bezirksverwaltung arbeitete er sich in der Parteihierarchie empor. 1978 ging er als Sekretär für Landwirtschaft im Zentralkomitee in die sowjetische Hauptstadt. Nach seinem Aufstieg zum Generalsekretär der KPdSU und somit zum Staatschef des Landes gewann Gorbatschow viele Anhänger; man zollte ihm Bewunderung für sein dynamisches und zugängliches Wesen. Seine Ehefrau Raissa, Vertraute im Verlauf seiner gesamten Karriere, setzte einen besonderen Akzent, denn in der Regel blieben die Frauen der Sowjetführer völlig im Hintergrund.

Nachdem Gorbatschow den Weg der Erneuerung eingeschlagen hatte, sah er sich bald mit schier unlösbaren Problemen konfrontiert. Zwar wurden im Ausland seine kühnen Reformen gelobt, und er erhielt 1990 den Friedensnobelpreis, doch die Bürger der UdSSR kämpften gegen einen sinkenden Lebensstandard und viele äußerten sich nicht sehr positiv über seine Neuerungen. Persönlich und politisch stark betroffen, überstand er im August 1991 einen Putschversuch. Vier Monate später, am 25.12.1991, trat er nach der Auflösung der Sowjetunion als Präsident zurück. Abgesehen von vielen Auslandsreisen verbrachte er danach die meiste Zeit zurückgezogen; ein politisches Comeback gelang ihm nicht mehr. Ein herber persönlicher Verlust war für ihn im September 1999 der Tod seiner Frau. Gorbatschows Bewunderer rechnen es ihm als Verdienst an, den Übergang vom Kommunismus zum Kapitalismus und zur Demokratie eingeleitet zu haben. Paradoxerweise hatte er damit gerade das Gegenteil dessen erreicht, was er sich zum Ziel gesetzt hatte.

Für den Westen verkörperte das lächelnde und gut aussehende Ehepaar Michail und Raissa Gorbatschow sichtbar die neue Sowjetunion.

rer Glücksfall. Vier Jahre später wurde die Solidarność wieder zugelassen, und im gleichen Jahr erklärte Gorbatschow die Breschnew-Doktrin für null und nichtig.

Im Mai 1989 baute Ungarn einen beträchtlichen Teil seiner Grenzbefestigungen zu Österreich ab, der Eiserne Vorhang wirkte weniger undurchlässig. Im Sommer desselben Jahres verbrachten Zehntausende von DDR-Bürgern ihren Urlaub im kommunistischen Bruderstaat Ungarn, und viele von ihnen flüchteten in Budapest auf das Gelände der Botschaft der Bundesrepublik Deutschland in der Hoffnung, in den Westen ausreisen zu dürfen. Als Ungarn am 11. September 1989 die Grenze öffnete, fuhren mehr als 50 000 Flüchtlinge in ihren Trabbis oder Wartburgs

SOLIDARITÄT IM ZEICHEN DES AUFBRUCHS

Der Niedergang der UdSSR setzte mit dem politischen Umschwung in Polen ein. 1980 streikten die Arbeiter der Leninwerft in Danzig, um gegen die Verfolgung aktiver Gewerkschafter und den drastischen Anstieg der Lebensmittelpreise zu protestieren. Im August desselben Jahres besetzten 17 000 Arbeiter die Werft, 1 Mio. verfolgten die Vorgänge mit großer Anteilnahme. Die Bewegung fand Rückhalt bei der katholischen Kirche, deren Oberhaupt der aus Polen stammende Papst Johannes Paul II. war. Da man landesweite Streiks angedroht hatte, lenkte die Regierung ein. Sie genehmigte die Bildung unabhängiger Gewerkschaften sowie ein gesetzlich verankertes Streikrecht und räumte größere politische und religiöse Freiheiten ein. Im September wurde der landesweite Gewerkschaftsbund Solidarność gegründet, den Vorsitz übernahm der Elektriker Lech Wałęsa, einer der Streikführer. Solidarność zählte bald rund 10 Mio. Mitglieder.

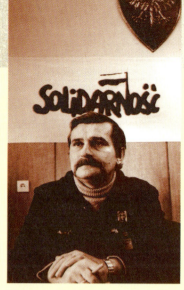

Wałęsa wurde oft aufgefordert, die hochgeschraubten Erwartungen seiner radikalen Kollegen zu dämpfen. Er bezeichnete sich deshalb gerne selbst als Feuerwehrmann.

Moskau bedrängte jedoch Polens Staatschef General Jaruzelski immer heftiger, gegen Solidarność vorzugehen, worauf dieser im Dezember 1981 das Kriegsrecht verhängte. Streiks wurden verboten, zahlreiche Mitglieder der Gewerkschaft verhaftet und Wałęsa für fast ein Jahr unter Hausarrest gestellt. Doch er setzte seine Arbeit für Solidarność fort, die nach ihrem Verbot 1981 im Untergrund fortbestand. Es war für Polen und die Sowjetunion ein deutlicher Rüffel, als Wałęsa 1983 den Friedensnobelpreis erhielt.

Nachdem Gorbatschow 1985 in der UdSSR an die Macht gekommen war, entspannte sich die Lage allmählich. 1988 erlaubte Jaruzelski Verhandlungen mit Solidarność, obwohl diese offiziell noch immer verboten war, 1989 wurde sie wieder zugelassen. Bei den freien Wahlen vom Juni 1989 gewannen die Solidarność-Kandidaten nahezu alle Sitze, die man ihnen zugestanden hatte, und Solidarność bildete mit der Kommunistischen Partei in der Folgezeit eine Koalitionsregierung.

1990 übernahm Wałęsa nach Wahlen von Jaruzelski das Präsidentenamt, doch sein autoritärer und schroffer Führungsstil – der in der Zeit als Streikführer geschätzt worden war – passte nicht zu den Ansprüchen, die man an das Oberhaupt eines neuen Staates stellte. 1995 wurde er abgewählt. Als Polen die Marktwirtschaft einführte, verlor auch die Solidarność viel von ihrem Rückhalt im Volk. Ehemalige Kommunisten, die sich jetzt Sozialdemokraten nannten, füllten das entstandene Vakuum.

Solidarność-Anhänger machen sich im Wahlkampf um das polnische Präsidentenamt 1990 für Lech Wałęsa stark. Dennoch errang er erst im zweiten Wahlgang die erforderliche Mehrheit.

durch Österreich in die Bundesrepublik Deutschland, wo sie Pässe erhielten.

Die meisten Flüchtlinge waren junge berufstätige Menschen und ihre Ausreise verschärfte die Wirtschaftsprobleme der DDR. Das Land stand kurz vor dem Zusammenbruch. Trotzdem klammerten sich seine starrsinnigen kommunistischen Herrscher an die Macht. Der Ruf nach Reformen wurde jedoch von Tag zu Tag lauter und fand auch Unterstützung durch Michail Gorbatschow, der anlässlich des 40-jährigen Bestehens der DDR im Oktober 1989 Ostberlin einen Besuch abstattete.

Als am 9. Oktober 1989 rund 70 000 Menschen in Leipzig zum „Montagsgebet" zusammenströmten, kam es zu massiven Protestkundgebungen. Einige Tage später, am 18. Oktober, wurde der Staatsratsvorsitzende Erich Honecker nach 18-jähriger Herrschaft vom Politbüro seines Amtes enthoben und durch Egon Krenz ersetzt. Aber so wie der Eiserne Vorhang andernorts durchlässig geworden war, konnte auch die DDR ihre Grenzen nicht mehr dicht geschlossen halten. Am 9. November wurde die Kontrollstelle am Brandenburger Tor geöffnet und am darauf folgenden Wochenende fiel die

Unten: Der Abbruch der Berliner Mauer symbolisierte die rasanten Veränderungen im Ostblock. Unten rechts: Eine ausgelassene Menge feiert Silvester 1989 auf der Mauer. Hintergrund: Demonstration in Leningrad gegen den Putschversuch vom August 1991.

> ### DER FALL DER MAUER
>
> Der Däne Andreas Ramos setzte sich mit Frau und zwei Freunden ins Auto und fuhr nach Deutschland, um die denkwürdigen Vorgänge vom November 1989 mitzuerleben. Am Sonntag, dem 12. November, erreichten sie in den frühen Morgenstunden Berlin: „Nach einer Weile gingen wir zum Potsdamer Platz ... Wir sprachen Deutsche an, und viele sagten, der nächste Mauerdurchbruch werde hier erfolgen. Um fünf Uhr war es noch sehr kalt und dunkel. Eine etwa 7000-köpfige Menschenmenge stand schreiend, jubelnd und klatschend auf engstem Raum beieinander und wir bahnten uns einen Weg hindurch. Auf der ostdeutschen Seite lärmte schweres Gerät. Mit einem riesigen Bohrer wurden Löcher in die Mauer getrieben ... An einer Stelle drängten sich ostdeutsche Soldaten um eine kleine Öffnung, um einen Blick auf die andere Seite zu erhaschen ... Wir streckten ihnen die Hände zum Gruß entgegen ... Jemand gab mir einen Hammer, und ich klopfte damit kleine Bruchstücke aus der Mauer. Sie bestanden aus billigem, sprödem Beton.
>
> Die letzte Platte wurde herausgehoben. Ein Strom Ostdeutscher quoll aus der Öffnung hervor ... Als ich mich umsah, konnte ich die unbeschreibliche Freude in den Gesichtern der Menschen sehen. An manchen Häusern hatte man Lautsprecher aufgestellt und spielte Beethovens 9. Symphonie: *Alle Menschen werden Brüder* ... Auch die Soldaten waren von dem Ereignis überwältigt. Sie gingen in der Menge unter."

Im November 1989 fanden in der Tschechoslowakei friedliche Demonstrationen statt. Die bewegenden nächtlichen Umzüge erinnerten an den gescheiterten Prager Frühling von 1968.

Mauer in Berlin unter unbeschreiblichem Jubel Tausender. „Mauerspechte" brachten sie schließlich binnen Tagen gänzlich zu Fall.

Bei der ersten freien Volkskammerwahl der DDR im März 1990 siegte die „Allianz für Deutschland", die für eine Vereinigung mit der Bundesrepublik eintrat. In den folgenden Monaten handelte die DDR-Regierung unter Lothar de Maizière mit der bundesdeutschen Regierung Kohl den deutsch-deutschen Einigungsvertrag aus, und am 3. Oktober 1990 trat die DDR der Bundesrepublik bei. Damit war die Einheit der deutschen Nation wieder hergestellt. Zuvor, am 12. September, wurde im mit den vier alliierten Siegerstaaten vereinbarten Zwei-plus-Vier-Vertrag in Moskau festgeschrieben, dass Deutschland seine volle Souveränität zurückerhielt und Mitglied der NATO blieb.

In fast ganz Osteuropa führte die friedliche Art der Befreiung zum Ziel. Nach den nächtlichen Massendemonstrationen vom November 1989 gegen die brutal vorgehende Polizei wurde die kommunistische Regierung der Tschechoslowakei bei Wahlen mit mehreren zugelassenen Parteien entthront: Am 29. Dezember wählte die Bevölkerung den ehemaligen Dissidenten, Bürgerrechtler und Schriftsteller Václav Havel zum Präsidenten. Mit den freien Wahlen vom Sommer 1989 erreichten auch die Polen ihre Freiheit; im darauf folgenden Jahr trat der Führer der Solidarność, Lech Wałęsa, das Präsidentenamt an. In Ungarn sprach sich die Nationalversammlung im Oktober 1989 für Wahlen mit mehreren zugelassenen Parteien aus.

Nur in Rumänien vollzog sich der Niedergang des alten Regimes in einem schmerzhaften und blutigen Prozess. Im Westen hatte Staatschef Nicolae Ceaușescu, der seit 1965 regierte, fast als Rebell gegolten, weil er gegenüber Moskau auf die nationale Eigenständigkeit seines Landes pochte. Tatsächlich aber führte er ein skrupelloses Regime und trieb das Land in die Verelendung. So ließ er das Stadtzentrum von Bukarest „entkernen", um Platz für einen gigantischen Palast- und Verwaltungskomplex zu schaffen, und im Rahmen seines radikalen Agrar- und Industrialisierungsprogramms ganze Dörfer einebnen. Durch das Verbot von Verhütungsmitteln und Abtreibungen versuchte er ein Bevölkerungswachstum zu erzwingen – mit der Folge, dass Eltern trotz der herrschenden

Am 25. Dezember 1989 wurden Nicolae Ceaușescu und seine Ehefrau vor ein Erschießungskommando gestellt. Das Bild des Hingerichteten ging um die Welt.

Mangelwirtschaft Großfamilien ernähren und versorgen mussten.

Die Reformen in ganz Osteuropa waren Auslöser für die Aufstände, die im Dezember 1989 die rumänische Stadt Temesvar erschütterten. Es kam zu Zusammenstößen zwischen Demonstranten und Sicherheitskräften, bei denen Hunderte den Tod fanden. Am 21. Dezember wechselten jedoch Teile der Armee die Seite, und am 22. Dezember wurde der Diktator gestürzt. Einen Tag später verhafteten Armeeangehörige das auf der Flucht befindliche Ehepaar Ceaușescu, das am 25. Dezember vor ein Militärgericht gestellt, verurteilt und standrechtlich erschossen wurde.

Während des Umsturzversuchs von 1991 sympathisierten Teile der Roten Armee mit den Putschisten, doch im Volk regte sich Widerstand, dem sich das Militär fügte.

Von der UdSSR zur GUS

Mit dem KSZE-Abkommen von 1990 begann sowohl die UdSSR als auch die NATO mit dem Truppenabbau in Europa, und der Warschauer Pakt löste sich 1991 auf. Und noch eine weitere altvertraute Institution begann zu zerfallen: die Sowjetunion selbst. Mittlerweile verfügten etliche sowjetische Teilrepubliken über eine mehr oder minder demokratisch gewählte Regionalregierung und forderten mehr Autonomie. Das aus gewählten Abgeordneten bestehende Parlament von Russland, der bei weitem größten Teilrepublik, bestimmte am 29. Mai 1990 Boris Jelzin zum Präsidenten.

Jelzin gehörte zu den dynamischsten Reformern der sowjetischen Politszene. Gorbatschow hatte den ehemaligen Bauingenieur aus Swerdlowsk 1985 nach Moskau geholt,

DREI TAGE IM AUGUST 1991

Gorbatschow befand sich in seiner Präsidentendatscha in Foros auf der Krim, als er am 19. August 1991 unangemeldeten Besuch von fünf ranghohen Politikern erhielt. Sie teilten ihm mit, dass man soeben den Notstand ausgerufen habe und dass sie dem „Notstandskomitee" angehörten. Dann forderten sie Gorbatschow auf, seinen Rücktritt zugunsten von Vizepräsident Gennadij Janajev zu erklären. Es war augenscheinlich, dass die orthodox-konservative Gruppe in der von Gorbatschow geführten Regierung versuchte, die Macht an sich zu reißen. Gorbatschow verweigerte die Zusammenarbeit und wurde unter Hausarrest gestellt. Vor dem Gebäude zog das Militär auf. Dem sowjetischen Volk wurde später offiziell mitgeteilt, dass Gorbatschow erkrankt sei. Allerdings hatten inzwischen viele über ausländische Radiosender von den tatsächlichen Vorgängen gehört.

Boris Jelzin, der Präsident der Russischen Föderation, stand fest auf Gorbatschows Seite. Geradewegs eilte er zum Parlamentsgebäude, dem Weißen Haus im Zentrum Moskaus, das nun von gepanzerten Fahrzeugen umstellt war. Er kletterte auf einen der Panzer, geißelte das Vorgehen der Putschisten als „zynischen Versuch, einen Umsturz nach rechts" zu betreiben, rief das Volk auf, seiner Ablehnung mit Streiks und Demonstrationen Ausdruck zu verleihen, und forderte die Armee zur Befehlsverweigerung auf. Die Bilder, wie er kühn und unbeugsam Widerstand leistete, wurden in alle Welt übertragen.

Es zeigte sich, dass die Menschen trotz aller Unzufriedenheit mit den neuen Verhältnissen keinen Rückfall in die alten Zeiten wollten. Tausende strömten zusammen, um Jelzin zu unterstützen, der sich mit einigen Mitstreitern im Weißen Haus einschloss. Die Soldaten zögerten, auf ihre Mitbürger zu schießen. Dennoch erstürmte die Armee am 21. August das Weiße Haus – aber eher halbherzig. Drei Personen kamen dabei ums Leben – andere Quellen sprechen von erheblich mehr Toten –, dann befahl der Verteidigungsminister den Abzug. Der Putsch brach in sich zusammen. 14 der Rädelsführer wurden festgenommen und zu kurzen Gefängnisstrafen verurteilt; einer beging Selbstmord.

Gorbatschow kehrte nach Moskau zurück, doch seine Autorität war dahin. Jelzin nötigte ihn, die Namen der Anführer des Umsturzversuchs im Parlament zu verlesen. Dazu zählten Premierminister Walentin Pawlow, KGB-Chef Wladimir Krjuchkow, Innenminister Boris Pugo, Verteidigungsminister Dmitrij Jasow und Parlamentssprecher Anatoli Lukjanow. Die meisten waren durch Gorbatschow zu Amt und Würden gelangt und gehörten seinem engsten Kreis an. Es gelang Gorbatschow nach dem Putsch nicht mehr, seine vorherige Autorität wiederzugewinnen.

Michail Gorbatschow hatte nach dem glücklich überstandenen Umsturzversuch wahrscheinlich mit einem herzlichen Empfang durch das Parlament gerechnet. Stattdessen nutzte Boris Jelzin die Situation, um Gorbatschow eine Mitschuld an der Krise vorzuwerfen.

Am Ostberliner Leninplatz wurde im November 1991 die riesige Statue von Wladimir Iljitsch Lenin demontiert.

wo er sich als kühner Kritiker des alten Regimes profilierte. Als Erster Sekretär des Moskauer Zentralkomitees schien er sich der menschlichen Nöte anzunehmen und räumte mit vielen chronischen Ungerechtigkeiten in der Wohnungs- und Sozialpolitik sowie bei Parteiprivilegien auf. Bereits 1987 trat er als mächtiger Konkurrent Gorbatschows auf und drängte unaufhörlich auf Reformen und die raschere Einführung der Marktwirtschaft. Gorbatschow, der diese Entwicklungen eingeleitet hatte, nahm die Kritik übel und enthob Jelzin seiner Ämter. Doch Gorbatschow verlor rasch an Popularität. Anlässlich der Maiparade von 1990 wurde er von der Menge ausgebuht.

Der Zerfall des Imperiums beschleunigte sich: Am 11. März 1990

Das Erbe der untergegangenen Sowjetunion – von Mittelasien über den Kaukasus bis zum Baltikum – besteht aus der Russischen Föderation und 14 neuen Staaten.

erklärte Litauen die Unabhängigkeit, Usbekistan und Russland im Juni. Gorbatschow schlug sich nun zeitweise auf die Seite der Konservativen und schickte Truppen nach Litauen und Lettland, was zu massiven Protestkundgebungen in Moskau führte. Inzwischen verfolgte er jedoch seine außenpolitischen Ziele weiterhin mit Hochdruck: Der am 31. Juli 1991 in Moskau von ihm und US-Präsident Bush unterzeichnete START-Vertrag sah die Reduzierung aller Atomwaffen um ein Drittel vor.

Als der Druck auf die Union weiter zunahm, legten Gorbatschow und Jelzin ihre Differenzen bei und kamen überein, die UdSSR in eine Föderation zu überführen.

Daraufhin putschte am 19. August 1991 der konservative Teil der Regierung und stellte den Staatschef in seiner Regierungsdatscha auf der Krim unter Hausarrest. Da die öffentliche Unterstützung ausblieb und die Armee unschlüssig war, erwies sich der Umsturzversuch als Fehlschlag, und Boris Jelzin, der sich den Putschisten mutig entgegengestellt hatte, nutzte die Gunst der Stunde geschickt für die Zwecke der Reformer.

Gedemütigt und wie unter Schock stehend kehrte Gorbatschow nach Moskau zurück und war fortan von Jelzin abhängig, der am 23. August die KPdSU verbot. Der gescheiterte Umsturzversuch bewirkte genau das Gegenteil dessen, was er eigentlich hätte verhindern sollen, denn nun verkündeten die restlichen Teilrepubliken ihre Unabhängigkeit. Schließlich wurde im Dezember 1991 die UdSSR durch die Gemeinschaft Unabhängiger Staaten, GUS, ersetzt, der sämtliche ehemaligen Sowjetrepubliken mit Ausnahme von Georgien – das später dazustieß –, Estland, Lettland und Litauen beitraten. Gorbatschow gab am 25. Dezember 1991 sein Präsidentenamt auf.

Diese umwälzenden Ereignisse hatten mehrere kriegerische Auseinandersetzungen auf dem Territorium der ehemaligen UdSSR zur Folge: In Georgien mussten russische Friedenstruppen wegen Streitigkeiten um Abchasien eingreifen. In Russland selbst versuchte sich die im Süden gelegene autonome Republik Tschetschenien einseitig loszusagen. Im daraufhin ausbrechenden ersten Tschetschenienkrieg (1994–97) sowie im zweiten, der 1999 begann, sollten derartige Bestrebungen im Keim erstickt werden. Die tschetschenische Hauptstadt Grosny wurde bei den brutalen russischen Einsätzen vollständig zerstört.

Am 3. Oktober 1993 musste Jelzin einen diesmal gegen ihn gerichteten Putschversuch,

Im Frühjahr 1993 gingen viele Russinnen auf die Straße, um gegen die steigenden Lebensmittelpreise zu protestieren, und erinnerten sich sehnsüchtig an die kommunistische Ära, als wenigstens für den Grundbedarf gesorgt war.

den entschiedene Gegner seiner Reformen angezettelt hatten, abwehren. Er beorderte Truppen nach Moskau, und mithilfe von Spezialeinheiten konnte ein Umsturz vereitelt werden – allerdings forderte die Aktion über 100 Tote. Zu Jahresbeginn 2000 schließlich gab der gesundheitlich schwer angeschlagene Boris Jelzin sein Präsidentenamt auf; Nachfolger wurde der ehemalige Geheimdienstler Wladimir Putin. Ihm stellt sich, wie schon seinem Vorgänger, die gewaltige Aufgabe, das Land zu befrieden und die schlechte wirtschaftliche Lage zu verbessern. Trotz Milliarden-Kredite des Internationalen Währungsfonds und Investitionen aus Europa, den USA und Japan erwies sich das Vermächtnis der sowjetischen Kommandowirtschaft bisher als übermächtig, und am Ende der 90er-Jahre begannen viele Russen, mit Sehnsucht auf die Ära der UdSSR zurückzublicken, als das Leben zumindest noch seine festgefügte und berechenbare Ordnung hatte.

Eine verzweifelte Tschetschenin klagt über das Leid, das die russischen Streitkräfte ihrem Volk im ersten tschetschenischen Krieg zugefügt haben.

Eine Tragödie ohne Ende

IN DER VIELVÖLKERLANDSCHAFT AUF DEM BALKAN HATTEN SEIT JE ZANK UND HADER REGIERT – DER ZERFALL JUGOSLAWIENS BILDETE DEN VORLÄUFIGEN TRAURIGEN HÖHEPUNKT.

Nach dem Ersten Weltkrieg bildete man aus Slowenien, Kroatien, Bosnien-Herzegowina, Serbien, Montenegro und Mazedonien einen neuen Staat, der 1929 den Namen Jugoslawien (Land der Südslawen) erhielt. Nach dem Zweiten Weltkrieg hielt Marschall Josip Tito diesen Vielvölkerstaat durch sein kommunistisches Regime eisern zusammen. Er sorgte auch dafür, dass Jugoslawien blockfrei blieb und nicht zu einem sowjetischen Satellitenstaat wurde. Allerdings war er sich der Labilität dieses Staatenbundes bewusst: „Ich bin Staatsoberhaupt eines Landes mit zwei Schriftsystemen, drei Sprachen, vier Religionen und fünf Nationalitäten, das auf sechs Republiken verteilt und

Unten: Von bosnischen Serben geführte Truppen beschossen 1991 das an der kroatischen Küste gelegene Dubrovnik mit schwerer Artillerie. Sie wollten damit für Bosnien-Herzegowina einen Zugang zur Adria erobern.

EINE TRAGÖDIE OHNE ENDE

Angehörige der ultranationalistischen Freiwilligenarmee, die unter dem Kommando des serbischen Milizenführers Arkan standen, signalisieren auf den Höhen über Sarajevo ihre Kampfbereitschaft.

von sieben Nachbarstaaten umgeben ist." Nach Titos Tod 1980 konnten seine kommunistischen Nachfolger noch einige Jahre die Einheit Jugoslawiens wahren, doch dann erschütterten Demonstrationen und Autonomieforderungen den Staat. Der serbische Nationalismus lebte wieder auf – mit dem Ziel, ein „Großserbisches Reich" zu schaffen, das den Balkan dominierte. Auf dieser nationalistischen Woge schwamm der Führer der serbischen Kommunisten Slobodan Milosevic, der 1986 Erster Sekretär der Partei wurde. Als die jugoslawischen Teilrepubliken Slowenien und Kroatien 1990 beschlossen, freie Wahlen abzuhalten, versuchte er den Serben wieder zu mehr Einfluss zu verhelfen. So hob er die Autonomie der Provinz Kosovo auf, eines Gebietes, das als serbisches Kernland galt, obwohl die überwältigende Mehrheit der Einwohner Albaner waren.

Am 25. Juni 1991 erklärten die Teilrepubliken Slowenien und Kroatien ihre Unabhängigkeit von Jugoslawien. Daraufhin setzte die jugoslawische Regierung die Bundesarmee zum Schutz der serbischen Minderheit gegen die abtrünnigen Republiken ein. Nach kurzen Kämpfen verließen die jugoslawischen Truppen Slowenien wieder; in Kroatien dagegen, wo die demographische Lage komplizierter war, zog sich der bewaffnete Konflikt bis zum Januar 1992 hin. Ende 1991 erklärte auch Mazedonien seine Unabhängigkeit von Jugoslawien, und am 1. März 1992 wurde Bosnien-Herzegowina aufgrund eines Referendums, das vom serbischen Volksteil boykottiert wurde, ebenfalls unabhängig. Einen Monat nach der Unabhängigkeitserklärung brach in dieser Teilrepublik ein Bürgerkrieg aus zwischen den dort lebenden Serben einerseits sowie den Kroaten und Moslems andererseits. Milosevic, der Staatschef des jugoslawischen Reststaates – Serbien mit Montenegro –, unterstützte die von Radovan Karadzic angeführten bosnischen Serben, die bis 1993 rund 70 % des Landes erobern konnten. Die Moslems waren vorwiegend in den Städten eingeschlossen, etwa in der Hauptstadt Sarajevo. Drei Jahre lang litt die Stadt unter den serbischen Belagerern und Heckenschützen, die von den umliegenden Bergen aus regelrecht Jagd auf die Einwohner machten, wenn diese auf dem Weg zur Arbeit waren oder vor Bäckereien um Brot anstanden. Der Hass zwischen den verschiedenen Volksgruppen führte zu furchtbaren Gräueltaten. In so genannten ethnischen Säuberungen wurden die Bewohner ganzer Gemeinden gefangen genommen, umgesiedelt oder auch umgebracht. Dennoch gelang es im November 1995, in der amerikanischen Stadt Dayton den Krieg führenden Parteien ein Friedensabkommen abzuringen. Darin wurde Bosnien-Herzegowina als Staat völkerrechtlich anerkannt und in zwei etwa gleich große autonome Gebiete aufgeteilt: die Bosniakisch-Kroatische Föderation Bosnien-Herzegowina und die serbische Republik Srpska. 60 000 Soldaten unter Führung der NATO sollten die Respektierung der Hoheitsbereiche überwachen.

1998 spitzte sich dann die Lage im Kosovo zu, wo die 1,5 Mio. Kosovo-Albaner unter Führung der nationalen Befreiungsarmee UCK versuchten, ihre Unabhängigkeit zu erlangen, um der Unterdrückung durch die serbische Minderheit zu entkommen. Milosevic reagierte mit Militärgewalt, und die „ethnischen Säuberungen" seiner Truppen trieben zahllose Albaner zur Flucht aus dem Kosovo. Im März 1999 startete die NATO zum Schutz dieser Menschen Luftangriffe, die jedoch die Gräueltaten der Serben eher noch verstärkten. Die Welle der Vertriebenen, die in Albanien und Mazedonien Aufnahme fanden, schwoll auf rund 800 000 Menschen an.

Nach elfwöchigem Bombardement mussten sich die serbischen Einheiten jedoch der NATO geschlagen geben und aus dem Kosovo abziehen. KFOR-Truppen aus mehr als 30 Staaten sorgten im Auftrag der UN für die sichere Rückkehr der Kosovo-Albaner in ihre Heimat. Diese internationalen Streitkräfte blieben im Kosovo stationiert, um für die Befriedung und den Wiederaufbau der zerstörten Gebiete zu sorgen. Es ist jedoch fraglich, ob angesichts des unversöhnlichen Hasses der verfeindeten Volksgruppen sowie der fortdauernden Gewalttaten das eigentliche Ziel der Militäraktion – die Erhaltung des Kosovo als multinationale Provinz innerhalb der Serbischen Republik – erreicht werden kann. Rachefeldzüge von Albanern gegen die serbische Minderheit, die eine Massenflucht bewirkten, lassen eher befürchten, dass in Zukunft aus dem Kosovo ein von Serben „gesäubertes" Gebiet wird.

Ein Konvoi Kosovo-Albaner ruht sich nach dem Grenzübertritt nach Albanien in der Nähe von Morina aus.

Die europäische Integration

In den 90er-Jahren entwickelte sich die EU von einer reinen Wirtschaftsgemeinschaft zu einer politischen Kraft auf der internationalen Bühne.

Am 20. September 1988 hielt Margaret Thatcher ihre berühmt gewordene Ansprache vor dem Europakolleg zu Brügge. „Eine engere Zusammenarbeit bedeutet nicht zwangsläufig, dass alle Macht von Brüssel ausgeht", erklärte sie. „Europa wird stärker sein, gerade weil es aus einem Frankreich der Franzosen, einem Spanien der Spanier, einem Britannien der Briten besteht, wobei jedes Land seine eigenen Bräuche, Traditionen und seine eigene Identität besitzt." Ohne Umschweife hatte sie den Finger auf Europas wundesten Punkt gelegt. Würde das weitere Zusammenwachsen der europäischen Staaten den Nationalismus überwinden, der im 20. Jh. so unheilvolle Auswirkungen gezeigt hatte? Auf dem Spiel standen Nationalbewusstsein, Nationalstolz und nationale Souveränität. War dieser Preis gerechtfertigt, wenn er Aussichten auf größere politische Stabilität und zugleich mehr wirtschaftliche Potenz verhieß?

In den letzten drei Jahrzehnten des 20. Jh. konnte sich niemand in Europa dieser Auseinandersetzung verschließen. Auf dem ganzen Kontinent schieden sich die Geister an der EU. Politiker jeder Couleur traten entweder begeistert für ein geeintes Europa ein oder lehnten es vehement ab, und auch die Öffentlichkeit war hin- und hergerissen. Tatsächlich hatte sich die EG gewaltig verändert und steuerte zielstrebig auf die politische Einheit zu.

Butterberge und Weinseen

Anfang der 70er-Jahre bestand die EG (Europäische Gemeinschaft) noch aus den sechs Staaten, die 1957 die Römischen Verträge unterzeichnet hatten: Frankreich, Deutschland, Belgien, Italien, die Niederlande und Luxemburg. 1973 traten ihr mit Dänemark, Irland und Großbritannien drei weitere Länder bei.

Allgemein sprach man von der EG als dem Gemeinsamen Markt, der weitgehend von Handelsschranken und Zöllen befreit war. In der Praxis machte die wirtschaftliche Talfahrt jedoch den Mitgliedsstaaten ihre vorrangigen binnenwirtschaftlichen Probleme bewusst, sodass protektionistische Schranken unter einer Vielzahl von Vorwänden errichtet wurden.

Darüber hinaus sorgten die Wechselkursschwankungen für Chaos auf den Märkten. Um dem entgegenzuwirken, führte man 1979 den Europäischen Wechselkursmechanismus ein, wobei man für die Währungen der teilnehmenden Mitgliedsstaaten Leitkurse in-

In Nizza gingen 1997 die Schafzüchter auf die Straße. Die Landwirte, die sich bereits von den EU-Verordnungen in ihrer Existenz bedroht sahen, wehrten sich gegen die Wiederansiedlung von Wölfen im Nationalpark Mercantour.

1970 | 1973 Großbritannien, Dänemark und Irland treten der EG bei. | 1979 Einführung des Wechselkursmechanismus für mehr Währungsstabilität | 1981 Mitterrand zum französischen Staatspräsidenten gewählt | 1982 Kohl neuer deutscher Bundeskanzler

nerhalb vereinbarter Bandbreiten festlegte, die zusätzlich im Rahmen des Europäischen Währungsfonds gestützt wurden. Neben den nationalen Währungen wurde jetzt die Europäische Währungseinheit, der ECU, als Verrechnungseinheit eingeführt.

Vor allem die EG-Agrarpolitik geriet von allen Seiten unter Beschuss. Mit Subventionen wollte man die durch Billigimporte entstandenen Einkommensverluste der Landwirte ausgleichen. An die Stelle der Ausgleichszahlungen trat 1979 ein System von Stützpreisen, das Mindestpreise für landwirtschaftliche Erzeugnisse und Abnahmegarantien für die Überschusserzeugung versprach. Faktisch honorierte man den Landwirten die Erzeugung eines Überangebots an Nahrungsmitteln, das nicht benötigt wurde. Dies führte zur Bildung gewaltiger Überschüsse, die man als Butterberg oder Weinsee etikettierte. Ein solches Vorgehen war kompliziert, verschlang Unsummen und vergeudete wertvolle Ressourcen. In Landwirtschaft und Fischerei enttäuschte dieses System von Beihilfen, Regulierungen und Kontingenten die Erwartungen, sodass sich die Empörung darüber häufig in wütenden Protesten entlud.

Treibende Kraft – Kohl und Mitterrand

In den 80er-Jahren kam Bewegung in die europäische Sache: Die gesamtwirtschaftliche Lage hatte sich gebessert und es waren europaengagierte Regierungen am Ruder, die sich für eine Verbindung von freier Marktwirtschaft mit sozialstaatlichen Elementen stark machten. Bei dieser Entwicklung fiel vor allem François Mitterrand und Helmut Kohl eine entscheidende Rolle zu.

Mitterrand, Chef der französischen Sozialisten, war der Überraschungssieger bei den Präsidentschaftswahlen 1981 und löste den Konservativen Valéry Giscard d'Estaing ab. Mitterrands neue Regierung versuchte, eine Reihe weit reichender Reformen einzuführen, etwa die Verstaatlichung von Banken und Schlüsselindustrien, die Festlegung von Mindestlöhnen sowie die Verbesserung bestimmter Sozialleistungen. Nachdem sich die Wähler 1986 umorientiert hatten, entschied sich der französische Präsident zu einem pragmatischeren und stärker marktwirtschaftlich orientierten Kurs und wurde 1988 für eine zweite Amtszeit wiedergewählt.

In der Bundesrepublik Deutschland gelang es dem CDU-Vorsitzenden Helmut Kohl 1982 mithilfe der FDP, den SPD-Kanz-

Unten: 1981 unternahmen Angehörige der rechtsgerichteten Guardia Civil den missglückten Versuch, durch die Erstürmung des spanischen Parlaments das Rad der Geschichte zurückzudrehen und an Francos (oben) faschistische Diktatur anzuknüpfen.

SPANIENS WEG IN DIE DEMOKRATIE

Als der spanische Diktator General Francisco Franco im November 1975 im Alter von 82 Jahren starb, übernahm sein designierter Nachfolger Juan Carlos die Staatsgeschäfte. Der Enkel des letzten spanischen Königs Alfonso XIII., der 1931 abgedankt hatte, war von Franco höchstpersönlich auserkoren worden. Franco war davon ausgegangen, dass Juan Carlos I. als König die frankistische Politik fortführen werde; doch dieser hatte ganz andere Vorstellungen. Er schlug einen eigenständigen Kurs zwischen dem frankophilen Konservativismus und der notwendigen Modernisierung ein und ernannte Adolfo Suárez González 1976 zum Ministerpräsidenten.

Suárez war Reformer und repräsentierte mit seinen 43 Jahren eine ganz andere Generation. 1976 beschloss das spanische Parla-

ment, die Cortes, Oppositionsparteien und Gewerkschaften zuzulassen. 1977 wurde Suárez bei den ersten freien Wahlen seit 1936 als Premierminister an der Spitze seiner Demokratischen Zentrumspartei (UCD) bestätigt. Die neu zugelassene Sozialistische Arbeiterpartei Spaniens (PSOE) ging in die Opposition. 1977 beantragte Spanien die Aufnahme in die EU und die NATO. Mit Ausnahme des Baskenlands, das noch immer unter dem Terrorismus der separatistischen ETA litt, erhielten die Regionen mehr Autonomie. Während seiner vierjährigen Amtszeit dividierte sich die UCD immer mehr auseinander. Im Januar 1981 trat er zugunsten von Leopoldo Calvo Sotelo zurück. Im folgenden Monat kam es zu einem Putschversuch rechtsgerichteter Militärs. Oberstleutnant Antonio Tejero stürmte mit 200 bewaffneten Angehörigen der paramilitärischen Guardia Civil die Cortes und nahm Sotelo und 350 Abgeordnete als Geiseln. Der Putsch brach jedoch wegen mangelnder Unterstützung zusammen und König Juan Carlos I. erklärte, dass die „Krone keine Handlung gegen die Demokratie dulde".

1982 wurde Spanien NATO-Mitglied. Im gleichen Jahr gewann die PSOE unter Felipe González Márquez die Wahlen. Er führte Spanien 1986 in die EU. 1996 lösten die Konservativen unter José María Aznar Lopèz die Regierung ab.

Bei der Austragung der Olympiade 1992 in Barcelona feierte man den Sport und das neu erstarkte Spanien.

1985 Schengener Abkommen: Aufhebung der Grenzkontrollen

1986 Spanien und Portugal treten der EG bei.

1991 Maastrichter Vertrag: Gründung der EU

1995 Österreich, Schweden und Finnland treten der EU bei.

1996 BSE stürzt die britische Rindfleischindustrie in eine Krise.

1999 Elf EU-Länder führen den Euro ein.

JACQUES DELORS – EIN ÜBERZEUGTER EUROPÄER

Wenn jemand das Verdienst zukommt, den Weg für ein modernes, geeintes Europa geebnet zu haben, dann zweifelsohne Jacques Delors. Er leitete die Europäische Kommission als Präsident zwischen 1985 und 1995. In jener Zeit bahnten sich einschneidende und dynamische Veränderungen an. Als er sein Amt übernahm, trat der Fortschritt innerhalb der EU bereits auf der Stelle. Bei seinem Ausscheiden war die EU von einer neuen Vision beflügelt und elektrisiert von der konkreten Aussicht auf eine gemeinsame Währung. Dass der Maastrichter Vertrag schließlich Früchte trug, war seinem Einsatz zu verdanken.

Geboren wurde Jacques Delors 1925 in Paris. Nach einer Karriere bei der Banque de France schlug er die akademische Laufbahn ein. Dem gaullistischen Premierminister Jacques Chaban-Delmas diente er von 1969–72 als Berater für Soziales, bevor er sich Mitte der 70er-Jahre den Sozialisten zuwandte. 1979 wurde er ins Europäische Parlament gewählt und übernahm 1981 unter Präsident François Mitterrand das Amt des Wirtschafts- und Finanzministers. Mit seiner Ernennung zum Präsidenten der Europäischen Kommission schied er 1985 aus der Regierung aus.

Delors galt als fähiger Technokrat, war sich jedoch auch der wirtschaftlichen Sachzwänge und ihrer Auswirkungen auf die Politik bewusst. Außerdem hatte er als Katholik ein Gespür für die soziale Problematik in den Mitgliedsländern der EU. Wenn er Kritik dafür einstecken musste, die EU allzu forsch und unangemessen schnell voranbringen zu wollen, dann wegen seiner mitunter kühnen Visionen, wozu ein geeintes Europa in der Lage wäre, wenn es seine Differenzen beilegen und den Schulterschluss in einer politischen und wirtschaftlichen Union ausüben würde. Dass er sich unablässig für ein gemeinsames Europa einsetzte und keine Auseinandersetzung mit seinen Kritikern scheute, ließ Delors in den Augen der Euroskeptiker, vor allem der Briten, zum Buhmann werden.

Energisch und zielstrebig versah Jacques Delors sein Amt als Präsident der Europäischen Kommission, sodass er nach zehnjähriger Amtszeit eine erfolgreiche Bilanz vorweisen konnte.

ler Helmut Schmidt durch ein konstruktives Misstrauensvotum abzuwählen. Kohl bildete eine tragfähige CDU/CSU/FDP-Regierungskoalition und blieb bis zu seiner Wahlniederlage 1998 der beherrschende Faktor in der Europapolitik.

Obwohl sie aus unterschiedlichen politischen Lagern stammten, wollten Kohl und Mitterrand die EG gemeinsam voranbringen. Kohl versprach sich davon die Aussicht auf einen stabilen Markt, der beste Entwicklungschancen für die Bundesrepublik und – darin waren sich die westeuropäischen Politiker einig – Sicherheit gegenüber dem Ostblock bot. Mitterrand teilte die alten französischen Vorbehalte im Hinblick auf die erfolgreiche und dominante Wirtschaftsmacht Deutschland: Daher galt es, das deutsche Bekenntnis zu Europa zu fördern und in gleicher Weise zu unterstützen.

Mitterrands ehemaliger Finanzminister Jacques Delors, der 1985 Präsident der Europäischen Kommission wurde und beider Standpunkt teilte, erwies sich in den späten 80er-Jahren als weitere Triebfeder des europäischen Gedankens. Delors war entschlossen, mit der EG zu neuen Ufern aufzubrechen. Unablässig erweiterte sich der Kreis der Mitglieder: Griechenland trat 1981 bei, Portugal und Spanien 1986, wodurch die „Zwölfer-Gemeinschaft" entstand, wie es die zwölf Sterne auf der Europafahne symbolisieren.

Die Beschlüsse von Maastricht

Die Vorstellung von einem „geeinten Europa" stand Ende 1985 im Mittelpunkt der Konferenz der Staats- und Regierungschefs in Luxemburg. Wenn es gelänge, einvernehmlich geeignete Strukturen zu finden – so die Überlegung der Beteiligten –, würden die Mitgliedsstaaten den Weg in Richtung Europäischer Währungsunion sowie einer größeren politischen Union einschlagen können, die dann mit mehr Kompetenzen für das Europäische Parlament und einer einheitlichen Sozial-, Sicherheits- und Außenpolitik verbunden wäre. Am Ende des Einigungsprozesses könne mit den Worten Helmut Kohls die Schaffung der „Vereinigten Staaten von Europa" stehen.

Die Bildung der Europäischen Währungsunion gehörte zu den Plänen, um die am heftigsten gerungen wurde: Ziel war die Schaffung einer einheitlichen Währung innerhalb der EG unter der Zuständigkeit einer noch zu schaffenden Europäischen Zentralbank. Man

DIE EUROPÄISCHE INTEGRATION

Während der Ostblock in den 90er-Jahren zerfiel, erfolgte die Erweiterung der Europäischen Union auf 15 Mitgliedsstaaten.

begründete diesen Vorschlag damit, dass einzelne Märkte immer wieder Gefahr liefen, durch Währungsschwankungen und die daraus resultierenden Stabilitätsprobleme erschüttert zu werden, solange es auch noch andere Währungen gab. Die Gegner des Plans behaupteten, die Beibehaltung von Landeswährungen sorge für mehr Flexibilität, wodurch regionale Unterschiede in der wirtschaftlichen Entwicklung besser ausgeglichen werden könnten. Außerdem symbolisiere die Landeswährung die Unabhängig- und Handlungsfähigkeit eines Staates.

1985 rief man zwei Kommissionen ins Leben, um die Umsetzung dieser Reformen in Angriff zu nehmen. Die Ergebnisse schlugen sich in über 300 Gesetzesvorschlägen nieder, die die Grundlage für den Vertrag über die Schaffung der EU bilden sollten. Diese Vorschläge mussten in mühevoller Kleinarbeit in Einzelbestimmungen umgesetzt werden. Die Abstimmung erfolgte auf dem Gipfel der Staats- und Regierungschefs im Dezember 1991 in der niederländischen Stadt Maastricht.

Jetzt galt es, die Verhandlungen mit einer bis dahin ungekannten Dringlichkeit zu führen: Mit dem Zusammenbruch des Kommunismus in Osteuropa und der UdSSR hatten sich entscheidende Faktoren in der Weltpolitik verändert. Der Zusammenschluss und die Verfolgung gemeinsamer Ziele waren jetzt noch wichtiger für Europa geworden. Dass rasches Handeln ein Gebot der Stunde war, erkannten vor allem Helmut Kohl und Jacques Delors, da sich eine seltene historische Gelegenheit bot.

Die meisten Punkte des Maastrichter Vertrags wurden angenommen. Man verständigte sich auf eine gemeinsame Währung, den Euro. Er sollte 1999 in jenen Mitgliedsländern eingeführt werden, die die „Konvergenzkriterien" erfüllten, also die vertraglich vereinbarten Vorgaben in der Wechselkurs- und Geldwertstabilität sowie beim Haushaltsdefizit. Damit trat die EU an die Stelle der bisherigen EG. Auf diese Weise verschmolz ganz Europa zu einem Binnenmarkt ohne zwischenstaatliche Schranken: EU-weit stand dem ungehinderten Waren-, Dienstleistungs-, Kapital- und Personenverkehr nichts mehr im Wege.

Frankreichs Staatspräsident François Mitterrand (rechts) und der deutsche Bundeskanzler Helmut Kohl waren die Motoren im europäischen Einigungsprozess.

Großbritanniens eigener Kurs

Unter Führung des britischen Premierministers John Major sammelte sich in Maastricht eine Minderheit Andersdenkender. An der Einführung der Sozialcharta, einer Reihe moderater Sozialreformen, die in den Augen von Majors konservativer Regierung im Ruf stand, den „Sozialismus durch die Hintertür" einführen zu wollen, schieden sich die Geister ebenso wie an der Einführung einer gemeinsamen Währung. Major handelte in beiden Fällen eine separate Regelung aus: Großbritannien würde der gemeinsamen Währung erst zu einem späteren Zeitpunkt beitreten – eine Möglichkeit, die auch Dänemark in Anspruch nahm.

Die britische Verhandlungsposition spiegelte die Sorge vieler Euroskeptiker auch in den anderen Mitgliedsstaaten wider, dass die EU auf Kosten der nationalen Regierungen und Institutionen zu viel Macht auf sich vereinige und zur totalen Zentralisierung neige. Wie zögerlich viele Europäer waren, drückte sich in den nationalen Volksbefragungen aus, die im Vorfeld der 1993 vorgesehenen Ratifizierung des Maastrichter Vertrags stattfanden. Die dänischen Wähler entschieden sich 1992 mit denkbar knappem Vorsprung (50,7 %) dagegen. Da der Vertrag von allen zwölf Staaten ratifiziert werden musste, hing seine Zukunft in der Schwebe. Bei einem zweiten Referendum 1993 sprachen sich die Dänen schließlich mit knapper Mehrheit (58 %) dafür aus. In Frankreich stimmten lediglich 51 % mit „Ja".

Mit der Begründung, das Volk habe bei den Wahlen von 1992 darüber befunden und nun obliege es dem Parlament, darüber zu entscheiden, fand in Großbritannien kein gesondertes Referendum statt. Bei der Abstimmung über die Ratifizierung im Juli 1993 konnte sich die konservative Regierung mit gerade drei Stimmen Mehrheit durchsetzen.

Andere Ereignisse überschatteten jedoch das Votum. Im Oktober 1990 war Großbritannien dem Wechselkursmechanismus im Rahmen des Europäischen Währungssystems beigetreten, wobei der Kurs des Pfundes jedoch schon damals unhaltbar hoch war. Bald schon galt die britische Währung als überbewertet und wurde an den internationalen Devisenbörsen zum Gegenstand von Spekulationen. Auch der italienischen Lira widerfuhr dieses Schicksal. Im Herbst 1992 nahm der britische Schatzkanzler Norman Lamont das Pfund wieder aus dem Wechselkursmechanismus heraus. Auch Italien blieb nichts anderes übrig, als aus dem Verbund auszuscheren und die Lira frei schwanken zu lassen.

Aufbruch zu neuen Ufern

Der Vertrag von Maastricht wurde im Oktober 1993 offiziell ratifiziert und trat am 1. November in Kraft. Trotz der knappen Mehrheit, mit der er zustande kam, ging von ihm ein wichtiger Impuls für das geeinte Europa aus. Vom europäischen Binnenmarkt profitierten rund 340 Mio. Menschen. In der Hoffnung, einen Fuß in die Tür zu bekommen, gaben sich die Investoren der multinationalen Konzerne aus Übersee die Klinke in die Hand.

Im Vergleich zu den wirtschaftspolitischen Initiativen der EU mangelte es bei den politischen Gehversuchen an Fortüne. Wohl hatte man Hoffnungen gehegt, die EU könne eine gemeinsame Außenpolitik auf die Beine stellen, doch schon der fehlende Konsens angesichts des gewaltsamen Auseinanderbrechens von Jugoslawien und das Unvermögen der Europäer, dort den Frieden zu sichern, zeigte, dass ein solches Unterfangen kaum Chancen auf Verwirklichung hatte.

Ebenso erwies sich die kollektive Verteidigung Europas als trügerische Vorstellung, obwohl sich sogar Großbritannien 1998 für eine gemeinsame europäische Verteidigungspolitik stark gemacht hatte. Schließlich übernahm die NATO diese Aufgabe, aber die engen Bindungen zu den USA sowie die alten Befürchtungen einer angloamerikanischen Achse ließen die Franzosen zaudern, während Österreich seine Neutralität wahrte.

GENTECHNIK – EIN ZWEISCHNEIDIGES SCHWERT

Die Gentechnik ist ein Thema, an dem sich in der EU die Geister scheiden. Wenn es gelingt, Sinn und Zweck einzelner Gene zu bestimmen, können sie isoliert und in die DNS-Sequenzen fremder Organismen eingeschleust werden, um dort positive Veränderungen zu bewirken. Für die Medizin heißt das, jene Gene zu identifizieren, die für genetisch bedingte Krankheiten verantwortlich sind, speziell Erbkrankheiten wie Muskeldystrophie und Krebs. Dieses Gen kann dann bereits zu einem frühen Zeitpunkt ausgetauscht oder so manipuliert werden, dass die Krankheit nicht zum Ausbruch kommt. Das internationale Human Genome Project hat sich zum Ziel gesetzt, die Kartierung des gesamten menschlichen Erbguts im 21. Jh. fortzuführen. Theoretisch wäre es dann möglich, die DNS eines jeden Menschen darzustellen, seine Gesundheitsrisiken zu benennen und eigens dafür entwickelte Medikamente einzusetzen.

Bevor es dazu kommt, dürfte die Gentechnik in der Landwirtschaft wohl nachhaltigere Auswirkungen zeitigen. Indem man Pflanzen oder Tiere gentechnisch verändert, kann man den Ertrag steigern und resistentere und wohlschmeckendere Sorten erzeugen. Tomaten wurden z. B. mit den Genen von Fischen behandelt, um sie frostunempfindlich zu machen. Mithilfe von Pflanzen und Tieren ließen sich ebenfalls Impfstoffe für die Humanmedizin herstellen. Doch kann noch niemand vorhersagen, was passiert, wenn gentechnisch veränderte Organismen in die Umwelt gelangen. So ist es etwa möglich, die Gene der Sojabohne so zu verändern, dass sie resistent gegen Pestizide wird. Doch was würde passieren, wenn sich das betreffende Gen durch Fremdbestäubung überträgt und pestizidresistente Wildkräuter entstünden?

Auch in der Medizin könnte die Gentechnik unvorhersehbare, möglicherweise katastrophale Folgen zeitigen. Und durch die Kartierung des menschlichen Erbguts könnte es auch zu schwerwiegenden Eingriffen in die Privatsphäre kommen: Wer darf solche Informationen besitzen und deren Verwendung überwachen? Unter kommerziellen Gesichtspunkten betrachtet bleibt diese Wissenschaft nach wie vor umstritten: Pharmaunternehmen, die Millionen in die Genforschung investieren, möchten sich die von ihnen erkannten Gene patentieren lassen – aber darf man so weit gehen, ein Patent für jegliche Form des Lebens zu erteilen?

Verbraucherverbände fordern eine klare Kennzeichnung von gentechnisch behandelten Lebensmitteln.

Die Europäische Union wurde 1995 mit dem Beitritt Österreichs, Schwedens und Finnlands auf 15 Mitgliedsstaaten erweitert. Verschiedene Stimmen forderten eine weitere Vergrößerung. Die Türkei hatte sich bereits 1987 um einen Beitritt beworben, was man ihr jedoch trotz der Mitgliedschaft in der NATO konsequent verwehrte. Polen und Ungarn bewarben sich 1994, Rumänien, Bulgarien, Estland, Lettland, Litauen, die Slowakei 1995, Slowenien und die Tschechische Republik 1996. Alle mussten sich mit vorläufigen Handelsvereinbarungen bescheiden, da nicht alle Beitrittskriterien erfüllt waren und die Mühlen der EU langsam mahlen. Bei zwei Referenden, einmal 1971, dann 1994, blieben die nicht beitrittswilligen Norweger bei ihrem „Nein". Ebenso erteilte die Schweiz, die im Falle eines Beitritts den Verlust ihrer Neutralität fürchtete, der EU eine Absage.

Die Landesgrenzen innerhalb der EU wurden immer bedeutungsloser. Im März 1995 vereinbarten Deutschland, Frankreich und die Beneluxstaaten – die Signatarstaaten des Schengener Abkommens von 1985 über die Aufhebung der Grenzkontrollen – sowie Spanien und Portugal, auf Ausweiskontrollen bei EU-Angehörigen zu verzichten. Doch je mehr Europa miteinander verschmolz, desto größere Bedeutung erlangten jene Regionen, die zuvor mit dem Gedanken an Autonomie oder Abspaltung gespielt hatten, wie etwa die Bretagne, Flandern und Katalonien. So war Europa einerseits gut für die Globalisierung, förderte andererseits aber den neu belebten Gedanken vom Europa der Regionen.

Probleme einzelner Mitgliedsländer

Innerhalb der EU kam es zu hitzigen Debatten über die allmähliche Übertragung der Macht von den nationalen Regierungen auf

DIE EUROPÄISCHE INTEGRATION

Mit Wirkung vom 1. Januar 1999 wurde in elf EU-Ländern der Euro eingeführt. Zum 1. Januar 2002 lösen dann die neuen Euromünzen und -banknoten die alten nationalen Währungen endgültig ab.

die europäischen Institutionen. 1979 wurde das Europäische Parlament in Straßburg erstmals direkt gewählt, und allmählich reklamierte dieses Organ eine größere Eigenständigkeit. Trotzdem war es den nationalen Regierungen und dem Europäischen Rat untergeordnet, der sich aus den EU-Staats- und Regierungschefs zusammensetzte. Unter Vorsitz ihres Präsidenten wirkt die Europäische Kommission mit ihren 20 Kommissaren, die von den jeweiligen Regierungen ernannt werden, als separates, ausführendes Organ, das für die einheitliche Umsetzung der politischen Beschlüsse und Verordnungen Sorge zu tragen hat.

Immer schon liefen die überstaatlichen europäischen Einrichtungen Gefahr, dass sich die Innenpolitik der Mitgliedsländer auf ihre reibungslose Funktion auswirken würde. Nach 1990 hatte Deutschland schwer mit den Folgen der Wiedervereinigung zu kämpfen:

Die Modernisierung der neuen Bundesländer verschlang Jahr für Jahr Milliarden DM und hatte einen starken Konjunktureinbruch und Rekordarbeitslosenzahlen zur Folge.

Anfang der 90er-Jahre geriet ganz Italien in Aufruhr, als die gesamte politische Klasse im Rahmen der Aktion „Saubere Hände" durchleuchtet wurde, um der Korruption endlich ein Ende zu setzen. Der Medienzar Silvio Berlusconi versprach den Italienern einen Neubeginn und eroberte mit seiner konservativen Partei Forza Italia rasch die Macht. Im März 1994 bildete er mit der rechtsgerichteten Lega Nord und der Alleanza Nazionale eine Koalitionsregierung und wurde Ministerpräsident. Doch binnen neun Monaten wurde seine Regierung ebenfalls ein Opfer der Antikorruptionskampagne, und Silvio Berlusconis Rücktritt war unausweichlich.

Und die Briten brachten ihre EU-Partner immer wieder in Rage. So schickte sich die Regierung Major 1994 an, ihnen bei der Ernennung von Jacques Delors Nachfolger in den Rücken zu fallen. Der Wunschkandidat Frankreichs und Deutschlands war der belgische Ministerpräsident Jean-Luc Dehaene. Aus Angst, dass die deutsch-französische Achse zu einflussreich werden könnte, lehnte Großbritannien seine Ernennung ab und die EU musste den Kompromisskandidaten, den luxemburgischen Premierminister Jacques Santer, akzeptieren.

Die Verärgerung innerhalb der EU über die Briten erreichte mit der BSE-Krise ihren Höhepunkt, die sich 1996 anbahnte, als die EU die gesamte Ausfuhr von britischem Rindfleisch weltweit untersagte. Nachdem sich das britische Landwirtschaftsministerium fast ein Jahrzehnt zögerlich gegeben und den Skandal zu vertuschen versucht hatte, erklärte die britische Regierung, dass es möglicherweise Verbindungen zwischen der Rinderseuche BSE und der tödlich verlaufenden Creutzfeldt-Jakob-Krankheit beim Menschen geben könne. Angesichts der daniederliegenden Rindfleisch- und Milchwirtschaft begann Großbritannien, wegen Ausgleichszahlungen für die Landwirte und der Lockerung der Exportbeschränkungen sich Hilfe suchend an Brüssel zu wenden. Die britische Verhandlungsposition war jedoch angesichts der EU-Distanz nicht besonders stark.

In der Frage der gemeinsamen Währung gab es ebenfalls unterschiedliche Ansichten. 1998 bestätigte sich, dass elf Länder die erforderlichen Konvergenzkriterien erfüllten; nur Griechenland entsprach den strengen Voraussetzungen nicht. Großbritannien, Dänemark und Schweden entschieden, erst zu einem späteren Zeitpunkt den Euro einzuführen. Am 1. Januar 1999 wurde der Euro neben der DM, dem französischen, belgischen und luxemburgischen Francs, dem niederländischen Gulden, der italienischen Lira, dem irischen Pfund, der spanischen Peseta, dem österreichischen Schilling, der finnischen Mark und dem portugiesischen Escudo als offizielles Zahlungsmittel eingeführt. Ab 1. Januar 2002 wird der Euro diese Landeswährungen ganz ablösen, dann werden auch die neuen Münzen und Scheine in Umlauf gebracht.

Die optimistischen Erwartungen, dass der 1994 gewählte rechtsgerichtete Medienzar Berlusconi die erforderlichen Reformen in Italien in die Wege leiten könnte, wurden nach kurzer Zeit enttäuscht. 2000 griff er erneut nach der Macht.

Sicherung des Weltfriedens

Die geänderte weltpolitische Lage nach dem Zusammenbruch des Kommunismus stärkte die Rolle der UN als Hüterin des Weltfriedens.

Nach dem Wegfall des Ost-West-Konflikts Anfang der 90er-Jahre begannen viele Menschen optimistisch von einer neuen Weltordnung zu sprechen, einer Welt, in der die internationale Staatengemeinschaft Regime zur Rechenschaft ziehen würde, die sich durch Aggression oder Willkür auszeichneten. Am ehesten kamen wohl die Vereinten Nationen für diese Aufgabe infrage. An deren Spitze standen der Peruaner Javier Pérez de Cuéllar (1982–91) und der Ägypter Boutros Boutros-Ghali (1992–96).

Amerika als allein übrig gebliebene Supermacht stellte sich der Herausforderung und führte diese neue Weltordnung an. In den zurückliegenden zwei Jahrzehnten waren die Amerikaner und die UN nicht immer einer Meinung gewesen. Die UN hatten sich mit sichtlichem Erfolg in vielen Bereichen Respekt erworben, in denen sie ihren Aufgaben weltweit nachkamen, wie etwa wirtschaftliche Zusammenarbeit, Verbesserung der Gesundheit, Umwelt, Menschenrechte und Flüchtlingshilfe. Ihre Sonderorganisationen – u.a. das Weltkinderhilfswerk (UNICEF), die Organisation für Erziehung, Wissenschaft und Kultur (UNESCO) und die Weltgesundheitsorganisation (WHO) – hatten eine stattliche Erfolgsbilanz vorzuweisen, die der zunehmenden Bedeutung internationaler nichtstaatlicher Hilfsorganisationen in nichts nachstand. Die Leistungen der UN bei ihrer ureigensten Aufgabe, nämlich der Bewahrung des Weltfriedens, wurden von den USA jedoch kritisch hinterfragt; in Israel (wo sie seit 1948 präsent waren), in Zypern (seit 1964) und in der Pufferzone im südlichen Libanon (seit 1978) traten die UN nur noch auf der Stelle. Ernsthaftere Differenzen mit den USA hatten sich auch dadurch ergeben, dass man die Intervention der Amerikaner in Vietnam in UN-Kreisen verworfen hatte und vielen der kriegerischen Auseinandersetzungen, in die die USA während des Kalten Krieges verwickelt waren, kritisch gegenüberstand.

Kenianische Mütter warten auf die Impfung ihrer Neugeborenen als Teil des umfangreichen medizinischen Vorbeugeprogramms der Weltgesundheitsorganisation WHO.

Die USA greifen ein

In den 80er-Jahren war die Haltung der USA dadurch geprägt, dass sie stets dann, wenn sie eigene Interessen bedroht sahen, von sich aus, d.h., ohne UN-Mandat eingriffen, insbesondere im mittelamerikanischen Raum. Anschauliches Beispiel dafür war der Fall des unabhängigen Eilands Grenada in der Südkaribik, das sich nach dem erfolgreichen Putsch gegen die Regierung von Eric Gairy zunehmend dem Sozialismus verschrieb. Der neue Ministerpräsident Maurice Bishop wandte sich sehr zum Schrecken der Amerikaner Hilfe suchend an die Sowjetunion und Kuba, wobei die Kubaner mit dem Bau eines größeren, offensichtlich strategisch relevanten Behelfsflugplatzes begannen. Im Oktober 1983 wurde Maurice Bishop von der radikalen leninistischen Fraktion seiner Revolutionären Volksarmee entmachtet und zusammen mit 40 Mitarbeitern hingerichtet.

Mit der Begründung, 600 amerikanische Medizinstudenten auf der Insel schützen zu müssen, entsandten die USA eine aus 1900 Mann beste-

1982 Javier Pérez de Cuéllar tritt sein Amt als UN-Generalsekretär an.

1983 Die USA intervenieren auf Grenada.

hende Eingreiftruppe nach Grenada, die die alte Ordnung wiederherstellte. Die GIs wurden im Verlauf der folgenden zwei Jahre wieder abgezogen.

Das amerikanische Engagement in anderen mittelamerikanischen Staaten erwies sich insgesamt als wesentlich schwieriger, besonders in Nicaragua. 1979 musste der nicaraguanische Präsident Anastasio Somoza Debayle ins Exil gehen. Seine Familie hatte das Land 43 Jahre lang mit einem völlig korrupten und diktatorischen Regime und weitgehender amerikanischer Unterstützung beherrscht. Doch der ungeliebte Diktator und die Auswüchse seiner Menschenrechtsverletzungen wurden selbst den Amerikanern zu viel, sodass sie ihm 1979 die Unterstützung entzogen, wodurch die linksgerichtete Sandinistische Befreiungsfront die Oberhand bekam. Die nach dem liberalen Politiker César Augusto Sandino, der 1934 im Auftrag des Somoza-Clans ermordet worden war, benannten Sandinisten hatten seit 1962 einen grausamen Guerillakrieg gegen Somozas Anhänger geführt. Kaum an der Macht schlugen sie einen sozialistischen Kurs ein und drohten den US-Unternehmen mit Enteignung. Als die Amerikaner ihre finanzielle Hilfe 1981 einstellten, wandten sich die Sandinisten an Moskau. Unterdessen schlossen sich die Somoza-Anhänger unter dem Namen Contras zu einer Guerillabewegung zusammen. Es entwickelte sich ein grausamer Bürgerkrieg.

Die Iran-Contra-Affäre

Die amerikanische Regierung unter Ronald Reagan, die stets die Sorge umtrieb, der Kommunismus könne in Mittelamerika Fuß fassen, war geneigt, die Contras zu unterstützen. Doch deren Gräueltaten drangen an die Weltöffentlichkeit. Der Kongress verfügte das Ende der Hilfeleistungen und der Unterstützung durch den CIA. Jetzt war nicht mehr der CIA, sondern der Nationale Sicherheitsrat in Washington, und hier insbesondere sein stellvertretender Direktor, Oberstleutnant Oliver North, Ansprechpartner der Contras.

Inzwischen hatten moslemische Terroristen mit Unterstützung iranischer Schiiten im Libanon mehrere amerikanische Geiseln genommen. Die iranisch-amerikanischen Beziehungen lagen nach dem Geiseldrama von 1979–81 praktisch auf Eis, doch der Iran war mittlerweile in einen kostspieligen Krieg mit dem Irak verwickelt und dringend auf moderne Waffen angewiesen. Der US-Kongress hatte jegliche Waffenlieferung an den Iran untersagt. Trotzdem nahm der Nationale Sicherheitsrat heimlich Verhandlungen mit den Iranern auf, die anboten, sich im Gegenzug für bereitgestellte Waffen für die Freilassung der amerikanischen Geiseln aus dem Libanon zu verwenden. In der Folge baute der Nationale Sicherheitsrat ein geheimes Versorgungsnetz für den Verkauf von Panzer- und Flugabwehrraketen an die Iraner auf. Dieses Arrangement verstieß gegen die US-Doktrin, keine Geschäfte mit Terroristen zu machen. Zudem beschloss der Sicherheitsrat in einer weiteren ungesetzlichen Aktion, Teile der Profite aus den Waffengeschäften mit dem Iran heimlich an die Contras in Nicaragua weiterzuleiten.

Der Schwindel flog im Oktober 1986 auf, als ein US-Frachtflugzeug über dem Süden Nicaraguas abgeschossen wurde und ein überlebendes Besatzungsmitglied gestand, im Auftrag des CIA gehandelt zu haben. Oliver North begann unverzüglich mit der Vernichtung belastenden Materials. Das Komplott wurde 1987 in einer Reihe von öffentlichen Anhörungen vor einem Untersuchungs-

Nach einem Militärputsch in Grenada bildeten Truppen aus den USA und der Karibik einen Eingreifverband, um die Ordnung auf dem Inselstaat wiederherzustellen.

Der US-Offizier Oliver North stand im Mittelpunkt der Iran-Contra-Affäre 1986/87. Obwohl er sich über die Gesetze hinweggesetzt hatte, erwarb er sich in den USA angesichts seiner patriotischen Haltung viele Sympathien.

- 1986 Iran-Contra-Skandal aufgedeckt
- 1988 UN vermittelt im Krieg zwischen Iran und Irak
- 1989 Die USA intervenieren in Panama.
- 1991 Golfkrieg gegen den Irak
- 1992 Boutros Boutros-Ghali neuer UN-Generalsekretär; UN-Intervention in Somalia
- 1994 Völkermord in Ruanda; UN-Intervention endet mit einem Fehlschlag.
- 1997 Kofi A. Annan tritt sein Amt als UN-Generalsekretär an.

ausschuss des Kongresses aufgedeckt und hielt die Amerikaner in Atem. Man war von Oliver North fasziniert: Der hochdekorierte Vietnamveteran, der sich mit Terroristen auf ein äußerst riskantes Unternehmen eingelassen hatte, machte patriotische sowie antikommunistische Gründe geltend und behauptete, sich aus nationalem Interesse über die Gesetze gestellt zu haben. Ganz offensichtlich hatte man im Weißen Haus von der Aktion gewusst, obwohl nie bewiesen werden konnte, dass Reagan seine Zustimmung dazu gegeben hatte. Die amerikanische Öffentlichkeit war jedoch entsetzt, in welchem Umfang staatliche Stellen bereit waren, bedenkenlos das Recht zu beugen.

Die USA mischten sich auch weiterhin in die inneren Angelegenheiten anderer Staaten ein. Eines der eklatantesten Beispiele war die überraschende Bombardierung Libyens am 15. April 1986. Angeordnet hatte diese Aktion Präsident Reagan, der Libyen dafür bestrafen wollte, dass es den Terrorismus staatlich förderte. Etwa 130 Libyer kamen dabei ums Leben, darunter die Adoptivtochter von Präsident Moamar al-Gaddhafi.

Im Mai 1989 brachen in Panama Tumulte aus, als Staatschef Manuel Noriega die Wahl verlor und sie daraufhin annullieren ließ. Es kam zu Unruhen und zu einem Putschversuch. Die USA, denen an einer stabilen Regierung in Panama gelegen war, entsandten am 21. Dezember Truppen in das Land, die Noriega festnehmen sollten. Bei den Kämpfen kamen rund 300 Personen ums Leben. Noriega wurde 1992 in Miami wegen Kokainhandels, organisierten Verbrechens und Geldwäsche verurteilt.

Der Golfkrieg

Trotz hoher Verluste im Krieg gegen den Iran deckte sich Iraks kriegslüsterner Diktator Saddam Husain auch nach dem Ende der Kämpfe 1988 weiterhin mit Kriegsmaterial ein und bewaffnete sein Heer bis an die Zähne. Zu seinen ehrgeizigsten Plänen gehörte die „Supergun". Mit einer Reichweite von gut 640 km hätte diese Abschussvorrichtung – sofern sie fertig gestellt worden wäre – Flugkörper bis nach Israel tragen können. 1988 setzte er chemische und biologische Waffen ein, als seine Soldaten Giftgasbomben auf Halabjah und weitere aufbegehrende kurdische Ortschaften im Nordosten des Irak warfen, wobei mehr als 6000 Menschen ums Leben kamen und viele entstellt wurden. Vor diesem Hintergrund erwies sich Saddam als eine ernsthafte Bedrohung für die internationale Staatengemeinschaft.

Anfang der 90er-Jahre steckte der Irak in einer tiefen Finanzkrise; vor allem bei seinem öl-

Nach dem Golfkrieg patrouilliert ein US-Panzer entlang der kuwaitischen Grenze. Die USA stationierten weiterhin Truppen in dem Gebiet, um den Irak zur Einhaltung des Waffenstillstands zu veranlassen.

Oben: Auf dem Weg zur irakischen Grenze passieren die US-Truppen brennende kuwaitische Ölquellen. Hintergrundbild: Um den Irak wieder aus Kuwait zu vertreiben, machten sich die unter amerikanischem Oberkommando stehenden Verbände der Kriegskoalition ihre überlegene Feuerkraft zunutze, indem sie die angepeilten Ziele mit computergesteuerten Flugkörpern angriffen.

reichen Nachbarn Kuwait war er hoch verschuldet. Am 2. August 1990 überfielen irakische Truppen das kleine Scheichtum und Saddam Husain erklärte es zur 19. Provinz des Irak.

Doch der Diktator hatte die internationalen Reaktionen unterschätzt. Kein Land konnte diese Missachtung internationaler Grenzen und nationaler Souveränität hinnehmen. Außerdem waren die kuwaitischen Ölfelder für die Industrieländer von überragender wirtschaftlicher Bedeutung. Überdies suchte Saudi-Arabien um Schutz nach. Die UN forderten den Irak auf, sich aus Kuwait zurückzuziehen. Der Weltsicherheitsrat verhängte ein weltweites Handelsembargo gegen den Irak. Nachdem Saddam Husain die üblichen Ausflüchte gesucht hatte, stellten die UN ihm am 29. November das Ultimatum, seine Truppen bis zum 15. Januar 1991 abzuziehen. Inzwischen marschierte in Saudi-Arabien eine gewaltige internationale Streitmacht auf. Unter amerikanischem Oberkommando versammelten sich dort Truppen und Kriegsgerät aus insgesamt 28 Staaten. Jordanien war das einzige arabische Nachbarland, das den Irak aktiv unterstützte; Algerien, der Sudan, Tunesien, der Jemen sowie die PLO waren ebenfalls auf irakischer Seite.

Saddam Husain ließ das Ultimatum verstreichen. Zwei Tage später lief die Operation „Wüstensturm" unter dem Kommando des amerikanischen Generals Norman Schwarzkopf an. 39 Tage lang flogen die Verbände der Alliierten Luftangriffe auf den Irak, setzten präzise Hightechwaffen ein, um die irakische Flugabwehr, militärische Einrichtungen, Kommunikationszentralen, Kraftwerke, Brücken und Straßen zu zerstören. Der Irak beschoss daraufhin Israel mit Scud-Raketen, wobei vier Zivilisten umkamen, sowie einen saudi-arabischen Flugplatz; dabei starben 26 US-Soldaten. Die neuen Patriot-Raketen konnten viele dieser Scuds abfangen, doch aufseiten der Alliierten fürchtete man, dass die Scud-Gefechtsköpfe mit biologischen oder chemischen Waffen bestückt sein könnten.

Demütigende Niederlage

Es war der erste Krieg, den die Weltöffentlichkeit live am Bildschirm verfolgen konnte, und Saddam bediente sich westlicher Journalisten, die im Irak geblieben waren, um seine Sicht der Dinge darzustellen, indem er sich auf die Schäden an zivilen Objekten und die Verluste unter der Bevölkerung konzentrierte, die sich nach vorsichtigen Schätzungen auf 100 000–200 000 Menschen beliefen. Die Alliierten beschuldigten ihn jedoch, mit kaum zu überbietendem Zynismus strategisch bedeutsame Anlagen inmitten ziviler Wohngebiete aufgestellt und damit die Anwohner als menschliche Schutzschilde missbraucht zu haben.

Nachdem seine Infrastruktur ausgelöscht war, hing der Irak nun völlig vom Kampfeswillen seines millionenstarken Heeres ab. Doch seine Soldaten waren bereits demoralisiert und von den vierwöchigen Luftangriffen angeschlagen, sodass sie in Scharen desertierten. Am 24. Februar ließ General Schwarzkopf Bodentruppen in den Irak und das besetzte Kuwait einmarschieren. Die irakischen Streitkräfte mussten die Waffen strecken, sprengten aber bei ihrem Rückzug die kuwaitischen Ölförderanlagen. Dieser Vandalismus führte zu einer der größten Umweltkatastrophen des Jahrhunderts. Nach gerade 100 Stunden waren die alliierten Truppen 190 km tief auf irakisches Gebiet vorgedrungen. Die Operation „Wüstensturm" hatte ihr Ziel erreicht. Saddam Husain kapitulierte. Sein Land hatte bei dem Waffengang rund 120 000 Mann eingebüßt; die alliierten Verluste betrugen 343 Soldaten.

Zu diesem Zeitpunkt erhoben sich die Schiiten im Irak – die 60 % der irakischen Bevölkerung stellten, von der politischen Teilhabe jedoch ausgeschlossen waren –, um Saddam zu stürzen. Der Diktator konnte sich jedoch auf die ihm ergebenen Elitesoldaten der Republikanergarde stützen. Der Aufstand wurde blutig niedergeschlagen. Auch bei den Kurden kam es zu Aufständen, die aber ebenfalls brutal niedergeschlagen wurden.

Im Golfkrieg hatten die Vereinten Nationen und die USA einen entscheidenden Sieg errungen, doch die Wurzel des Übels – Saddam Husain selbst – hatten sie nicht packen können. Der Diktator blieb an der Macht und wusste in den folgenden Jahren immer wieder erfolgreich zu verhindern, dass die UN-Waffeninspektoren kontrollieren konnten, ob seine Massenvernichtungswaffen vollständig zerstört waren, wie es der Waffenstillstand vorsah. Das irakische Volk musste entbehrungsreiche Jahre durchleben, da das von der UN verhängte Handelsembargo in Kraft blieb.

Debakel in Somalia

1992 hatte sich die innenpolitische Lage in Somalia derartig verschlechtert, dass eine militärische Intervention unumgänglich wurde. Seit die Sowjetunion 1977 ihre Unterstützung aufgekündigt hatte, war es mit dem Land stetig bergab gegangen. Nach dem Sturz von Präsident Siad Barre 1991 kämpften rivalisierende Clans um die Macht, und das Banditentum war derart weit verbreitet, dass es den schwachen Agrarstaat in seinen

DAS SCHRECKENSREGIME DES SADDAM HUSAIN

Anfang der 90er-Jahre kam ein UN-Bericht über Saddam Husains Regime zu dem Ergebnis, die von ihm verübten Gräueltaten seien so schwerwiegend und umfangreich, dass sich seit dem Zweiten Weltkrieg kaum Vergleichbares ereignet habe: 370 000 Tote im Iranisch-Irakischen Krieg, 200 000 getötete Kurden seit seiner Machtübernahme sowie 100 000 Tote im Golfkrieg.

1937 in Tikrit als Sohn sunnitischer Melonenzüchter geboren, trat Saddam im Alter von 19 Jahren der oppositionellen sozialistischen Baath-Partei bei. Mit 22 misslang ihm ein Attentatsversuch auf Premierminister Abdul Karim Kassem, wobei er selbst verletzt wurde. Er floh nach Kairo und fand dort in Präsident Nasser einen Förderer. Nach dem Sturz der Monarchie 1958 kehrte er in den Irak zurück und kämpfte im Untergrund. 1968 putschten sich die Baathisten unter Ahmad Hasan Al-Bakr an die Macht und Saddam stieg in die Führungsspitze des Regimes auf. Er übernahm das Amt des Staatspräsidenten 1979, als Al-Bakr zurücktrat. Zehn Tage nach seiner Machtübernahme kam es zu einem Putschversuch. Saddam ließ die Rädelsführer hinrichten. Bald schon vereinigte er als allmächtiger Diktator alle wichtigen Ämter in seiner Person. Mit großem Ehrgeiz versuchte er, den Irak zum führenden Land der arabischen Welt zu machen: „Die ruhmreiche Rolle Iraks ist die Grundlage für den Ruhm der Araber", erklärte er.

Saddam verlangte unbedingten Gehorsam; mit seinen Gegnern sprang er rücksichtslos um. Was das Regime zusammenschweißte, war Terror und nichts als Terror. Einmal schoss er persönlich einen General nieder, der ihm einen ungebetenen Ratschlag erteilt hatte. Zahllose andere Politiker und führende Militärs wurden auf den Verdacht hin ermordet, sie könnten ihm bedrohlich werden. Saddam forderte seine Helfershelfer häufig auf, solche Exekutionen vorzunehmen, um noch mehr Angst und Schrecken zu verbreiten und aus ihnen Mitschuldige und Komplizen zu machen.

Saddams Schreckensregiment wurde im eigenen Volk durch eine ebenso brutal vorgehende Geheimpolizei gestützt, die alle Andersdenkenden mundtot machte. Nicht nur die Kritiker, sondern auch ihre Familien wurden unbarmherzig bestraft. Ein sorgsam inszenierter Personenkult umgab diese Willkürherrschaft und man appellierte lautstark an den Nationalstolz. Viele Iraker sind Saddam trotz der beiden katastrophalen Kriege und der niederschmetternden UN-Sanktionen treu ergeben. Zahlreiche seiner Landsleute und darüber hinaus auch viele Araber sehen in ihm einen Helden, der es wiederholt gewagt hat, die Amerikaner herauszufordern und ihnen zu trotzen.

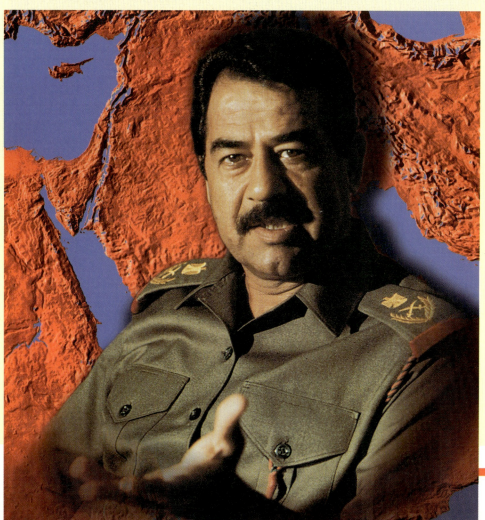

Grundfesten erschütterte. Zugleich machte dem Land eine zweijährige Dürre zu schaffen, wobei 1,5 Mio. Menschen fast verhungerten und Zehntausende von Flüchtlingen in die Nachbarstaaten strömten. Zahlreiche internationale Hilfsdienste versuchten, die Hungernden mit Nahrung zu versorgen, was die Milizen jedoch aus eigensüchtigen Motiven zu verhindern suchten.

Angesichts der humanitären Katastrophe beschlossen die Amerikaner einzugreifen und ließen im Rahmen eines UN-Mandats das Unternehmen „Restore Hope" anlaufen. Im Dezember 1992 landeten 30 000 US-Soldaten in Somalia, um die Nahrungsmittellieferungen in die Hungergebiete vor den bewaffneten Clans zu schützen. Ein im Januar 1993 unter UN-Aufsicht abgeschlossener Waffenstillstand hielt nur bis Februar, als rivalisierende Somalis in Mogadischu zusammenstießen; die amerikanischen Truppen, die zu vermitteln suchten, trafen auf Widerstand besonders vonseiten des unberechenbaren Milizenführers Mohammed Farah Aidid. Im Mai ersetzte man die US-Truppen teilweise durch ein verringertes multinationales Kontingent (UNISOM II). Im folgenden Monat töteten Aidids Gefolgsleute 24 pakistanische UN-Soldaten, aber es gelang nicht, Aidid dingfest zu machen. Als Vorwürfe über Misshandlungen durch UN-Soldaten bekannt wurden, tötete eine aufgebrachte Menge vier Journalisten, und im Oktober kamen 18 GIs bei einem Feuergefecht ums Leben.

Niemand schien der Anarchie in Somalia Herr zu werden. Anfang 1995 zogen die Vereinten Nationen ihre Truppen unverrichteter Dinge wieder ab. Dieses Debakel bedeutete einen herben Rückschlag für die neue Weltordnung, und künftig waren die USA im Hinblick auf direkte Interventionen sehr viel zurückhaltender.

Streit um Haiti

Mehr Erfolg war den USA dagegen in der Karibik beschieden. Seit 1957 hatte die Familie Duvalier den völlig verarmten Karibikstaat Haiti beherrscht, zunächst François „Papa Doc" Duvalier bis 1971 und dann sein Sohn Jean-Claude, genannt „Baby Doc". Als rücksichtslose und habgierige Diktatoren machten sie sich ihr Volk durch die gefürchtete und verhasste paramilitärische Truppe Tonton Macoutes gefügig. 1986 kam es zu einer Volkserhebung, die „Baby Doc" ins Exil zwang. Ihm folgte eine Reihe chaotischer Mi-

SICHERUNG DES WELTFRIEDENS

TRAGÖDIE IN RUANDA

Keiner weiß genau, wie viele Menschen dem wahnsinnigen Schlachten in Ruanda im Frühjahr 1994 zum Opfer fielen. Schätzungen gehen von über 500 000 Menschen aus, wobei überwiegend Tutsi betroffen waren. Obwohl sie eine Minderheit darstellten, hatten die belgischen Kolonialbehörden diesen Teil des Volkes als Elite bevorzugt, als sie das Land 1962 in die Unabhängigkeit entlassen hatten. Nach einem siebenjährigen Bürgerkrieg, bei dem bis zu 100 000 Tutsi umkamen und 150 000 in die Nachbarländer flohen, wurden sie 1966 von den Hutu gestürzt. Die vertriebenen Tutsi formierten sich in der Patriotischen Front Ruandas (FPR), die das Land ab 1990 mit einem erbarmungslosen Guerillakrieg überzog. Ruandas Präsident, der Hutu Juvenal Habyarimana, erklärte sich 1993 bereit, eine gemischtrassige Übergangsregierung zu akzeptieren. Zwischenzeitlich hatte Habyarimana die fanatische Hutu-Miliz Interahamwe herangezogen. Es bedurfte nur eines Zeichens zum Losschlagen und Ruanda würde von sämtlichen Tutsi befreit sein.

Das Zeichen kam am 7. April 1994, jedoch nicht von Habyarimana. Am Vortag war er beim Abschuss seines Flugzeugs ums Leben gekommen. Die Interahamwe-Milizen begannen nun anhand vorbereiteter Listen mit dem geplanten Massaker an den Tutsi. Der Aufruf zum Massenschlachten wurde per Rundfunk verbreitet, und die Hutu folgten ihm zu Tausenden. Die Welt war fassungslos über die Heimtücke, mit der dieser Völkermord unterschiedslos an Männern, Frauen und Kindern ausgeführt wurde. Die meisten wurden erstochen. In Ruanda kamen mehr Menschen ums Leben, als beim Abwurf der Atombomben auf Nagasaki und Hiroshima starben.

2 Mio. Tutsi – ein Viertel der Bevölkerung Ruandas – flohen ins benachbarte Burundi, Tansania, Uganda und Zaïre. Der Sicherheitsrat der Vereinten Nationen stimmte im Juni 1994 einer Militärintervention Frankreichs zu. Die 2500 Soldaten starke Eingreiftruppe sollte die Tutsi vor weiteren Massakern der Hutu schützen. Doch die Tutsi misstrautem dem UN-Verband, sodass er Mitte August wieder abzog. Rasch brachte die Tutsi-Partei FPR das Land unter Kontrolle. Nun flohen sowohl Hutu als auch Interahamwe in Flüchtlingslager jenseits der Grenze. In den Lagern entluden sich blutige Stammesfehden, es mangelte an Nahrung und Krankheiten breiteten sich aus. 1995 begann eine neue von den Tutsi geführte Regierung mit der Wiederherstellung der Ordnung. Die UN richteten ein Kriegsverbrechertribunal ein, um die Drahtzieher des Völkermords zu belangen, während Tausende des Mordes Verdächtige Hutu inhaftiert wurden. Hutu und Tutsi versuchten ihr gespanntes Verhältnis neu zu ordnen, allerdings in der ständigen Angst vor neuen Racheakten.

Erschütternde Bilder von hungernden somalischen Kindern gingen um die Welt. Der Einsatz der internationalen Staatengemeinschaft konnte die Hungersnot jedoch nur bedingt lösen.

litärregime. Die Präsidentschaftswahlen im Dezember 1990 gewann Jean-Bertrand Aristide. Dem katholischen Geistlichen und unermüdlichen Humanisten, der mehrere Anschläge überlebt hatte, traute man zu, seinem heimgesuchten Land zu Stabilität und Gerechtigkeit zu verhelfen. Doch bereits im September 1991 fegte ihn ein rechtsgerichteter Militärputsch mit Unterstützung der Tonton Macoutes aus dem Amt. Die Industrienationen stellten daraufhin ihre Entwicklungshilfe ein, und als die Wirtschaft des Landes zusammenbrach, gewaltsame Unterdrückung und die Ermordung politischer Gegner die Folge waren, flohen zehntausende Haitianer Hals über Kopf in kleinen Booten übers Meer in die USA.

Die Amerikaner forderten umgehend Maßnahmen zur Eindämmung des Flüchtlingsstroms. Im Juli 1993 verabschiedete der Weltsicherheitsrat eine Vereinbarung, die den Rücktritt der Junta und die Wiedereinsetzung des rechtmäßigen Präsidenten Aristide

Hunderttausende von verängstigten Menschen verließen während des Bürgerkriegs in Ruanda Hals über Kopf das Land und suchten in notdürftig errichteten Flüchtlingslagern in den benachbarten Staaten Unterschlupf.

INTERNATIONALER KAMPF DEN DROGEN

Mitte der 90er-Jahre hatte sich der Handel mit illegalen Drogen weltweit zum wachstumsstärksten Markt mit einem geschätzten Umsatz von ca. 500 Mrd. Dollar entwickelt. Drei UN-Sonderorganisationen investierten 80 Mio. Dollar pro Jahr in den Kampf gegen den Drogenhandel, standen jedoch auf verlorenem Posten angesichts der ungeheuren Summen, die dieses Geschäft abwarf. Allein die Menge der beschlagnahmten Drogen in den USA überstieg den Etat der Vereinten Nationen für den Kampf gegen diese Geisel um das Zehnfache.

Der Drogenkonsum stellte besonders in den USA ein Problem dar. Während der Flower-Power-Bewegung in den späten 60er- und 70er-Jahren lagen Drogen voll im Trend. 1974 hatten bereits die Hälfte aller Amerikaner zwischen 18 und 25 und ein Viertel der 12- bis 17-Jährigen Drogenerfahrungen gesammelt, hauptsächlich mit Marihuana. In den 80er-Jahren nahm der Kokainmissbrauch dramatisch zu: Ein Viertel der 18- bis 25-jährigen Amerikaner war davon

Ein US-Drogenfahnder führt beschlagnahmte Kokainbestände im Wert von 82 Mio. Dollar vor, die in einer Ladung Sardellen aus Argentinien gefunden wurden.

betroffen. Ende der 80er-Jahre stellte man vermehrt Designerdrogen wie Ecstasy her, das in gehobenen Kreisen sehr beliebt war.

Die Betäubungsmittel waren nicht nur in fast allen Ländern verboten, sie bildeten auch den Boden für ein kriminelles Milieu aus Drogenhändlern, einschlägigen Geldwäschern oder Junkies, die sich ihre kostspielige Sucht mit Diebstählen finanzierten, dies galt besonders für Heroin. In den USA und Europa unternahm man Anstrengungen, das Problem dadurch in den Griff zu bekommen, dass man bei der Bekämpfung in den Herkunftsländern der Drogen ansetzte. Die Beschaffungswege führten in eine Reihe von Ländern in der Dritten Welt, wo sich die Erzeuger im gesetzesfreien Raum bewegten und ihr Tun oftmals von korrupten Beamten oder Banditen geschützt wurde, die am Gewinn beteiligt waren. Der traditionelle Opiumhandel der Chinesen verlagerte sich in abgelegene Gebirgsregionen in Birma, Thailand und Laos, das so genannte Goldene Dreieck. Marihuana und Haschisch kamen vorwiegend aus Jamaika, Kolumbien, Brasilien, Nigeria, Nepal, Pakistan, Afghanistan sowie Marokko; Kokain aus Bolivien, Peru und vor allem aus Kolumbien.

Im Rahmen des internationalen Drogenfeldzugs der UN vernichtete man etwa die Ernte aus der Luft, zerstörte die Labors und Vertriebswege und verbrannte Drogen tonnenweise. Dies führte jedoch häufig zu bitterer Not unter den bäuerlichen Erzeugern, die auf kein anderes Produkt umstellen konnten, das annähernd so lukrativ wie die Drogen war. Auf diesem Boden gedieh ein linker Aktionismus, der in den USA mehr gefürchtet war als der kriminelle Drogenhandel. Viele ärmere Länder, die man drängte, gegen die Drogenkriminalität vorzugehen, argumentierten, dass dem Handel nur beizukommen sei, wenn man bei der Nachfrage nach Betäubungsmitteln in den reichen Staaten ansetzen würde, die den Handel in erster Linie finanzierten.

In Anbauländern wie Pakistan können es Bauern und Zwischenhändler durch Opium zu mehr Wohlstand bringen als durch jedes andere landwirtschaftliche Erzeugnis.

vorsah. Als jedoch im Oktober ein UN-Kontingent anrückte, um die Umsetzung der Vereinbarung zu überwachen, wurde es von einer aufgebrachten Menge zu einem demütigenden Rückzug gezwungen. Im Juli 1994 gelang es den Amerikanern, das UN-Mandat für eine militärische Invasion zu bekommen; doch dem ehemaligen amerikanischen Präsidenten Jimmy Carter gelang es, das Militärregime in letzter Minute zum freiwilligen Rückzug zu bewegen. Im September 1994 konnten dann 20 000 GIs unbehelligt landen. Aristide kehrte im Oktober wieder an die Macht zurück, und im Januar 1995 löste ein internationales UN-Kontingent die immer noch auf der Insel weilenden 6000 Amerikaner ab. Sie hielten den fragilen Frieden bis 1996 aufrecht, als Aristides Amtszeit abgelaufen war und ihn der neu gewählte René Préval beerbte.

Bürgerkrieg als Lebenserfahrung

Mittelamerika blieb aber weiterhin ein Unruheherd. 1987 beendete ein Waffenstillstand den Bürgerkrieg in Nicaragua. Bei den freien Wahlen 1990 löste Violeta Chamorro, die Führerin des bürgerlich-konservativen Lagers, die Sandinisten ab, doch schon bald erschütterten erneute Kämpfe zwischen den Sandinisten und den Contras das Land.

1992 endete der zwölfjährige Bürgerkrieg in El Salvador durch die Vermittlung der UN; zwei Jahre danach berichtete eine UN-Kommission, dass hohe Offiziere des Heeres für das Verschwinden und die Ermordung Tausender von Bürgern verantwortlich seien. Die Sache verlief jedoch im Sand. In den folgenden Jahren erschütterte eine immer größere Welle organisierter Verbrechen, Entführungen und Morde den kleinen Staat.

Guatemala war bereits seit den 50er-Jahren ein vom Bürgerkrieg zerrissenes Land. Bei den Kämpfen zwischen Regierungstruppen und linken Rebellen verloren schätzungsweise 100 000 Menschen ihr Leben. 1995 wurden im Rahmen einer UN-Mission Belege dafür gefunden, dass es zu zahllosen Folterungen, Morden und Entführungen gekommen war. 1996 erzwang man eine Feuerpause, die sich jedoch als nicht sehr dauerhaft erwies.

SCHWIERIGE KONFLIKTLÖSUNGEN

Nur durch Verhandlungs- und Aussöhnungsbereitschaft lassen sich Interessenkonflikte auf friedliche Weise beilegen.

In den 80er- und 90er-Jahren durchlebte Indien unruhige Zeiten. Indira Gandhis zweite Amtsperiode war zunehmend von den Drohungen fundamentalistischer Sikhs überschattet, die einen unabhängigen Sikh-Staat Khalistan im Nordwesten Indiens forderten. Dabei schreckten die radikalen Kräfte auch nicht vor Terroranschlägen zurück. Um ihren Autonomieforderungen Nachdruck zu verleihen, verschanzten sich Sikh-Anhänger 1984 im Goldenen Tempel in Amritsar, dem Heiligtum der Sikhs. Die indische Zentralregierung wertete diese Aktion als Provokation und Indira Gandhi gab den Befehl zur Erstürmung des Tempels. Bei den Kämpfen zwischen Armee und Sikhs um den Tempelkomplex kamen nach offiziellen Angaben 600 Menschen ums Leben, darunter auch der Führer der radikalen Sikhs, Jarnail Singh Bhindranwale. Dieses rücksichtslose Vorgehen rief bei der Mehrheit der Sikhs helle Empörung und Rachegelüste hervor.

Diese Glaubensgemeinschaft hatte schon seit je eine Schlüsselrolle im indischen Heer inne; so stellten Sikhs die Leibwache Indira Gandhis. Die Premierministerin unterschätzte das ganze Ausmaß der Wut der Sikhs über die blutige Aktion. Entgegen eindringlichen Warnungen vertraute sie ihren Bodyguards, anstatt sie durch die Hindus zu ersetzen. Als sie am 31. Oktober 1984 auf dem Weg zu einer Besprechung ihren Garten durchquerte, zückten zwei ihrer Leibwächter die Waffen und schossen sie nieder. Nachfolger wurde ihr 40-jähriger Sohn Rajiv. Als dieser gemäß dem Trauerzeremoniell den Scheiterhaufen seiner Mutter entzündete, kam es in ganz Indien zu Ausschreitungen gegen die Sikhs, in deren Verlauf mindestens 1000 getötet wurden.

Im Juni 1985 verschwand über dem Atlantik eine Maschine der Air India, die sich mit 329 Passagieren auf dem Weg von Toronto nach London befand; die indische Regierung vermutete einen Sabotageakt radikaler Sikhs, und später legte auch einer der Verdächtigen ein Geständnis ab.

Unterdessen war in Sri Lanka ein Bürgerkrieg ausgebrochen. Auslöser des Konflikts waren unüberbrückbare

Die tamilische Unabhängigkeitsbewegung rekrutiert ihre Anhänger schon in jungen Jahren. Der Regierung gelingt es nicht, sie aus ihren Hochburgen zu vertreiben.

Gegensätze zwischen den buddhistischen Singhalesen, die 70 % der Bevölkerung stellten, und den überwiegend moslemischen Tamilen. Nachdem der Inselstaat 1948 die Unabhängigkeit von Großbritannien erlangt hatte, teilten sich beide die Macht, doch später kam es zu immer stärkeren Spannungen zwischen den von Singhalesen dominierten Regierungen und der tamilischen Minderheit. Ab 1983 kämpfte die separatistische Untergrundorganisation „Tamil Tigers" um ein autonomes Siedlungsgebiet im Norden und Osten der Insel. Da Indien mögliche Auswirkungen auf seine eigene tamilische Bevölkerung im Süden des Subkontinents fürchtete, überzeugte es 1987 die Regie-

Der Leichnam Indira Gandhis wurde nach hinduistischem Ritus eingeäschert. Sie musste sterben, weil sie die Loyalität ihrer Sikh-Leibwächter falsch eingeschätzt hatte.

rung von Sri Lanka, indische Truppen auf der Insel zu akzeptieren, um die Tamilen zur Feuereinstellung zu bewegen. Der Einsatz dieser Einheiten rief allerdings so viel Unmut hervor, dass sie im Jahr 1990 wieder abziehen mussten.

Beim Besuch einer Wahlversammlung fiel Rajiv Gandhi im Mai 1991 dem Bombenattentat einer Selbstmörderin zum Opfer, die vermutlich mit den Tamilen sympathisierte. So musste wiederum sein 20-jähriger Sohn den Scheiterhaufen des Vaters entzünden, wie es Rajiv sieben Jahre zuvor bei seiner Mutter getan hatte.

Spiel mit der Atombombe

Ende des 20. Jh. wuchs in Indien der religiös motivierte Nationalismus unter den Hindus. Nach den Parlamentswahlen 1998 bildete die Bharatiya-Janata-Partei (BJP), die wichtigste Vereinigung nationalistischer Hindus, unter ihrem Führer Atal Behari Vajpayee eine Koalitionsregierung. Um sein politisches Ansehen zu stärken, ließ er am 11. und 13. Mai 1998 fünf unterirdische Atomwaffentests in der Wüste Thar im Nordwesten Indiens durchführen. Die Regierung behauptete, dass diese Versuche dazu dienten, einer chinesischen Bedrohung zuvorzukommen, in Pakistan lösten sie jedoch erhebliche Unruhe aus. Indien und Pakistan lagen sich nämlich seit vielen Jahren wegen Grenzkonflikten in der Kaschmirregion in den Haaren. Die Antwort Pakistans ließ nicht lange auf sich warten: Am 28. Mai 1998 führte es trotz eindringlicher internationaler Warnungen ebenfalls eigene Atomwaffentests durch.

Pulverfass Südostasien

Auch in anderen Teilen der Welt beherrschte Gewalt die politischen Auseinandersetzungen. Als bei den Wahlen 1990 in Myanmar, dem früheren Birma, Aung San Suu Kyi und ihre National League for Democracy einen überwältigenden Sieg errangen, ließ die Militärjunta die Wahlen für ungültig erklären und stellte Suu Kyi bis 1995 unter Hausarrest. Ihr geduldiger Einsatz für einen gewaltfreien Wandel wurde 1991 mit dem Friedensnobelpreis belohnt.

1996 erhielten Bischof Carlos Belo und Jose Ramos-Horta den Friedensnobelpreis für ihren Kampf um die Unabhängigkeit Osttimors von Indonesien. Seit die hauptsächlich von Christen bewohnte Inselhälfte 1975 von Indonesien annektiert worden war, kam annähernd ein Viertel der Bevölkerung durch die gewaltsame Unterdrückung und schlechte Versorgungslage ums Leben. Nach dem Sturz von Präsident Suharto 1998 kündigte sein Nachfolger Bacharuddin Habibie für August 1999 eine Volksbefragung über eine Autonomieregelung für Osttimor an. Dabei stimmten 78,5 % der Timoresen für die Unabhängigkeit. Die indonesische Minderheit lehnte das Votum entschieden ab, und

Seit 1989 stand die birmanische Oppositionsführerin Aung San Suu Kyi fast ständig unter Hausarrest, den die Junta verhängt hatte.

Am 6. Dezember 1992 stürmten fanatische Hindus die Moschee von Ayodhya und machten sie dem Erdboden gleich. Bei den anschließenden Ausschreitungen starben rund 800 Menschen.

in der Folgezeit überzogen radikale proindonesische Milizen die Insel mit einer Welle der Gewalt. Tausende von Menschen wurden ermordet und Hunderttausende flüchteten aus Osttimor. Daraufhin entsandte die UN eine internationale Friedenstruppe – darunter auch 80 deutsche Techniker und Sanitäter der Bundeswehr –, um die Sicherheit der Bevölkerung zu gewährleisten und beim Wiederaufbau der Insel zu helfen.

Neue Konflikte im Nahen Osten

Der Vertrag von Camp David hatte 1978 Frieden zwischen Ägypten und Israel gestiftet, doch die Palästinenser hegten noch immer tiefen Groll gegenüber Israel. Im Dezember 1987 begann die Intifada, der Aufstand der Palästinenser im Gazastreifen und im Westjordanland gegen die israelische Besatzungsmacht. Die Israelis schlugen diese Erhebung, die zumeist mit Benzinbomben und Steinen geführt wurde, mit militärischen Mitteln nieder. Mehr als 1000 Palästinenser

1982 Falklandkrieg | 1983 Aufstand der Tamilen in Sri Lanka | 1984 Blutige Kämpfe zwischen Sikhs und Hindus in Amritsar

SCHWIERIGE KONFLIKTLÖSUNGEN

kamen dabei ums Leben. Zu dieser Zeit entstand auch die Hamas, eine paramilitärische islamische Bewegung, die sich zum Ziel gesetzt hatte, die Israelis gewaltsam aus Palästina zu vertreiben. Die Hamas schreckte nicht vor Terrorakten wie etwa Selbstmordkommandos zurück.

Trotz des jahrelangen Kampfes der Palästinenser stimmte Israel im September 1993 im Rahmen der Washingtoner Erklärung zu, dem Gazastreifen und Teilen des Westjordanlands eine Teilautonomie zu gewähren. Unter Führung von Jasir Arafat kam es zur Bildung einer palästinensischen Selbstverwaltungsbehörde. Für Dezember 1998 war dann ein endgültiger Friedensvertrag vorgesehen. Das war sowohl für die PLO als auch für die Israelis ein Kompromiss von beträchtlicher Tragweite. 1994 bekamen Jasir Arafat, Israels Premierminister Itzhak Rabin und Außenminister Shimon Peres für ihre Bemühungen den Friedensnobelpreis zuerkannt. Doch die Extremisten beider Seiten verurteilten die Vereinbarung. Im Februar 1994 erschoss der jüdische Siedler Baruch Goldstein in einer überfüllten Moschee in Hebron im Westjordanland 30 Menschen. Als ihm die Munition ausging, richtete er sich selbst. Im Oktober 1994 fielen 21 Menschen in einem Bus in Tel Aviv einem Selbstmordkommando der Hamas zum Opfer. Im November 1995 wurde Itzhak Rabin von dem jungen rechtsradikalen Juden Jigal Amir ermordet. Das Attentat erschütterte die Nation zutiefst, denn zum ersten Mal legte ein Jude Hand an jüdische Mitbrüder. Als dann auch noch die Konservativen unter Benjamin Netanjahu die Wahlen 1996 in Israel gewannen, geriet der Friedensprozess vollends ins Stocken, doch bei Gesprächen in Washington im Oktober 1998 kamen durch die Vermittlung von Bill Clinton mühsam neue Vereinbarungen zustande.

Unterdrückung und Aufbegehren

Nigerias Macht beruhte auf seinem Erdölreichtum, doch die Wirtschaft des westafrikanischen Staates lag danieder. Unter dem diktatorischen Regime von General Sani Abacha, der seit 1993 als nigerianischer Präsident amtierte, beutete eine korrupte Elite das Land aus, während die große Mehrheit des Volkes in Armut lebte. Obwohl Abacha die Rückkehr zur Demokratie versprach, war sein Land weiter denn je davon entfernt. Oppositionsparteien waren verboten, die Presse wurde geknebelt und Kritiker wurden eingesperrt und ermordet. Der Führer der Sozialdemokratischen Partei, Moshood Abiola, gewann 1993 die Wahlen, die jedoch für ungültig erklärt wurden. Im Juni 1994 wurde er verhaftet und erlangte bis zu seinem plötzlichen Tod im Jahr 1998 die Freiheit nicht mehr wieder.

Abacha bekriegte auch den Stamm der Ogoni, die Klage führten, dass die Ölförderung in ihren Siedlungsgebieten eine Umweltkatastrophe verursache. Nach der Ermordung von vier Ogoni-Führern wurde der Schriftsteller und Menschenrechtler Ken Saro-Wiwa verhaftet, abgeurteilt und trotz internationaler Proteste hingerichtet. Nachfolger von Abacha, der 1998 starb, wurde der bisherige Generalstabschef Abdusalam Abubakar.

Im Abkommen von Wye vermittelte Präsident Clinton (im roten Pullover) 1998 zwischen dem israelischen Premier Netanjahu (ganz rechts) und Palästinenserchef Arafat. Beide Seiten unterzeichneten einen Vertrag, der den israelischen Teilabzug aus dem Westjordanland vorsah.

1987 Beginn der Intifada in Palästina gegen die israelische Besetzung

1990 Nelson Mandela wird aus der Haft entlassen.

1993 Palästinenser erhalten Teilautonomie

1994 Mandela neuer Präsident Südafrikas

1995 Itzhak Rabin fällt einem Attentat zum Opfer.

1997 Zaires Präsident Mobutu wird gestürzt.

1998 Irisch-britisches Abkommen verheißt Frieden für Nordirland.

2000

1994 wurden durch das Flüchtlingselend infolge der Massaker in Ruanda 27 000 Kinder von ihren Familien getrennt. Die UNICEF versuchte die Familienzusammenführung, indem sie Aufnahmen von einigen Kindern in Zaire aushängte.

In Zaire herrschte Mitte der 90er-Jahre nach den Massakern im benachbarten Ruanda und dem Zustrom von Millionen von Flüchtlingen größte Unzufriedenheit. 1997 erhob sich ein Rebellenheer gegen die despotische Herrschaft von Präsident Mobutu Sese-Seko. Die von Laurent Kabila angeführten Rebellentruppen überrannten Kinshasa, und Mobutu trat zurück. Noch im gleichen Jahr erlag er einem Krebsleiden. Zaire erhielt unter Kabila wieder den früheren Landesnamen Demokratische Republik Kongo. Die optimistischen Erwartungen, die man an seinen Erfolg geknüpft hatte, zerstoben jedoch rasch. 1998 schwappte eine neue Welle von Rebellen aus dem östlichen Hochland in das Land. Es handelte sich vorwiegend um Tutsi, die von Uganda und Ruanda unterstützt wurden. Sie erreichten die Außenbezirke von Kinshasa, bevor Angola und Simbabwe im Namen Kabilas eingriffen und sie zurückdrängten. Das Machtvakuum im Kongo schien das Land geradezu dafür zu prädestinieren, ein Raub der unmittelbaren Nachbarstaaten zu werden.

Das Ende der Apartheid

Ende der 80er-Jahre herrschte in Südafrika eine schwere Krise. Die internationalen Sanktionen, die die Abschaffung der Apartheid erzwingen sollten, trafen das Land hart, und die Bevölkerung war demoralisiert angesichts ihrer politischen Isolation. 1989 löste der gemäßigte Reformer Frederik de Klerk den konservativen Pieter Wilhelm Botha als Staatspräsidenten ab und ging daran, die Rassentrennung schrittweise aufzulösen, wobei er zahlreiche Apartheidgesetze aufhob. 1990 ließ er nach 30 Jahren wieder den Afrikanischen Nationalkongress (ANC) zu, die Organisation der Schwarzen, die sich am aktivsten gegen die Apartheid wandte, und hob den seit 1985 verhängten Notstand auf. Außerdem ordnete er die Freilassung Nelson Mandelas an, des berühmtesten ANC-Mitglieds. Nach der Abschaffung der letzten Apartheidgesetze 1991 hob die internationale Staatengemeinschaft ihre Sanktionen auf. Es kam zu einer Reihe von Gesprächen zwischen der Regierung und dem ANC, bei denen man übereinkam, freie Wahlen mit mehreren Parteien und unter Beteiligung sämtlicher Rassen abzuhalten. De Klerk hatte damit in der Tat die Vorherrschaft der Weißen auf dem Verhandlungswege abgeschafft, denn der ANC würde – das war allen Beobachtern klar – die Wahlen gewinnen.

Am Wahltag, dem 27. April 1994, konnten Millionen schwarzer Südafrikaner zum ersten Mal in ihrem Leben ihre Stimme bei einer landesweiten Wahl abgeben. Der ANC erzielte einen überwältigenden Sieg und konnte 62,6 % aller Stimmen auf sich vereinigen. Mandela übernahm das Amt des Staatspräsidenten, das er bis 1999 bekleidete. Die folgenden Jahre waren schwierig, die Kriminalität stieg und unter den Weißen wuchs die Mutlosigkeit; angesichts der Ungerechtigkeiten der jahrzehntelangen Apartheid verlief der Übergang dennoch verhältnismäßig friedlich.

Konflikt in Nordirland

Ende der 80er-Jahre schien Nordirland in einer endlosen Spirale terroristischer Gewalt gefangen zu sein. Dem britischen Premierminister John Major war bewusst, dass Großbritannien die IRA auf Dauer nicht gewaltsam unterdrücken konnte. Und auch die Führer der Sinn Féin, des politischen Arms der IRA, wussten, dass die militante IRA die Briten niemals mit militärischen Mitteln aus Nordirland vertreiben konnte. Um aus dieser Sackgasse herauszukommen, führte John Hume, der Vorsitzende der friedensbereiten katholischen Sozialdemokratischen Arbeiterpartei (SDLP), Verhandlungen mit Gerry Adams und anderen Führern von Sinn Féin. Gleichzeitig verhandelte auch die britische Regierung insgeheim mit der Sinn Féin.

Bei den ersten freien Wahlen in Südafrika gibt ein Zulu (rechts) seine Stimme ab.

Am 15. Dezember 1993 verabschiedeten Major und der irische Ministerpräsident Albert Reynolds eine gemeinsame Erklärung, die Friedensgespräche zwischen London und Dublin sowie Vertretern Nordirlands, einschließlich der Sinn Féin, vorsah, sofern die IRA sich bereit erklärte, der Gewalt abzuschwören. Schließlich verkündete die IRA am 31. August 1994 eine Waffenruhe; die wichtigsten nationalistischen Gruppierungen folgten diesem Vorgehen am 13. Oktober. Nun kam es zu offiziellen Verhandlungen mit Gerry Adams, dem Vorsitzenden der Sinn Féin. Doch die Glaubwürdigkeit der Sinn Féin erlitt schweren Schaden, als die IRA nach 18-monatiger Waffenruhe wieder Sprengstoffanschläge verübte. So detonierte am 9. Februar 1996 eine gewaltige Bombe in den Londoner Docklands, bei der zwei Menschen starben. Und im Juni des gleichen Jahres verwüstete eine Bombe das Zentrum von Manchester, wobei es insgesamt 228 Verletzte gab.

Als die Labour Party unter Premierminister Tony Blair im Mai 1997 in London an die Regierung kam, nahm man die Gespräche mit der IRA und Sinn Féin wieder auf. Nach eingehenden mehrmonatigen Beratungen kam nach Vermittlungen durch US-Präsident Clinton eine Lösung zustande, die am 10. April 1998 unterzeichnet wurde. Danach sollte ein gewähltes, 108-köpfiges Regionalparlament die laufende Arbeit in der Provinz Nordirland erledigen, während der Britisch-Irische Rat

MANDELAS SIEG ÜBER DIE RASSENTRENNUNG

Nach 27 Jahren Haft als politischer Gefangener trat der mittlerweile weißhaarige Nelson Mandela als 71-Jähriger vor die Öffentlichkeit und erklärte: „Ich grüße Sie im Namen von Frieden, Demokratie und der Freiheit für alle."

Der 1918 geborene Mandela studierte Jura und richtete in den 40er-Jahren in Johannesburg die erste Anwaltskanzlei für Schwarze ein. Angesichts der Ungerechtigkeiten der Apartheid, mit denen er tagtäglich konfrontiert wurde, trat er dem ANC bei, der zum Protest aufrief. Nachdem es 1960 beim Massaker von Sharpeville zu blutigen Auseinandersetzungen gekommen war und der ANC verboten wurde, gründete Mandela den so genannten „Speer der Nation", der zahlreiche Untergrundaktivitäten entfaltete. 1962 wurde Mandela verhaftet und abgeurteilt. Vor Gericht gab er damals folgende Erklärung ab: „Ich habe die Ideale von Demokratie und einer freien Gesellschaft hochgehalten, in der alle Menschen harmonisch und mit gleichen Chancen miteinander leben. Es ist ein Ideal, für das ich lebe und das ich hoffentlich auch erleben werde. Aber wenn es sein muss, bin ich auch bereit, für dieses Ideal zu sterben." Als politischer Gefangener kam er in die Strafkolonie auf Robben Island.

De Klerk, der 1989 neuer Staatspräsident wurde, lockerte die Apartheidpolitik und am 11. Februar 1990 kam Mandela frei. Der wieder zugelassene ANC und die Regierung vereinbarten ein Verfahren für den Übergang zur Demokratie. 1993 erhielten Mandela und de Klerk für ihre Bemühungen den Friedensnobelpreis. Die Wahlen von 1994 verhalfen dem ANC an die Regierung und ANC-Chef Mandela ins Präsidentenamt.

Seine offene, ehrliche und herzliche Art trug Mandela weltweit Beifall und Anerkennung ein.

Kaum ein halbes Jahr nach dem Friedensabkommen explodierte am 15. August 1998 eine Bombe in einer belebten Straße im nordirischen Omagh und riss 28 Menschen in den Tod.

und ein grenzübergreifendes angloirisches Gremium versuchen sollten, Großbritannien und die Republik Irland in das Abkommen einzubinden. Die irische Regierung sagte zu, ihren verfassungsmäßigen Anspruch auf Nordirland fallen zu lassen, und die britische Regierung erklärte sich einverstanden, der Vereinigung von Gesamtirland zuzustimmen, falls die Bevölkerung von Nordirland dafür votieren sollte.

Im Mai 1998 ergab eine Volksbefragung in beiden Teilen Irlands, dass 94 % aller abgegebenen Stimmen für die Vereinbarung waren, wobei die Wahlbeteiligung allerdings nur bei 56 % lag. Die Mitglieder des neuen Parlaments wurden im Juni gewählt. David Trimble, der Vorsitzende der Ulster Unionists, wurde zum ersten nordirischen Regierungschef ernannt. Nach fast 30-jährigen Unruhen, bei denen 3249 Menschen ihr Leben verloren hatten, gab es konkrete Aussichten auf einen Frieden.

Doch im August 1998 erlitt der Friedensprozess einen herben Rückschlag: Die Behörden hatten dem protestantischen Oranierorden seinen traditionellen Gedenkmarsch durch die katholische Gavaghy Road in Drumcree untersagt. Während sich Demonstranten und Militär in aufgeheizter Atmosphäre gegenüberstanden, wurde eine Benzinbombe durch die Tür eines katholischen Wohnhauses in einem überwiegend protestantischen Gebiet in Ballymoney geworfen, wobei drei kleine Jungen ums Leben kamen. Und wenige Tage später explodierte eine Bombe in dem Ort Omagh, die 28 Menschen das Leben kostete. Die Verantwortung dafür übernahm eine radikale Splittergruppe innerhalb der IRA.

Ungeachtet des Terrors auf der Straße erhielten die Verhandlungsführer der katholischen und protestantischen Seite, David Trimble und John Hume, für ihre Vermittlung eines Friedensabkommens im Oktober 1998 den Friedensnobelpreis verliehen. Doch die extremistischen Kräfte auf beiden Seiten stehen sich auch weiterhin unversöhnlich gegenüber, sodass eine friedliche Lösung des Konflikts in Nordirland noch in weiter Ferne liegt.

Demokratie in Südamerika

Ende der 90er-Jahre gab es in Südamerika offiziell nur ein nicht demokratisches Land, und das war Kuba. Obwohl in einigen Demokratien zeitweilig bürgerkriegsähnliche Zustände herrschten, stellte diese Entwicklung trotz aller Einschränkungen eine bemerkenswerte Abkehr von den politisch instabilen Zuständen der 70er- und 80er-Jahre dar. Die Demokratie hatte 1983 in Argentinien, 1985 in Brasilien, 1989 in Chile und Paraguay, 1990 in Nicaragua und Panama und 1995 in Uruguay Einzug gehalten.

Als 1981 General Jorge Videla in Argentinien General Roberto Viola Platz machte, kam das Land mit seiner Militärdiktatur vom Regen in die Traufe. Nach neun Monaten wurde Viola von den Hardlinern seines Amtes enthoben und durch General Leopoldo Galtieri ersetzt, der 1982 unbesonnenerweise den Falklandkrieg begann. Drei Tage, nachdem die argentinische Armee die Waffen hatte strecken müssen, trat Galtieri zurück. Sein Nachfolger ebnete den Weg für freie Wahlen, die am 30. Oktober 1983 stattfanden

---

DIE MÜTTER DER PLAZA DE MAYO

An jedem Donnerstag versammelt sich eine Frauengruppe auf der Plaza de Mayo im Zentrum von Buenos Aires und zieht in einem Kreis in Sichtweite des Präsidentenpalastes vorbei, so wie sie es seit 1977 stets tut. Auf dem Kopf tragen sie große weiße Taschentücher mit den Namen ihrer Kinder und dem Datum, an dem sie verschwanden.

1976 putschte sich eine Militärjunta unter General Jorge Videla in Argentinien an die Macht. Politische Unruhen und Gewaltaktionen der linken Montonero-Guerilleros erschütterten das Land. Jede Opposition wurde radikal unterdrückt. 15 000, manche behaupten sogar 30 000, Menschen verschwanden – inhaftiert, gefoltert, im Schnellverfahren hingerichtet oder von den Todesschwadronen ermordet. Da man ihnen im Hinblick auf das Schicksal ihrer Kinder nur mit Schweigen begegnete, begannen die Mütter mit ihrem Protest. Gerüchten zufolge sollen die Kleinkinder der Opfer zur Adoption durch Polizei und Militärs freigegeben worden sein.

Als Präsident Carlos Menem die Generäle aus innenpolitischem Kalkül 1990 begnadigte, war dies für die Mütter der Verschwundenen und ihre Suche nach der Wahrheit ein herber Schlag. Immerhin verfügte 1998 ein Richter, dass diese Amnestie nicht für Verbrechen an Kindern gelte, und General Jorge Videla wurde erneut verhaftet, um sich vor Gericht zu verantworten.

Verzweifelte Mütter fordern Aufklärung über das Schicksal ihrer Kinder und Enkelkinder.

und dem Land ungeachtet des wirtschaftlichen und politischen Chaos, das die Generäle hinterlassen hatten, wieder eine zivile Regierung bescherten. Den Juntachefs wurde anschließend der Prozess gemacht und viele erhielten eine lebenslängliche Freiheitsstrafe. 1990 erließ ihnen Präsident Carlos Menem jedoch die Reststrafe.

In Chile ging die Herrschaft von General Augusto Pinochet 1989 zu Ende, als er freie Wahlen abhalten ließ. Der Sieger Patricio Aylwyn von den Christdemokraten trat 1990 sein Amt an, ihm folgte 1994 Eduardo Frei Ruiz-Tagle. Das Militär büßte indes kaum etwas von seiner Macht ein, und Pinochet hatte sich die Rolle eines Senators auf Lebenszeit zugedacht. Viele empfanden dies als tragbaren Kompromiss, wenn dadurch stabile Verhältnisse und die Demokratie zurückkehrten und die Wirtschaft florierte. Doch Pinochets Menschenrechtsverletzungen konnten nicht einfach stillschweigend übergangen werden: Während seiner Miltärdiktatur 1973–89 waren etwa 3200 Menschen umgekommen und 1100 spurlos verschwunden. Deshalb wurde Pinochet im Oktober 1998 während eines Aufenthalts in einem Londoner Krankenhaus interniert, nachdem ein spanischer Richter ein Auslieferungsgesuch gestellt hatte, um Behauptungen über das Verschwinden spanischer Staatsangehöriger in Chile während Pinochets Herrschaft nachzugehen. Dadurch kam es zu größeren diplomatischen Verwicklungen und in der Öffentlichkeit wurde die Frage aufgeworfen, in welchem Umfang Diktatoren für die Verfehlungen während ihres Regimes strafrechtlich zur Rechenschaft gezogen werden können.

Obwohl 1992 der Führer der peruanischen Guerillabewegung „Leuchtender Pfad", Abimael Guzmán, gefasst werden konnte, fuhr die Organisation fort, ganze Dörfer zu terrorisieren. Am 17. Dezember 1996 versuchten 20 Angehörige der linksgerichteten Untergrundbewegung Túpac Amaru, die Freilassung politischer Gefangener durch die Besetzung der japanischen Botschaft in Lima zu erreichen. Sie nahmen mehrere hundert Würdenträger als Geiseln, die den Feierlichkeiten anlässlich des Geburtstags von Kaiser Akihito beiwohnten. Der peruanische Präsident Alberto Fujimori lehnte Verhandlungen mit den Terroristen strikt ab und ließ die Belagerung im April 1997 blutig beenden, als Eliteeinheiten die restlichen 71 Geiseln lebend befreiten.

DER KRIEG UM DIE FALKLANDINSELN

Als die britische Regierung Anfang 1982 die einzige Fregatte abzog, die bisher für den Schutz der Falklandinseln, der Kronkolonie im Südatlantik, gesorgt hatte, glaubte der argentinische Präsident Leopoldo Galtieri, sein Land könne nun seine Ansprüche auf die Malwinen geltend machen, wie diese Inseln bei den Argentiniern heißen. Am 2. April 1982 landeten 2000 argentinische Soldaten auf den Inseln, überwältigten die kleine britische Garnison in Port Stanley und erklärten, die Malwinen gehörten nun zu Argentinien.

Galtieri hatte jedoch nicht mit der entschlossenen Reaktion der britischen Premierministerin Margaret Thatcher gerechnet. Der größte Teil der 1800 Inselbewohner war probritisch eingestellt und Thatcher dachte gar nicht daran, sie einer Militärdiktatur zu überlassen. Während gleichzeitig hektische diplomatische Bemühungen unter amerikanischer Vermittlung angestellt wurden, stellte die britische Regierung einen Eingreifverband von 10 000 Mann und 70 Schiffen auf, der die Inseln zurückerobern sollte. Thatcher ordnete zudem eine 320 km breite Sperrzone um die Falklandinseln an, um Argentinien an der Verstärkung seiner Be-

Oben: Argentinische Soldaten besetzen die Falklandinseln. **Rechts:** Britische Zeitungen berichten in großer Aufmachung von der Versenkung des argentinischen Kreuzers *General Belgrano*.

satzungstruppe zu hindern, die mittlerweile auf 20 000 Mann angewachsen war. Unmittelbar vor dieser Sperrzone versenkte ein britisches Atom-U-Boot am 2. Mai den argentinischen Kreuzer *General Belgrano*, wobei 360 Soldaten umkamen.

Als die britische Flotte Kurs auf die Inseln nahm, griffen argentinische Kampfjets den Verband an und versenkten fünf der Schiffe. Trotz dieses Verlusts gelang es den britischen Truppen am 22. Mai dank der militärischen Unerfahrenheit der Argentinier einen Brückenkopf auf der Insel Ostfalkland zu errichten. Sie schwärmten dann zu Fuß aus und nahmen nach harten Kämpfen eine Reihe von Stellungen der Argentinier. Die argentinische Streitmacht bestand hauptsächlich aus Wehrpflichtigen, die für die hervorragend ausgebildeten britischen Berufssoldaten keine Gegner waren. Die Argentinier hatten dieser entschlossenen Einstellung wenig entgegenzusetzen; 1200 von ihnen gingen in Gefangenschaft und die übrigen traten eilends den Rückzug nach Port Stanley an. Nach weiteren heftigen Kämpfen schwenkten die Argentinier die weiße Fahne. Am 14. Juni war der Krieg beendet. Er hatte 255 britischen Soldaten und 652 Argentinier das Leben gekostet. Die argentinischen Generäle waren durch dieses demütigende militärische Debakel ebenfalls am Ende; die Junta wurde gestürzt und machte einer zivilen Regierung Platz.

Das neue Jahrtausend

Was bringt die Zukunft – den Aufbruch zu unbegrenzten technischen Möglichkeiten oder den Absturz ins globale Chaos?

Je näher der Jahrtausendwechsel rückte, desto mehr wurde er zu einer Zeitenwende hochstilisiert. Doch alle Aufregung war unnötig – es handelte sich um den ganz normalen Beginn eines neuen Jahres; nicht einmal das viel beschworene Computerchaos brach aus. Die Zeiten haben sich also nicht geändert – auch im Jahr 2000 hat die Welt mit den altbekannten Problemen zu kämpfen.

Die wirtschaftlichen Aussichten für das nächste Jahrzehnt waren in großen Teilen der Erde nicht rosig. So kündigte der Londoner Ökonom John Gray ein Zeitalter an, „in dem anarchische Kräfte und schwindende internationale Ressourcen souveräne Staaten in einen zunehmend gefährlicheren Konkurrenzkampf treiben". Problematisch ist dabei nach Ansicht mancher Wissenschaftler der uneingeschränkte wirtschaftliche Liberalismus ohne dirigistische Eingriffe, wie er in den 80er- und 90er-Jahren in Mode gekommen war. Denn die Steigerung der marktwirtschaftlichen Leistungsfähigkeit gehe unweigerlich zu Lasten der Sozialpolitik. Und wenn die sozialen Aufgaben vernachlässigt werden, könne gefährlicher gesellschaftlicher Zündstoff entstehen.

Dieses Szenario schien angesichts der sich abzeichnenden weltwirtschaftlichen Entwicklung von 1997 konkrete Züge anzunehmen, doch traten gerade in den Ländern Schwierigkeiten auf, die zuvor als beispielhafte Schwellenländer galten: in den „Tigerstaaten". Im Sommer kam es in Thailand und auf den Philippinen zu einem heftigen Wirtschaftsabschwung, die Währungen der Region gerieten unter Druck. Der Internationale Währungsfonds (IWF) stellte hohe Kredite zur Verfügung, um den krisengeschüttelten Volkswirtschaften wieder aufzuhelfen, doch konnte es nicht verhindert werden, dass z. B. in Indonesien im November mehrere Banken zusammenbrachen. Auch die starke Wirtschaftsmacht Japan blieb nicht verschont. Infolge massiver Kurseinbrüche drohte den Banken, deren Einlagen nur durch Aktien gedeckt waren, der Konkurs.

In Indonesien, dem bevölkerungsreichsten Land in der islamischen Welt, kam es in der Folge der wirtschaftlichen Schwierigkeiten im März 1998 zu massiven Ausschreitungen. Diese richteten sich vorwiegend gegen die große chinesische Bevölkerungsgruppe sowie gegen die Familie von Präsident Suharto. Im Mai – 31 Jahre nach seiner Machtübernahme – musste er abtreten und seinem Nachfolger Bacharuddin Habibie Platz machen.

Auch Russland kämpfte weiterhin mit großen wirtschaftlichen Schwierigkeiten. Im Juli 1998 musste die Föderation einen Hilfskredit in Höhe von über 20 Mrd. Dollar aufnehmen, anlässlich der Rubelabwertung waren es im August weitere 4,8 Mrd. Im ganzen Land erhielten

Nach der Fusion der beiden Autogiganten Daimler-Benz und Chrysler im November 1998 bringen Arbeiter das Schild mit dem neuen Firmennamen vor der Zentrale in Stuttgart an.

VISIONEN ÜBER EINE DÜSTERE UND BEDROHLICHE WELT

Vor rund 130 Jahren erschien mit Jules Vernes Buch *20000 Meilen unter dem Meer* der erste Science-Fiction-Roman. Seither hat dieses Genre stetig an Bedeutung gewonnen – die Mischung aus leicht lesbarer futuristischer und nicht ganz unwahrscheinlicher phantastischer Handlung macht es attraktiv. Von besonderer Bedeutung bei dieser Lektüre sind die technologischen Neuerungen, die die Autoren vorstellen; sehr häufig geht

Der Film *Blade Runner* erzählt die Geschichte einer Welt, die vom technologischen Fortschritt regiert wird und dennoch unaufhaltsam verfällt.

es um die Frage, ob diese nur ein Fortschritt sind oder die Menschen glücklicher machen.

Einer der grandiosesten Science-Fiction-Filme ist der 1982 gedrehte Streifen *Blade Runner,* der im Jahr 2019 spielt. Die Menschen haben mithilfe von menschenähnlichen Robotern weit entfernte Kolonien im Weltraum gegründet. Nach der Meuterei mehrerer dieser „Replikanten" müssen alle zurückgeholt und demontiert werden – einige haben jedoch ein Raumschiff entführt. Quer durch Los Angeles, das trotz des technologischen Blendwerks düster und marode wirkt, wird Jagd auf sie gemacht. Hauptanliegen des Films sind Fragen, die auch am Beginn des 21. Jh. offen sind: Kann es geschehen, dass Maschinen irgendwann nicht mehr beherrschbar sind? Und bestehen die Folgen des Fortschritts in Sinnverlust und Hoffnungslosigkeit?

Soldaten, Industriearbeiter und Beschäftigte im öffentlichen Dienst teilweise monatelang keinen Lohn bzw. Sold. Das führte dazu, dass die Russen an Marktwirtschaft und Demokratie zu verzweifeln begannen; umgekehrt musste sich auch der IWF die Kritik gefallen lassen, dass er voreilig Kredite vergeben habe, die von korrupten und unfähigen Regierungen verspielt worden seien.

3000 Studierende stellten 1998 in Indonesien die treibende Kraft bei der Rebellion gegen Präsident Suharto dar. Sie besetzten für eine Woche das Parlamentsgebäude.

In einer anderen Region erlebte Brasilien, stärkste Wirtschaftsmacht in Südamerika, eine rapide Kapitalflucht. Selbst bei Zinssätzen von 50 % wurden täglich Millionen von den Banken abgezogen und im September 1998 stand der Staat mit 260 Mrd. Dollar beim Ausland in der Kreide.

Um die Jahrtausendwende präsentierte sich also die Weltwirtschaft in eher düsteren Farben. Eine rühmliche Ausnahme bildeten die USA, wo die ökonomischen Signale weiterhin auf Wachstum standen. Eine Folge der amerikanischen Stärke war jedoch die Schwäche des noch jungen Euro, die allerdings die europäischen Exporte begünstigte.

Um in der harten Geschäftswelt bestehen zu können, setzten viele Manager auf die Faktoren Synergie und Größe. Nicht nur kleinere und große Firmen, wie u. a. die Automobilhersteller Daimler-Benz und Chrysler, fusionierten, sondern sogar die Handelsplätze selbst: Im Mai 2000 beschlossen die Frankfurter und die Londoner Börse, sich zum größten Aktienmarkt in Europa zusammenzuschließen. Zwischen 1995 und 2000 wurde

Präsident Suharto spricht während der Finanzkrise im März 1998 vor dem indonesischen Parlament. Zwei Monate später wurde er zum Rücktritt genötigt.

weltweit in größerem Stil rund 40 000-mal fusioniert. Nach Angaben von Fachleuten rentieren sich etwa 80 % der Firmenvereinigungen jedoch nicht, in 30 % der Fälle wird wieder verkauft.

Parallelen zur Vergangenheit

Ein Jahrtausendwechsel ist ein so seltenes Datum, dass es die Menschen dazu anregt, bei herausragenden Ereignissen nach historischen Vergleichen zu suchen. So zog man beispielsweise nach den jähen Kurseinbrüchen an den internationalen Aktienmärkten von 1998 Parallelen zum „Schwarzen Freitag" von 1929, und als im Juli 1998 die Gebeine der Zarenfamilie in St. Petersburg beigesetzt wurden, gemahnte die Zeremonie an das vorrevolutionäre Russland. Auch in England wurden

TOD EINER PRINZESSIN

In der ersten Septemberwoche 1997 umgab den Kensington-Palast in London ein Meer von Blumen, die Trauernde zum Gedenken an den Tod von Prinzessin Diana dort niedergelegt hatten. Lady Di, wie sie im Volksmund hieß, war am 31. August bei

Die Kampagne für ein allgemeines Verbot von Landminen gehörte zu den letzten und weltweit bekannten Initiativen, für die sich Prinzessin Diana einsetzte.

einem Autounfall in Paris umgekommen. Einige Zeit erschien das Leben der schönen jungen Frau, die 1981 als 20-Jährige den britischen Thronfolger Prinz Charles geheiratet und später zwei Söhne bekommen hatte, wie ein Märchen. Doch bald schon holte sie das Unglück ein: ein treuloser Ehemann, Essstörungen, Trennung und Einsamkeit – und das alles vor den Augen einer foto- und skandalhungrigen Presse. Von vielen Angehörigen des Establishments verunglimpft, genoss sie jedoch aufgrund ihrer Ausstrahlung und ihres Mitgefühls die Verehrung der meisten Menschen, mit denen sie bei öffentlichen Auftritten und im Rahmen ihrer karitativen Arbeit in Berührung kam.

Sie starb in einem Augenblick, in dem sie das Glück an der Seite von Dodi al-Fayed, dem Sohn eines millionenschweren ägyptischen Geschäftsmanns, gefunden zu haben schien. Auch ihr Begräbnis wurde ein Medienereignis, das Millionen Menschen am Fernsehschirm verfolgten.

Erinnerungen an die Vergangenheit geweckt: Beim plötzlichen Tod von Prinzessin Diana ergriff ganz Großbritannien eine solche Trauer, dass die Bilder von der bewegenden Beisetzung der Königin Victoria zu Beginn des Jahrhunderts wieder lebendig wurden.

Erschreckende Phänomene wie das Wiedererstarken des Neonazismus, des Rassismus und Antisemitismus erinnerten an die unvergessenen dunklen Seiten der Geschichte. Im Mai 1998 erschütterte eine Bombenexplosion eine Synagoge in Moskau; in Deutschland verübten Rechtsradikale aus Fremdenhass Brandanschläge und schreckten selbst vor Körperverletzung und Mord nicht zurück.

Oben: Die Beisetzung der Gebeine der 1918 ermordeten russischen Zarenfamilie weckte in einem Land, das noch mit dem Vermächtnis des Kommunismus beschäftigt war, unterschiedliche Gefühle.

Das Gespenst der verheerenden „Spanischen Grippe" von 1918 ging 1997 erneut um. Grippeviren verändern sich ständig, sodass neue, oft nur schwer zu bekämpfende Arten entstehen. Im Mai 1997 entdeckten Virologen in Hongkong eine derartige Mutation, die aus einem Hühnerbestand stammte. Mehrere Menschen erlagen dieser „Vogelgrippe", und so entschloss man sich, alle Hühner in Hongkong zu schlachten – ein Vorgehen, das seinerzeit viel Spott auf sich zog, womöglich aber Millionen von Menschenleben rettete.

Eine Karte mit dem Wort „Mami" steckt am Kranz von Prinzessin Dianas Sarg. Das Land hat eine Kultfigur verloren, aber zwei Jungen trauern um die Mutter.

Blick in die Zukunft

Trotz aller Verbundenheit mit der Vergangenheit muss aber nun der Einstieg in das 21. Jh. gestaltet werden. Eine Garde von relativ jungen Politikern wie US-Präsident Bill Clinton, der russische Präsident Wladimir Putin, der britische Premierminister Tony Blair und der deutsche Kanzler Gerhard Schröder, die alle nach oder am Ende des Zweiten Weltkriegs geboren wurden, widmet sich dieser Aufgabe. Fachleute aus den verschiedensten Sparten geben ihnen Hilfestellung.

Das wichtigste Werkzeug bei der Lösung der anstehenden Probleme wird im nächsten Jahrhundert zweifelsohne der Computer sein. Neben den jetzt schon gängigen Funktionen dürften vor allem die Spracherkennung per Computer und Programme, die Handschriften entziffern können, die größte Bedeutung haben. Wenn der Computer die menschliche Stimme exakt übersetzen kann, sollte es auch möglich werden, dass andere Maschinen wie Videorekorder, Waschmaschinen, Thermostate oder Vorrichtungen zum Schließen von Türen und Vorhängen gesprochene Anweisungen verstehen und ausführen.

Auch das Auto der Zukunft bewegt sich wahrscheinlich computergesteuert, womöglich mithilfe von Satelliten-Navigationssystemen, sodass der Fahrer überflüssig wird. Angesichts einer geschätzten Kfz-Anzahl für das Jahr 2021 von weltweit 1 Mrd. stellt dies möglicherweise die einzige Chance dar, auf den überfüllten Straßen voranzukommen.

In reicheren Industriestaaten werden von Computern gelenkte Roboter mit Sicherheit die Arbeit des Menschen am Fließband übernehmen. Das digitale Fernsehen wird ein breites Spektrum an Information, Kommunikation und Unterhaltung bieten, und erdumspannende Medienverbünde werden dazu beitragen, die Unterschiede zwischen den verschiedenen Weltregionen zu verkleinern.

Unter die Haut verpflanzte Chips könnten Ausweise und Pässe ersetzen – was natürlich mit einschneidenden Folgen für die Freiheit des Einzelnen verbunden wäre. Überhaupt wird angesichts der allgemeinen Vereinheitlichung und der zentralen Erfassung von Informationen und Daten das Problem des total überwachten Staatsbürgers für demokratische Gesellschaften eine ständige Herausforderung sein.

Bill Clinton und Tony Blair versprachen sich gegenseitige Unterstützung bei den Konflikten in Nordirland und mit dem Irak.

Irgendwann in nicht allzu ferner Zukunft wird es wahrscheinlich auch intelligente Computer geben, die in der Lage sind, anhand von Programmen selbst Beurteilungen vorzunehmen und Entscheidungen zu fällen. Und sicherlich werden bald auch menschenähnliche Roboter entwickelt, die reicheren Zeitgenossen lästige Pflichten abnehmen – wie Hausarbeit erledigen und Rasen mähen – und ihnen dadurch zu mehr Freizeit verhelfen. Vielleicht könnten auch eines Tages Roboter in Raumschiffen zu weit entfernten Sternen fliegen, während die menschlichen Passagiere die lange Distanz in einer Art Winterschlaf hinter sich bringen. Es gibt sogar die Prophezeiung, dass der Mensch in einer Welt von Robotern, deren Ziel die perfekte Ordnung und Organisation ist, möglicherweise vollkommen überflüssig wird.

Auch in der Medizin wird die Entwicklung mit gewaltigem Tempo voranschreiten. Dank der Biotechnologie stehen dem Menschen dann neue Medikamente und Prothesen zur Verfügung. Die durchschnittliche Lebenserwartung wird weltweit voraussichtlich bei Männern von 62 und Frauen von 65 Jahren im Jahr 1998 auf 73 Jahre für Männer und 78 für Frauen im Jahr 2045 ansteigen – manche Schätzungen gehen sogar von rund

EXKANZLER KOHL UND DER BIMBES

Obwohl Bundeskanzler Kohl im September 1998 abgewählt wurde, stieg die CDU im darauf folgenden Jahr wieder rasant in der Wählergunst. Möglicherweise hätte die rot-grüne Regierung nicht die gesamte Legislaturperiode überstanden, wenn nicht ein politisches Erdbeben die Republik erschüttert hätte: die Spendenaffäre der CDU. Anfang November 1999 wurde der ehemalige CDU-Schatzmeister Walther Leisler Kiep wegen des Verdachts der Steuerhinterziehung per Haftbefehl gesucht. Er sagte aus, von dem in Kanada lebenden Waffenhändler Karlheinz Schreiber seien 1991 in der Schweiz 1 Mio. DM an die CDU als Parteispende übergeben worden. Am 8. November 1999 erklärte der CDU-Finanzberater Horst Weyrauch, dass dieses Geld nicht in der Parteikasse, sondern auf einem Treuhandkonto gelandet sei und später auf Anordnung von Kiep an mehrere Mitarbeiter aufgeteilt wurde. Im Zuge der Aufklärung dieses Vorfalls erfuhr die Öffentlichkeit, dass in bar überreichte Spenden an die CDU durchaus nichts Ausgefallenes waren. Solche Gelder – oder wie der Pfälzer sagt: Bimbes – waren auf geheime Konten der CDU geflossen und standen dem Parteivorsitzenden Kohl zur Verfügung. Dieser übernahm am 30. November die Verantwortung für die schwarzen Kassen und gestand am 16. Dezember in der ZDF-Fernsehsendung „Was nun...?", zwischen 1993 und 1998 persönlich Spenden angenommen zu haben, und zwar insgesamt 1,5–2 Mio. DM. Er gab zu, dass dieses Geld nicht, wie es das Parteiengesetz verlangte, ordnungsgemäß verbucht worden war – was er ausdrücklich als Fehler bezeichnete –, aber er weigerte sich strikt, die Namen der Spender bekannt zu geben. Mit diesem Verhalten stellte Kohl seine Partei vor eine schwere Belastungsprobe. Die CDU sank gewaltig in der Wählergunst, der Partei- und Fraktionsvorsitzende Schäuble sah sich am 16. Februar 2000 gezwungen, auf seine Ämter zu verzichten, weil er sich bei der Aufklärung von Details in Widersprüche verstrickt hatte. Um wenigstens den materiellen Schaden für seine Partei wieder gutzumachen, sammelte Kohl bei Gönnern mehrere Millionen DM ein. Allerdings ermittelt die Bonner Staatsanwaltschaft weiter gegen ihn wegen des Verdachts auf Untreue und ein parlamentarischer Untersuchungsausschuss versucht zu klären, ob politische Entscheidungen Kohls durch die Spenden beeinflusst wurden.

DIE NEUE WELTORDNUNG

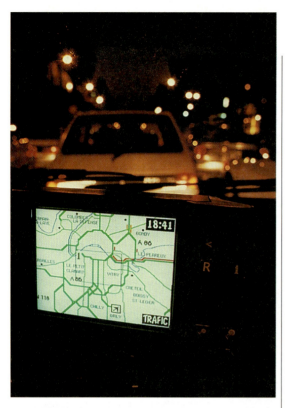

Das im Fahrzeug befindliche Verkehrsleitsystem Sirius warnt vor einem Stau: rote Linie. In zwei Jahrzehnten werden Computer wahrscheinlich die Aufgaben des Fahrers übernehmen.

140 Lebensjahren aus. Als Folge davon wird in den nächsten 50 Jahren der Anteil der über 65-Jährigen auf 15 % der Weltbevölkerung klettern, was einer Steigerung um das 2,5fache der heutigen Zahlen entspräche.

Aber wird die Erde ein so massives Bevölkerungswachstum verkraften? Als 1918 die schwere Grippewelle grassierte, gab es auf dem Globus ungefähr 1,6 Mrd. Menschen. 1999 war ihre Zahl bereits auf 6 Mrd. angewachsen – und die letzte Milliarde war allein innerhalb der letzten zwölf Jahre dazugekommen. 2050 wird die Weltbevölkerung nach Schätzungen der UNO 9,4 Mrd. Menschen erreicht haben. Besitzen wir ausreichend Ressourcen, um all diese Erdenbürger zu ernähren und zu versorgen? Und wie kann man es erreichen, ihnen die Rechte zu gewähren und die materiellen Voraussetzungen zu schaffen, die in den Industriestaaten als Vorbedingung für ein menschenwürdiges Dasein gelten?

Mithilfe eines Operationsroboters simuliert ein Mediziner einen Eingriff am menschlichen Gehirn.

Für die Schaffung der materiellen Voraussetzungen müssen weiterhin Energie verbraucht und Kohlendioxid sowie sonstige „Treibhausgase" in die Atmosphäre ausgestoßen werden. Die wahrscheinlich dadurch hervorgerufene globale Erwärmung hat bereits eingesetzt: Weltweit steigen die Temperaturen, wodurch die Polkappen schmelzen, der Meeresspiegel ansteigt und Überschwemmungen in den bewohnten Küstenbereichen verursacht werden können. Dass sich die Lage zum Positiven wendet, ist eher nicht zu erwarten in einer Welt ohne dirigistische Eingriffe in die Marktwirtschaft, in der ökonomische Erwägungen Vorrang vor den Belangen des Umweltschutzes haben.

Gehen wir also einer strahlend hellen oder einer düsteren Zukunft entgegen? Einerseits scheint die menschliche Rasse über das technologische Know-how zu verfügen, um alle Probleme erfolgreich anpacken zu können; andererseits droht der totale Kollaps durch Bevölkerungswachstum, Umweltverschmutzung und Massenvernichtungswaffen.

Im Juni 1998 sprach der britische Physiker Stephen Hawking, der sich aufgrund einer schweren Erkrankung mit einer computergestützten künstlichen Stimme äußern musste, auf einer Versammlung des Jahrtausendrats in den USA. Er erklärte zu Beginn seines Vortrags, bei Visionen über die Entwicklung der Welt nehme man oft an, dass in manchen Bereichen „Wissenschaft, Technik und gesell-

FALSCHE PROPHETEN

1876 kursierte folgender Umlauf in den Büros der Western Union, einem der führenden amerikanischen Telegrafendienste: „Diesem ‚Telefon' haften zu viele Mängel an, als dass es ernsthaft als Kommunikationsmittel infrage kommen könnte." 1977 erklärte Ken Olson, Präsident und Begründer der Digital Equipment Corporation, die maßgeblich an der Entwicklung des Computers beteiligt war: „Es gibt überhaupt keinen Grund zu der Annahme, dass jemand einen Computer bei sich zu Hause haben möchte."

schaftlicher Organisationsgrad nahezu den Zustand der Vollkommenheit erreicht hätten". Hawking bezweifelte dies und fragte: „Erreichen wir in Wissenschaft und Technik jemals einen Endzustand? In den rund 10 000 Jahren seit der letzten Eiszeit erlebte die menschliche Rasse stets einen Wissenszuwachs und technologischen Fortschritt."

In der Tat: Im Jahr 1900 lag die Vorstellung, dass der Mensch einmal den Mond betreten könnte, im Reich der Phantasie, doch 69 Jahre später war es so weit. 1970 glaubten nur wenige, dass Millionen von Haushalten an ein weltweit verzweigtes Computernetz angeschlossen wären, und dennoch war es ein Vierteljahrhundert später Realität. Der technologische Wandel vollzieht sich immer rascher. Wahrscheinlich gibt es 2025 auf der Welt zahllose bahnbrechende Erfindungen, die das Leben nachhaltig verändern und von denen wir heute noch nicht einmal träumen.

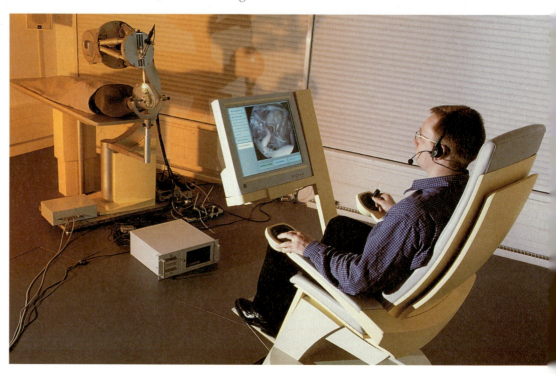

ZEITTAFEL

1970

JANUAR

15. Nach einem brutalen Zermürbungskrieg akzeptiert Nigeria die bedingungslose Aufgabe von **Biafra**.

23. Der erste **Jumbojet** (Boeing 747) überquert den Atlantik und landet in London-Heathrow.

FEBRUAR

11. Ein neun Jahre dauernder Krieg gegen die **Kurden** endet damit, dass der Irak ihnen Autonomie gewährt.

18. In Kambodscha wird Prinz Norodom Sihanouk von **General Lon Nol** gestürzt. Daraufhin schließt sich Sihanouk den Roten Khmer an.

MÄRZ

19. Erstmals treffen mit Bundeskanzler **Willy Brandt** und dem Vorsitzenden des DDR-Ministerrats **Willi Stoph** die Regierungschefs beider deutschen Staaten in Erfurt zusammen.

APRIL

17. Die drei Astronauten von der Weltraumkapsel **Apollo 13** kehren nach einer Explosion an Bord im Weltraum sicher zur Erde zurück.

MAI

4. An der **Kent State University** in Ohio werden vier Studenten bei einem Protest gegen den amerikanischen Einmarsch in Kambodscha getötet.

JUNI

19. In der Bundesrepublik Deutschland können Bundesbürger künftig mit **18 Jahren aktiv wählen**.

SEPTEMBER

12. Palästinensische Terroristen sprengen in Jordanien drei **entführte Flugzeuge** in die Luft und erzwingen die Freilassung von sieben inhaftierten Mitstreitern.

18. Der amerikanische Rock-Gitarrist **Jimi Hendrix** stirbt im Alter von 27 Jahren.

28. **Gamal Abd el Nasser** stirbt im Alter von 52 Jahren. Sein Nachfolger wird Vizepräsident Anwar as-Sadat.

OKTOBER

5. **Salvador Allende** wird Präsident von Chile und ist damit der erste Kommunist, der in demokratischen Wahlen zum Staatsoberhaupt gekürt wird.

9. Der sowjetische Schriftsteller **Aleksandr Solschenizyn** erhält den Literaturnobelpreis, wagt es aber wegen der drohenden Ausbürgerung nicht, zur Verleihung nach Stockholm zu reisen.

10. Die **Fidschi-Inseln** erhalten ihre Unabhängigkeit von Großbritannien.

18. In Kanada wird der Leichnam von Pierre Laporte, dem Arbeitsminister von Quebec, gefunden; er war von der separatistischen **Front de Libération du Québec** entführt und dann ermordet worden.

19. Bei Probebohrungen werden in der **Nordsee** große Vorkommen an Erdöl und Erdgas gefunden.

NOVEMBER

9. Im Alter von 79 Jahren stirbt der frühere französische Präsident **Charles de Gaulle**.

12. **Hafis al-Assad** wird nach der Machtergreifung durch den militärischen Flügel der Baath-Partei Präsident von Syrien.

DEZEMBER

7. Bundeskanzler **Willy Brandt** kniet am Mahnmal im Warschauer Getto nieder.

1971

JANUAR

15. Nach elfjähriger Bauzeit wird in Ägypten der neue **Assuan-Staudamm** offiziell von Staatspräsident Anwar as-Sadat eingeweiht.

24. General **Idi Amin** wird nach dem Sturz von Milton Obote neuer Präsident von Uganda.

FEBRUAR

9. In **Nordirland** wird seit Beginn der Unruhen 1969 erstmals ein britischer Soldat getötet.

15. Großbritannien führt seine neue **Dezimalwährung** ein.

MÄRZ

25. Westpakistan startet einen Angriff auf Dhaka, die Hauptstadt von **Ostpakistan**, um die gewaltsamen Demonstrationen für die Unabhängigkeit zu unterdrücken. In der Folgezeit fliehen 2 Mio. Flüchtlinge ins benachbarte Indien.

29. Leutnant William Calley wird für seine Beteiligung am **Massaker von My Lai** in Vietnam 1968 zu einer lebenslangen Freiheitsstrafe verurteilt. Er wird des Mordes in 22 Fällen für schuldig befunden.

Lin Biao galt als potenzieller Nachfolger von Mao Zedong, bis er bei einem Flugzeugabsturz ums Leben kam. Hintergrundbild: Der erste Jumbojet bei der Landung in Heathrow.

APRIL

6. Im Alter von 88 Jahren stirbt der in Russland geborene Komponist **Igor Strawinsky**.

21. „Papa Doc" Duvalier, der Diktator von Haiti, stirbt 63-jährig; seine Nachfolge tritt sein Sohn Jean-Claude („Baby Doc") an.

China lädt die USA und andere westliche Nationen zur Teilnahme an einem Tischtennisturnier ein und signalisiert mit dieser **Pingpong-Diplomatie** seine Bereitschaft, die politische Isolation zu durchbrechen.

MAI

3. **Erich Honecker** löst Walter Ulbricht als Ersten Sekretär des Zentralkomitees der SED ab.

JUNI

30. Bei der Rückkehr aus dem Weltraumlabor **Saljut** sterben drei sowjetische Kosmonauten.

JULI

3. Im Alter von 27 Jahren stirbt in Paris **Jim Morrison**, der charismatische Sänger der Popgruppe Doors.

26. Bereitschaftspolizei wird an die Strände der französischen Riviera beordert, um **Oben-ohne-Baden** zu unterbinden.

31. Astronauten der Apollo-15-Mission erforschen mit einem **Mondfahrzeug** die Mondoberfläche.

Henry Kissinger, Sicherheitsberater von Präsident Nixon, unternimmt eine Geheimreise nach China und ebnet den Weg für eine Annäherung.

AUGUST

9. Nordirland erlebt erneut schwere **Unruhen**: 26 Personen kommen bis 14. August bei Kämpfen ums Leben.

SEPTEMBER

11. **Nikita Chruschtschow** stirbt im Alter von 77 Jahren.

13. **Lin Biao**, einst als Nachfolger für Mao Zedong aufgebaut, kommt auf mysteriöse Weise bei einem Flugzeugabsturz ums Leben – angeblich auf der Flucht in die Sowjetunion.

24. Großbritannien weist 90 der **Spionage** beschuldigte sowjetische Diplomaten aus.

OKTOBER

13. Das Musical *Jesus Christ Superstar* von Andrew Lloyd Webber und Tim Rice feiert in New York Premiere.

DEZEMBER

11. Abschluss des **Transitabkommens** zwischen der BRD und der DDR, das Erleichterungen im Reise- und Besuchsverkehr von und nach Berlin vorsieht.

17. Ostpakistan erklärt sich unter dem Namen **Bangladesch** für unabhängig.

Intel stellt einen **Silikonchip** her, der 2300 Transistoren enthält. Er gilt als erster tauglicher Mikroprozessor.

1972

JANUAR
1. Der österreichische Diplomat **Kurt Waldheim** wird Nachfolger von U Thant als Generalsekretär der Vereinten Nationen.

30. Am **Blutigen Sonntag** werden in Nordirland 13 katholische Demonstranten von britischen Fallschirmjägern getötet.

Pablo Picasso gehörte zu den kreativsten und begnadetsten Künstlern des 20. Jh.

FEBRUAR
21. US-Präsident Richard Nixon trifft zu einem einwöchigen **Besuch in China** ein.

MÄRZ
25. Die britische Regierung hebt das nordirische Parlament in **Stormont** auf und übernimmt die direkte Herrschaft über die Provinz.

APRIL
27. Das **Misstrauensvotum** der CDU/CSU-Fraktion im deutschen Bundestag scheitert an zwei fehlenden Stimmen. Willy Brandt bleibt im Amt.

MAI
29. Präsident Nixon und der sowjetische Staatschef Breschnew unterzeichnen in Moskau das **SALT-I-Abkommen**; es soll die Stationierung von Langstreckenraketen begrenzen und die Zahl der Interkontinental-Raketen einfrieren.

30. Drei **japanische Terroristen** töten am Flughafen von Tel Aviv mit Maschinengewehren und Granaten 25 Menschen.

JUNI
15. Als letztes Mitglied des harten Kerns der terroristischen **Baader-Meinhof-Gruppe** wird Ulrike Meinhof verhaftet.

16. Fünf Einbrecher werden bei dem Versuch festgenommen, in das Hauptquartier der Demokratischen Partei im **Watergate**-Komplex in Washington einzudringen. Kurz darauf sickert durch, dass sie Verbindungen zum Weißen Haus haben.

AUGUST
6. Präsident Idi Amin verkündet, dass **50 000 Asiaten** mit britischen Pässen aus Uganda ausgewiesen werden.

12. Die letzten **US-Bodentruppen verlassen Vietnam**.

SEPTEMBER
5. Bei den **Olympischen Spielen in München** nehmen palästinensische Terroristen zehn israelische Geiseln. Bei einem misslungenen Befreiungsversuch auf dem Flughafen Fürstenfeldbruck kommen neun Geiseln, fünf Terroristen und ein Polizist ums Leben.

NOVEMBER
7. Richard Nixon wird mit großer Mehrheit erneut zum amerikanischen Präsidenten gewählt.

DEZEMBER
7. Apollo 17 unternimmt die **letzte bemannte Mondlandung** des Jahrhunderts.

17. Nach dem vorläufigen Scheitern der Friedensgespräche fliegt die amerikanische Luftwaffe erneut umfangreiche **Bombenangriffe** auf Nordvietnam.

23. Bei einem schweren **Erdbeben in Nicaragua** kommen rund 6000 Menschen ums Leben, die Hauptstadt Managua wird dabei völlig zerstört.

26. Im Alter von 88 Jahren stirbt **Harry S. Truman**, amerikanischer Präsident 1945–53.

29. Die Überlebenden eines **Flugzeugabsturzes in den Anden** im Oktober räumen ein, dass sie sich von den sterblichen Überresten ihrer Mitpassagiere ernährt haben, um zu überleben.

In den USA werden die **ersten Taschenrechner und elektronischen Videospiele** hergestellt.

1973

JANUAR
1. Großbritannien, Dänemark und Irland treten der **EG (Europäischen Gemeinschaft)** bei.

27. In Paris wird ein **Waffenstillstandsabkommen** zwischen den USA und Nordvietnam unterzeichnet.

APRIL
8. Im Alter von 91 Jahren stirbt der spanische Maler **Pablo Picasso**.

MAI
4. Der **Sears Tower** in Chicago feiert Richtfest und wird mit einer Höhe von 443 m zum höchsten Gebäude der Welt.

8. Indianer vom Stamm der Sioux beenden ihre 37-tägige Besetzung des Ortes **Wounded Knee** im US-Bundesstaat South Dakota.

14. Die amerikanische Raumstation **Skylab** wird gestartet.

JUNI
2. Ein Prototyp des **sowjetischen Überschallflugzeugs** Tupolew 144 stürzt bei einer Flugschau in Paris ab; das Unglück fordert 13 Menschenleben.

JULI
17. Es kommt ans Licht, dass Präsident Nixon all seine Gespräche im Oval Office auf Band aufgezeichnet hat und daher Beweise für seine Verwicklung in die **Watergate-Affäre** existieren.

SEPTEMBER
11. Beim Militärputsch unter General Augusto Pinochet kommt der chilenische **Präsident Allende** ums Leben.

18. Die **beiden deutschen Staaten** werden gemeinsam in die Vereinten Nationen aufgenommen.

23. In Argentinien wird **Juan Perón** zum neuen Präsidenten gewählt.

OKTOBER
6. Syrien und Ägypten unternehmen während des jüdischen **Jom-Kippur-Festes** einen Überraschungsangriff auf Israel, können aber nach anfänglichen Erfolgen zurückgedrängt werden.

10. Der amerikanische Vizepräsident **Spiro Agnew** tritt angesichts der Anschuldigungen wegen Erpressung, Bestechung und Steuerbetrug zu seiner Zeit als Gouverneur von Maryland zurück. Seine Nachfolge tritt Gerald Ford an.

17. Die Organisation Erdöl exportierender Länder OPEC erhöht die Rohölpreise um 70 % und verhängt ein **Ölembargo** gegen die USA und andere westliche Staaten, die Israel im Jom-Kippur-Krieg unterstützt haben. Die **Ölkrise** löst eine weltweite Rezession aus.

22. Im Alter von 96 Jahren stirbt der große spanische Cellist **Pablo Casals**.

25. Der amerikanische Außenminister Henry Kissinger und der sowjetische Ministerpräsident Alexej Kossygin vermitteln nach intensiver Pendeldiplomatie einen **Waffenstillstand** im Jom-Kippur-Krieg.

NOVEMBER
4. In Athen kommt es zu blutigen Zusammenstößen zwischen Polizei und Regimegegnern. Die Militärjunta verhängt daraufhin das **Kriegsrecht** über Athen. Drei Wochen später stürzt eine Gruppe von **Offizieren** die Regierung von Oberst Georgios Papadopoulos.

25. Die Bundesregierung erlässt angesichts der Ölkrise ein **Fahrverbot für drei Sonntage**.

DEZEMBER
21. In Genf eröffnet UN-Generalsekretär Waldheim die **Nahost-Friedenskonferenz**.

In den USA werden die **Strichcodes** zur Auszeichnung von Waren als Patent angemeldet.

1974

JANUAR
6. Auf der Genfer Nahost-Friedenskonferenz erklärt sich Israel zum **Rückzug seiner Truppen** bis 30 km östlich des Suezkanals bereit. Die strategisch bedeutsamen **Golanhöhen** bleiben in israelischer Hand.

FEBRUAR
14. Die sowjetische Führung weist den Schriftsteller und Systemkritiker **Aleksandr Solschenizyn** aus. Die erste Zeit seines Exils verbringt er bei seinem Freund und Kollegen Heinrich Böll.

MÄRZ
5. In Großbritannien wird der Vorsitzende der Labour Party, **Harold Wilson**, nach der Bildung einer Koalition mit den Liberalen zum dritten Mal Premierminister.

9. Auf den Philippinen ergibt sich der **japanische Soldat** Leutnant Hiroo Onoda – ihm ist nicht bewusst, dass der Krieg seit 30 Jahren beendet ist.

APRIL
2. Der amtierende französische Präsident **Georges Pompidou** stirbt nach schwerer Krankheit mit 62 Jahren.

25. Beim **Putsch in Portugal** wird das rechtsgerichtete Regime von Marcello Caetano durch linksgerichtete Militäroffiziere gestürzt.

MAI
6. Bundeskanzler **Willy Brandt** gibt seinen Rücktritt bekannt, als einer seiner Vertrauten als DDR-Spion entlarvt wird.

19. Neuer französischer Staatspräsident wird **Valéry Giscard d'Estaing**.

JUNI
17. Eine **IRA-Bombe** zerstört die fast 900 Jahre alte Westminster Hall.

JULI
1. Der argentinische Präsident **Juan Perón** stirbt. Seine Nachfolge tritt seine Ehefrau **Isabel** an.

20. Die Türkei marschiert in **Nordzypern** ein, um die Rechte der türkischen Zyprioten zu garantieren. Zuvor hatten griechische Zyprioten den Anschluss der Insel an Griechenland gefordert.

AUGUST
8. US-Präsident Nixon muss wegen seiner Verstrickung in die Watergate-Affäre zurücktreten. Er kommt damit seiner Absetzung zuvor. Sein Nachfolger wird Gerald Ford.

OKTOBER
29. Muhammad Ali erobert im Kampf gegen George Foreman den Boxweltmeistertitel im Schwergewicht zurück.

DEZEMBER
10. Der russische Schriftsteller **Aleksandr Solschenizyn** nimmt seinen bereits 1970 zuerkannten Literaturnobelpreis in Stockholm entgegen.

1975

JANUAR
18. In der Bundesrepublik Deutschland wird die **Volljährigkeit** von 21 auf 18 Jahre herabgesetzt.

MÄRZ
25. König Feisal von Saudi-Arabien wird in seinem Palast in Riad von einem geistig verwirrten Neffen ermordet.

APRIL
13. Ausbruch des **Bürgerkriegs im Libanon**.

17. Die **Roten Khmer** erobern die kambodschanische Hauptstadt Phnom Penh. Damit beginnt eine zweijährige Terrorherrschaft.

30. Nordvietnamesische Truppen nehmen **Saigon** ein und benennen es in Ho-Chi-Minh-Stadt um.

MAI
21. In Stuttgart beginnt der **Prozess** gegen den Kern der **Roten Armee Fraktion (RAF)**.

JUNI
5. Erstmals seit dem Sechstagekrieg von 1967 können Schiffe wieder den **Suezkanal** passieren.

JULI
17. Amerikanische Astronauten und sowjetische Kosmonauten treffen sich beim ersten **Kopplungsmanöver von Apollo und Sojus** im Weltraum.

Griechische Zyprioten feiern die Einnahme einer türkischen Festung. Letztendlich gewinnt die Türkei aber die Kontrolle über das nördliche Drittel Zyperns.

AUGUST
1. 35 Staaten aus Europa und Nordamerika unterzeichnen die **Schlussakte von Helsinki**. Sie verpflichten sich, die existierenden Grenzen einzuhalten und die Menschenrechte zu respektieren.

OKTOBER
9. Der sowjetische Physiker und Systemkritiker **Andrej Sacharow** erhält den Friedensnobelpreis.

NOVEMBER
20. Nachfolger des verstorbenen spanischen Diktators **Francisco Franco** wird König Juan Carlos I.

DEZEMBER
21. Eine propalästinensische Terroreinheit unter **Carlos** nimmt bei der Wiener OPEC-Konferenz 70 Delegierte als Geiseln. Nach Zahlung von 20 Mio. Dollar Lösegeld werden sie freigelassen.

Aufgrund der Ölkrise von 1973 gab die britische Regierung im November 1973 Hefte zur Rationierung von Benzin heraus, die aber nie in Gebrauch kamen. Hintergrundbild: Als am 30. Januar 1972 insgesamt 13 nordirische Katholiken bei Unruhen von britischen Soldaten erschossen wurden, führte dies zu einer Eskalation des Konflikts.

ZEITTAFEL

1976

JANUAR

12. Im Alter von 85 Jahren stirbt die britische Kriminalschriftstellerin **Agatha Christie**.

21. Das englisch-französische Überschallflugzeug **Concorde** nimmt seinen Flugbetrieb auf.

FEBRUAR

7. Hua Guofeng wird neuer Ministerpräsident Chinas und Nachfolger des verstorbenen Zhou Enlai.

Die marxistische Befreiungsfront MPLA gewinnt mithilfe von 15 000 kubanischen Soldaten die Oberhand in **Angola**.

Punker erkennt man an den Aufsehen erregenden, aufwändigen Stachelfrisuren, mit denen sie die Durchschnittsbürger schockieren wollen.

MÄRZ

16. Der britische Premierminister **Harold Wilson** tritt zurück. Sein Nachfolger wird James Callaghan.

24. Eine Militärjunta unter General Jorge Videla stürzt die argentinische Staatspräsidentin **Isabel Perón**.

MAI

9. Die deutsche Terroristin **Ulrike Meinhof** wird in ihrer Gefängniszelle in Stuttgart-Stammheim tot aufgefunden; offenbar beging sie Selbstmord.

JUNI

16. Versuche der Apartheid-Regierung von Transvaal, den Unterricht in Afrikaans in Schulen zu fördern, führen zu Unruhen in der schwarzen Vorstadt **Soweto** bei Johannesburg.

28. Die **Seychellen** werden unabhängig von Großbritannien.

JULI

3. Beim **Sturm auf Entebbe** in Uganda befreit ein israelisches Kommando 106 Israelis und Juden anderer Nationalität aus den Händen palästinensischer und deutscher Terroristen.

4. Die USA feiern **200. Jahrestag** ihrer Unabhängigkeitserklärung.

17. Die **Olympischen Spiele in Montreal** werden aus Protest gegen eine Rugbytournee Neuseelands durch Südafrika von 22 afrikanischen Staaten boykottiert.

20. Die US-Raumsonde Viking I landet auf dem Mars und sendet Bilder von der **Marsoberfläche**.

AUGUST

1. Der österreichische Formel-1-Pilot **Niki Lauda** verunglückt beim Rennen auf dem Nürburgring und zieht sich schwere Verletzungen zu.

SEPTEMBER

9. Mao Zedong, der „Große Vorsitzende" stirbt im Alter von 82 Jahren in Beijing. Seine Witwe Jiang Qing und Mitglieder der Viererbande versuchen die Macht an sich zu reißen, werden aber im Oktober verhaftet.

OKTOBER

3. Bei den Bundestagswahlen wird die sozialliberale Koalition unter Bundeskanzler **Helmut Schmidt** bestätigt.

NOVEMBER

2. Gerald Ford wird bei den amerikanischen Präsidentschaftswahlen vom demokratischen Kandidaten **Jimmy Carter** besiegt.

27. In London treffen sich 30 000 Demonstranten, angeführt von den Begründern der **Ulster-Friedensbewegung** Betty Williams und Mairead Corrigan, zu einem Protestmarsch für den Frieden in Nordirland.

DEZEMBER

4. Mit 63 Jahren stirbt der britische Komponist **Benjamin Britten**.

1977

JANUAR

7. In der Tschechoslowakei veröffentlichen Meschenrechtler die **Charta 77**, in der sie auf die Einhaltung der Menschenrechte drängen, wie sie in der KSZE-Schlussakte von Helsinki 1975 festgelegt wurden.

MÄRZ

28. Auf dem Flughafen von Teneriffa ereignet sich die bis dahin **schlimmste Flugzeugkatastrophe der Welt**, als zwei Jumbojets kollidieren. Dabei kommen 575 Menschen ums Leben.

APRIL

28. Andreas Baader und andere Terroristen der **Baader-Meinhof-Gruppe** kommen lebenslänglich ins Gefängnis.

MAI

17. Menachem Begin wird zum Ministerpräsidenten von Israel gewählt.

JUNI

15. Spanien hält seine ersten allgemeinen Wahlen seit 41 Jahren ab, aus denen **Adolfo Suarez** als Ministerpräsident hervorgeht.

JULI

5. Der pakistanische Präsident Zulfikar Ali Bhutto wird durch einen von **General Mohammed Zia ul-Haq** angeführten Militärputsch gestürzt.

22. Der 1976 entmachtete **Deng Xiaoping** wird rehabilitiert.

22. Der Vorstandssprecher der Dresdner Bank, **Jürgen Ponto**, wird von RAF-Terroristen erschossen.

AUGUST

16. Elvis Presley, der König des Rock'n' Roll, stirbt nach einem Herzanfall im Alter von 42 Jahren.

SEPTEMBER

5. RAF-Terroristen entführen Arbeitgeberpräsidenten **Hanns Martin Schleyer**. Als die Bundesregierung den Forderungen der Terroristen nach Freilassung inhaftierter Gesinnungsgenossen nicht nachkommt, wird Schleyer umgebracht.

OKTOBER

10. Der Friedensnobelpreis für das Jahr 1976 wird nachträglich an **Betty Williams** und **Mairead Corrigan**, die Begründer der Ulster-Friedensbewegung, verliehen.

Der 71-jährige chinesische Staatschef Deng Xiaoping kehrte nach Maos Tod an die Macht zurück und läutete Wirtschaftsreformen ein.

18. Das deutsche Sondereinsatzkommando GSG 9 befreit die Geiseln der von palästinensischen Terroristen nach **Mogadischu** in Somalia entführten Lufthansa-Maschine *Landshut*.

19. Die RAF-Terroristen **Andreas Baader, Gudrun Ensslin** und **Jan-Carl Raspe**, deren Freilassung die Entführer von Mogadischu gefordert hatten, begehen Selbstmord.

NOVEMBER

19. Präsident **Anwar as-Sadat** besucht als erster arabischer Staatschef Jerusalem.

DEZEMBER

4. In Bangui krönt sich **Bokassa I.** zum Kaiser der Zentralafrikanischen Republik.

10. Den Friedensnobelpreis 1977 erhält die Menschenrechtsorganisation **Amnesty International**.

25. Der britische Filmkomödiant **Charlie Chaplin** stirbt im Alter von 88 Jahren.

Im Südchinesischen Meer werden die ersten vietnamesischen **Boatpeople** aufgegriffen.

1978

JANUAR
29. Schweden verbietet als erstes Land **Aerosolsprays**, um die Ozonschicht zu bewahren.

FEBRUAR
15. **Muhammad Ali** verliert seinen Boxweltmeistertitel im Schwergewicht an Leon Spinks.

MÄRZ
14. Israel beginnt mit der Invasion in den **Südlibanon**, um Palästinenserlager anzugreifen.

16. In Italien entführen sechs bewaffnete Männer der **Roten Brigaden** den früheren Ministerpräsidenten Aldo Moro.

APRIL
27. Der afghanische **Staatspräsident Mohammed Daud** wird bei einem Putsch von prosowjetischen Armeeoffizieren getötet.

MAI
9. Die Leiche des ermordeten Exministerpräsidenten von Italien, **Aldo Moro**, wird in einem parkenden Auto in Rom gefunden.

JULI
7. Die in der Tschechoslowakei geborene Tennisspielerin **Martina Navratilova** gewinnt erstmals das Turnier von Wimbledon.

14. Der sowjetische Menschenrechtler **Anatolij Schtscharanski** wird zu 13 Jahren Schwerarbeit verurteilt.

26. Im englischen Oldham wird das erste **Retortenbaby** geboren.

AUGUST
26. **Sigmund Jähn**, Offizier der Nationalen Volksarmee der DDR, startet als erster deutscher Kosmonaut ins Weltall.

SEPTEMBER
8. Bei Anti-Schah-Demonstrationen in Teheran am Ende des Ramadan kommen am **„Schwarzen Freitag"** fast 100 Demonstranten ums Leben.

Martina Navratilova, die neunmal das Einzel in Wimbledon gewann, war 1979–87 die Führende in der Weltrangliste.

Daraufhin verhängt der Schah das Kriegsrecht über zahlreiche iranische Städte.

28. Pieter Wilhelm **Botha** wird neuer Regierungschef in Südafrika.

18. Anwar as-Sadat und Menachem Begin unterzeichnen in **Camp David** im US-Bundesstaat Maryland ein Friedensabkommen zwischen Ägypten und Israel.

30. **Papst Johannes Paul I.** stirbt nach nur 33 Tagen Amtszeit.

OKTOBER
6. Unter dem Druck des iranischen Schahs weist der Irak **Ayatollah Khomeini** aus. Dieser verlegt daraufhin sein Hauptquartier nach Paris.

16. Karol Wojtyla, Erzbischof von Krakau, wird als **Papst Johannes Paul II.** der erste nichtitalienische Papst seit über 400 Jahren.

NOVEMBER
18. Der amerikanische Prediger **Jim Jones** ordnet den Massenselbstmord von 913 Mitgliedern seiner Sekte „Tempel des Volkes" im Dschungel von Guyana an.

30. Die traditionsreiche Londoner Zeitung **Times** stellt ihr Erscheinen ein.

DEZEMBER
25. Vietnamesische Truppen beginnen mit dem **Einmarsch** ins benachbarte **Kambodscha**.

1979

JANUAR
8. Die vietnamesische Armee nimmt **Phnom Penh** ein und drängt das Regime der Roten Khmer in den Dschungel zurück. Erst allmählich offenbart sich das Ausmaß der kambodschanischen Tragödie unter den Roten Khmer.

FEBRUAR
1. Der Schiitenführer **Ayatollah Khomeini** wird bei seiner Ankunft aus dem französischen Exil in Teheran von der Menschenmenge enthusiastisch begrüßt.

17. China beginnt mit Vergeltungsschlägen gegen **Nordvietnam**.

MÄRZ
28. Im Kernkraftwerk **Three Miles Island** im amerikanischen Harrisburg kommt es beinahe zur Katastrophe, als das Kühlsystem ausfällt und die Gefahr einer nuklearen Explosion besteht.

29. **Präsident Idi Amin** ergreift die Flucht, als die Ugandische Befreiungsfront nach Kampala vorrückt.

APRIL
4. Der frühere pakistanische Präsident **Zulfikar Ali Bhutto** wird trotz internationaler Proteste wegen Mordes gehängt.

MAI
4. **Margaret Thatcher**, Führerin der Konservativen, wird zur ersten Premierministerin Großbritanniens gewählt.

JUNI
2. Johannes Paul II. reist nach **Warschau**; es ist der erste Besuch eines Papstes in einem kommunistischen Land.

Die Wahl eines Polen zum Papst gab den Katholiken in den Ländern des Ostblocks Hoffnung. Hintergrundbild: Die Concorde beim Start

11. Im Alter von 72 Jahren stirbt der Hollywood-Star und Westernheld **John Wayne**.

18. In Wien unterzeichnen Jimmy Carter und Leonid Breschnew das **SALT-II-Abkommen** über die Begrenzung strategischer Waffen, das aber nie vom amerikanischen Senat ratifiziert wird.

JULI
20. Nach jahrelangem blutigem Bürgerkrieg stürzen die Sandinisten **Anastasio Somoza**, den korrupten Diktator Nicaraguas.

NOVEMBER
4. Iranische Revolutionäre stürmen die **US-Botschaft in Teheran** und nehmen das Personal als Geiseln. Das Geiseldrama zieht sich über mehr als ein Jahr hin.

DEZEMBER
10. **Mutter Teresa** erhält für ihren Einsatz für die Armen den Friedensnobelpreis.

12. Verabschiedung des **NATO-Doppelbeschlusses**: Die NATO-Mitglieder stimmen für die Stationierung von 572 Mittelstreckenraketen in Westeuropa, um den sowjetischen Rüstungsvorsprung auszugleichen. Die Stationierung erfolgt, wenn die gleichzeitig begonnenen Abrüstungsverhandlungen bis Ende 1983 zu keinem Ergebnis führen sollten.

26. Sowjetische **Invasion in Afghanistan**, um die prosowjetische Regierung zu unterstützen.

1980

JANUAR
22. Der sowjetische Systemkritiker **Andrej Sacharow** wird ins Exil nach Gorki verbannt.

MÄRZ
4. Wahl **Robert Mugabes** zum Ministerpräsidenten von Rhodesien, das in Simbabwe umbenannt wird.

24. Erzbischof Oscar Romero aus El Salvador wird während einer Messe von einer rechtsextremen Todesschwadron niedergeschossen.

APRIL
25. Die **Operation „Adlerkralle"** der amerikanischen Streitkräfte zur Befreiung der Geiseln in der US-Botschaft in Teheran endet mit einem Debakel, weil die Hubschrauber in der iranischen Wüste ausfallen.

29. Der britische Filmemacher **Alfred Hitchcock** stirbt 88-jährig.

MAI
4. Im Alter von 87 Jahren stirbt der jugoslawische **Marschall Josip Tito**.

5. Ein Sonderkommando der britischen Armee stürmt die **iranische Botschaft in London**, um die dort seit fast einer Woche von fünf bewaffneten Männern festgehaltenen Geiseln zu befreien.

18. Der Ausbruch des Vulkans **Mount St. Helens** im amerikanischen Bundesstaat Washington fordert 22 Menschenleben und verursacht großflächige Verwüstungen.

JUNI
23. Sanjay Gandhi, Sohn und politischer Erbe der indischen Ministerpräsidentin Indira Gandhi, kommt bei einem Flugzeugabsturz ums Leben.

JULI
19. Die **Olympischen Spiele in Moskau** werden aus Protest gegen den sowjetischen Einmarsch in Afghanistan von den USA und vielen anderen westlichen Nationen boykottiert.

AUGUST
2. Im Bahnhof von **Bologna** in Italien kommen 83 Menschen ums Leben, als Neofaschisten versuchen, durch ein Bombenattentat den Prozess gegen Gesinnungsgenossen zu unterbrechen.

23. Verhandlungen zwischen streikenden polnischen Werftarbeitern in Danzig und der Regierung über Lohnerhöhungen. Verhandlungsführer der Arbeiter ist **Lech Wałęsa**.

SEPTEMBER
17. Der frühere Diktator von Nicaragua, **Anastasio Somoza**, wird im Exil in Paraguay ermordet.

22. In Polen wird als Vertretung der Arbeiter des gesamten Landes die Gewerkschaft **Solidarność** (Solidarität) gegründet.

23. Irak marschiert in den Süden des Iran ein und löst damit den **Golfkrieg** aus.

OKTOBER
11. Bei zwei **Erdbeben in Algerien** kommen rund 20 000 Menschen ums Leben.

NOVEMBER
4. Der Hollywoodschauspieler **Ronald Reagan** gewinnt die Präsidentschaftswahl in den USA.

13. Im Rahmen der **Privatisierungspolitik** der konservativen Regierung Thatcher wird die staatliche Fluggesellschaft British Airways verkauft.

DEZEMBER
8. Der Ex-Beatle **John Lennon** wird im Alter von 40 Jahren von einem geistesgestörten Fan in New York erschossen.

19. Die Weltgesundheitsorganisation WHO erklärt **Pocken** für ausgerottet.

1981

JANUAR
16. Das **Spaceshuttle Columbia** unternimmt seinen Jungfernflug. Es ist die erste Mission einer wiederverwendbaren Raumfähre.

21. Am Tag der Amtsübergabe von US-Präsident Jimmy Carter an Ronald Reagan werden die **amerikanischen Geiseln** in der Botschaft von Teheran freigelassen.

25. Maos Witwe **Jiang Qing** wird zum Tode verurteilt; das Urteil wird später in eine lebenslängliche Freiheitsstrafe umgewandelt.

FEBRUAR
9. Unter dem Druck aus Moskau wird die polnische Regierung von einem kompromisslosen Militärregime unter **General Wojciech Jaruzelski** ersetzt.

23. In **Spanien** unternimmt die paramilitärische Polizeiorganisation **Guardia Civil** einen Putschversuch, der jedoch misslingt, da König und Militär die Unterstützung verweigern.

28. In **Brokdorf** demonstrieren rund 100 000 Menschen gegen den geplanten Bau des Kernkraftwerks. Dabei kommt es zu Zusammenstößen mit der Polizei.

MÄRZ
30. US-Präsident Reagan überlebt einen **Mordanschlag** in Washington durch einen Schuss von John Hinckley.

APRIL
10. Im Süden Londons kommt es zu schweren **Rassenkrawallen**, die sich über drei Tage hinziehen. Bei den Straßenschlachten werden mehr als 200 Polizisten verletzt und über 150 Demonstranten festgenommen.

MAI
5. Bobby Sands stirbt als Erster von zehn IRA-Häftlingen in Nordirland infolge eines Hungerstreiks.

10. François Mitterand, der Vorsitzende der Sozialistischen Partei Frankreichs, wird neuer französischer Präsident.

13. Johannes Paul II. wird Opfer eines **Attentats**: Bei einer Audienz auf dem Petersplatz in Rom feuert der Türke Mehmet Ali Ağca mehrere Schüsse auf den Papst. Die Verletzungen sind jedoch nicht lebensgefährlich.

JUNI
8. Israelische Düsenjäger starten einen Überraschungsangriff auf einen im Bau befindlichen **Atomreaktor** im Irak, um zu verhindern, dass der Irak in der Lage ist, Kernwaffen herzustellen.

JULI
23. Die Internationale Walfangkommission spricht sich für ein **Verbot des kommerziellen Walfangs** bis 1985 aus.

29. Der britische Thronfolger Prinz Charles heiratet die 20-jährige **Lady Diana Spencer**.

OKTOBER
6. Der ägyptische **Präsident Anwar as-Sadat** wird bei einer Militärparade in Kairo von Extremisten ermordet. Nachfolger wird Hosni Mubarak.

DEZEMBER
13. General Jaruzelski verhängt das **Kriegsrecht in Polen**; zahlreiche Aktivisten der Gewerkschaft Solidarność werden verhaftet und Lech Wałęsa unter Hausarrest gestellt.

Nach 15 Jahren Bürgerkrieg, der 27 000 Menschenleben forderte, ebnen die Wahlen in Rhodesien den Weg für eine gerechtere Zukunft.

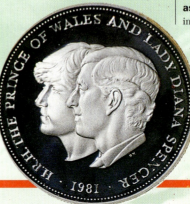

Die Hochzeit von Prinz Charles mit Lady Diana Spencer wird in der Öffentlichkeit begeistert gefeiert.

1982

JANUAR
1. Javier Pérez de Cuéllar aus Peru löst Kurt Waldheim als UN-Generalsekretär ab.

APRIL
2. Argentinische Streitkräfte besetzen die zu Großbritannien gehörenden **Falklandinseln**.

MAI
30. Spanien wird offiziell als 16. Mitglied in die NATO aufgenommen.

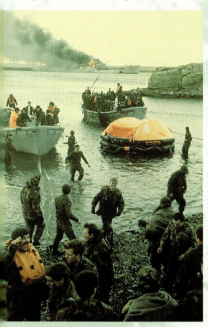

Britische Landungsboote setzen Soldaten auf den Falklandinseln ab. Hintergrundbild: Nach vier Monate langem Rumoren bricht der Vulkan Mount St. Helens aus.

JUNI
11. Israel startet einen groß angelegten **Einmarsch im Libanon**.

14. Der **Falklandkrieg** endet mit der Kapitulation Argentiniens.

JULI
20. Bei mehreren **Bombenattentaten der IRA** in London kommen acht Menschen ums Leben.

23. Der mit der Freimaurerloge P-2 verbundene vatikanische Bankier **Roberto Calvi**, gegen den in Italien ermittelt wird, wird in London unter mysteriösen Umständen erhängt aufgefunden.

AUGUST
30. Unter dem militärischen Druck Israels werden die **Führer der PLO** gezwungen, ihr Hauptquartier in Beirut aufzugeben.

SEPTEMBER
17. Christliche Milizen verüben offensichtlich aus Rache für die Ermordung des gewählten Präsidenten Bechir Gemayel ein Massaker an palästinensischen Flüchtlingen in den Lagern **Sabra** und **Chatila**.

OKTOBER
1. Der CDU-Vorsitzende **Helmut Kohl** tritt als Bundeskanzler die Nachfolge von Helmut Schmidt an.

8. In Polen wird die Gewerkschaft **Solidarność** offiziell verboten.

28. Die Sozialistische Partei Spaniens gewinnt die Wahlen: Neuer Ministerpräsident wird **Felipe González**.

NOVEMBER
10. Im Alter von 76 Jahren stirbt der sowjetische Staats- und Parteichef **Leonid Breschnew**; sein Nachfolger wird der frühere KGB-Vorsitzende Jurij Andropow.

11. Das neue **Vietnam Memorial** mit den Namen von 58 183 amerikanischen Gefallenen steht im Mittelpunkt des Interesses am Jahrestag des Waffenstillstands in Washington

DEZEMBER
2. In Salt Lake City wird einem Patienten das **erste künstliche Herz** eingepflanzt; Barny Clark überlebt noch mehr als drei Monate.

20. Im Alter von 95 Jahren stirbt der polnisch-amerikanische Pianist **Artur Rubinstein** in seinem Haus am Genfer See.

1983

JANUAR
17. Nigeria weist aufgrund der schwierigen Wirtschaftslage über **2 Mio. illegale Einwanderer** aus.

FEBRUAR
9. In Irland wird das erfolgreiche Rennpferd **Sherga** entführt und ein Lösegeld gefordert. Das Pferd taucht nie wieder auf.

MÄRZ
6. Die **Grünen** gewinnen ihre ersten Sitze im deutschen Bundestag.

23. US-Präsident Reagan gibt die strategische Verteidigungsinitiative unter dem Namen **Star-Wars-Programm** bekannt.

JUNI
9. Die konservative britische Premierministerin **Margaret Thatcher** wird für eine zweite Amtszeit gewählt.

24. Die Astronautin Sally Ride fliegt an Bord der Raumfähre Challenger als **erste amerikanische Frau** in den Weltraum.

JULI
25. Beginn des Bürgerkriegs auf **Sri Lanka** zwischen den hinduistischen Tamilen und den buddhistischen Singhalesen.

AUGUST
21. Der 50-jährige Oppositionsführer **Benigno Aquino** wird ermordet, als er nach zehn Jahren Haft und Exil auf den Philippinen eintrifft.

SEPTEMBER
1. Sowjetische Kampfflugzeuge schießen einen **südkoreanischen Jumbojet** ab, nachdem dieser unter mysteriösen Umständen in den Luftraum der Sowjetunion eingedrungen ist. Alle 269 Passagiere und Besatzungsmitglieder kommen ums Leben.

15. Menachem Begin tritt als israelischer Ministerpräsident zurück; sein Nachfolger wird **Itzhak Schamir**.

OKTOBER
5. Der Führer der polnischen Gewerkschaft Solidarność, **Lech Wałęsa**, wird mit dem Friedensnobelpreis ausgezeichnet.

22. Mehr als 1 Mio. Menschen beteiligen sich in der Bundesrepublik an den Massenprotesten gegen **Atomwaffen und Aufrüstung**.

23. In Beirut kommen bei Bombenanschlägen durch **Selbstmordkommandos** auf die Kasernen der Friedenstruppen 299 amerikanische und französische Soldaten ums Leben.

27. Nach dem Sturz und der Hinrichtung von Maurice Bishop durch linksgerichtete Militäroffiziere besetzen amerikanische Truppen die Karibikinsel **Grenada**.

30. In Argentinien wird mit der Wahl von **Raúl Alfonsin** die bürgerliche Demokratie wiederhergestellt.

NOVEMBER
15. Die **türkischen Zyprioten** in Nordzypern erklären die einseitige Unabhängigkeit und teilen damit die Insel.

DEZEMBER
17. Durch eine Autobombe der IRA vor dem Kaufhaus **Harrods** in London werden sechs Menschen getötet.

Polizeiliche Ermittlungen ergeben, dass das wertvolle Rennpferd *Sherga* einer verpatzten Entführung der IRA zum Opfer gefallen ist.

1984

JANUAR
23. Die kalifornische Computerfirma **Apple** bringt den ersten benutzerfreundlichen **Macintosh-PC** heraus.

FEBRUAR
9. Der sowjetische Staatschef Jurij Andropow stirbt nach langer schwerer Krankheit im Alter von 69 Jahren; seine Nachfolge tritt **Konstantin Tschernenko** an.

14. Das britische Eistanzpaar **Jayne Torvill** und **Christopher Dean** gewinnt mit seiner Interpretation von Ravels *Tango Bolero* die Goldmedaille bei der Winterolympiade in Sarajevo.

29. Pierre Trudeau, der Vorsitzende der Liberalen Partei Kanadas, tritt als kanadischer Ministerpräsident zurück.

1985 gewinnt Boris Becker zum ersten Mal in Wimbledon. Mit 17 Jahren ist er der jüngste Sieger in der Geschichte dieses Turniers.

MÄRZ
12. In Großbritannien beginnt der **Bergarbeiterstreik**. Die Machtprobe zwischen konservativer Regierung und linken Gewerkschaften zieht sich fast ein Jahr hin. Im März 1985 müssen die Gewerkschafter den Streik schließlich abbrechen.

APRIL
10. Der Europäische Gerichtshof entscheidet, dass Frauen bei einer **Diskriminierung im Berufsleben** eine Entschädigung zusteht.

MAI
6. Die Sowjetunion gibt als Vergeltung für den amerikanischen Boykott der Olympiade von Moskau 1980 ihren **Boykott** der Olympischen Spiele in Los Angeles bekannt.

JUNI
6. Mehr als 800 Menschen kommen ums Leben, als indische Truppen den **Goldenen Tempel von Amritsar** stürmen, in dem sich bewaffnete Extremisten der Sikhs verschanzt haben.

JULI
23. Die Parlamentswahlen in Israel gewinnt **Schimon Peres** von der Arbeiterpartei. Er wird Nachfolger von Itzhak Schamir.

AUGUST
8. Die **Olympiade von Los Angeles** geht zu Ende; gefeierter Star der Spiele ist der amerikanische Leichtathlet **Carl Lewis**, der vier Goldmedaillen gewinnt.

SEPTEMBER
20. Beim Bombenangriff eines islamischen **Selbstmordkommandos** auf die amerikanische Botschaft in Beirut kommen 40 Menschen ums Leben.

26. Großbritannien unterzeichnet eine Vereinbarung mit China zur Rückgabe von **Hongkong** nach Ablauf des Pachtvertrags 1997.

OKTOBER
12. Bei der Explosion einer IRA-Bombe im **Grand Hotel in Brighton**, wo sich die Spitze der britischen Regierung zum Parteitag der Konservativen aufhält, sterben vier Menschen. Thatcher entgeht nur knapp dem Anschlag.

12. Fünf Jahre nach Beginn des Bürgerkriegs in **El Salvador** verhandeln Rebellen und Regierung miteinander.

30. In einem Stausee wird die Leiche des von Regierungsagenten ermordeten polnischen Priesters und Systemkritikers **Jerzy Popieluszko** gefunden.

31. Die indische Ministerpräsidentin **Indira Gandhi** wird von ihren den Sikhs angehörenden Leibwachen aus Rache für den Angriff auf den Goldenen Tempel im Juni ermordet.

NOVEMBER
6. Ronald Reagan wird mit überwältigender Mehrheit erneut zum Präsidenten gewählt.

DEZEMBER
4. Durch Giftgas, das aus einer Pestizidfabrik in der indischen Stadt **Bhopal** austritt, kommen rund 2000 Menschen ums Leben und Tausende erleiden schwere Verletzungen.

1985

JANUAR
1. Jacques Delors wird Präsident der Europäischen Gemeinschaft.

FEBRUAR
8. Nach zweijährigem Exil kehrt der südkoreanische Oppositionsführer **Kim Dae Jung** nach Seoul zurück, wo er sofort unter Hausarrest gestellt wird.

MÄRZ
1. Mit dem Amtsantritt des gewählten Präsidenten **Julio Sanguinetti** endet die 12-jährige Militärherrschaft in Uruguay.

11. Nachfolger des verstorbenen sowjetischen Staats- und Parteichefs Konstantin Tschernenko wird der junge, dynamische **Michail Gorbatschow**.

APRIL
11. Der kommunistische Diktator Albaniens, **Enver Hoxha**, stirbt im Alter von 76 Jahren.

MAI
25. Bei einem Angriff von Syrien unterstützter schiitischer Milizen auf **Palästinenserlager in Beirut**, um Anhänger der PLO unschädlich zu machen, kommen Hunderte von Menschen ums Leben.

29. 38 italienische und belgische Zuschauer werden zu Tode gedrückt, als randalierende britische Fußballfans im Brüsseler **Heysel-Stadion** beim Europacup-Finale der Landesmeister zwischen dem FC Liverpool und Juventus Turin eine Mauer zum Einsturz bringen.

JUNI
23. Über dem Atlantik explodiert ein **Jumbojet der Air India** mit 329 Menschen an Bord; es wird vermutet, dass es sich um einen Anschlag extremistischer Sikhs handelt.

JULI
7. Der 17-jährige **Boris Becker** gewinnt erstmals das Tennisturnier von Wimbledon.

10. Das Greenpeace-Flaggschiff *Rainbow Warrior*, das eingesetzt wurde, um französische Atomwaffentests im Südpazifik zu unterbinden, wird von französischen Geheimagenten im Hafen von Auckland (Neuseeland) in die Luft gesprengt und versenkt; dabei kommt ein portugiesischer Fotograf ums Leben.

SEPTEMBER
1. Auf dem Grund des Atlantischen Ozeans wird das Wrack der *Titanic* entdeckt.

13. Die Weltgesundheitsorganisation WHO gibt bekannt, dass **Aids** epidemische Ausmaße erreicht hat.

19. Ein **Erdbeben in Mexico City** fordert nach offiziellen Angaben 5200 Menschenleben.

OKTOBER
2. Der Hollywoodstar **Rock Hudson** stirbt im Alter von 59 Jahren an Aids.

7. PLO-Terroristen entführen das italienische Kreuzfahrtschiff *Achille Lauro* und fordern die Freilassung von 50 Gefangenen in Israel. Bevor sie am 9. Oktober nach Verhandlungen eine Einigung erzielen, töten sie einen behinderten jüdischen Passagier.

10. Im Alter von 70 Jahren stirbt der amerikanische Schauspieler und Regisseur **Orson Welles**.

NOVEMBER
13. Ein durch den Ausbruch des Vulkans Nevado del Ruiz in Kolumbien verursachter **Erdrutsch** fordert mindestens 23 000 Menschenleben, 20 000 werden obdachlos und mehr als 2500 erleiden schwere Verletzungen.

1986

JANUAR

1. Spanien und Portugal schließen sich der **Europäischen Gemeinschaft (EG)** an.

28. Kurz nach dem Start von Cape Canaveral explodiert die **Raumfähre Challenger**; alle sieben Besatzungsmitglieder kommen dabei ums Leben.

FEBRUAR

7. Haitis Diktator, „Baby Doc" **Duvalier**, wird gestürzt und muss ins Exil gehen.

20. Start der **sowjetischen Raumstation Mir**.

25. Der philippinische **Präsident Ferdinand Marcos** wird nach einem unblutigen Sturz zur Flucht gezwungen; neue Präsidentin wird Corazon Aquino, die Witwe des drei Jahre zuvor erschossenen Oppositionsführers Benigno Aquino.

28. In Stockholm wird Ministerpräsident **Olof Palme** hinterrücks erschossen. Der Täter kann unerkannt entkommen.

APRIL

15. Amerikanische Kriegsflugzeuge starten einen überraschenden **Bombenangriff auf Libyen**, um den staatlich finanzierten Terrorismus abzuschrecken.

26. Im ukrainischen Kernkraftwerk **Tschernobyl** kommt es zu zwei Explosionen. Dabei wird eine radioaktive Strahlung freigesetzt, die dem 40fachen der Radioaktivität der Hiroshima-Bombe von 1945 entspricht.

Diese Warnung vor radioaktiver Strahlung im Kernkraftwerk Tschernobyl erwies sich als schwacher Schutz gegen die massive Verseuchung nach dem Reaktorunfall. Hintergrundbild: Das britische Eistanzpaar Torvill/Dean gewann olympisches Gold 1984 in Sarajewo.

JUNI

8. Trotz der Anschuldigungen wegen seiner nationalsozialistischen Vergangenheit wird der frühere UN-Generalsekretär **Kurt Waldheim** mit 53,9 % der Stimmen zum Bundespräsidenten Österreichs gewählt.

AUGUST

22. Eine aus einem Vulkansee in Kamerun austretende **Giftgaswolke** fordert über 1700 Menschenleben.

OKTOBER

12. Die Gespräche über die **START-Abrüstung** zwischen der Sowjetunion und den USA im isländischen Reykjavík scheitern, nachdem der amerikanische Präsident Reagan nicht bereit ist, sein Star-Wars-Programm SDI aufzugeben.

NOVEMBER

22. Der 20 Jahre alte amerikanische Boxer **Mike Tyson** erringt den Weltmeistertitel im Schwergewicht und ist damit der jüngste Weltmeister.

DEZEMBER

23. Eine jubelnde Menschenmenge begrüßt den sowjetischen Systemkritiker **Andrej Sacharow** und seine Frau Jelena Bonner bei ihrer Rückkehr aus dem Exil in Gorki nach Moskau.

1987

JANUAR

20. **Terry Waite**, der Sonderbevollmächtigte des Erzbischofs von Canterbury, wird entführt, als er versucht, über die Freilassung der im Libanon festgehaltenen westlichen Geiseln zu verhandeln.

FEBRUAR

21. Im Alter von 58 Jahren stirbt **Andy Warhol**, in den 60er-Jahren der Pionier der Pop-Art.

MÄRZ

6. Die britische Autofähre **Herald of Free Enterprise** kentert vor Zeebrügge in Belgien, wobei 193 Menschen ertrinken.

MAI

5. In Washington beginnt die Anhörung vor dem Kongress, bei der die **Iran-Contra-Affäre** aufgedeckt wird.

JUNI

11. **Margaret Thatcher** gewinnt als erster britischer Premierminister im 20. Jh. drei Wahlen hintereinander.

JULI

30. 150 000 schiitische Moslems randalieren während des jährlichen **Pilgerzugs nach Mekka**; dabei kommen 402 Menschen ums Leben.

Die Fähre *Herald of Free Enterprise* kenterte kurz nach dem Auslaufen aus dem Hafen bei einer routinemäßigen Fährüberfahrt.

AUGUST

17. Der ehemalige Hitler-Stellvertreter **Rudolf Hess** begeht im Alter von 93 Jahren im Gefängnis von Berlin-Spandau Selbstmord.

SEPTEMBER

16. In Montreal verpflichtet sich eine internationale Konferenz von 50 Nationen, die Verwendung von **Fluorchlorkohlenwasserstoffen (FCKW)** zu reduzieren, um die Ozonschicht zu schützen.

OKTOBER

15. Der „Schwarze Donnerstag" an der New Yorker Börse markiert den Beginn einer Reihe von turbulenten

Terry Waite war als furchtloser, humanitärer Vermittler in Afrika und im Nahen Osten bekannt, bevor er selbst entführt wurde.

Tagen, in der die Aktienwerte an den Aktienmärkten der Welt um insgesamt fast 500 Mrd. Dollar fallen.

NOVEMBER

11. Durch eine von der IRA gezündete Bombe kommen bei einer Feier zum Volkstrauertag im nordirischen **Enniskillen** elf Menschen ums Leben.

DEZEMBER

8. Michail Gorbatschow und Ronald Reagan einigen sich darauf, die **atomaren Mittelstreckenraketen** in Europa vollständig abzubauen.

ZEITTAFEL

1988

JANUAR
26. Zum Auftakt der Feiern zum **200. Jahrestag** der Gründung Australiens findet eine große Windjammerparade im Hafen von Sydney statt.

MÄRZ
16. Saddam Husain ordnet den Einsatz von **Giftgas** an, um über 6000 kurdische Dorfbewohner im Nordosten des Irak zu vergiften.

MAI
31. Bei einem Besuch in Moskau preist US-Präsident Reagan Gorbatschows Politik von **Glasnost** und **Perestrojka**.

JULI
3. Ein **iranisches Linienflugzeug** mit 290 Menschen an Bord wird über dem Persischen Golf vom amerikanischen Kriegsschiff *Vincennes* abgeschossen, weil es irrtümlich für ein feindliches Flugzeug gehalten wird.

SEPTEMBER
8. Die UN vermitteln einen Waffenstillstand zwischen Irak und Iran, der den acht Jahre währenden **Golfkrieg** beendet.

OKTOBER
1. Nach seiner Wahl zum sowjetischen Staatsoberhaupt vereinigt **Michail Gorbatschow** die Staats- und Parteiführung in einer Hand.

NOVEMBER
8. Der bisherige Vizepräsident **George Bush** wird zum neuen US-Präsidenten gewählt.

DEZEMBER
2. Unter **Benazir Bhutto**, der Tochter des hingerichteten Zulfikar Ali Bhutto, wird in Pakistan die Zivilherrschaft wiederhergestellt. Sie wird als erste Frau Staatschefin eines moslemischen Landes.

9. Ein **Erdbeben in Armenien** fordert über 9000 Menschenleben.

21. Ein Jumbojet der Pan Am wird auf dem Flug von London nach New York über der schottischen Stadt **Lockerbie**

Der surrealistische spanische Maler Salvador Dalí war für seine Extravaganz bekannt.
Hintergrundbild: Von den Alliierten erbeutete irakische Waffen im Golfkrieg

von einer Bombe zerfetzt; dabei kommen alle 259 Insassen sowie elf Menschen am Boden ums Leben.

22. Durch Verhandlungen der Vereinten Nationen erlangt **Namibia** die Unabhängigkeit von Südafrika.

1989

JANUAR
23. Im Alter von 84 Jahren stirbt der spanische Surrealist **Salvador Dalí**.

FEBRUAR
14. Ayatollah Khomeini verdammt den Roman *Satanische Verse* als gotteslästerlich und ruft dazu auf, den Autor **Salman Rushdie** zu ermorden. Orthodoxe Schiiten setzen 1 Mio. Dollar Belohnung auf Rushdies Tod aus.

15. Die UdSSR zieht ihre letzten Soldaten aus **Afghanistan** ab.

MÄRZ
24. Vor Alaska läuft der Öltanker **Exxon Valdez** auf Grund; dabei fließen nahezu 42 Mio. t Rohöl aus.

APRIL
15. Beim Einsturz einer überfüllten Tribüne in **Sheffield** kommen 69 Fußballfans ums Leben.

17. Die polnische Regierung hebt das Verbot gegen die Gewerkschaft **Solidarność** auf.

21. Die japanische Firma Nintendo stellt den **Gameboy** vor.

MAI
2. Ungarn lockert den **Eisernen Vorhang**, indem es seine Grenze zum benachbarten Österreich öffnet.

JUNI
3. Im Alter von 89 Jahren stirbt das iranische Staatsoberhaupt **Ayatollah Khomeini**.

4. Chinesische Militärs lösen die Massendemonstrationen für mehr Demokratie und Menschenrechte auf dem **Platz des himmlischen Friedens** in Beijing mit brutaler Gewalt auf.

4. Bei den **Parlamentswahlen in Polen** erhalten die Kandidaten der Solidarność die Mehrheit, und Tadeusz Mazowiecki wird der erste nicht kommunistische Ministerpräsident des Ostblocks.

AUGUST
25. Die amerikanische Raumsonde Voyager 2 sendet Fotos von der **Oberfläche des Neptun** auf die Erde.

SEPTEMBER
10. Ungarn erlaubt DDR-Bürgern die Ausreise in den Westen und löst damit den **Massenexodus** der DDR aus. Auch in der bundesdeutschen Botschaft in Prag bitten Hunderte von DDR-Bürgern um Asyl.

26. Nach fast elf Jahren Besatzung zieht sich Vietnam aus **Kambodscha** zurück.

30. Die **4000 DDR-Flüchtlinge** in Prag dürfen in den Westen ausreisen.

OKTOBER
5. Der **Dalai Lama** erhält den Friedensnobelpreis für seinen gewaltlosen Kampf um die Befreiung Tibets.

18. Unter dem Druck der Ausreisewelle tritt DDR-Staats- und Parteichef **Erich Honecker** nach 18 Jahren zurück. Neuer SED-Chef wird **Egon Krenz**.

23. Mit dem Versprechen auf Mehrparteienwahlen wird in **Ungarn** zum Jahrestag des Aufstands von 1956 die kommunistische „Volksrepublik" abgeschafft.

NOVEMBER
9. Die Führung der DDR gibt die Öffnungen der Grenzen zur Bundesrepublik und nach Westberlin bekannt. Tausende von Ostdeutschen strömen kurz darauf nach Westberlin und feiern den **Fall der Mauer**.

24. In Prag kommt es zu Protesten gegen das kommunistische Regime. Zehntausende feiern die Rückkehr von **Alexander Dubček**, der Symbolfigur des Prager Frühlings von 1968.

DEZEMBER
10. In der **Tschechoslowakei** kommt eine nicht kommunistische Regierung an die Macht.

14. Die Militärregierung von General Pinochet in Chile tritt zugunsten der demokratisch gewählten Regierung von **Patricio Aylwyn** ab.

25. In Rumänien werden **Präsident Nicolae Ceauçescu** und seine Frau Elena von Oppositionskräften verhaftet, vor Gericht gestellt und hingerichtet.

Zunächst wurden iranische, dann libysche Terroristen für den Anschlag auf den Jumbojet über Lockerbie verantwortlich gemacht.

1990

FEBRUAR
2. Der südafrikanische Präsident Frederik de Klerk hebt das seit 30 Jahren bestehende Verbot des **Afrikanischen Nationalkongresses (ANC)** auf.

5. Die DDR beruft **Oppositionelle** in die Regierung.

11. Nelson Mandela, der Veteran der ANC-Aktivisten, wird nach 27-jähriger Haft in Südafrika aus dem Gefängnis entlassen.

Nelson Mandela und seine Frau Winnie feiern seine Freilassung aus dem Gefängnis.

MÄRZ
11. Litauen erklärt seine Unabhängigkeit von der Sowjetunion.

18. Bei den ersten freien Wahlen in der DDR erringt die konservative **„Allianz für Deutschland"** den Sieg und beschleunigt den Prozess der Wiedervereinigung. Ministerpräsident wird der CDU-Politiker **Lothar de Maizière**.

21. Namibia erlangt die Unabhängigkeit von Südafrika.

APRIL
25. Das **Weltraumteleskop Hubble** wird gestartet.

MAI
29. Der Radikalreformer **Boris Jelzin** wird vom Parlament im dritten Wahlgang zum Präsidenten der Russischen Föderation gewählt.

JUNI
11. Die **Russische Föderation** erklärt ihre Unabhängigkeit von der UdSSR.

22. Bei einem **Erdbeben** im Nordiran kommen 40 000 Menschen ums Leben.

JULI
1. Die **Wirtschafts-, Währungs- und Sozialunion** zwischen Bundesrepublik und DDR tritt in Kraft.

8. Die **deutsche Nationalmannschaft** wird durch ein 1:0 über Argentinien zum dritten Mal nach 1954 und 1970 Fußballweltmeister.

AUGUST
2. Irakische Truppen marschieren ins benachbarte Ölscheichtum **Kuwait** ein. Am 28. August erklärt der irakische Diktator Saddam Husain das Emirat zur 19. Provinz des Irak.

8. Benazir Bhutto wird als pakistanische Ministerpräsidentin abgesetzt.

OKTOBER
3. Nach 41 Jahren erfolgt die **Wiedervereinigung** Deutschlands.

NOVEMBER
27. In Großbritannien löst **John Major** Margaret Thatcher als Premierminister ab.

29. Der UN-Sicherheitsrat stellt Saddam Husain ein **Ultimatum**: Sollte sich der Irak bis zum 15. Januar 1991 nicht aus Kuwait zurückgezogen haben, droht die internationale Streitmacht unter Führung der USA mit militärischen Vergeltungsmaßnahmen gegen den Irak.

DEZEMBER
2. Bei den ersten **gesamtdeutschen Wahlen** erringt die CDU/CSU/FDP-Regierungskoalition unter Helmut Kohl einen deutlichen Sieg.

9. In Polen wird der Gewerkschaftsführer der Solidarność, **Lech Walesa**, zum Präsidenten gewählt.

1991

JANUAR
17. Zwei Tage nach dem Ablauf des UN-Ultimatums an den Irak beginnt die **Operation „Wüstensturm"** mit 39 Tage dauernden Luftangriffen auf den Irak.

FEBRUAR
27. Die alliierten Bodentruppen befreien **Kuwait**. Der Irak akzeptiert alle zwölf UN-Resolutionen bedingungslos.

APRIL
12. Der **Waffenstillstand** im Golfkrieg tritt offiziell in Kraft.

MAI
21. Der ehemalige indische Premierminister **Rajiv Gandhi** wird auf einer Wahlkampfveranstaltung von einem Selbstmordkommando ermordet.

JUNI
25. Die jugoslawischen Teilrepubliken **Slowenien und Kroatien** erklären ihre Unabhängigkeit.

JULI
31. Bush und Gorbatschow unterzeichnen das **START-Abkommen** zur

1989 erscheint das elektronische Spielgerät Gameboy der Firma Nintendo, in das austauschbare Spiele eingesteckt werden können.

John McCarthy kehrt nach mehr als fünf Jahre langer Geiselhaft in Beirut in die Heimat zurück.

Reduzierung aller Atomwaffen, die eine Reichweite von über 5500 km haben.

AUGUST
8. Nach über fünfjähriger Gefangenschaft wird in Beirut die Geisel **John McCarthy** freigelassen.

SEPTEMBER
6. Die Sowjetunion gewährt den baltischen Staaten **Litauen, Lettland** und **Estland** die Unabhängigkeit.

OKTOBER
26. Im jugoslawischen Bürgerkrieg können die Serben einige militärische Erfolge erringen. Es gelingt ihnen jedoch nicht, die Kroaten entscheidend zu besiegen.

NOVEMBER
18. Terry Waite, die letzte britische Geisel in Beirut, wird nach fast fünf Jahren Geiselnahme freigelassen.

DEZEMBER
11. Beim Gipfeltreffen in **Maastricht** verhandeln die Staats- und Regierungschefs der EG die Details zur Verwirklichung einer Wirtschafts- und Währungsunion.

17. Jelzin und **Gorbatschow** vereinbaren die Auflösung der UdSSR zum 31. Dezember. Am 25. Dezember tritt Gorbatschow als Staatsoberhaupt der UdSSR zurück.

1992

JANUAR

1. Boutros Boutros-Ghali aus Ägypten wird neuer UN-Generalsekretär.

MÄRZ

3. Alija Izetbegović, Präsident von **Bosnien-Herzegowina**, erklärt die Unabhängigkeit der Republik von Jugoslawien.

21. In den überwiegend von **Kurden** bewohnten osttürkischen Provinzen kommt es zu blutigen Unruhen.

APRIL

9. Bei den Parlamentswahlen in Großbritannien wird **John Major** als Premierminister bestätigt.

9. **Manuel Noriega**, Expräsident von Panama, wird in Miami wegen Kokainhandels und Geldwäsche verurteilt.

29. In Los Angeles kommt es zu gewalttätigen **Rassenunruhen**, bei der 58 Menschen sterben. Auslöser der Krawalle ist der Freispruch von weißen Polizisten vom Vorwurf der Körperverletzung, obwohl sie einen schwarzen Autofahrer schwer misshandelt haben. Von der Tat existiert ein Amateurvideo.

Manuel Noriega war sechs Jahre lang Präsident von Panama, bevor er von amerikanischen Truppen festgenommen und wegen Drogenhandels vor Gericht gestellt wurde.

JUNI

23. **Itzhak Rabin** wird zum Ministerpräsidenten Israels gewählt und nährt damit die Hoffnungen derjenigen, die den Friedensprozess unterstützen.

29. Der algerische Präsident **Mohammad Boudiaf** wird ermordet. Die Attentäter werden der verbotenen Islamischen Heilsfront zugerechnet.

JULI

9. Zur Versorgung der Bevölkerung in der bosnischen Hauptstadt **Sarajevo** richten die UN eine Luftbrücke ein.

AUGUST

9. Die **Olympiade in Barcelona** sind die ersten Spiele seit zwei Jahrzehnten, die nicht von politischen Boykotts oder Zwischenfällen betroffen sind.

NOVEMBER

3. Der Demokrat **Bill Clinton** wird zum Präsidenten der USA gewählt.

DEZEMBER

6. Fanatische Hindus zerstören die älteste Moschee Indiens in **Ayodhya**, um dort einen Hindu-Tempel zu errichten. Darauf kommt es zu blutigen Krawallen zwischen beiden Religionsgruppen.

9. Die Vereinten Nationen entsenden rund 35 000 Soldaten nach **Somalia**, um das vom Bürgerkrieg heimgesuchte Land vor dem Hungertod zu retten.

1993

JANUAR

1. Die Tschechoslowakei hört auf zu existieren: In einer friedlichen Einigung wird das Land in die beiden eigenständigen Staaten **Tschechien** und **Slowakei** geteilt.

FEBRUAR

26. Arabische Terroristen zünden in der Tiefgarage des **World Trade Center** in New York eine Autobombe, durch die sechs Menschen getötet und 300 weitere verletzt werden.

APRIL

19. Die amerikanischen Behörden beenden eine 51 Tage dauernde Belagerung des Hauptquartiers der Davidianersekte in **Waco**. Dabei kommen 82 Sektenmitglieder ums Leben.

MAI

18. In einer zweiten **Volksabstimmung** ratifiziert Dänemark mit knapper Mehrheit den Vertrag von Maastricht.

JUNI

13. Mit **Tansu Ciller** wird erstmals eine Frau Ministerpräsidentin der Türkei.

17. Der Vance-Owen-Friedensplan für **Bosnien-Herzegowina** scheitert. Damit geht der Bürgerkrieg zwischen Serben, Kroaten und Moslems weiter.

23. US-Präsident Bill Clinton ordnet die **Bombardierung Bagdads** als Vergeltung für Attentatspläne des Irak gegen Expräsident Bush an.

JULI

31. Im Alter von 62 Jahren stirbt der belgische **König Baudouin I.**

SEPTEMBER

13. Das **Gaza-Jericho-Abkommen** zwischen Israel und der PLO gewährt den Palästinensern die Teilautonomie im Gazastreifen und Westjordanland.

13. In der **Übergangsregierung** in Südafrika sitzen erstmals Schwarze.

Die Olympischen Spiele von Barcelona begannen mit einer spektakulären Eröffnungsfeier.
Hintergrundbild: Bei einem Bombenanschlag auf das Regierungsgebäude in Oklahoma starben 168 Menschen.

OKTOBER

4. Boris Jelzin schlägt **Putschversuch** der Reformgegner in Moskau nieder.

NOVEMBER

1. Der **Vertrag von Maastricht** tritt in Kraft und ebnet den Weg zu einem vereinigten Europa.

DEZEMBER

10. Für ihre Bemühungen um die friedliche Beendigung des Apartheidregimes wird **Nelson Mandela** und **Frederik de Klerk** der Friedensnobelpreis verliehen.

12. In **Russland** finden die ersten demokratischen Wahlen statt. Vor allem Jelzins Gegner schneiden gut dabei ab.

15. Mit der so genannten **Nordirland-Erklärung** startet eine neue Friedensinitiative für Nordirland.

22. In Australien verleiht ein Gesetz den **Aborigines** einen Rechtsanspruch auf die Rückgabe ihrer früheren Gebiete.

1994

JANUAR

17. Bei einem **Erdbeben in Los Angeles** kommen mindestens 55 Menschen ums Leben.

FEBRUAR

5. Durch eine Mörserbombe werden auf einem dicht bevölkerten Markt in **Sarajevo** 68 Menschen getötet.

25. Ein radikaler **jüdischer Attentäter** erschießt in einer Moschee in Hebron 29 Palästinenser.

MÄRZ

3. Österreich, **Finnland** und **Schweden** treten der EU zum 1. 1. 1995 bei.

APRIL

6. In Ruanda beginnen Hutu-Milizen ein zuvor geplantes **Massaker** an der Tutsi-Minderheit.

27. Die südafrikanischen Wähler entscheiden sich mit überwältigender Mehrheit für den ANC, und **Nelson Mandela** wird neuer Präsident.

MAI

6. Der **Kanaltunnel** unter dem Ärmelkanal wird eröffnet.

JUNI

12. Nicole Simpson wird in ihrem Haus in Los Angeles tot aufgefunden, was zum Prozess gegen ihren Exmann **O. J. Simpson** führt.

25. Der luxemburgische Ministerpräsident **Jacques Santer** wird Präsident der Europäischen Kommission.

JULI

8. Im Alter von 82 Jahren stirbt **Kim Il Sung**, der autoritäre Staatschef von Nordkorea. Nachfolger wird sein Sohn Kim Jong Il.

AUGUST

14. Der international gesuchte Terrorist **Carlos** wird im Sudan festgenommen und zur Verurteilung nach Frankreich gebracht.

31. Die IRA verkündet den Verzicht auf **Waffengewalt**.

SEPTEMBER

19. Die USA entsenden 15 000 Soldaten nach **Haiti**, um die gewählte Regierung von Jean-Bertrand Aristide wieder an die Macht zu bringen.

28. Beim Untergang der Autofähre **Estonia** in den kalten Gewässern vor Finnland ertrinken 918 Menschen.

OKTOBER

4. In Kanada und der Schweiz sterben 53 Mitglieder der **Sonnentempelsekte** offensichtlich durch Massenselbstmord.

NOVEMBER

8. Das **UN-Kriegsverbrechertribunal** in Den Haag beginnt mit Verhören über Gräueltaten im Bürgerkrieg auf dem Balkan.

27. Norwegen stimmt ein zweites Mal gegen einen Beitritt zur Europäischen Union.

DEZEMBER

11. Russland entsendet Truppen in die abtrünnige Republik **Tschetschenien**.

1995

JANUAR

17. Bei einem Erdbeben im japanischen **Kobe** kommen über 6000 Menschen ums Leben und 100 000 Gebäude werden zerstört.

28. Das **Rheinhochwasser** erreicht Köln und überflutet die gesamte Altstadt. Zwei Tage später erreicht der Pegelstand mit 10,69 m einen neuen Rekord.

FEBRUAR

27. Die Londoner Investment Bank **Barings** ist ruiniert, weil ein Börsenspekulant in Singapur innerhalb von drei Wochen 1,38 Mrd. DM verloren hat.

MÄRZ

3. Mitglieder der japanischen **Aum-Sekte** setzen in der U-Bahn von Tokio das tödliche Nervengas Sarin frei: Zwölf Menschen sterben und 5500 werden verletzt.

Ein von Frankreich und Großbritannien herausgegebener Briefmarkensatz zur Feier der Fertigstellung des Kanaltunnels.

3. Die UN-Truppen ziehen unverrichteter Dinge wieder aus **Somalia** ab; sie konnten die Not der Bewohner durch einander bekriegende Gruppen nicht lösen.

APRIL

19. Bei einem Bombenanschlag auf ein Regierungsgebäude in **Oklahoma City** sterben 168 Menschen.

MAI

10. Das **Gipfeltreffen** zwischen Bill Clinton und Boris Jelzin in Moskau bringt keine Annäherung der Standpunkte in der Frage der Osterweiterung der NATO.

26. Im bosnischen Pale nehmen serbische Truppen **UN-Soldaten** als Geiseln, um sie als menschliche Schutzschilde gegen die drohende Bombardierung durch Flugzeuge der NATO einzusetzen.

JUNI

23. Der Künstler Christo hüllt den **Reichstag** in Berlin in Stoff.

JULI

10. In Birma kommt der Oppositionsführer **Aung San Suu Kyi** nach sechs Jahren Hausarrest frei.

11. Bosnische Serben erobern die Moslemenklave **Srebrenica**; als deren Bürger die Flucht ergreifen, werden Tausende von Männern niedergemetzelt.

AUGUST

25. Bei der größten **Massenhochzeit** der Welt werden im Olympiastadion von Seoul 35 000 Mitglieder der Vereinigungskirche von San Myung Mun verheiratet.

SEPTEMBER

5. Trotz internationaler Proteste beginnt Frankreich eine Reihe von **Atomwaffentests** auf Mururoa im Südpazifik.

OKTOBER

30. Das Referendum über die Selbstständigkeit der kanadischen Provinz **Quebec** scheitert knapp mit 50,6 %. Damit bleibt Kanadas Einheit erhalten.

NOVEMBER

4. Der israelische Ministerpräsident **Itzhak Rabin** wird von einem radikalen jüdischen Rechtsextremisten erschossen.

11. Die Hinrichtung des Schriftstellers und Menschenrechtlers **Ken Saro-Wiwa** in Nigeria löst weltweit stürmische Proteste aus.

30. Bill Clinton stattet als erster amerikanischer Präsident **Nordirland** einen Besuch ab.

DEZEMBER

14. In Paris wird das **Abkommen von Dayton** für Frieden in Bosnien unterzeichnet. Danach besteht Bosnien aus einem moslemisch-kroatischen und einem serbischen Teil.

Das Hochwasser setzte die historische Altstadt von Köln unter Wasser.

1996

JANUAR

7. Bei den schlimmsten **Schneestürmen** seit 70 Jahren im Nordosten der USA kommen über 100 Menschen ums Leben.

21. **Jasir Arafat** wird zum Präsidenten des palästinensischen Autonomierats gewählt.

30. Durch eine von **tamilischen Extremisten** in Colombo gelegte Bombe sterben 75 Menschen.

FEBRUAR

9. Die IRA signalisiert das Ende ihrer 17-monatigen Waffenruhe durch Zünden einer gewaltigen Bombe im Gebiet der **Canary Wharf** in London, durch die zwei Menschen umkommen.

MÄRZ

2. Die liberal-nationale Koalition in Australien erlangt einen Erdrutschsieg, und **John Howard** wird neuer Premierminister.

13. Ein Amokschütze erschießt in einer Grundschule im schottischen **Dunblane** 16 Kinder und eine Lehrerin.

20. In Großbritannien bricht die **BSE-Krise** aus, als die Regierung verkündet, dass die tödliche Creutzfeldt-Jakob-Krankheit mit dieser Hirnerkrankung von Rindern zusammenhängen könnte.

APRIL

13. Die Israelis verstärken ihr Bombardement auf Palästinenser im **Südlibanon**, und 400 000 Menschen flüchten aus dem Gebiet.

MAI

16. Die nationalistische Hindu-Partei BJP bildet in Indien eine Koalitionsregierung unter der Leitung von **Atal Behari Vajpayee**.

31. Die Wahl des rechtsgerichteten **Benjamin Netanjahu** vom Likud-Block zum Ministerpräsidenten von Israel lässt Zweifel am Fortschreiten des Friedensprozesses aufkommen.

JUNI

15. Die Detonation einer IRA-Bombe zerstört das Zentrum von **Manchester**.

Im Alter von 21 Jahren gewinnt „Tiger" Woods das US-Masters-Golfturnier mit dem höchsten je erreichten Vorsprung von zwölf Schlägen.
Hintergrundbild: Die königliche Jacht *Britannia* diente 40 Jahre lang als britisches Prestigesymbol.

JULI

17. Bei der Explosion eines **Jumbojets** kurz nach dem Start in New York kommen alle 230 Menschen an Bord ums Leben.

27. Bei den Olympischen Spielen in Atlanta finden zwei Menschen durch die Explosion einer **Rohrbombe** den Tod.

AUGUST

28. Prinz Charles und Prinzessin Diana lassen sich nach 15 Jahren **scheiden**.

OKTOBER

28. In Afghanistan übernehmen die **Taliban**, sunnitische Fundamentalisten, die Macht in der Hauptstadt Kabul. Exstaatspräsident Mohammed Najibullah wird öffentlich hingerichtet.

NOVEMBER

5. **Bill Clinton** wird erneut zum Präsidenten der USA gewählt, aber die Republikaner erhalten in beiden Häusern des Kongresses die Mehrheit.

DEZEMBER

3. Durch einen Bombenanschlag in der **Pariser Métro** kommen vier Menschen ums Leben; als Tatverdächtige gelten islamische Fundamentalisten aus Algerien.

1997

JANUAR

1. **Kofi Annan** aus Ghana wird neuer UN-Generalsekretär.

MÄRZ

11. In **Albanien** bricht eine Krise aus, als Rebellentruppen aus dem Süden auf die Hauptstadt Tirana vorrücken; daraufhin ergießt sich ein ganzer Strom von Flüchtlingen nach Italien.

APRIL

13. Der 21-jährige **Eldrick „Tiger" Woods** gewinnt als bisher jüngster Spieler das US-Masters-Golfturnier.

23. Die Auseinandersetzungen zwischen moslemischen Fundamentalisten und der Regierung in **Algerien** werden immer brutaler und blutiger: Bei einem Gemetzel sterben 42 Dorfbewohner.

MAI

2. In Großbritannien erringt die Labour Party unter **Tony Blair** einen überraschend deutlichen Wahlsieg über die konservative Regierung.

In Zaire stürzen Oppositionsstreitkräfte das despotische Regime von Präsident Mobutu, und ihr Anführer **Laurent Kabila** wird neuer Präsident. Zaire nennt sich nunmehr Demokratische Republik Kongo.

JUNI

29. Der in Ungnade gefallene Boxer **Mike Tyson** beißt bei seinem Comeback-Versuch seinem Gegner Evander Holyfield einen Teil des Ohres ab.

30. Großbritannien gibt **Hongkong** offiziell an China zurück.

JULI

4. Die amerikanische Sonde Pathfinder landet auf dem **Mars**, um Gesteinsproben zu entnehmen.

18. Ungarn, Tschechien und Polen werden in die **NATO** aufgenommen. Offizielles Eintrittsdatum ist April 1999.

Thailands **Wirtschaft** gerät in eine schwere Krise. Es sind die ersten Anzeichen eines Konjunkturrückgangs, der Südostasien in den nächsten 18 Monaten erfasst.

AUGUST

15. **Timothy McVeigh** wird für das Bombenattentat in Oklahoma 1995 zum Tode verurteilt.

31. **Prinzessin Diana**, die Exfrau von Prinz Charles und Mutter seiner beiden Söhne, kommt bei einem Autounfall in Paris ums Leben.

SEPTEMBER

5. Im Alter von 87 Jahren stirbt **Mutter Teresa** in Kalkutta.

OKTOBER

1. In **Algerien** wird ein Waffenstillstand ausgerufen, aber von den verfeindeten Parteien nicht eingehalten. Der Bürgerkrieg zwischen Regierung und Islamisten kostete seit 1992 insgesamt 65 000 Menschen das Leben.

Rücksichtslose Brandrodungen und extreme Trockenheit führen in **Südostasien** zu verheerenden Waldbränden. Die Region liegt unter einer mörderischen Smog-Glocke. Die hausgemachte Naturkatastrophe kostet über 1000 Menschen das Leben.

NOVEMBER

17. Bei einem **bewaffneten Überfall** bei Luxor im Süden von Ägypten töten islamische Terroristen 58 ausländische Touristen und zehn Ägypter.

25. Die *Britannia*, die Jacht der britischen Königin Elisabeth II., wird aus Kostengründen außer Dienst gestellt.

DEZEMBER

12. Südkorea, elftgrößte Wirtschaftsmacht der Welt, erhält vom Internationalen Währungsfond IWF einen **Kredit von 57 Mrd. Dollar**, um seine kriselnde Wirtschaft zu retten.

Mutter Teresa widmete ihr Leben den Armen und Sterbenden in Indien.

1998

JANUAR

17. US-Präsident Clinton leugnet, 1995 eine Affäre mit der 21-jährigen **Monica Lewinsky**, einer Praktikantin im Weißen Haus, gehabt zu haben. Später muss er jedoch das Verhältnis öffentlich zugeben.

MÄRZ

10. Im **Kosovo** kommt es zu einem Exodus, weil Aktionen der UCK, der albanischen Befreiungsarmee des Kosovo, Vergeltung durch serbische Truppen provozieren.

APRIL

6. Großbritannien und Frankreich ratifizieren das **Allgemeine Teststoppabkommen**.

10. Das so genannte **Karfreitagsabkommen** legt den Grundstein für eine demokratische Regierungsversammlung mit geteilter Macht für Katholiken und Protestanten und einen dauerhaften Frieden in Nordirland.

MAI

11. Die nationalistische indische Regierung ordnet **fünf Atombombentests** in Nordwestindien an.

29. **Pakistan** reagiert darauf mit einer Reihe eigener Tests.

JUNI

18. Erstmals seit der Ölkrise 1974 ist die auf Expansion gerichtete **japanische Wirtschaft** rückläufig.

JULI

12. Frankreich gewinnt im eigenen Land die **Fußballweltmeisterschaft**.

AUGUST

2. Die **Tour de France** endet aufgrund der zahlreichen Doping-Anschuldigungen mit einem Fiasko.

14. Bei **Bombenanschlägen** von **Terroristen** auf die amerikanischen

Frankreich gewinnt die Fußballweltmeisterschaft durch ein 3:0 im Finale gegen Brasilien.

Botschaften in Nairobi und Daressalam kommen mehr als 200 Menschen ums Leben.

15. In der nordirischen Stadt **Omagh** tötet eine Bombe 28 Menschen. Die Verantwortung für den Anschlag übernimmt eine Splittergruppe der IRA.

SEPTEMBER

27. Bei den Bundestagswahlen unterliegt Helmut Kohl dem SPD-Kandidaten **Gerhard Schröder**, der eine Koalition mit den Grünen eingeht.

OKTOBER

29. Südafrikas „**Wahrheitskommission**" beschuldigt in ihrem Bericht sowohl das Apartheidregime als auch den ANC wegen Verbrechen und Verletzung der Menschenrechte.

NOVEMBER

1. Ein **Hurrikan** verursacht riesige Überschwemmungen und Erdrutsche in Honduras, Guatemala und Nicaragua. Bei einer der größten Naturkatastrophen Mittelamerikas sterben mehr als 10 000 Menschen.

24. Die Weltgesundheitsorganisation WHO gibt bekannt, dass weltweit rund 33 Mio. Menschen mit **HIV** infiziert sind.

DEZEMBER

17. Britische und US-Streitkräfte fliegen viertägige **Luftangriffe** gegen irakische Militäreinrichtungen, da Husain wiederholt Waffeninspektionen der UN verhindert hat.

1999

JANUAR

1. In elf Staaten der EU – Deutschland, Frankreich, Italien, Portugal, Spanien, Finnland, Irland, Österreich, Beneluxstaaten – wird der **Euro** eingeführt.

FEBRUAR

7. Nach 47-jähriger Herrschaft stirbt **König Husain II.** von Jordanien; sein Nachfolger wird sein Sohn Abdullah.

12. Clinton wird vom Senat vom Vorwurf des Meineids und der Verdunkelung **freigesprochen** und entgeht somit einer Anklage.

24. Die NATO beginnt den **Luftkrieg** gegen serbische Militäreinrichtungen, um die Albaner im Kosovo vor den Gräueltaten der Serben zu schützen, Die Vertreibung der Albaner geht jedoch weiter.

JUNI

20. Nach der Zusicherung, dass alle serbischen Truppen den Kosovo geräumt haben, **beendet die NATO ihre Luftangriffe** gegen Serbien.

NOVEMBER

Immer mehr Details der **CDU-Parteispendenaffäre** kommen ans Licht.

Der Parteivorsitzende **Helmut Kohl** übernimmt die Verantwortung für die schwarzen Kassen und stürzt die CDU in eine tiefe Krise.

2000

MÄRZ

17. In Uganda kommen bei einer **Massenverbrennung** über 500 Sektenanhänger ums Leben.

APRIL

20. Moskau ratifiziert den **Start-II-Vertrag**, der die Halbierung der Atomwaffen Russlands und der USA vorsieht.

23. Moslemische Extremisten nehmen auf der philippinischen Insel **Jolo** insgesamt 21 Urlauber als Geiseln.

Wegen des Kriegs zwischen Eritrea und Äthiopien sind 16 Mio. Menschen am Horn von Afrika von einer **Hungersnot** betroffen.

MAI

14. Die Explosion einer Feuerwerksfabrik verwüstet die niederländische Stadt **Enschede**.

25. Nach 22 Jahren Militärpräsenz im **Südlibanon** räumt Israel überraschend die von ihm besetzten Sicherheitszonen.

JUNI

1. In Hannover wird die Weltausstellung **Expo 2000** eröffnet.

Unter großer Anteilnahme wird König Husain II. von Jordanien beigesetzt.

REGISTER

Die *kursiv* gedruckten Seitenzahlen verweisen auf eine Abbildung.

Abacha, Sani 131
Abba 60
Abkommen von Wye *131*
Aborigines 50, 51, 56, 96, 152
Achille Lauro 148
Action Directe 39
Adams, Gerry 133
Afghanistan 22, 23, 52, 102, 103, 104, 105, 128
Agnew, Spiro 20, 142
Ägypten 13, *13*, 14, 25, 26, 97, 102, 130
Aids 6, 48, 49
Akihito, Kaiser von Japan 135
Akupunktur 8
Albanien 115, *115*
Alfonsin, Raúl 147
Alfonso XIII., König von Spanien 117
Algerien 102, 125, 154
Ali Bhutto, Zulfikar 25, 145
Allen, Paul 73
Allende, Salvador 33, *33*, 141, 142
Amin, Idi 30, *30*, 31, 42, 141, 142, 145
Amnesty International 41, 44, 49, *49*, 144
Amritsar 129, 148
Amtsenthebung des US-Präsidenten 19, *19*
ANC 32, 132, 133, 151
Andre, Carl 69
Andropow, Jurij 104
Anelka, Nicolas 79
Anglikanische Kirche *54*
Angola 15, 30, *30*, 31, 132, 144
Antibabypille 7, 45, 48
Antikommunismus 54
Apartheid 13, 14, 79, 132, 133
Apollo-Programm 9, 10, *10*, 17, 141, 143
Apple 9, 70, *70*, 72, 73, 148
Aquino, Begnino 95, 147
Aquino, Corazon 95
Arafat, Jasir 35, 131, *131*, 154
Arbeitslosigkeit 32, 50, 85, 87–89, 96, 121
Argentinien 7, 33, 42, 78, 81, 82, 134, 135
Aristide, Jean-Bertrand 127, *128*
Arkan *115*
Armani, Giorgio 67
Ärmelkanaltunnel 71, 75, 153, *153*
Asahara, Shoko 57
Assad, Hafiz al- 14, 25, 100
Assuan-Staudamm 13, 141
Atari 70, 71
Äthiopien 31, 56, 78, 155
Atomwaffen 15, 47, 130, 147, 153, 155
Aum-Sekte 57, *57*, 153

Aung San Suu Kyi 130, *130*, 153
Australien 28, 50–52, 63, 90, 91, 96
Auto 9, 12, 74, 75, *75*, 90, 139
Aylwyn, Patricio 135, 150
Aznar Lopèz, José María 117

Baader, Andreas 38, 144
Baader-Meinhof-Gruppe 7, 38, *38*, 39, 142, 144
Baath-Partei 13, 14, 99, 126
Bahrain 100
Bakker, Jim 54
Bandaranaike, Sirimavo 46
Bangladesh 12, *24*, 25, 141
Barre, Siad 125
Bartók, Bela 58
Baryschkow, Michail 22
Baselitz, Georg 69
Basken 7, 36, 117
Basketball 79
Baudouin I., König von Belgien 152
Bay City Rollers 60
Beatles 52, 58, 60
Becker, Boris 80, *80*, 148, 148
Bee Gees 60
Befreiungstheologie 54
Begin, Menachem 26, *26*, 144
Beijing 20, 21, 93, 94, *94*
Beirut 26, *27*, 28, 101, 148, *151*
Belgien 10, 116, 121
Belo, Carlos 130
Benelux-Staaten 120
Berbick, Trevor 80
Bergarbeiter 85, 86, *86*, 87, 148
Berlin 66, *69*
Berliner Mauer 16, 17, 150
Berlusconi, Silvio 121, *121*
Bernstein, Carl 19, *19*
Bertolucci, Bernardo 45, 67, *67*
Beuys, Joseph 69
Bevölkerungswachstum 88
Bewegung der Blockfreien 24
Bhagvan Shree Rajneesh 53, *53*
Bhopal 148
Bhutto, Benazir 150, 151
Biafra 12, 141
Birma 128
Bishop, Maurice 122
Blade Runner 136, *136*
Blair, Tony 133, 139, *139*, 154
Bloch, Dora 42
Blue Jeans 68
Blues 60, 62
Blutiger Sonntag 12, 37, *40*, 142
Boatpeople 28, *28*, 144
Bokassa I., Kaiser der Zentralafrikanischen Republik 31, 144

Bolan, Marc 59
Bolivien 12, 128
Bolschoi-Ballett 22
Bonner, Jelena 106
Borg, Björn 80
Börsenkrach 88
Bosnien-Herzegowina 114, *114*, 115, 152
Botha, Pieter Wilhelm 132, 145
Boudiaf, Mohammad 102, 152
Boutros-Ghali, Boutros 122, 152
Bowie, David 59, 60
Brandenburger Tor *16*
Brando, Marlon 45
Brandt, Willy 17, 18, 35, 141, 143
Brasilien 12, 81, 128, 137, *155*
Brassens, Georges 59
Breakdance 61
Brehme, Andreas 82
Brel, Jacques 59
Breschnew, Leonid 17, 21, 22, 104, *104*, 147
Breschnew-Doktrin 18, 19, 22, 107
British Airways 87
British Telecom 87
Britten, Benjamin 144
Brixton 50, *50*
Brokdorf 146
Brosnan, Pierce 67
Bruntland, Gro Harlem 47
Brüssel *11*, 116, 121
Brzezinski, Zbigniew 24
BSE-Krise 121, 154
Budd, Zola 78
Buddhismus 53
Bulgarien 120
Bundesrepublik Deutschland 7, 10, 12, 16, *16*, 21, 28, 34, 46, 48, 50, 64, 75, 78, 81, 82, 84, 85, *85*, 88, 89, 108–110, 116, 117, 118, 120, 121
Bürgerrechtsbewegung 36, 44, 49
Burgess, Anthony 9
Burundi 127
Bush, George 107, 112, 150
Bushnell, Nolan 71
Büstenhalter 7, *7*
Byrne, David 62

Caetano, Marcello 30
Calley, William 6
Calvi, Roberto 147
Calvo Sotelo, Leopoldo 117
Campbell, Naomi 68
Camp-David-Abkommen 14, 26, 97, 130, 145
Carl XVI. Gustaf, König von Schweden *21*
Carlos siehe Sánchez, Ilich Ramírez
Carpenters 60
Carreras, José 62, *62*
Carrero Blanco, Luis 36, *37*
Carter, Jimmy 20, 22, *22*, 24, 26, *26*, 88, 98, 128, 144

Casals, Pablo 142
Ceaușescu, Nicolae 110, *110*, 111, 150
Centre Pompidou 10, *11*
Chaban-Delmas, Jacques 118
Chamorro, Violeta 128
Chaplin, Charlie 144
Charles, Prinz von Wales 65, 138, *146*
Charta 77 144
Chile 15, 33, *33*, 134, 135
China 16, 18, *18*, 19, 21, 30, 34, 54, 63, 86, 91, *91*, 92, *92*, 93, *93*, 94
Choeung Ek 29
Christie, Agatha 144
Christliche Milizen 28
Christo 69, *69*, 153
Chruschtschow, Nikita 17, 21, 141
CIA 19, 33, 123
Ciller, Tansu 101, 152
Cliff, Jimmy 61
Clinton, Bill 131, *131*, 133, 139, *139*, 152, 155
CNN 64
Cobain, Kurt 62
Comaneci, Nadia 77, 78
Computer 6, 9, 70, *70*, 71, *71*, 72, 73, 76, 84, 91, 139, 140, *140*
Concorde 70, 74, *74*, 75, 144, *145*
Connery, Sean 67
Connors, Jimmy 80
Contras 123, *128*
Cooder, Ry 62
Corrigan, Mairead 41, *41*, 144
Costa Rica 33
Costner, Kevin 51
Crédit Agricole 88
Crichton, Michael 66
Cruise, Tom 56
Culture Club 61

Daewoo 90
Daily Express 63
DaimlerChrysler 84, *136*, 137
Dalai Lama 54, 150
Dalí, Salvador 150, *150*
Dalton, Timothy 67
Dänemark 11, 49, 116, 119, 121
Daud, Mohammed 145
Davidianer 56, 57
Day O'Connor, Sandra 46
Dayan, Moshe 25
Dayton 115, 153
DDR 16, *16*, 17, 18, 34, 38, 66, 78, 108–110
De Cuéllar, Javier Pérez 122, 147
De Gaulle, Charles 11, 141
De Klerk, Frederik 132, 133, 152
De Maizière, Lothar 110, 151
Dean, Christopher 148
Decker, Mary 78

Dehaene, Jean-Luc 121
Delors, Jacques 118, 119, 121, 148
Deng Xiaoping 19, 20, 21, 91, *91*, 92, 93, 144, *144*
Depeche Mode 61
Desktop-Publishing 72
Diana, Prinzessin von Wales 60, *64*, 65, 138, *138*, 146, *146*, 154
Dietl, Helmut 66
Dior, Christian 68
Discodancing 60
Djidda 30
Documenta 69
Domingo, Plácido 62, *62*
Doors 58
Douglas, James 80
Dritte Welt 13, 48, 61, 84, 88, 89, 128
Drogen 8, 44, 48, 50, 51, 53, 56, 58, *58*, 60, 128, *152*
Drusen 26
Dubcek, Alexander 150
Dubrovnik 114
Duvalier, François („Papa Doc") 12, 126, 141, 149
Duvalier, Jean-Claude („Baby Doc") 12, *13*, 26
Dylan, Bob 59

Eco, Umberto 66
ECU 117
Ecuador 12
EG 10, 11, *11*, 116–119, 142, 149
Eisenbahn 31, 74
Eisenstein, Sergei 59
Eiserner Vorhang 16–18, 109
Elisabeth II., Königin von Großbritannien *60*, 96
El Salvador 33, 128, 148
E-Mail 76
Emerson, Lake and Palmer 58
Emma 46
Empfängnisverhütung 7, 45
Enniskillen 149
Enschede 155
Ensslin, Gudrun 38, 144
Entebbe 42, 144
Entwicklungshilfe 13, 88, 127
Entwicklungsländer 48, 84
Enzyklika *Humanae vitae* 45
EOKA 32
Erdbeben 142, 146, 148, 150, 151, 153
Erdöl 12, 14, 131
Eritrea 31, 155
Esoterik 44
Estland 113, 120, 151
Estonia 153
ETA 34, 36, 37, 117
EU 64, 88, *121*, 116–119, *119*, 120, *120*, 121
Euro 119, 121, *121*, 155
Europäische Kommission 118, *118*, 121

Europäische Währungsunion 118
Europäische Zentralbank 118
Europäischer Rat 121
Europäischer Währungsfonds 117
Europäisches Parlament 118, 121
Europäisches Währungssystem 120
Expo 2000 155

Faldo, Nick 81
Falklandkrieg 89, *89*, 134, 147
Falwell, Jerry 55, *55*
Fayed, Dodi al- 138
Feisal, König von Saudi-Arabien 143
Fellini, Federico 67
Feminismus 7, 44, 47, 48, 54
Fernsehen 54, 55, 59, 63, 65, 67, 68, *71*, 76, 77, 79, 80, 138
Ferrari 81
Fidschi-Inseln 141
Finnland 120, 121, 153
Fittipaldi, Emerson 81
Flitzen 44, *44*
Flower-Power-Bewegung 44, 128
Flüchtlinge 12, 26, 28, 122, 132, *132*, 150
FNLA 30, *30*
Fonda, Jane *64*
Ford, Gerald 20
Ford-Werke 84, *84*
Foreman, George 79, *79*
Formel 1 81
Foster, Norman 10
Franco, Francisco 11, 36, 37, *117*, 143
Frankreich 10, 28, 30, 39, 48, 62, 75, 84, 85, 88, 89, 95, 100, 102, 116, *116*, 119, 120, 121, 127, *153*, *155*
Frazier, Joe 79
Frei Ruiz-Tagle, Eduardo 135
Frelimo 31
Friedensbewegung 47
Friedensnobelpreis 22, 41, 44, 49, 54, 130, 131, 133, 134, 145
Friedman, Milton 88
Fujimori, Alberto 135
Fundamentalismus 26, 52, 54, 97, 101, 102
Fürstenfeldbruck 35
Fußball 78, 79, 81, 82, 151, 155, *155*

Gaddhafi, Moamar al- 13, *13*, 14, 26, 34, 124
Galtieri, Leopoldo 134, 135
Gameboy 71, *71*, 151
Gandhi, Indira 25, 46, 129, *129*, 148

Gandhi, Rajiv 129, 130, 151
Garvey, Marcus 56
Gates, Bill 73, *73*
GATT 84, 85
Gaza-Jericho-Abkommen 152
Gazastreifen 26, 130, 131
Gemayel, Bechir 28
Genesis 62
Genforschung 120
George, Götz 66
Georgien 113
Gibson, William 72
Giftgas 149, 150
Giftmüll 8
Giscard d'Estaing, Valéry 117, 143
Givenchy 68, *68*
Glasnost 106, 150
Golanhöhen 143
Goldman, Ronald 65
Goldstein, Baruch 131
Golfkrieg 124, *124*, 125, 126, 146, 150, *150*
González, Felipe 117, 147
Gorbatschow, Michail 93, 104, *104*, 105–107, *107*, 108, 109, 111, *111*, 112, 148, 150, 151
Gorbatschow, Raissa 107, *107*
Gormley, Antony 69
Graf, Steffi 80
Gray, John 136
Greenpeace 8, *8*, 44
Greer, Germaine 46, *46*
Grenada 122, 123, *123*, 147
Griechenland 11, 32, 118, 121
Grippe 138, 140
Grisham, John 66
Grüne 44, 147
GSG 9 38
Guardia Civil 117, 146
Guatemala 12, 128
Guerilla 26, *28*, 30, 31, 33–35, 54, 123, 127
Guevara, Che 38
Guggenheim Museum 69
Guinea-Bissau 30
GUS 111, 113
Gutiérrez, Gustavo 54
Guyana 56
Guzmán, Abimael 135

Häagen-Daz 68
Habash, Georges 35
Habibie, Bacharuddin 130, 136
Habyarimana, Juvenal 127
Haiti 12, 13, 126, 153
Haile Mariam, Mengistu 31
Haile Selassie, Kaiser von Äthiopien 31, 56, *56*
Häkkinen, Mika 81
Hale-Bopp 57
Hamas 131
Hammerstein, Oscar 62
Hare-Krishna-Bewegung 8, 53, *53*
Harrison, George 58
Harrods 147

Haute Couture 67
Havel, Vaclav 110
Hawaii 95
Hawking, Stephen 140
Hearst, Patricia 39, *39*
Heath, Edward 85, 89
Heavy Metal 59
Hendrix, Jimi 8, *58*, 59, 141
Henson, Jim 65, *65*
Herald of Free Enterprise 149, *149*
Herrhausen, Alfred 38
Herzimplantation 147
Hess, Rudolf 149
Hewlett Packard 70
Hinault, Bernard 80
Hinduismus 63, 129, 130
Hip-Hop 61
Hiroshima 127
Hisbollah-Miliz 100
Hitchcock, Alfred 146
Hite, Shere 45
Hitler, Adolf 66
HIV 48, 155
Hochgeschwindigkeitszug 74
Ho-Chi-Minh-Pfad 28
Hockney, David 69
Hollywood 67, 68
Holyfield, Evander 80
Homelands 32
Homöopathie 8
Homosexualität 48, 49, 54
Honecker, Erich 109, 141, 150
Hongkong 28, 64, 90–92, 92, 93, *93*, 94, 138, 148, 154
Hooligans 81
Hope, Bob 74
Horne, Alistair 16
Hotpants 45, *45*
Howard, John 154
Howell, Vernon 56
Hoxha, Enver 148
Hua Guofeng 21, 91, 144
Hubbard, L. Ron 56
Hubble 151
Hudson, Rock 148
Hugo, Victor 62
Hume, John 133, 134
Husain II., König von Jordanien 26, 100, 155, *155*
Husain, Saddam 99, 124–126, *126*
Hutu 127
Hu Yaobang 92, 93
Hyundai 90

IBM 70, 71, *71*, 73
ICE 75, *75*
Indien 24, 25, 54, 63, 65, 66, 67, 129, 130, *154*
Indonesien 28, 30, 36, 86, 90, 96, 101, 130, 136, *137*
Indurain, Miguel 80
Inflation 20, 32, 33, 85, 88
Informationstechnologie 9, 70, 71, 84
Internet 57, 73, 74, 76, 76

Intifada 130
Inuit 51
IRA 34, 37, *37*, 40, *40*, 41, 89, 133, 134, 143, 147, *147*
Irak 97–99, *99*, 100, 124, *124*, 125, 126, *139*
Iran 97, *97*, 98, 99, *99*, 100, 101, 123
Iran-Contra-Affäre 123, *123*, 149
Irland 11, 37, 41, 116, 134
Islam 25, 52, 97, 98, 100–103
Israel 7, 13, *13*, 14, 22, 25, *25*, 26, 35, *35*, 42, 97, 122, 124, 125, 130, 155
Italien 7, 10, 39, 45, 68, 81, 82, 88, 89, 116, 120, 121, *121*
IWF 85, 136, 137

Jackson, Geoffrey 42
Jackson, Michael 59, *59*, 61
Jähn, Sigmund 145
Jamaika 56, 60, 61, 128
James-Bond-Filme 67, *67*
Japan 57, 58, 71, 84, 86, 89, 90, *90*, 91, 136
Japanisch-Chinesischer Krieg 91
Jaruzelski, Wojciech 107, 108, 146
Jazz 60, 62
Jelzin, Boris 105, 111, *111*, 112, 113, 151
Jemen 34, 125
Jesus Christ Superstar 141
Jiang Qing 19, 20, *20*, 21, 146
Jobs, Steve 70, *70*
Johannes Paul I. 145
Johannes, Paul II. 53, 54, 145, *145*
John, Elton 59, 60, 61
Johnson, Ben 78
Johnson, Earvin 79, *79*
Johnson, Michael 79
Jolo 155
Jom-Kippur-Krieg 14, 25, *25*, 59, 85, 142
Jones, Jim 56, 145
Joplin, Janis 8, 58
Jordan, Michael 86
Jordanien 26, 35, 47, 125
Juan Carlos I., König von Spanien 117
Judd, Donald 69
Jugendkultur 44
Jugoslawien 114, 115, 120, 151
Jumbojet 6, 70, 74, *74*, 75, 101, 141, *141*, 147, 148, 150
Jurassic Park 66, 67

Kaah, Hubert 62
Kabila, Laurent 132, 154
Kalter Krieg 6, 14, 16–18, *18*, 23, *102*, 122
Kambodscha 6, 15, 28, *29*, 30, 42, 150

Kamen, Nick 68
Kampala 30, 42
Kampuchea 30
Kanada 8, 18, 28, 36, 57, 91
Kapitalismus 16, 21, 87, 91
Kapoor, Anish 69
Kapverdische Inseln 30
Karamanlis, Konstantin 32
Karfreitagsabkommen 155
Karmal, Babrak 23
Kassem, Abdul Karim 126
Keenan, Brian 101, *101*
Keifer, Anselm 69
Kelly, Petra 45
Ken Saro-Wiwa 153
Kent State University 6, *6*, 7, 141
KFOR-Truppen 115
KGB 21, 22, 104
Khalistan 129
Khomeini, Ayatollah 97, *97*, 98–100, *100*, 145
Kidman, Nicole 56
Killing Fields 28
Kim Dae Jung 148
Kim Il Sung 153
King, Don 79
Kirch, Leo 64
Kissinger, Henry 18, 20, 25, 29, 141
Knight, Philip 86
Kobe 153
Kohl, Helmut 88, 110, 117–119, *119*, 139, 147
Kolumbien 33, 128
Kommunikationstechnologie 9, 43, 70, 72, 76, 84, 91
Kommunismus 6, 16, 17, *18*, 20, 24, 28, 29, 33, 34, 42, 55, 78, 83, 91, *91*, 122, 123, *138*
Kondome 48
Kongo 132
Konvergenzkriterien 119, 121
Konzeptkunst 69
Koons, Jeff 69
Korbut, Olga 77, *77*
Koresh, David 57
Kosovo 115, *115*, 155
Kossygin, Alexej 21
Kosuth, Joseph 69
Krenz, Egon 109, 150
Kriegsverbrechertribunal 127, 153
Kroatien 114, 115, 151
KSZE-Abkommen 18, 111
Kuba 31, 34, 78, 122, 134
Kubrick, Stanley 8
Kujau, Konrad 66
Kulturrevolution 16, *18*, 19–21, 30, 42, 54
Kundera, Milan 66
Kurden 125, 126, 141, 152
Kuwait 100, 124, 125, 151
Kybernetik 72

Labour Party 85, 133
Lamont, Norman 120
Landwirtschaft 17, 44, 84, *91*, 95, 116, 117, 120, 121
Langer, Bernhard 81

Langer Marsch 91
Laos 6, 28, 128
Laporte, Pierre 36
Lauda, Niki 81, 144
Le Pen, Jean-Marie 50
Lebow, Fred 82
Led Zeppelin 59
Lee Kuan Yew 95
Lega Nord 121
Leisler Kiep, Walther 139
LeMond, Greg 80
Lendl, Ivan 80
Lenin, Wladimir Iljitsch *112*
Lennon, John 58, *58*, 146
Leonow, Alexej *17*
Lettland 112, 113, 120, 151
Leuchtender Pfad 42, 135
Levi, Primo 66
Lewinsky, Monica 155
Lewis, Carl 78, *78*, 148
Liang Xiaoyan 94
Libanon 26, 100, 122, 123, 155
Libyen 13, 30, 34, 38, 101, 124, 149
Lin Biao 19, 141, *141*
Litauen 112, 113, 120, 151
Literaturnobelpreis 21, *21*
Little Buddha 67
Liu Shaoqi 91
Lockerbie 101, 150
Lon Nol, General 30, 141
Londonderry 37, 40, *41*
Long, Richard 69
Louganis, Greg 78
Lovell, Jim 10
Lucas, George 66
Lufthansa 38
Luxemburg 10, 116, 118, 121

Maastrichter Vertrag 118, 119, 120, 152
Macau 91, 93
Machel, Samora 31
Macintosh 148
Madonna *60*, 61
Madras 130
Maharishi Mahesh Yogi 52
Mahathir bin Mohamad 96
Mahler, Horst 38
Major, John 89, 119, 121, 133, 151, 152
Makarios 32
Malaysia 28, 90, 96
Mandela, Nelson 14, *14*, 133, *133*, 151, *151*, 152, 153
Mandela, Winnie *151*
Mansell, Nigel 81
Manson, Charles 44
Mao Zedong *18*, 19, *20*, 21, 91, 93, *141*, 144, *144*
Maori 51
Maradona, Diego 78, 79, 82
Marcos, Ferdinand 95, *95*, 96, 149
Marcos, Imelda 95, *95*
Markow, Georij 22

Marktwirtschaft 84, 89, 117
Marley, Bob 56, 61, *61*
Marokko 128
Márquez, Gabriel Garcia 66
Marxismus 16, 24
Massentrauungen 55, 153
Mauerfall 105, 108, *108*, 109
Mazedonien 114, 115
McCarthy, John 101, 151, *151*
McCartney, Paul 58
McDonald's 68, 106, *106*
McEnroe, John 80, 86
McQueen, Alexander *68*
Medien *34*, 39, 43, 58, 63, 67, 139
Meinhof, Ulrike 38, 144
Meir, Golda 47
Menem, Carlos 134, 135
Menschenrechte 18, 20, 49, 93, 122, 123, 135
Mercedes 81
Merckx, Eddie 80, *80*
Mexiko City 77, 81, 82, 148
Microsoft 71–73, *73*
Mikroprozessor 9, 70
Militärdiktatur 12, 16, 32, 134, 135
Millet, Kate 46
Milosevic, Slobodan 115
Minirock 45
Mitsubishi 84
Mitterrand, François 88, 117, 118, *119*, 146
Miyake, Issey 68
Mobiltelefon 6, 7, 73, *76*
Mobutu Sese-Seko 79, 132
Mode 63, 67, 68
Mogadischu 26, 138, 144
Möller, Irmgard 38
Mondlandung 10, 142
Monetarismus 88
Montenegro 114, 115
Montonero-Guerilleros 42, 134
Moore, Roger 67
Moro, Aldo 39, 145
Morrison, Jim 8, 58, *58*, 141
Mosambik 30, 31
Moslems 22, 24, 26, 27, 28, 50, 97, 98, *100*, 102, 115, 123
Mount St. Helens 146, 147
Mountbatten, Lord 41
MPLA 30
MTV 59
Mubarak, Hosni 102
Mudschaheddin 23, *23*, *102*, 103, 105
Mugabe, Robert 31, *32*, 146
Muhammad Ali 79, *79*, 80, 143, 145
Mullahs 98, 101
Mun, San Myung 55
München 35, 73, 77, 142
Murdoch, Rupert 63, *63*, 64
Musical 62, *62*,
Musikvideos 59, 61
Mutter Teresa 145, 154, *154*
My Lai 6, 141
Myanmar 130

Nagasaki 127
Nahost-Friedenskonferenz 142
Najibullah 103
Nam June Paik 69
Namco 71
Namibia 31, 150, 151
Napalmbomben 6
NASA 9, 10
Nasser, Gamal Abd el- 13, 25, 126, 141
Nastase, Ilie 80
National Geographic 9
Nationale Front 50
Nationalsozialismus 66
NATO 17, 110, 117, 120, 145, 111, 115, 154, 155
Navratilova, Martina 80, 145, *145*
Neave, Airey 40, *40*
Nena 62
Neoexpressionisten 69
Neonazismus 50, 138
Nepal 81, 128
Netanjahu, Benjamin 42, 131, *131*, 154
Netanjahu, Jonathan 42
Neto, Agostinho 30
Netscape 73
Neue Deutsche Welle 62
Neuseeland 50–52, 78, 91
New Age 44
New York Post 64
Nicaragua 33, 123, 128, 134, 142
Nicklaus, Jack 81
Niederlande 10, 36, 87, 116, 121
Nigeria 12, 47, 128, 131, 147
Nike 84–86, *86*
Nintendo 71, *151*
Nirvana 62
Nissan 87
Nixon, Richard 6, 16, 18, *18*, 19, *19*, 20, 25, 28, 29, 142, 143
Nkomo, Joshua 31, 32, *32*
Nordirland 7, 12, 14, 36, 37, 40, *40*, 41, 84, 133, 134, *139*, 141, 152, 153
Nordkorea 78
Nordvietnam 28–30, 142
Nordzypern 147
Noriega, Manuel 124, 152, *152*
North, Oliver 123, *123*, 124
Norwegen 47, 120, 153
Nottingham Forest 81
Noyce, Phillip 67
Nusrat Fateh Ali Khan 62

Ochsenknecht, Uwe 66
Oh! Calcutta 45, *45*
Oklahoma 152, 153
Ölembargo 12, 14, 42, 85
Ölkrise 12, 20, 75, 84, *84*, 85, 142, *143*

Olympische Spiele 23, 35, 77, 78, *78*, 79, *117*, 142, 144, 146, 148, 152, *152*
Omagh 134, *134*, 155
Ono, Yoko 58
OPEC 12, *12*, 14, 26, 39, 85
Operation Adlerkralle 146
Operation Wüstensturm 125, 151
Organisation für Afrikanische Einheit (OAU) 30
Osaka 82
Ostbengalen 25
Ostblock 17, 18, 34, 77, 78, 118, *119*, 145
Österreich 88, 108, 109, 120, 121, 153
Osttimor 30, 130
Ost-West-Konflikt 18, 122
Owens, Jesse 78
Ozonschicht 8

Pahlewi, Resa Schah 97–99
Pakistan 12, 23, 62, 101, 128, *128*, 130, 155
Pakistanische Volkspartei 24, 25
Palästina 26
Palästinenser 14, 26, 27, 130
Pale 153
Palme, Olof 149
Panama 12, 124, *152*
Papadopoulos, George 32
Papamobil 54
Paparazzi *64*
Paraguay 12, 134
Pariser Abkommen 29
Park Chung Hee 90
Patriotische Front Ruandas (FPR) 127
Patten, Chris 92
Paul VI. 45
Pavarotti, Luciano 62, *62*
Peres, Shimon 131, 148
Perestrojka 106, 150
Perón, Isabel 42, 143, 144
Perón, Juan 42, 142, 143
Peru 42, 128
Personal Computer (PC) 6, 9, 70, 71, 72, 73, 76, 148
Phalange-Miliz 26, *27*
Philippinen 28, 90, 95, 96
Phnom Penh 29, *29*, 30, 145
Piano, Renzo 10, *11*
Picasso, Pablo 142, *142*
Pingpong-Diplomatie 18, 141
Pink Floyd 59, *59*
Pinochet, Augusto 33, 135
Platz des Himmlischen Friedens 91, 93, *94*
PLO 26, 28, 34, 35, 38, 39, 131, 147
Pol Pot 29, *29*, 30
Polen 120, 146
Pompidou, Georges 143
Ponto, Jürgen 144
Pop-Art 69

Popieluszko, Jerzy 148
Popmusik 43, 58–60
Portugal 30, 47, 88, 93, 118, 120, 121, 143
Powell, Enoch 13
Prager Frühling *110*
Presley, Elvis 144
Préval, René 128
Prost, Alain 81
Protestanten 12, 37
Puccini, Giacomo 62
Punk 8, 9, 67, 60, *144*
Putin, Wladimir 113, 139

Rabin, Itzhak 131, 152, 153
RAF (Rote Armee Fraktion) 38, *38*, 143
Rahman, Mujibur Scheich 25
Rainbow Warrior 8, 148
Ramos-Horta, Jose 130
Random House 64
Rap 61
Raspe, Jan-Carl 38, 144
Rassendiskriminierung 50
Rassismus 49, 50, 138
Rastafarier 56, *56*
Raumfahrt 10, *10*, 149
Reader's Digest 76
Reagan, Ronald 55, 88, 89, *104*, 105, 123, 124, 146, 148
Reagonomics 88
Real Madrid 79
Reeves, Keanu 67
Reggae 60, 61, *61*
Reichstag *69*, 153
Renamo 31
Renault 39
Renoir, Auguste 69
Reservate 50
Restore Hope 126
Retortenbaby 145
Reynolds, Albert 133
Reynoso, Abimael Guzmán 42
Rezession 12, 26, 85
Rheinhochwasser 153, *153*
Rhodesien 31, 32, *32*, 146
Rice, Tim 62, *62*
Ride, Sally 147
Robben Island 133
Roberto, Holden *30*
Roboter 73, 139, *140*
Rocard, Michel 88
Rockmusik 58, 59, 62
Rodgers, Richard 62
Rogers, Richard 10, *11*
Rohöl 12, *12*, 14, 26
Rolling Stones 62
Romero, Oscar 33, 146
Römische Verträge 10, 11, 116
Römisch-katholische Kirche 54
Roosevelt, Theodore 88
Rote Brigaden 7, 19, 39, 145
Rote Khmer 29, *29*, 30, 42, 143
Roy, Arundhati 65
Ruanda 127, *127*, 132, *132*

Rubinstein, Artur 147
Rumänien 78, 110, 120
Rushdie, Salman 66, *100*, 101
Russland 111–113, 136, 137, 152
Rust, Mathias *106*
Rüstungskontrolle 6
Ryan, Leo 56

Sacharow, Andrej 22, 23, 105, 106, 143, 146, 149
Sadat, Anwar as 13, 25, 26, *26*, 144, 146
Saito, Ryoei 69
Salazar, António de Oliveira 49
Saljut 141
SALT-I-Abkommen 17, 142
SALT-II-Abkommen 22, *22*, 145
Samsung 90
Sánchez, Ilich Ramírez 39, *39*, 143, 153
Sandinisten 33, 123, 128
Sandino, César Augusto 123
Sands, Bobby *40*, 41, 146
Sanguinetti, Julio 148
Santer, Jacques 121, 153
Sarajevo 115, *115*, *149*, 152, 153
SAS 100, *100*
Satanische Verse 100, 101
Satellitenfernsehen *63*, 64
Saudi-Arabien 12, *12*, 30, 125
SAVAK 97
Savimbi, Jonas 30
Scargill, Arthur 86, *86*
Schamir, Itzhak 147
Scharia 98
Schengener Abkommen 120
Schewardnadse, Eduard 106
Schiffer, Claudia 67
Schiiten 99, 100, 101, 123, 125
Schleyer, Hanns Martin 38, *38*, 144
Schlink, Bernhard 66
Schlussakte von Helsinki 18, 22, 49, 143
Schmidt, Helmut 118, 144
Schönberg, Claude-Michel 62
Schreiber, Karlheinz 139
Schröder, Gerhard 139, 155
Schtscharanski, Anatolij 22, *22*, 145
Schumacher, Michael 81, *81*
Schumann, Jürgen 38
Schwarzer, Alice 46
Schwarzer Donnerstag 149
Schwarzer Freitag 88, 137, 145
Schwarzer Montag 88
Schwarzer September 35, *35*

Schwarzkopf, Norman 125
Schweden 87, 120, 121, 153
Schweiz 34, 47, 57, 120
Sciencefiction 136
Scientology-Kirche 56
SDI 105, 106
Sears Tower 142
Sechstagekrieg 25, 26, 35
Sega 71
Seifenopern 63, *63*
Sekten 44, 52
Sendic, Raúl 41
Senegal 62
Senna, Ayrton 81
Serbien 114, 115
Serra, Richard 69
Sesamstraße 65, *65*
Seth, Vikram 66
Sex Pistols 9, 60, *60*
Seychellen 144
Sicherheitsrat der Vereinten Nationen 127
Siemens 9, 84
Sihanouk, Norodom Prinz 30
Sikhs 129, *129*
Silicon Valley 9
Simbabwe 32, *32*, 132
Simpson, Nicole 65
Simpson, O. J. *64*, 65, 153
Singapur 90, 95, 96, *96*
Sinn Féin 37, 133
Skylab 142
Slowakei 120, 152
Slowenien 114, 115, 120, 151
Smith, Ian 31
Smithson, Robert 69
Software 72, 73
Sojus-Mission 17, *17*, 143
Solidarność, 104, 107, 108, *108*, 146, 147
Solschenizyn, Aleksandr 21, *21*, 141, 143
Somalia 31, 38, 125, 126, *127*, 152, 153
Somoza, Anastasio 33, 123, 145, 146
Sonnentemplerorden 57, 153
Sonntagsfahrverbot 12, 142
Sony 61, 71, 87
Soweto 14, 32, *32*, 144
Sowjetarmee 23, *102*
Sowjetunion 6, 13, 14, 16–25, 78, 100, *102*, 104–106, 111–113, 119, 122, 125
Sozialcharta 119
Sozialismus 117, 118, 122
Spaceshuttle 73, 146
Spanien 11, 36, 84, 88, 116, 117, *117*, 118, 120, 121, 146, 147
Spendengelder 139
Spielberg, Steven 66, 67
Spitz, Mark 77, *77*
Srebrenica 153
Sri Lanka 129, 130, 147
Stammheim 38
Starr, Ringo 58
START-Abkommen 22, 106, 112, 149, 151, 155

Star-Wars-Programm 147
Stern 66
Stewart, Jackie 81
Stockhausen, Karlheinz 62
Stonewall Inn 49
Stoph, Willi 141
Stormont-Parlament 36, 40, 142
Strauss, Levi 68
Strawinsky, Igor 141
Strichcode 70, 72, 73, 142
Stuttgart 66
Suárez González, Adolfo 117, 144
Südafrika 13, 14, *14*, 30–32, 78, 79, 132, 133
Sudan 13, 125
Südkorea 84, 86, 90, 154
Süd-Molukken 36
Südvietnam 28
Suezkanal 25, 143
Suharto, Thojib 96, 130, 136, *137*
Sumatra 95
Supertanker 90
Swaggart, Jimmy 54, 55
SWAPO-Guerillas 31
Syrien 14, 25, *25*, 34, 100

Taiwan 21, 84, 86, 90, 94
Taliban 103, *103*
Talking Heads 62
Tamil Tigers 129
Tangerine Dream 58
Tarantino, Quentin 67
Taschenrechner 9, 70, 142
Tate, Sharon 44
Tebbit, Norman 89
Techno 62
Teheran 97, 98, *98*, 145
Tejero, Antonio 117
Teneriffa 75
Tennis 80, *80*
Terrorismus 8, *13*, 15, *18*, 29, 33, 34, *34*, 35, *35*, 36–39, 41, 42, 77, 97, 100–102, 117, 123, 124, 126, 129, 134, 135, 142, *150*, 155
Textverarbeitung 9, 70–72
TGV 70, 75
Thailand 28, 30, 52, 90, 96, 128, 136
Thatcher, Margaret 8, 40, 47, 85, 87, 89, *89*, 116, 135, 145, 147, 149
Thatcherismus 87, 88
The Sun 64
The Sunday Times 64
The Times 64
Three Miles Island 145
Tibet 54
Tigray 31
Tigris 99
Tikrit 126
Time Warner 64
Titanic 148
Tito, Josip 114, 115, 146
Todesschwadron 33
Tonton Macoutes 126, 127
Toronto-Segen 55
Torvill, Jayne 148, *149*

Tosh, Peter 56, 61
Tour de France 80, *80*, 155
Transzendentale Meditation 52
Travolta, John 60, *60*
Trimble, David 134
Trio 62
Trotzkij, Leo 21
Trudeau, Pierre 148
Truffaut, François 67
Truman, Harry S. 142
Tschad 13
Tschechien 120, 152
Tschechoslowakei 16, 82, 110, *110*, 150
Tschernenko, Konstantin 104, *104*, 148
Tschernobyl 106, *106*, 149
Tschetschenienkrieg 113, *113*, 153
Tunesien 125
Tupamaros 41, 42, 135
Türkei 32, 101, 120, *143*
Turner, Ted 64, *64*
Tutsi 127, 132
Twentieth Century Fox Film Corporation 64
Tynan, Kenneth 45
Tyson, Mike 80, 149, 154

UdSSR siehe Sowjetunion
UFO 57
Uganda 3, *30*, 31, 42, 57, 127, 132, 142, 155
Uhrwerk Orange 9
Ulrich, Jan 80
Ulster 37, 40, 41, *41*, 144
UN siehe Vereinte Nationen
UNESCO 13, 122
Ungarn 108, 120
UNICEF 122, *132*
UNISOM II 126
UNITA 30, *30*
Uruguay 7, 33, 41, 42
Usbekistan 112
Utzon, Jørn 10

Venezuela 33
Vereinigte Staaten von Europa 118
Vereinigungskirche 55
Vereinte Nationen 26, 32, 84, 122, 125, 128, 142
Versace, Gianni 67, 68, *68*
Vicious, Sid 60
Videla, Jorge 42, 134
Videorecorder 6, 67, 139
Videospiele 71, *71*, 76, 142
Viererbande 20
Vietcong 6, 28
Vietnam 6, 7, 14–16, 19, 20, 23, 28–30, 79, 86, 122, 142
Vincennes 101
Viola, Roberto 134
VIVA 59
Volkstemplersekte 56, 57
VW 75

Waco 56, 152
Wahrheitskommission 155
Währungskrise 96
Waite, Terry 149, *149*, 151
Waldheim, Kurt 142, 149
Wałęsa, Lech 108, *108*, 146, 147, 151
Walfangverbot 146
Walkman 61
Wall Street 88
Warhol, Andy 69, 149
Warner Brothers 71
Warschauer Pakt 14, 17, 18
Washingtoner Erklärung 131
Wasserstoffbombe 22
Watergate-Affäre 19, 20, 142
Watson, Tom 81
Wayne, John 145
Webber, Andrew Lloyd 62, *62*
Wei Jingsheng 21
Weir, Peter 67
Welles, Orson 148
Weltbank 94
Weltraumforschung 9, 17, *17*
Weltsicherheitsrat 125, 127
Weltwirtschaftskrise 88
Westjordanland 26, 130, 131, *131*
Wettrüsten 16
Weyrauch, Horst 139
White Plains 28
WHO 48, 122, *122*
Wiedervereinigung Deutschlands *16*, 110, 121, 151
Williams, Betty 41, *41*, 144
Wilson, Harold 143, 144
Windjammer-Parade 96
Windows 71–73, *73*
Woods, Eldrick 81, *154*
Woodward, Bob 19, *19*
World Music 62
World Trade Center 6, 152
Wounded Knee 44, 51, 142
Wozniak, Stephen 70
WTO 85

Yamamoto, Yohji 68
Yamauchi, Hiroshi 71
Yoga 44, 52, 53
Youssou N'Dour 62
Yuppies 87, *87*

Zabel, Erik 80
Zaire 30, 79, 127, 132, *132*
ZANU 31
ZAPU 31
Zeebrügge 75, *149*
Zentralafrikanische Republik 31
Zhao Hongliang 94
Zhao Ziyang 93
Zhou Enlai 18, *18*, 19, 20
Zia ul-Haq, Mohammed 25, 101, 144
Zweiter Weltkrieg 34, 66, 95, 126, 139
Zypern 32, 122, *143*

BILDNACHWEIS

Umschlagvorderseite:
Hintergrund: Kai-K. Sawabe/VISUM
o.l. Dr. Jürgen Gebhardt/STERN/Picture Press
o.r. Keystone
u.l. Ullal/STERN/Picture Press
u.r. Kent/Stella Musical/Ullstein

Umschlagrückseite:
Keystone

Innenteil: **3** v.l.n.r.: Allsport; Ronald Grant Archive; Christo and Jeanne-Claude, Wrapped Reichstag, Berlin 1971 bis 1995, Wolfgang Volz/Bilderberg; O. Franken/Sygma. **6** u.l. David King Collection; o.r. Topham Picturepoint. **7** o. Mattei/STERN/Picture Press; u. Corbis/Bettmann/UPI. **8** o. Hulton Getty; u.l. John Walmsley; u.r. Stuart Franklin/Sygma. **9** Kobal Collection. **10** Ronald Grant Archive. **10/11** Science Photo Library. **11** o.r. Tony Stone. **12** Popperfoto. **13** o. Magnum Photos; u. Popperfoto. **14** o. Topham Picturepoint; u. Sygma. **15** Hintergrund: Popperfoto; v.l.n.r.: Gilles Peress/Magnum Photos; Rex Features; Topham Picturepoint; Philip Jones Griffiths/Magnum Photos. **16** James Nachtwey/Magnum Photos. **17** o. Popperfoto; u. dpa. **18** o. Sally und Richard Greenhill; M. Sygma; u. Magnum Photos. **19** o. Popperfoto; u. Magnum Photos. **20** o. Sygma; u. Sally und Richard Greenhill. **21** M. Süddeutscher Verlag; u. Gilles Peress/Magnum Photos. **22** o., M.: Sygma; u. Topham Picturepoint. **23** Sygma (2). **24** Magnum Photos (2). **25** o.l. Magnum Photos; o. Rex Features. **26** l. Topham Picturepoint; r. Popperfoto. **27** o. Raymond Depardon/Magnum Photos; u.l. Rex Features; u.r. AKG. **28** o. Süddeutscher Verlag; M. Topham Picturepoint; u. AKG. **29** l. Sygma; r. Magnum Photos. **30** u. Topham Picturepoint; o. Rex Features. **31** Rex Features. **32** o. Judah Passow/Network; M. Sygma; u. Popperfoto. **33** o.l. Süddeutscher Verlag; o.r. Popperfoto; u. Rex Features. **34** Rex Features. **35** l. Süddeutscher Verlag; r. Popperfoto. **36** Rex Features. **36/37** Popperfoto. **37** Hulton Getty. **38** o.M. Rex Features; u.M. AKG. **39** o. Keystone; M. Rex Features; u. Sygma. **40** o.l. Magnum Photos; o.r. Hulton Getty; u. Judah Passow/Network. **41** o. Magnum Photos; u. Network. **42** Sygma (2). **43** Hintergrund: Action Images; v.l.n.r.: J. Mayer/Pictorial Press Images; Saatchi Gallery London; Yann Artus-Bertrand/Corbis/Picture Press; R. Bossu/Sygma. **44** Mirror Syndication International. **45** l. Topham Picturepoint; r. Hulton Getty. **46** Popperfoto. **46/47** Sally und Richard Greenhill. **47** o. Chris Steele-Perkins/Magnum Photos; u. Eli Reed/Magnum Photos. **48** o. R. Bossu/Sygma; u. Sally und Richard Greenhill. **49** o. Alex Webb/Magnum Photos; u. Amnesty International. **50** o. Topham Picturepoint; u. AKG. **51** Rex Features (2). **52** l. Topham Picturepoint; r. Nigel Dickinson/Still Pictures. **53** o. Jacky Chapman/Format; u. René Burri/Magnum Photos. **54** l. Format; u. Sally und Richard Greenhill. **55** Steve McCurry/Magnum Photos (2). **56** Hulton Getty. **57** o. Rex Features; u. Sygma. **58** o. Jeffrey Mayer/Pictorial Press; u.l. Val Wilmer/Format; u.M. Hulton Getty; u.r. Elliott Landy/Redferns. **59** o. Steve Jennings/Corbis; M.r. Sygma; u.l. Pictorial Press; u.r. Redferns. **60** l. Robert Opie; r., u.: Pictorial Press. **61** Pictorial Press. **62** o. Redferns; M. DeWynters/Cameron Macintosh; u. Corbis/UPI. **63** Topham Picturepoint (2). **64** l. David Allen/Corbis; u.l. Corbis/Bettmann; u.r. R. Hartog/Sygma. **65** o. Sygma; u. Topham Picturepoint. **66** dpa. **67** o. Sygma; M. Kobal Collection (2). **68** l. Sygma; r. Popperfoto. **69** Christo and Jeanne-Claude, Wrapped Reichstag, Berlin 1971–1995, Wolfgang Volz/Bilderberg. **70** Bite Communications (2). **71** M.r. Stuart Franklin/Magnum Photos; u. Sally und Richard Greenhill (2). **72** o. Sally und Richard Greenhill; u. Topham Picturepoint. **73** Sygma. **74** M. E.T. Archive; u. Corbis/UPI. **75** o. Hesse/Deutsche Bahn AG; u.l. Dylan Garcia/Still Pictures; u.r. Ajax News and Feature Service. **76** o. Reader's Digest; u. Hartmut Schwarzbach/Still Pictures. **77** o. Allsport; M. Colorsport; u. Jean-Pierre Laffont/Sygma. **78** l. Colorsport; r. Allsport. **79** o. Allsport; u. Corbis/Bettmann/UPI. **80** l. Colorsport; r. Yann Artus-Bertrand/Corbis/Picture Press. **81** o. AP Photo; u. Allsport. **82** l. Format; r. Allsport; u. Popperfoto. **83** Hintergrund: Stuart Isett/Sygma; v.l.n.r.: Tom Myers/SPL; Abbas/Magnum; John Frost Newspapers; Popperfoto. **84** o. Advertising Archives; u. Mark Edwards/Still Pictures. **85** o. Popperfoto; u. Keystone. **86** o. Advertising Archives; u.l. Sygma; u.r. Raissa Page/Format. **87** l. Magnum Photos; r. Jacky Chapman/Format. **88** l. Magnum Photos; r. Popperfoto. **89** o. A. Nogues/Sygma; l. Sheila Gray/Format; u. O. Franken/Sygma. **90** l. Magnum Photos; r. Still Pictures. **91** o. Magnum Photos; M. Popperfoto; u. Still Pictures. **92** o. Still Pictures; u. Popperfoto. **92/93** Paul Lowe/Magnum Photos. **93** Paul Lowe/Magnum Photos. **94** Stuart Franklin/Magnum Photos. **94/95** Patrick Robert/Sygma. **95** o. Les Stone/Sygma; l. Sygma; u. Brenda Prince/Format. **96** l. Ian Berry/Magnum Photos; u. Sygma. **97** l. Marilyn Silverstone/Magnum Photos; r. Abbas/Magnum Photos. **98** o., M.: Corbis/Bettmann/UPI; u. J. Latlan/Sygma. **99** o. Moshen Shandiz/Sygma; u. Magnum Photos. **100** o. Sygma; M. Peter Marlow/Sygma; u. Popperfoto. **101** Topham Picturepoint. **102** Stece McCurry/Magnum Photos (2). **103** o. Robert King/Sygma; u. Steve McCurry/Magnum Photos. **104** Sygma (2). **104/105** Hulton Getty. **105** Hulton Getty. **106** o. Sygma; M. John Frost Newspapers; u. Corbis/Bettmann/Reuter. **106/107** Corbis/Bettmann. **108** o. Hulton Getty; u. Corbis. **108/109** AKG. **109** Popperfoto. **110** o. Ian Berry/Magnum Photos; u. Topham Picturepoint. **111** o. Sygma; u. Topham Picturepoint. **112** o. R. Bossu/Sygma; u. Bradbury und Williams. **113** o. Topham Picturepoint; u. Paul Lowe/Magnum Photos. **114** o. Bradbury und Williams; u. AFP/Popperfoto. **115** o. Patrick Chauvel/Sygma; u. dpa. **116** Sygma. **117** o. Popperfoto; M. Topham Picturepoint; u. Sygma. **118** Raymond Reuter/Sygma; Hintergrund: Popperfoto. **119** o. Bradbury und Williams; u. Topham Picturepoint. **120** Tom Myers/Science Photo Library. **121** o. Simon Walker/Rex Features; u. Jacques Langevin/Sygma. **122** Still Pictures. **123** o. Arnie Sachs/Sygma; u. Abbas/Magnum Photos. **124** o. Corbis/Bettmann/Agence France Presse; u. Jacques Langevin/Sygma. **124/125** AP/AKG. **126** Peter Jordan/Network. **127** o. Still Pictures; u. Gilles Peress/Magnum Photos. **128** o. Corbis/Bettmann; u. Philip Jones Griffiths/Magnum Photos. **129** o. Roger Hutchings/Network; u. Raghu Rai/Magnum Photos. **130** o. Raghu Rai/Magnum Photos; u. Corbis. **131** Popperfoto. **132** Reza/Sygma. **133** o. Corbis/Bettmann; u. G. Mendel/Magnum Photos. **134** Sygma (2). **135** o. Magnum Photos; u. John Frost Newspapers. **136** l. Kraufmann & Kraufmann/AP Photo; r. Ronald Grant Archive. **137** l. Jacques Langevin/Sygma; r. Popperfoto. **138** l. Tim Rooke/Rex Features; r. Vladimir Velengurin/Sygma; u. Corbis/Bettmann. **139** Popperfoto. **140** Science Photo Library (2). **141** Magnum Photos; Hintergrund: Popperfoto. **142** Popperfoto. **142/143** Hintergrund: Gilles Peress/Magnum Photos. **143** o. Sygma; u. John Meek. **144** l. Redferns; r. Roger-Viollet. **144/145** Hintergrund: Hulton-Getty. **145** o. Peter Marlow/Magnum Photos; u. Topham Picturepoint. **146** o. Rex Features. **146/147** Hintergrund: Popperfoto. **147** l. Press Association/Topham Picturepoint; r. Colorsport. **148** Allsport. **148/149** Hintergrund: Colorsport. **149** o. Fred Mayer/Magnum Photos; M. Popperfoto; u. Topham Picturepoint. **150** Rex Features (2). **150/151** Hintergrund: Corbis/Bettmann. **151** o.l. Corbis/Bettmann; o.r. AFP/Popperfoto; u. Reuters/Popperfoto. **152** o. Popperfoto; u. Corbis/Bettmann/Reuters. **152/153** Hintergrund: Rex Features. **153** Jörn Sackermann/Das Fotoarchiv. **154** o. David Cannon/Allsport; u. Topham Picturepoint. **154/155** Hintergrund: Topham Picturepoint. **155** o. Andrew Cowie/Colorsport; u. Rex Features.